文普华化
PUHUA BOOKS

我们一起解决问题

成长中的
"危"与"机"

写给家长和教师的
青少年心理健康指南

［美］

J. 杰弗里斯·麦克沃特 （J. Jeffries McWhirter）

贝内迪克特·T. 麦克沃特（Benedict T. McWhirter）

埃伦·霍利·麦克沃特 （Ellen Hawley McWhirter）

安娜·塞西莉亚·麦克沃特（Anna Cecilia McWhirter）

著

盛文哲　林颖　译　　徐凯文　审校

At-Risk Youth

A Comprehensive Response for Counselors, Teachers,
Psychologists, and Human Service Professionals **Sixth Edition**

人民邮电出版社

北　京

图书在版编目（CIP）数据

成长中的"危"与"机"：写给家长和教师的青少
年心理健康指南 ／（美）J. 杰弗里斯·麦克沃特
（J. Jeffries McWhirter）等著；盛文哲，林颖译. --
北京：人民邮电出版社，2023.11
ISBN 978-7-115-62796-4

Ⅰ．①成… Ⅱ．①J… ②盛… ③林… Ⅲ．①青少年
—心理健康—健康教育 Ⅳ．①G444

中国国家版本馆CIP数据核字(2023)第185083号

内 容 提 要

在这个发展迅猛、信息丰富、竞争激烈的时代，儿童和青少年发展的机会变得越来越多，可能遇到的危机也越来越多。信息的可触及性，生态环境的变化，各种压力、冲突、社会问题的增加，都让当代儿童和青少年面临更多挑战。如何帮助儿童和青少年顺利度过重要的成长阶段，成长为有责任感、有爱心、对社会有贡献的人，就成了心理咨询师、教师、家长及社会公众服务从业者等必须思考的问题。

本书针对上述问题给出了答案。作者以大量的研究数据和多年的实践经验为基础，对儿童和青少年可能面临的各种危机问题提供了针对性的预防、干预与治疗措施。全书共分为四个部分：第一部分介绍了影响儿童和青少年成长的生态环境；第二部分阐述了危机中的儿童和青少年面临的社会、学校、家庭问题；第三部分讲述了儿童和青少年可能面临的各种具体的危机；第四部分针对前面的内容提供了多种实用有效的预防、干预与治疗措施。

本书不仅适合心理咨询师、教师、社会公众服务从业者等专业人士阅读，书中为家长提供的各种辅助措施也使本书适合广大关注教育和孩子心理健康的父母阅读。

◆ 著　［美］J. 杰弗里斯·麦克沃特（J. Jeffries McWhirter）
　　　　［美］贝内迪克特·T. 麦克沃特（Benedict T. McWhirter）
　　　　［美］埃伦·霍利·麦克沃特（Ellen Hawley McWhirter）
　　　　［美］安娜·塞西莉亚·麦克沃特（Anna Cecilia McWhirter）
　　译　盛文哲　林　颖
　　责任编辑　柳小红
　　责任印制　彭志环

◆ 人民邮电出版社出版发行　　北京市丰台区成寿寺路 11 号
　邮编 100164　　电子邮件 315@ptpress.com.cn
　网址 https://www.ptpress.com.cn
　三河市中晟雅豪印务有限公司印刷

◆ 开本：787×1092　1/16
　印张：28　　　　　　　　　　　　　　2023 年 11 月第 1 版
　字数：545 千字　　　　　　　　　　2023 年 11 月河北第 1 次印刷
　著作权合同登记号　图字：01-2023-3608 号

定　价：138.00 元
读者服务热线：（010）81055656　印装质量热线：（010）81055316
反盗版热线：（010）81055315
广告经营许可证：京东市监广登字 20170147 号

谨以此书献给麦克沃特家族的新一代：玛丽·韦罗妮卡（Mary Veronica）、保罗·约翰（Paul John）、马克·托马斯（Mark Thomas）、卢克·罗伯特（Luke Robert）、莫妮卡·克莱尔（Monica Clare）、玛丽莲娜·罗斯（Marielena Rose）、约瑟夫·贝内迪克特（Joseph Benedict）、雅各布·尼古拉斯（Jacob Nicholas）、杰弗里·乔亚基姆（Jeffrey Joaquim）、罗伯特·安东尼（Robert Anthony）、瑞安·亚历山大（Ryan Alexander）、加布里埃尔·亚当（Gabriel Adam）、托马斯·丹尼尔（Thomas Daniel）、贝内迪克特·利奥（Benedict Leo）、多米尼克·克鲁瓦（Dominic Croix）、文森特·罗克（Vincent Rock），以及凯瑟琳·伊丽莎白（Katherine Elizabeth）。愿我们找到方法，让所有孩子都不至于陷入危机；愿我们找到方法，帮助每个孩子成长为健康、快乐的成年人，有人可以爱，有重要的工作可以做。著名的哲学家阿尔伯特·加缪（Albert Camus）曾写道："倘若没有工作，所有的生命都将腐朽；但如果工作失去了灵魂，生命将窒息而死。"最重要的是，我们一路上都有所爱之人陪伴。

任何一本著作的四位作者如果是同一姓氏，似乎都会引起大家的好奇心。因此，我们最好还是介绍一下我们之间的关系吧。杰弗里斯是贝内迪克特的父亲，贝内迪克特和埃伦是夫妻，而安娜是他们的女儿。

J. 杰弗里斯·麦克沃特是美国职业心理学委员会（American Board of Professional Psychology，ABPP）认证心理咨询师，也是美国多个心理学学术专业组织的会员，包括美国心理学会（American Psychological Association，APA）（第 17 分会、第 48 分会、第 49 分会和第 52 分会）、美国心理协会（American Psychological Society，APS）、美国团体工作专家协会（Association for Specialists in Group Work，ASGW）和美国咨询心理学研究会（Academy of Counseling Psychology）。他是美国亚利桑那州立大学咨询与咨询心理学名誉教授，也是该校荣誉退职学院的联合创始人之一。在获得博士学位之前，杰弗里斯就曾在高等学府担任专职教师和心理咨询师。他于 1969 年获得俄勒冈大学心理学博士学位，并于 2006 年荣获俄勒冈大学教育学院杰出校友奖。杰弗里斯作为一名个人执业心理咨询师，具有 40 多年的临床经验，他常年为那些接收高危个案的学校和咨询机构提供咨询服务。杰弗里斯在权威学术期刊上发表了专业论文 130 余篇，撰写或编辑著作共 24 本，并编写了大量培训手册、研究报告和专题文章。杰弗里斯是富布赖特 - 海斯土耳其项目的高级学者（1977—1978 年）、富布赖特澳大利亚项目的高级学者（1984—1985 年），还参加了富布赖特新西兰的跨国交流项目。在首次作为高级学者参加富布赖特 - 海斯土耳其项目的 29 年后，他获得了富布赖特高级专家奖学金，并回到了土耳其的同一所大学的院系工作。他曾被美国心理学会下设的咨询心理学专业委员会国际分会授予 2010 年终身成就奖。

1989 年，杰弗里斯获得了亚利桑那州立大学杰出教师奖。他还在美国本土和国外 26 所大学教授暑期课程。他曾担任多个学术基金项目的首席研究专家，如大型校园安

1

全与戒毒项目、社区基金项目及高中减少暴力基金项目等。杰弗里斯涉猎广泛，其研究兴趣还包括团体咨询、家庭咨询、学习障碍、咨询心理学的国际议题。

贝内迪克特·T.麦克沃特是美国俄勒冈大学咨询心理学教授、教育学院咨询心理学与公众服务系系主任，也是美国心理学会（第 17 分会）会员、俄勒冈州认证心理学家。贝内迪克特于 1992 年获得亚利桑那州立大学咨询心理学博士学位，并于 1993 年至 1997 年在内布拉斯加大学林肯分校的教育心理学系任教。他还曾任教于亚利桑那州立大学和智利的德萨罗大学，并在秘鲁担任过七八年级的教师。此外，贝内迪克特还为一些非传统高中（alternative high school）在开设高危青少年心理教育课程方面提供咨询服务，他与埃伦一起开发并实施了一项旨在培养讲西班牙语的青少年的批判意识、提高其言语技能的校外教育项目。在长达 15 年的时间里，贝内迪克特和埃伦常年在智利圣地亚哥举办夫妻主题培训工作坊，并为智利培尼亚罗雷市的社区群众提供咨询服务。2004 年，他被授予富布赖特学者 ①，并在智利进行授课、开展学术研究，这是一项由斯宾塞基金会资助的对智利贫困和高危社区进行的校本研究项目（2007—2009 年），同时继续与智利圣地亚哥大学的同事合作开展研究。贝内迪克特在美国国内及国际学术会议上发表了大量学术研究成果。其学术研究领域主要是通过分析家庭、学校和文化方面的风险因素和保护性因素，预防危机青少年出现问题行为、提高弱势学生的大学入学成绩，以及对青少年和即将成年的个体的保护性因素开展关联性研究分析。在贝内迪克特担任咨询心理学项目培训主管期间，该项目因在培养有色人种心理学家方面的杰出贡献而获得美国心理学会授予的苏因少数民族成就奖。作为系主任，贝内迪克特亲自进行设计、研发，并推进预防科学专业开设了新的硕士和博士学位课程项目。在他的支持和努力下，学校还拓展了公众服务专业本科课程体系，完善了针对毒品和酒精滥用开展工作的心理咨询师的综合健康培训项目，并开设了西班牙语研究与实践的研究生专业，用以促进学生的能力提升，为社区提供更好的双语咨询和评估服务。

埃伦·霍利·麦克沃特是俄勒冈大学教育学院咨询心理学教授。她于 1992 年获得亚利桑那州立大学咨询心理学博士学位，1993—1997 年，她任教于美国内布拉斯加大学林肯分校，并担任咨询心理学助理教授。她是美国心理学会（第 17 分会）的会员，曾担任职业心理学协会主席，同时，她也是俄勒冈州认证心理学家。埃伦关于拉丁裔美国人职业发展的研究工作获得了美国大学妇女联合会的奖学金资助。她以往的教学经

---

① 富布赖特学者是指受富布赖特学术项目资助的访问学者。富布赖特学术项目始建于 1946 年，是世界上规模最大、声誉最高的国际文化与学术交流项目，旨在通过教育和文化交流来促进国家间的相互了解。——译者注

验也颇为丰富，曾在马里科帕县学前教育机构任教两年，并为讲西班牙语的儿童及其家长提供培训和咨询服务。她经常在美国国内及国际学术会议上介绍其关于青少年职业发展的学术项目和研究成果，其研究领域主要涵盖拉丁裔青少年的支持、障碍、学校参与、校外项目及批判意识发展等方面。她是《赋权咨询》（*Counseling for Empowerment*，1989）一书的作者，曾荣获 2001 年美国心理学会咨询心理学专业委员会颁发的早期生涯科学家从业者弗里茨奖和林恩库德奖、2008 年约翰·霍兰德职业与人格研究杰出成就奖，以及 2015 年美国心理学会咨询心理学专业委员会杰出成就奖，她还曾荣获 2016 年俄勒冈大学马丁·路德·金奖。埃伦与贝内迪克特夫妻二人共同开发并实施了一项校外教育项目，旨在培养讲西班牙语的青少年的批判意识，提高其言语技能。2004 年，埃伦也被授予富布赖特学者，在智利进行教学和科研项目。她与贝内迪克特在智利共同开展学术研究和培训长达 15 年之久。

安娜·塞西莉亚·麦克沃特是本版新加入的作者。安娜取得了俄勒冈大学克拉克荣誉学院族裔研究学学士学位及俄勒冈大学预防科学硕士学位，目前她正在俄勒冈大学攻读学校心理学博士学位。她是俄勒冈大学预防科学研究所（University of Oregon Prevention Science Institute）美国联邦资助研究项目的研究助理，也是莱恩县妇幼特殊营养补助项目（Women With Infants and Children，WIC）的特聘专家。安娜在运用英语和西班牙语开展家庭发展和育儿评估方面拥有丰富的经验。此外，安娜还有两年的文化沉浸体验的经历，分别在智利和多米尼加。在多米尼加，安娜参与了一项基于社区的服务学者项目。她的主要研究领域包括增强家校协作关系及幼儿养育干预等方面。

赵旭东

同济大学心理学、医学教授

精神科主任医师

世界心理治疗学会副主席

中国心理卫生协会副理事长

很高兴受邀为这本内容丰富且很有特色的书写序。内容丰富指的是，本书已经是第六版，在漫长的岁月里积累了越来越多的案例、研究文献；在积累的同时，它还吐故纳新、与时俱进，每一版都更新资料。可以说，本书讨论的议题涉及儿童和青少年心理健康领域的方方面面，是一本为不同背景的相关人员——心理咨询师、教师、心理学家、医护人员、社会工作者等公众服务专业人员提供指导的指南。当然，本书也适合关注教育和孩子心理健康的父母阅读。

在参考西方国家的文献为我所用时，大概会有几种情况：第一种，人家有的问题，我们也有，问题很相似，非常需要借鉴；第二种，人家有麻烦，我们还没有，但很有可能会有，需要未雨绸缪，考虑如何预防或躲过；第三种，人家还没有苦恼，我们已经有大麻烦，得自己解决，还应该提醒、教别人。看本书亦如此，有些事项可以引起强烈的共鸣；有些离我们有点遥远，会让我们无感，或者觉得匪夷所思，但也会提醒我们警觉；而有些我们想从中找到的东西，可能找不到，因为有些问题是我们独有的。不过，如果我们能够融会贯通、举一反三，那么他们在不同的历史时期处理不同问题的经验也会对我们有启发。

现在说说这本书的特点。

第一个特点是作者的构成。本书可以说是一部心理健康领域"功勋家庭"持续奉献的杰作。前五个版次是一家两代人的共同创作。本版由四位作者合著，第一作者的孙女加入了，成为三代人的作品。他们虽是一家人，但目前四人及以前版次参加过撰写的人都并不局限于狭隘的专业领域，而是各有跨界的丰富阅历、研究和实践经验，为预防和干预影响儿童和青少年的各种危机问题，如虐待、疾病、犯罪和自杀等，提供了个人化及科学化的重要工具、方法和策略。

第二个特点是这本书体现的系统观念。本书共分为四个部分，前两个部分从宏观到中观、微观，介绍了影响儿童和青少年成长的生态环境、社会、学校、家庭问题，然后在大小系统的背景下讨论高危与低危儿童和青少年的个体特征，尤其从正面强调培养心理韧性等健康个性素质的重要性。后两部分中的各章，则像"万花筒"，详尽解析了几十年来现实中存在的种种具体风险、危机情况。书中直观、生动的图表和临床案例让针对这些麻烦问题而提出的相应预防、干预与治疗措施显得有理有据、令人信服。

第三个特点是四位作者有着多元和国际化的背景。J. 杰弗里斯·麦克沃特是一位富布赖特学者，曾在土耳其、澳大利亚、新西兰和智利进行教学和研究。他的儿子、儿媳还有年轻的孙女都曾长时间在美国以外的多个国家学习、工作。四位作者将他们的跨文化经验和知识融入书中，使这本书适用于不同的人群，而不仅仅是一个"美国万花筒"。

第四个特点其实与本书丰富的内容密不可分，就是展示了儿童和青少年相关风险、危机问题和干预措施的历史连贯性和现实性。本版更新了每个主题的统计数据和研究结果，增加了近十年的参考文献，修订和扩展了各种主题的内容，如 LGBTQ 青少年、数字技术和社交媒体、以正念为基础的干预措施、双语教育、特许学校、家庭监禁、约会暴力、非自杀性自伤行为等。本书提供了一个平衡的视角，用来看待儿童和青少年在快速变迁和充满挑战的时代所面临的风险和机会。

本书对中国读者而言很有启发性。中国也面临着许多影响年轻一代健康成长的社会问题，如学习压力、家庭冲突、网络成瘾、自杀自伤等心理健康问题。这本书既提供了从整体和生态的角度解决这些问题的有用信息和建议，也对解决具体的问题和案例有参考价值。我们可以充分借鉴，为改善并解决儿童和青少年心理健康问题开发有文化敏感性且有效的方法。

推荐序二

孟馥

同济大学附属东方医院临床心理科主任医师

中国心理学会临床心理学注册工作委员会常务委员、首批注册心理督导师

中国心理卫生协会心理治疗与心理咨询专业委员会副主任委员

中国女医师协会心身医学与临床心理学专业委员会主任委员

危机是人类生命的重要组成部分。

当个体遭遇重大问题或对发生的变化感到难以解决、难以把握时，平衡就会被打破，正常的生活就会受到干扰，内心的紧张就会不断积蓄，继而出现无所适从，甚至思维、行为紊乱，并进入一种失衡的危机状态；而当个体面临困难的情境，先前的处理方式和惯常的支持系统又不足以应对眼前的处境时，就容易出现意识、行为和情感方面的功能失调，产生暂时的心理困扰，这就是心理危机。

伴随个体一生的有四种危机。发展性危机是指正常的成长和发展过程中因急剧的变化或转变导致的异常反应。发展性危机是正常的、不可避免的。存在性危机是指伴随着重要的人生议题（如人生目的、责任、独立性、自由和承诺等）出现的内部冲突和焦虑。存在性危机是一种压倒性的、持续性的体验，可能由现在的实际情况引起，也可能由对自己过去的不满引起。而在病理性心理危机中，某些心理问题或精神疾病本身可能就是一种心理危机，病理心理是最主要的特征。当个体面临无法预测和控制的重大生活事件，如重大自然灾害、重大个人遭遇时，就处在了境遇性危机中。境遇性危机具有随机性、突发性。

无论遭遇何种危机，个体受影响的结果都取决于危机事件的性质及严重程度、当时

的年龄和健康状况、以往的经历、从他人处所得到的支持、个人及其家族的心理健康问题的历史、文化背景和传统等。处在危机中的个体，每分每秒都在应对，无论危机是生理的、心理的还是社会的，无论个体是战斗、逃跑还是冻僵，都是在保护自己。作为生长发育中的个体，儿童和青少年特有的易感性和脆弱性让他们在面对危机时需要更多的支持和保护。

危机也是人类心理复原力的起点。

人是一种不断改变的存在，并且倾向于以一种主动的、创造性的方式应对问题，境遇越困难，个体做出创造性行动的机遇就越大。每个人和每个家庭都具有面对生命中的变化、从困境中站起来、变得更加强壮及更好地运用资源的能力，这是战胜困境的内在力量（复原力）。复原力是个体面对逆境、创伤、悲剧、威胁及其他重大压力时的良好适应能力，是对困难经历的反弹能力。复原力的基本特征为接受并战胜现实的能力、在危机时刻寻找生活真谛的能力、随机应变想出解决办法的能力。

复原力是人的一种能力，这种能力包括幽默感，从不同的角度看问题，在挫折的境遇中区分自我和情境，自我认同，独立和控制环境的能力，对自我和生活具有目标性及未来导向的特质，向环境和压力挑战的能力，良好的社会适应技巧，较少强调个人不幸、挫折，以及较少的无价值感和无力感。在复原力的作用下，个体可以把危机看作学习和积极改变的机会，关注力量、兴趣、能力和天赋，关注未来的希望和梦想；把焦点从问题转移到掌控、治疗和成长，将挑战和复原力与个人发展和关系发展相结合，连接资源、积极应对。

危机来临时需要大家一起面对。

北京师范大学方晓义教授曾经在一个全国性的学术大会上报告了一项覆盖全国22个省份、88个城市的近200万中小学生参与的心理健康评估结果，报告显示，儿童和青少年心理危机问题的发生率为4.82%。在未成年人心理健康问题形势严峻的当下，危机的有效化解和有效处理成为促进儿童和青少年心理健康的重要工作。非常高兴这本《成长中的"危"与"机"：写给家长和教师的青少年心理健康指南》面世，特别感谢作者、译者、编辑及出版社将这样一本结构清晰、逻辑严谨、内容详尽、形式多样、阅读面广泛的好书呈现给广大读者。本书作者依据儿童和青少年危机发生的不同生态的客观环境，基于大量的临床实践和循证研究，在大量更新与危机中的儿童和青少年群体相关的统计数据和研究进展的基础上，提出了有助于解决儿童和青少年危机的理论框架、问题分类、循证预防策略和综合干预措施。

这是一本教科书。全书分为导致儿童和青少年危机行为的背景因素，直接影响儿童和青少年行为的家庭、学校和个体特征，危机的五种类型，以及多系统、分层次的综合预防与干预措施四个部分，系统地阐述了儿童和青少年成长中的"危"与"机"。适合作为心理咨询、教育学、心理学、社会工作、特殊教育及公众服务等专业课程的教材。

这是一本培训手册。本书的每章从概念、相关理论、问题界定、处理方法、实施步骤、典型案例、概括总结等方面进行了详细的阐述。适用于心理领域、教育与特殊教育领域、社会工作领域、司法领域、护理领域、社区心理领域及公众服务领域的学习者。

这是一本操作指南。本书针对不同危机主题给出了诸多有效的建议，指导每一个面临种种问题的儿童和青少年及其家庭，有目标、有方案、有项目、有步骤、有训练、有效果，满足儿童、青少年及其家庭的发展需求，帮助儿童、青少年及其家庭面对危机，迎接挑战，战胜危机，获得成长。

希望本书深受各位读者喜爱。

美国国家教育质量委员会（U.S. National Commission on Excellence in Education）在 30 多年前就美国儿童和青少年群体面临的严重社会问题发布了一份名为《（美国）国家处于危机之中》（A Nation at Risk）的报告[①]，从那时起，众多教育工作者、心理咨询师及其他公众服务行业[②]的相关专业人士就开始使用"危机中的"（at-risk）一词来描述年轻人所面临的广泛社会问题及心理问题。"危机中的儿童和青少年"这个概念可以用来描述处于以下状态的未成年人：他们原本能够成长为富有责任心和创造力的成年人，然而，其潜力却受到生活环境的束缚和限制。这些束缚和限制既包括来自家庭、学校及社区的问题，也包括让未成年人身陷危机的关于文化规范、社会背景信息，以及儿童和青少年自身的问题。

本书现已是第 6 版。我们的目标一如既往，即为读者呈现危机中的儿童和青少年群体所经历的诸多问题的最新进展和相关研究结论，并提供一系列行之有效的干预措施。除了大量更新与危机中的儿童和青少年群体相关的统计数据和研究进展外，我们依然沿用长期以来的理论框架对问题进行分类，并提供有助于解决问题的循证预防策略和干预措施。该框架不仅涵盖了与危机中的儿童和青少年的问题发展相关的生态环境，还涉及针对不同水平的解决方案的探讨。我们提出大量实用的教育、心理和咨询干预措施来预

[①] 1983 年 4 月 26 日，由里根政府指定的美国国家教育质量委员会（由家长、教师、教育委员会、学校与大学管理者及私立学校员工等各群体代表组成）调查制定了一份划时代的教育报告——《（美国）国家处于危机之中》，这份报告用富有感染力的遣词造句来引起公众的关注和对教育的反思。报告体现了当政者对当时美国教育的恐慌。该报告带动了一连串由州政府和地方政府发起的后续教育改革，开启了 20 世纪 90 年代，乃至 21 世纪美国教育改革的新篇章。——译者注

[②] 公众服务指通过科学预防手段、宣传倡导，对家庭、学校、社区等多维度生态环境层面提供服务，以支持和促进社区、家庭及个人的健康与福祉的综合工作领域。公众服务学是一个高度综合、跨学科的领域，涉及心理学 / 心理咨询、社会工作、预防科学、公共卫生、人类发展和社会学等诸多领域，是当代社区及社会服务工作多样化发展的体现。——译者注

防和治疗这些问题。我们继续采用基于实证支持的方法，并将重点放在儿童和青少年群体，以及他们的家庭和朋辈身上。

本书提供的内容及建议的干预措施可以服务于诸多领域的专业人士，包括心理咨询师、教师、心理学家、社会工作者、少管所工作人员、医护人员及其他公众服务领域的专业人士。本书的内容主要针对心理咨询领域、社会工作领域、教育和特殊教育领域、应用心理学领域及其他公众服务领域的从业者，既可用于岗前培训，也可用于从业过程中的指导。本书同样适用于受训中的实习教师及心理学领域、社会工作领域、司法领域、护理领域、社区心理学领域及公众服务领域的学习者。最后，由于公众服务机构的数量持续增加，美国公众服务教育标准委员会（Council for Standards in Human Service Education，CSHSE）最近修订了行业标准，本书已经将这些更新的内容悉数纳入。本书介绍的许多预防与治疗方法也可以供学校和社区卫生、公众服务及精神卫生的从业者使用，其应用场景相当广泛：从新生至学龄前的各类强化项目，到少管所教育咨询，甚至家庭咨询。书中所列的一部分内容可直接应用，另一部分内容可根据不同的工作场所和环境灵活使用。

本书既可作为心理咨询专业、教育学专业、心理学专业、社会工作专业、特殊教育专业及公众服务专业课程的教材，也特别适用于发展性咨询类课程，如咨询原则、学校辅导和机构咨询干预等。针对有特殊需求的学生、适应不良的儿童和青少年，以及危机中的儿童和青少年的咨询课程也可以使用本书。同时，本书还可以作为儿童和青少年护理、个案管理、儿童和青少年的行为和情绪问题管理、教育管理及社区机构管理课程的补充教材或核心教材。从我们收到的反馈来看，学校和各类机构的咨询师，以及特殊教育行业的教师和公众服务从业者一致评价本书具有非常高的实用价值。

书中各方面内容都反映了教育教学的核心理念，即认知、情感和行为这三个维度对学习是至关重要的。无论是准备研讨会、举办工作坊，还是进行教学，我们一直都会问自己三个问题：关于这个主题，我们希望学生了解的最重要的信息是什么？我们如何调动学生的情绪和情感，让他们积极参与？我们可以帮助学生掌握并使用的新技能有哪些？在认知维度上，我们会在书中呈现最新的事实数据和研究结论，无论是理论内容，还是实证数据，我们的出发点都是激发读者思考。与此同时，我们也关注情感维度，每章均以一段简短的文章开篇，痛苦挣扎的年轻人及其家庭的真实遭遇则会通过真实案例和小故事生动地呈现出来。此外，本书还涵盖了许多具体的行为预防与干预措施，为前文所述领域的从业者和广大家庭提供具体的干预技巧。虽然本书第三部分所探讨的干预措施是针对具体问题提出的，但几乎所有的干预措施都可以广泛适用于儿童和青少年所遇到的各式各样的问题和情况。

　　本书的用途颇为广泛。我们在美国亚利桑那州立大学、纽约大学、俄勒冈大学、夏威夷大学、得克萨斯大学安东尼奥分校，以及南缅因大学和阿拉斯加安克雷奇大学的研究生一学期或半学期的心理咨询课程中教授了本书的全部内容。本书还是美国俄勒冈大学教育学院公众服务专业本科学季课程的指定核心教材。教育工作者可以将本书的内容作为课程体系中的标准内容模块，供社会科学、公众服务、教育学和心理学等专业的学生参考使用。例如，在亚利桑那州立大学，我们在由研究生助教主持的进阶教育心理学课程中使用了本书不同主题下的多个内容模块。本书内容对于研讨班培训和其他形式的职业继续教育也颇有助益。

同早期版本一致，我们在各章阐述了多种预防与治疗干预建议。这些内容包括但不限于抵制和拒绝训练、阿德勒／德雷库斯模型、格拉瑟的现实疗法、危机干预措施、家长培训模型、焦点解决干预，以及朋辈项目（如合作学习、朋辈支持体系、跨龄朋辈辅导、冲突解决和朋辈调解策略）。与此同时，我们十分重视预防措施，特别是反霸凌项目和我们团队自主研发的团体取向心理教育预防项目。本版新增了有关这些实用方法的最新内容和实证数据。

除了扩充现有材料外，我们还对本版内容进行了广泛的修订。例如，为了跟进每个问题的最新进展和统计数据，我们修订了每一章，替换了那些陈旧的参考文献，新增了2011 年之后的参考文献。在很多章中，我们都新增了关于女同性恋、男同性恋、双性恋、跨性别和酷儿（LGBTQ）青少年的内容，尤其是第 10 章，该章涉及儿童和青少年自杀问题，而大量 LGBTQ 青少年的自杀风险都特别高。

此外，我们还扩展了关于行为改变阶段、动机式访谈和家庭心理筛查的相关材料，包括 EcoFit 家庭心理筛查的整体模型。通过更多的范例展示，我们补充了赋能意识、批判意识及布朗芬布伦纳生态模型等相关内容。我们进一步补充了认知行为干预措施，提供了基于正念的资源和干预技术。我们修订并更新了美国的教育政策变革，以及与影响美国数百万未成年移民相关的社会和教育政策信息（如童年入境暂缓遣返计划）。我们新增了《力争上游》法案、特许学校、双语教育，以及社会控制理论等相关内容。

我们不仅新增了积极行动、功能性家庭疗法和社区关怀模式等领域的内容，还新增了探索研究所提出的 40 种发展性资源、良好行为游戏等内容。此外，本书也探讨了家庭和监禁、儿童虐待、亲密关系暴力和约会暴力，以及非自杀性自伤行为等相关内容。对导致危机和社会问题的数字技术和社交媒体等相关内容，我们增加了探讨的篇幅。例如，我们探讨了关于虚拟网络技术在侵害、骚扰、色情短信和帮派活动中的应用；我们拓展了关于大众媒体影响的内容，纳入了网络霸凌议题，并涵盖了相关法律议题；我们还讨论了包括可汗学院在内的电子媒体为教育带来的积极影响，充分说明了互联网资源对危机中的儿童和青少年群体的巨大支持作用。

本书共分为四个部分。在第一部分，我们概述了导致危机行为的背景因素。此部分聚焦于儿童和青少年所处的生态环境，包括那些会加剧儿童和青少年危机的社区和邻里环境。在第二部分，我们详细讨论了对儿童和青少年造成更为显著而直接影响的家庭、学校和个体特征。在第三部分，我们介绍了五种危机类型，并讨论了针对每种危机类型的预防与治疗措施。在第四部分，我们整合了更多聚焦于家庭、学校、朋辈群体及儿童和青少年个体的预防措施。在这一部分，我们给出了诸多有效的建议，说明应该在何时及如何通过这些预防措施来满足儿童、青少年和家庭的发展需求。

本书包含大量案例，用以说明相关的理论内容，让理论的应用更人性化。在本书的前半部分，我们分别介绍了安德鲁斯一家、贝克一家、卡特一家和迪亚兹一家的案例。这些家庭的成员分别来自不同的社会经济阶层、教育背景及种族或文化群体，有着不同的个人态度和行为。这些家庭中的每个孩子都呈现出一些问题行为的风险。书中介绍了每个家庭的背景情况，并分别对每个孩子的环境、家庭、学校存在的问题进行重点分析和阐述。这些案例研究介绍的家庭成员在全书中会反复出现，目的是阐明不同观点和具体问题。读者还会发现，本书配有一些插图，用以对相关的内容进行阐释和举例，使讨论的内容更加生动形象。

如果我们不能正视儿童和青少年及其家庭所面临的种种问题，我们的社会将痛失近四分之一的年轻力量。这些年轻人的生活将充满苦难，他们难以成长为富有活力、成功且快乐的成年人。我们希望本书能帮助大家提高对儿童和青少年所面临问题的认识，并为解决这些问题提供有效的帮助。

目 录

1

第一部分

危机中的儿童和青少年：
问题的生态环境

第一部分由两章内容组成。在第1章，我们讨论并界定了"危机"这一概念的定义和范围，并对本书的主要内容进行了概述，同时，我们通过比喻的方式提出了一种生态环境模型，以整合有关危机中的儿童和青少年的不同观点。在第2章，我们概括地阐述了影响儿童和青少年及其家庭的环境因素和社会因素。我们还在第1章和第2章分别提供了家庭案例。我们希望通过这些案例对特定观点或具体问题进行更加清晰的说明。

第 1 章

危机问题概述

对生命的培育，需要的是园丁般的耐心和细致，而不是机修工那样的仓促修补。如今，技术的飞速发展迫使我们像机修工一样急功近利，但作为培育生命的园丁，我们必须保持一贯的耐心和细致。

社会的幸福康乐取决于我们能否培养出适应环境、富有责任心并接受良好教育的年轻一代，让他们可以继承并发展先辈的事业。国家的长治久安和繁荣富强取决于我们能否确保年轻一代为步入社会做好充足的准备，保证他们将来足以胜任诸如法官、律师、企事业员工、教师等各行各业的岗位。只有学校、家庭和社区共同参与培养儿童和青少年这项系统工程，才能让他们为面对未来的各种可能做好充足的准备。学校、学区要为儿童和青少年提供适宜的学习环境和社会环境，以满足他们在学业上的需求，培养他们积极向上的态度，使他们健康成长；家庭要为儿童和青少年提供安全、充满关爱的温馨港湾，同时树立行为规范；社区要为儿童和青少年提供优质的婴幼儿保育服务、教育资源、医疗保健资源、生活基本保障及充足的就业机会，让他们在为自身的幸福奋斗的同时，为大众福祉贡献一份力量。

本章要点

- 问题范围的界定：危机中的儿童和青少年的生态环境概述
  - 美国社会危机现状
  - "危机"概念的使用：界定问题
    - 微小的危机
    - 长远的危机
    - 高度危机
    - 迫在眉睫的危机
    - 危机类的行为 / 活动
  - 问题背景评估：以贫困和种族问题为例
  - 案例研究：安德鲁斯一家
- 与危机相关的问题

- 网络技术
- 弱势群体与社会公众服务不足
  的群体
  有色人种儿童和青少年群体
  女同性恋、男同性恋、双性恋、
  跨性别和酷儿青少年群体
  残障儿童和青少年群体
  移民儿童和青少年群体
- 比喻：危机之树

土壤
根脉
树干
树枝
树叶、果实和花朵
园丁
■ 生态学模型
　小故事：卡丽
■ 助人者之间的对接
■ 结语

在本章，我们将重点论述对儿童和青少年构成威胁并迫使他们陷入危机的一些问题。首先，我们会用一组数据说明这些问题的严重性，并通过一个家庭案例加以呈现，让这些数据更加直观、具象。接下来，我们将结构化的干预措施体系比喻为一棵树，以此为整个儿童和青少年的危机这个议题提供概览。这棵树的组成部分及园丁——土壤（代表环境），根脉（代表家庭、朋辈和学校），树干（代表不同危机水平的态度和行为），树枝（代表具体的危机类型），树叶、果实和花朵（代表年轻个体），以及培育（预防措施）他们和为他们进行修剪（干预措施）的园丁（代表心理咨询师、教师、社会工作者、心理学家和其他公众服务专业人士）——构成了形象而生动的比喻，有助于我们更清晰地理解与儿童和青少年所面临问题相关的诸多风险因素与保护性因素之间错综复杂的关系。在本章的结尾部分，我们将呈现一个生态环境模型作为系统性的概念框架，以帮助我们更好地理解那些外部环境力量及其对儿童和青少年的发展所产生的影响。

问题范围的界定：危机中的儿童和青少年的生态环境概述

从 20 世纪 90 年代末到 21 世纪初，美国儿童和青少年的生活在很多方面都未得到有效的改善（Annie E. Casey Foundation，2015；Centers for Disease Control and Prevention，CDC，2015；Federal Interagency Forum on Child and Family Satistics，2015；Kann et al.，2014；National Gang Center，2013）。问题的形势依然极为严峻，有如此多

的儿童和青少年仍处于心理社会危机的风险中，可以说，社会本身就存在着严重的危机。本章所呈现的数据将在后续各章中被详细讨论，但在此处，它们为我们敲响了警钟，让我们了解美国及世界上其他地方的儿童和青少年群体所面临的诸多危机问题。而且，与儿童和青少年打交道的专业人士都应该充分意识到这些问题的普遍性。

美国社会危机现状

- 2013 年，有超过 1600 万美国儿童生活在贫困中，该数据自 2000 年以来大幅增加。2008 年，在 18 岁以下的儿童中，有不到 20% 的儿童生活在贫困中，如今该数字却为 22%，其中还包括 10% 处于极端贫困的儿童，即一对父母加上两个孩子的家庭，其家庭年收入不超过 11 812 美元。

- 2012 年，按照美国国家农业部的标准，全美国有 22% 儿童的家庭处于温饱线以下。

- 非裔美国儿童、拉丁裔美国儿童和美洲土著儿童极度贫困。白人儿童、亚裔美国儿童及太平洋岛儿童的贫困率为 14%，而非裔美国儿童的贫困率为 39%，拉丁裔美国儿童贫困率为 33%，美洲土著儿童的贫困率也高达 37%。

- 2013 年，全美国有三分之一（2300 万）的儿童生活在父母无全职工作的家庭中。每天都有超过 37.5 万名美国儿童和青少年离开原生家庭并生活在寄养中心，这通常都是因父母忽视或家庭虐待而引发的。

- 2013 年，在 16 ～ 19 岁的青少年中，有 9% 的青少年处于逃学、辍学或失业状态；与亚裔和白人青少年相比，非裔美国青少年、美洲土著青少年和拉丁裔青少年出现这种情况的可能性更大。

- 高中生过度肥胖率翻了两番，从 1980 年的 5% 增长到了 2012 年的近 21%。肥胖儿童和青少年患前趋糖尿病、骨骼和关节问题、睡眠呼吸暂停障碍及发生社会和心理问题的风险更高。更加严重的风险问题还包括成年人肥胖、2 型糖尿病、心脏病、中风、癌症和骨关节炎等疾病。

- 相关调查研究显示：在调查前一周内，只有 15.7% 的高中生每天能够吃蔬菜三次或以上（2007 年为 13.2%），有 6.6% 的高中生一周内没有吃过一次蔬菜。近 14% 的青少年表示，他们在最近一周内没吃过一顿早餐，只有 38% 的青少年表示自己每天都吃早餐。超过 11% 的青少年表示自己每天至少喝三杯高热量的碳酸饮料。

- 与 2009 年相比，2013 年的调查研究显示：有更多高中生每天至少会观看 3 小时的视频或玩 3 小时的电脑游戏（25% 比 41%），越来越少的高中生参加体育锻炼（56% 比 48%）。

- 青少年暴力犯罪最常发生在下午 3 点到 6 点之间，因为这正是大多数儿童独自在家的时段；在放学后的时段，儿童成为犯罪受害者的概率上涨了 3 倍。

- 曾有严重行为问题的青少年在成年早期被捕的可能性是普通人的 4 倍以上，被判刑的可能性是普通人的 3 倍以上。

- 2007 年，有 23% 的学生表示学校里存在帮派。2009 年，该比例降至 20%，2011 年，该比例降至 18%。青年帮派现象在城市地区的出现率（23%）高于城郊地区（16%）和农村地区（12%）。

- 2011—2012 年，有 10% 的小学教师和 9% 的中学教师表示，他们曾遭受学生的伤害威胁；有 8% 的小学教师和 3% 的中学教师表示，他们曾遭受学生的身体攻击。

- 2013 年，在 9～12 年级的学生中，有近 18% 的学生曾在过去的 30 天内携带武器（如刀、枪、棍、棒），有 5.2% 的学生在校园里携带武器。

- 在过去的 12 个月里，约有 7% 的学生曾在学校遭受威胁或被武器伤害，有 8% 的学生曾在学校遭到殴打。

- 2013 年，有超过 7% 的学生表示，因为在学校或上学的途中感到不安全，所以他们在过去的 30 天内至少有一天未去上学。对 LGBTQ 青少年而言，该比例更高，为 11%～30%。

- 在过去的 12 个月里，有近 15% 的高中生称自己曾遭受网络霸凌，有近 20% 的学生表示自己曾在学校被霸凌。

- 2007 年，美国有近 6000 名年轻人被谋杀——平均每天 16 人。2010 年，美国疾病控制与预防中心宣布，在 10～24 岁的青少年群体中，被谋杀的人数为 4828 人，创下近 30 年来的新低纪录。在谋杀案的受害者中，有 80% 的受害者死于枪击。

- 在过去的 12 个月里，有超过五分之一（22%）的学生在校园内被非法提供或获得过违禁药品。

- 有 46% 的公立高中生表示其所在学校存在帮派或帮派成员，而只有 2% 的私立高中生报告其所在学校存在帮派或帮派成员。帮派活动从 2001 年的低点开始上升，大多数帮派活动发生在城市地区。

- 参与帮派活动仍然是预测持续性暴力行为和未来暴力行为的有力因素。

- 美国疾病控制与预防中心的调查数据显示，在过去的 12 个月里，有超过 10.3% 的高中生在外跟好友约会时被人恶意用器物或武器袭击、重击或伤害，其中女性

（13.0%）比男性（7.4%）更有可能经历约会暴力。

- 在过去的 12 个月里，全美国有 73.9% 的学生曾有约会经历，其中有 10.4% 的学生曾在非自愿的情况下遭受约会对象的强行亲吻、抚摸，甚至被迫发生性关系（即约会性暴力），并且女性占比（14.4%）高于男性（6.2%）。

- 约会性暴力在白人女性（14.6%）和西班牙裔女性（16.0%）中发生的概率高于黑人女性（8.8%）。

- 青少年怀孕率创历史新低，2007—2010 年下降了 18%，2011—2012 年又下降了 6%。但是，黑人和拉丁裔青少年的怀孕率仍然是白人青少年的 2 倍多，占 2012 年美国未成年怀孕人数的 57%。

- 2013 年，47% 的高中生有过性行为，15% 的高中生有至少 4 名性伴侣，超过 40% 有性生活的学生在最后一次性交时未使用避孕套。

- 超过 22% 的性活跃高中生在发生性行为前存在饮酒或吸毒行为，近 14% 的学生没有采取任何避孕措施。

- 美国疾病控制与预防中心 2013 年的数据显示，在新增的性传播疾病确诊人数中，15 ～ 24 岁的年轻人群体占了一半，四分之一有性生活的未成年女性患有性传播疾病。在参加美国国家职业培训计划的 16 ～ 24 岁的年轻女性中，有 11.7% 的年轻女性患有衣原体感染疾病。性行为活跃而不采取任何避孕措施的青少年有 90% 的概率会怀孕。

- 在每年新增的 1900 万性传播疾病人群中，近一半的人为青少年。在 2010 年新诊断出的人类免疫缺陷病毒（艾滋病毒）感染病例中，有四分之一是青少年群体，其中有 57% 是黑人青少年，有 20% 是拉丁裔和白人青少年。

- 与加拿大或西欧国家相比，美国青少年怀孕和患性传播疾病的比例高得多。

- 1999 年至 2013 年间，青少年酗酒和使用非法药物的人数有所下降。然而，在 2013 年，有 22% 的高中毕业生表示他们在过去的两周内曾有酗酒行为，有 26% 的高中生称自己曾使用非法药物。目前所报告的大麻使用量已经从 1999 年的 26.7% 下降到 2013 年的 23.4%，但药物滥用仍然是一个严重的问题。

- 2013 年，有 17% 的高中生表示自己在过去的 12 个月里认真考虑过自杀，有超过 13% 的高中生表示自己已经制订了自杀计划，有 8% 的高中生曾尝试自杀。自杀仍然是 10 ～ 24 岁青少年群体的第三大致死原因。来自朋辈的伤害（如霸凌、身体暴力、约会暴力等）是预测青少年自杀企图的重要因素。

- 1990—2011 年，儿童和青少年的死亡率下降了 43%，这一数据涵盖全美国所有的种族和族裔群体。这归功于社会医疗的进步及诸如自行车头盔、汽车安全座椅和安全带等交通安全设备的改善。

上述美国儿童和青少年所面临的危机问题，不禁让人忧心忡忡。这些数据背后是数以百万计的辛酸个体，其中不乏被媒体冠以各种吸引眼球的标题加以报道，诸如弃婴、遭受暴力和性虐待的儿童及自杀和吸毒过量的青少年等。然而，这些数据背后还包括数百万不具备高度"新闻价值"的故事，其中有陷入困境、沮丧和焦虑的青少年，有在家庭和学校受苦受难的儿童，有陷入恐惧、无聊或愤怒的年轻人，还有因家庭矛盾、父母离异或缺席而困惑不解的青少年，以及因家庭和校园暴力而备感恐惧的青少年。

"危机"概念的使用：界定问题

在过去的 20 多年里，"危机"一词在教育学、心理学、医学、社会工作和经济学的研究文献中屡见不鲜。这一术语也经常出现在美国各州的法律法规及联邦政府的工作报告中。然而，"危机"这一概念的来源模糊不清，又在各种语境中被广泛使用，大家对它的含义缺乏共识。例如，心理学家、社会工作者和心理咨询师通常会使用"危机"一词来表示那些面临情绪和适应问题的个体。教育工作者有时用"危机"一词来指代那些面临辍学风险的儿童和青少年，或者那些在学校学无所成、将来难以在社会上立足的年轻人。"危机"一词有时也指那些因当前掌握的知识或技能不足而使未来学业堪忧的儿童和青少年。医务工作者用"危机"一词来指代那些存在健康问题的人。在经济和商业领域，那些因缺乏必备的文化水平和算数能力而无法就业或难以胜任岗位的人也会被贴上"危机"的标签。

本书将"危机"限定在针对儿童和青少年工作的专业范围内，相信这样的界定将有助于突出"危机"在这一专业领域的核心特征：

"危机"指一种预设的、具有因果关系的情境，即儿童和青少年如果处于该情境中，就很有可能会在今后面临危险的结果。"危机"所指的不一定是当前的情况（尽管有时也会有这种含义），而是指在没有外界干预的情况下，事态会按照预期发展到危机的地步。

例如，吸烟的青少年具有酗酒的危机，酗酒的年轻人具有使用违禁药品的危机，而使用违禁药品的儿童和青少年会有吸毒的危机。因此，某些特定的行为、态度、缺陷是后续问题行为的温床。小学阶段的品行障碍、攻击行为和学业问题可以作为预测青少年犯罪和做出反社会行为的指标。这就是为什么"危机"一词所指的不一定是当前的情况，而是若缺少外界干预，事态会如预期那样发展到糟糕的境况。

更重要的是，我们应该将"危机"视为连续体（轴）（continuum）上的一系列坐标点，而非单一、孤立的诊断分类。图 1-1 显示的就是这样的一个危机连续体，从最微小的危机到迫在眉睫的危机，直至危机类的行为 / 活动。接下来，我们将对危机连续体上不同水平的危机特征进行分类描述。虽然并非每一种危机类型中的所有特征都能作为预测结果的指标，但从总体上看，这些不同类型的危机和保护性因素有助于我们明确每个儿童或青少年正处于哪种潜在的危机水平。

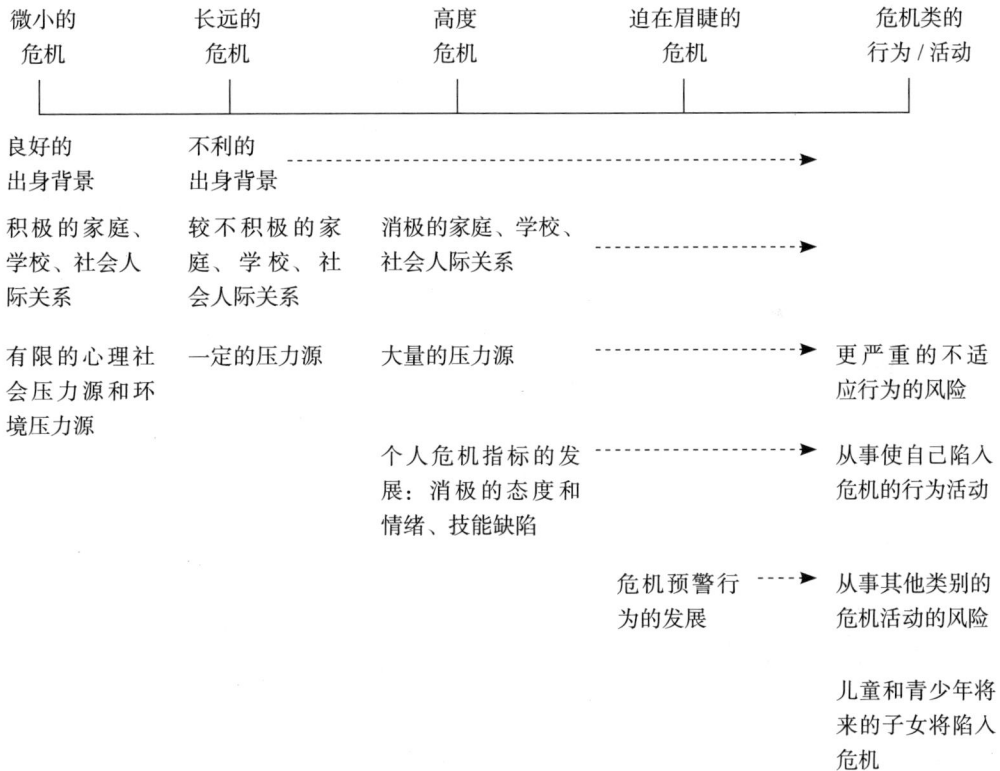

微小的危机	长远的危机	高度危机	迫在眉睫的危机	危机类的行为 / 活动
良好的出身背景	不利的出身背景	---------→		
积极的家庭、学校、社会人际关系	较不积极的家庭、学校、社会人际关系	消极的家庭、学校、社会人际关系	---------→	
有限的心理社会压力源和环境压力源	一定的压力源	大量的压力源	---------→	更严重的不适应行为的风险
		个人危机指标的发展：消极的态度和情绪、技能缺陷	---------→	从事使自己陷入危机的行为活动
			危机预警行为的发展 ----→	从事其他类别的危机活动的风险
				儿童和青少年将来的子女将陷入危机

图 1-1　危机连续体

微小的危机

有些儿童和青少年几乎很少受到心理社会压力的影响，他们就读于质量优渥、财力雄厚的学校，从小就拥有温馨、关爱的家庭氛围，而且他们的家庭拥有较高的社会经济地位。这些儿童和青少年将来即使陷入危机，通常也是比较微小的危机。但是，由于儿童和青少年面临着复杂的压力源生态环境，因此我们不使用"零危机"一词。事实上，所有儿童和青少年在成长过程中都会不可避免地面对死亡，也可能会经历家庭不和、残障，或者诸如破产、父母离异、无家可归等不可预知的家庭事件。无论是否存在保护性因素，这些压力事件都随时有可能发生。由于不同的儿童和青少年个体在年龄、发展水平、个性特征、可用的环境资源及其他方面存在差异，因此从长远来看，这些事件所带来的结果并不必然是消极的。此外，不论是良好的出身背景，还是"优越"的家庭条件和学校环境，都无法让人坚不可摧。家境富裕的儿童和青少年也可能会拒绝接受来自成年人的积极价值观和道德规范，因此，无论是金钱还是社会地位，都无法保证儿童和青少年一定会树立正确的人生目标。最后，一些"完美"的家庭背后常常另有隐情，如酗酒、抑郁等。家庭功能失调造成了这些不为人知的秘密，而秘密反过来又让功能失调不断延续下去。

另外，越来越多有关青少年大脑研究的证据表明，青少年"像成年人一样思考"的功能尚处于发展阶段。其中，有两个部分特别值得关注：一是未成年人理解他人观点的能力尚未发展完善，二是冒险行为的增加。这两个部分都将使青少年至少会陷入微小的危机。

长远的危机

长远的危机是在危机连续体上的一段临界区域。在这个区域内，未来可能产生危机问题的迹象将会浮现，虽然此时距离危机来临尚且遥远，但未来出现危机的可能性越来越大。像社会经济地位低、经济机会差、缺乏良好的教育资源及少数族裔身份等个人背景条件与高辍学率、未成年怀孕、罹患心理问题、参与暴力行为和（或）其他问题具有密切的关联。少数族裔并不一定会出现明显的危机问题，但少数族裔身份往往意味着遭受压迫、经济边缘化和种族歧视的经历，而这些都会给儿童和青少年带来不良影响。也就是说，贫穷的有色人种儿童在高危行为类别中占比过高。当然，大多数贫穷的非裔美国青少年、拉丁裔美国青少年和美洲土著青少年都能够克服这些困难，获得不错的发展。因此，个人背景因素虽然非常重要，但不会直接决定儿童和青少年的危机水平。

值得注意的是，风险因素是倍增因子。有的儿童家境贫寒、家庭功能失调、生活在经济状况较差的社区、就读于贫困学校，一旦再遇到其他心理社会压力事件，他们在危机连续体上的危机水平就会远远高于其他儿童。此外，如果儿童和青少年的人格特点本身就具有更高的风险性，那么情况就会更加严重。

高度危机

尽管功能失调的家庭、糟糕的学校、消极的社会互动和众多心理社会压力因素会将儿童和青少年推向更高的危机水平，但最终的推动力还是来自他们自身的消极态度、负面情绪及不良行为。如果儿童和青少年有攻击行为和行为问题、冲动、焦虑、情感障碍（如抑郁障碍或双相情感障碍）、绝望感，以及社交技能和应对行为缺陷，就说明他们正处于"高度危机"中。当然，这些本身来自不良环境的特征反过来又会助长周围环境的消极影响，其因果效应是动态发展的。这些明显的个体特征说明有些问题已被儿童和青少年内化，而且可能会导致某些"危机预警行为"。

迫在眉睫的危机

个体的高危特征往往会通过一些预警行为表现出来。预警行为是相对不太严重或比较轻微的问题行为，通常具有自我挫败的特点，并且会逐渐发展为更极端的不良行为。例如，儿童对其他儿童和成年人的攻击行为可能是将来其成长为青少年后犯罪的雏形，吸烟很可能是酗酒和吸食大麻的开端，而酗酒和吸食大麻又可能会恶化为吸食烈性毒品。尽管我们无法确定这些严重程度不一的危机行为之间是如何实现跨越的，也无法进行准确的预测（一些证据表明存在与上述相反的顺序，如女孩早年吸食大麻是其成年后长期吸烟的先兆），但最初的预警行为与后来更严重的危机行为之间确实高度相关。因此我们必须认识到，这类预警行为的出现能充分说明儿童和青少年正处于迫在眉睫的危机中。

危机类的行为 / 活动

如果儿童和青少年所涉足的一些行为足以被归入"危机类的行为 / 活动"（at-risk category activity），就说明他们已经到达了危机连续体的末端。在这里，我们遇到了一个概念性的问题：尽管这一研究领域的相关资料仍然将处于这一危机水平的年轻人称作"面临着危机"，但他们其实已然超出了危机层面，因为事实上一些高危类行为问题已经爆发了。当然，任何高危类行为都可以恶化甚至泛化到其他类高危行为上：使用违禁药品的青少年可能会开始药物滥用并染上毒瘾，年幼时的不良行为可能会持续至青春期晚期乃至演变为成年后的暴力犯罪，青少年高危类行为可能会导致他们终生难以摆脱自伤和伤害他人的行为。泛化是指涉足某一类行为的人有涉足其他类行为的危险。例如，辍学的青少年有很大的可能性会掉入吸毒和违法犯罪的深渊。因此，我们会继续使用"危机"这一术语来描述整个危机连续体的所有行为及其特征，在这一过程中，我们会根据其在连续体上的具体位置来展开讨论。

问题背景评估：以贫困和种族问题为例

"危机"一词的使用仍存在不少潜在问题。尽管将危机视为一种预示未来可能性的连续体可以解决很多麻烦，但这里依然存在异议。确实，这个术语可能过分强调缺陷模型（deficit model），将问题和病理指向受害者。大众新闻媒体、日常沟通与交流，乃至一些专业工作者在使用这个词时，似乎都隐含着一种观点，即危机是特定的儿童、青少年或家庭所固有的。然而，我们的观点则不同（第 2 章会重点讨论），我们认为贫困儿童占比过高的问题应归咎于社会。在美国过去的 40 年里，贫困儿童占比从 15% 上升到了 23%。父母享有充足的育儿假、平价的少儿保健体系、亲民的住房资源、扩大的就业机会、可靠的生活保障、妇幼特殊营养补助项目①和启智教育项目的资助、普及学前教育和全民医疗保健，这些措施都十分有助于降低儿童和青少年的危机水平。另一个值得关注的点是，那些被贴上"危机"标签的儿童和青少年往往是来自较差的社会经济环境的有色人种。经济不平等、政治边缘化、文化和充满种族歧视倾向的成长环境，是滋生危机的土壤。

从第 1 章到第 4 章，每章都会包含一个案例研究，通过对每个家庭状况的具体描述，我们可以更直观地呈现与各章内容相关的社会背景和家庭内部动力。相信借助这些案例，我们可以清晰地阐明教育和咨询干预策略。下面让我们来看看安德鲁斯一家的案例。

---

① 妇幼特殊营养补助项目是美国联邦政府为低收入家庭及育婴期妇女、婴儿及 5 岁以下儿童提供的营养健康补助福利项目，包括提供营养食品、母乳喂养支持、营养教育和咨询、营养健康宣传、妇女保健转诊及相关的卫生保健和其他社会服务体系。——译者注

案例研究：安德鲁斯一家

安德鲁斯一家的成员有丈夫杰克、妻子艾丽西亚及艾丽西亚同其前夫所生的两个孩子，他们都是欧裔美国人或所谓的"白人"。安德鲁斯夫妇结婚已有 8 年，他们都是再婚。他们所居住的房子简陋且陈旧，位于大城市的一个工薪阶层社区。

杰克·安德鲁斯是一名 46 岁的半熟练工，曾在一家电子工厂担任技术员。大约在 5 年前，他工作的那家工厂实现了生产自动化，新技术使劳动力需求减少了 40%，杰克也因此失业了。自那时起，他就开始做短期的兼职工作。目前，他在当地的一家加油站兼职。因此，本就不太宽裕的家庭更加捉襟见肘了。杰克性格暴躁、充满敌意、目光短浅。他在跟家人沟通和交流时总是有种气势汹汹、咄咄逼人的架势。

杰克是家中的独子。他表示自己和父亲的关系十分紧张，父亲对他极其严厉、苛刻。杰克对母亲则更加不满，二人的关系十分糟糕。在他 13 岁时，母亲"精神崩溃"了，他和姨妈在一起生活了大约 1 年，用他的话说："母亲不想要我了。"高中毕业后，杰克服了大约 10 年的兵役。在此期间，他有了自己的第一段婚姻，这段婚姻仅维持了几个月。此后，他与第一任妻子再也没有任何联系。大约在 9 年前，他遇到了艾丽西亚，二人经过短暂的交往后便步入婚姻。

艾丽西亚家里有四个兄弟姐妹，她排行第三。在她 6 岁时，父母便离婚了。在此之前，她一直和父母生活在一起。因为母亲无力独自抚养四个孩子，所以她和祖父母在一起生活了两年，之后就搬去与父亲和继母一起生活了。艾丽西亚只读到九年级就辍学了。

后来，艾丽西亚去了一家工厂上班。18 岁时，她嫁给了前夫约翰·斯坦纳。婚后没多久，艾丽西亚就怀上了第一个孩子阿莉，也开始了那段如暴风雨般艰难、痛苦的婚姻生活。她的前夫约翰可能在小时候遭受过性虐待和身体虐待，很早就辍学了，而且年轻时便酗酒成性，婚后也时不时喝得酩酊大醉。在他们的小儿子保罗出生后，约翰酗酒的情况更严重了，而且经常虐待艾丽西亚和孩子们。

当艾丽西亚发现前夫约翰居然对女儿阿莉进行性虐待时，激烈的家庭矛盾瞬间爆发，她马上与约翰离了婚。按照离婚协议，他们的房子归艾丽西亚所有，而约翰因性虐待罪被判入狱服刑。自从他入狱后，艾丽西亚和孩子们都不再跟他有任何联系。艾丽西亚认为，或者说希望，阿莉已经"克服"了那段性虐待经历，并且永远都不会再想起。家里也没人再提起这件事，仿佛这件事不曾发生一般。

与约翰离婚后，艾丽西亚开始在一家

咖啡店当服务员，后来就嫁给了杰克。艾丽西亚如今34岁，依然在那家咖啡店做午餐时段（上午11点至下午2点）的兼职工作。艾丽西亚显得害羞、不自信，还有些郁郁寡欢。她似乎很担心家人之间的沟通和交流，经常试图调解家庭中的矛盾和冲突。

安德鲁斯夫妇认为，他们的婚姻再普通不过了。他们犹豫要不要谈论婚姻中的冲突，艾丽西亚抱怨杰克"懒惰"，但杰克对此表示不满。艾丽西亚说，杰克不愿意做家务，也不操心维修房子的事情，她对丈夫微薄的收入感到失望。他们觉得自己是相当严格的父母，艾丽西亚有时担心他们对孩子们有些过分严苛了。

阿莉·安德鲁斯，16岁，是一个正在读高中二年级的学生。她学习成绩一般，但长得很漂亮。大约在3年前，阿莉经历了母亲所说的那种"骤变"：仿佛一下子就从笨拙的小女孩变成了一个散发着成熟女性魅力的大姑娘。在阿莉14岁时，她向父母透露了自己想跟异性交往的想法。她很讨男生喜欢，似乎非常受高年级男生的欢迎。父母虽然很不情愿，但最终妥协了，同时对阿莉回家的时间、约会地点，以及跟什么样的男生约会等都做了严格的规定和限制。在那段时间里，她和父母的关系开始变得越来越紧张。最近，她开始违反父母的宵禁约定，经常和一群"坏孩子"混在一起。即使被父母禁足，她仍会时不时地偷偷溜出去见她的朋友。虽然阿莉的

学习成绩勉强过关，却一直在退步。今年她当上了学校啦啦队的队长。在这段时间里，阿莉同时跟几个男生约会，其中还有一个非裔美国男生。因为艾丽被父母明令禁止跟非裔美国人约会，所以每次她与这个男生都约在离家很远的地方见面。

阿莉在继父面前总是闷闷不乐。阿莉觉得，杰克把家里的大部分矛盾都归咎于她，所以她不断地顶撞杰克，以此来表达自己受到的伤害。这对父女整天都无话可说，似乎他们之间的相互厌恶便是交流的一部分。杰克虽然痛恨父亲的养育方式，却复制了父亲那严苛、专制的育儿手段。毫无疑问，杰克拥有家中的话语权，他主要通过吼叫、威胁把孩子们赶出家门或禁足来控制他们。与此同时，艾丽西亚很担心大女儿阿莉，她为曾经发生在阿莉身上的性虐待经历而深深自责，并希望阿莉能够"开心、快乐起来"，拥有一个"正常的家庭"。艾丽西亚把其他家庭成员之间的冲突的责任都揽在自己身上，并努力缓和矛盾，让每个人都保持冷静。在过去的两年里，阿莉的父母，尤其是她的继父开始越来越担心和害怕，他们怀疑阿莉可能已经发生了性行为，并担心她对自己不够负责，没有采取有效的避孕措施。他们还怀疑阿莉的朋友们是瘾君子，并担心她也会染上毒瘾。阿莉和杰克，或者艾丽西亚和杰克每周都会因为这些问题发生几次激烈的争吵。结果，阿莉觉得父母不够信任她，她感到被父母误解，深深地受到了伤害。她

以蔑视的态度回应父母，而这激起了他们更多的愤怒，杰克对她的管束愈发严厉。近来，阿莉威胁道，如果杰克还不让她选择自己的朋友、不让她自己决定活动安排，或者再怀疑她滥交或吸毒，她就离家出走。最近的一次激烈冲突，是因为杰克发现了她和非裔美国男生约会。这件事引发了家庭危机。杰克威胁阿莉，如果阿莉不跟那个男生断绝关系，他就跟阿莉"断绝父女关系"。阿莉很生气，威胁说要离家出走。对艾丽西亚来说，自己最亲近的两个人却与自己势不两立，这让她感到非常失望和沮丧。阿莉深感受伤，并把离家出走视为反击的唯一手段。同样，她的继父也觉得自己受到了很深的伤害，因为曾经乖巧听话的继女如今却如此激烈地反抗他的权威和保护。他现在对继女表现出了强烈的厌恶，对她的行径感到十分恼火。

保罗·安德鲁斯，12岁，是一个身材矮小、敦实的八年级学生。他看上去虚张声势、咋咋呼呼，然而在这副虚张声势的外表下，却潜藏着一个抑郁而易怒的孩子。最让父母担心的是，保罗不喜欢上学，还有很多攻击行为，尽管杰克经常试图劝说艾丽西亚，保罗的行为不过是因为"男孩就是那样"。保罗表示，自己有时会莫名地感到难过。他的攻击行为在学校是个问题，他还被怀疑偷了其他学生的午餐费。他在家里的一些行为也没有好到哪儿去。两个月前，他"不小心"点燃了母亲的一件衣服。保罗对流血事件、意外事故、火灾和暴力犯罪事件表现出了浓厚的兴趣。但是在没有攻击行为时，保罗似乎又显得有些过度克制，除非他马上得到帮助，否则他在青春期可能会变得越来越暴力或做出自我伤害的行为。他正步入一个关键的发展阶段，这时，个人身份认同和性别身份认同议题对他来说尤为重要。保罗既想寻求他人的接纳，又拒绝服从他人。他与父母的关系总是忽冷忽热，而且一周内会反复好几次。

与危机相关的问题

网络技术

在过去的几十年里，电子媒体、计算机和移动信息技术领域发展迅速。这波技术浪潮给家庭、社区、学校及社会带来了诸多影响，也给当代的年轻人带来了巨大影响，这种影响可能会一直持续下去。具有讽刺意味的是，由此带来的结果福祸相依、利弊共存。在本书的前几版中，我们曾提到媒体对品行障碍、青少年暴力和校园枪击事件的显著影响。电视、电影及音乐中的暴力元素持续地发挥着作用，并且由于新技术的快速发展，这些暴力元素越来越容易被儿童和青少年触及。

电子计算机和移动互联网技术在带来诸多好处和便利的同时，也产生了不利影响，有关儿童和青少年群体"网络滥用"的报告越来越多。网络滥用范围很广，包括成人色情、儿童色情、性引诱、网络跟踪、网络霸凌和在线骚扰等各种各样危险、负面的活动。美国青少年毒贩也开始通过手机和其他先进技术设备进行毒品洽谈和交易。社交网站不仅很容易引发信息的过度传播，还为窃取个人隐私信息提供了便利，这为犯罪者提供了信息，让未成年人身处险境。色情短信和其他形式的不良电子通信会给发送者和接收者带来严重的后果。

大众媒体往往会聚焦于网络技术所带来的那些更吸引眼球、引发轰动和极具危险性的方面。其实，互联网技术有很多非常积极且有益的部分，很可能会降低年轻人的风险因素，增加其保护性因素。接下来，我们会对这些内容进行更具体、更详细的讨论。例如，在计算机上完成的阅读项目有助于学生发展并提升阅读技能和学习技能；O*NET OnLine 是一个完全免费的网站，提供了全面的职业探索内容，以及丰富的教育和职业数据库，可以为咨询研究和实践提供大量资源；可汗学院是一个向所有人开放的免费网站，拥有丰富的教育资源，该网站在 YouTube 上发布了 1600 多条视频，涵盖了从基础数学到微积分、从生物到化学等各种主题的内容（我们将在第 4 章和第 6 章详细介绍可汗学院，它本身就是一个非常有用的资源库，也是翻转课堂的重要辅助工具）；互联网上还有通过网络技术实施在线预防与干预项目的相关内容。

弱势群体与社会公众服务不足的群体

我们知道，在美国，许多未成年人的身心健康需求在总体上并未得到满足（Garbarino，1998），有些未成年人甚至会受到更为不公平的待遇。有四类处于弱势的儿童和青少年群体得到的支持尤其不足。第一类是有色人种儿童和青少年群体，他们往往无法得到具有文化差异、有针对性且恰当的干预支持和帮助，他们更有可能在教育和经济上被边缘化。有色人种学生往往不得不面临文化适应、种族认同、非母语学习及青春期所要面临的诸多挑战。第二类是男同性恋、女同性恋、双性恋、跨性别和酷儿（LGBTQ）青少年群体，他们特别容易被外界误解和歧视，因而容易遭到边缘化和暴力侵犯。第三类是残障儿童和青少年群体。在学校和社区中，残障儿童和青少年很容易被边缘化，也很容易被误诊，他们的合法权利和需求得不到充分满足。第四类是移民儿童和青少年群体，这类群体面临着严重的文化、社会和语言障碍，这会危及他们的学业成绩及今后的发展道路。

有色人种儿童和青少年群体

美国的人口结构处于迅速变化中。2020年，有色人种已成为美国人口的最主要组成部分。其中，亚裔和拉丁裔是美国人口增长最快的群体。2014年秋季，美国少数族裔儿童占公立学校儿童总数的51%，占公立高中学生总数的48%（Brown，2015）。目前，美国有多达32个亚裔美国人族群。不久后，美国的菲律宾裔人口将成为最大的亚裔群体。在美国，有近60%的亚裔儿童是在美国境外出生的，一般都是刚移民到美国的。同样，美国拉丁裔人口也是高度多样化的，而且人口数量还在不断增长，其中包括许多以英语为第二语言的儿童和青少年。在美国，针对少数族裔群体的精神卫生保健体系及标准与白人群体存在显著差异（Holden et al.，2014）。美国社会具有丰富的文化多样性，而且在全美国各地，这种文化多样性仍在不断增长。

无论在美国历史上还是在当前社会，对有色人种的边缘化倾向、种族主义和机会不平等的社会风气仍然存在。在医疗卫生和精神卫生保健、教育资源方面，以及有色人种青少年在少年司法系统中的占比方面，普通的差异仍然持续存在（Fong，Dettlaff，James，& Rodriquez，2015）。这些问题将儿童和青少年置于危机的风险中。像生活条件差、学校质量差、学校资金不足及缺乏经济机会等因素都可以有效预测儿童和青少年今后的消极行为，而这些因素都与有色人种有关。为了应对这一问题，我们需要调整现有的预防措施、早期干预与治疗措施，使其对有色人种的家庭和年轻人更有帮助；我们需要制定新的干预策略，充分考虑种族、文化等方面的差异，并顾及特殊社区的文化和语言需求，以确保干预策略的有效性。

女同性恋、男同性恋、双性恋、跨性别和酷儿青少年群体

尽管与有色人种儿童和青少年相比，男同性恋、女同性恋、双性恋、跨性别和酷儿（LGBTQ）青少年群体的人数要少得多，但这一群体特别容易受到伤害。在大多数关于儿童和青少年的专业文献资料中，LGBTQ群体经常受到忽视。整个社会对LGBTQ青少年群体的关注度不断提升，但在研究或治疗文献中，对LGBTQ青少年群体的关注却

没有明显改观。这种因缺乏关注所带来的问题尤其严重，因为他们更容易身陷困境。

大多数 LGBTQ 青少年都会经历有关性取向或性别身份认同的压力。他们在公开自己对同性的兴趣，或者表达与自己的生理性别不一致的性别身份认同时，往往会面临来自家人和同伴的反对、愤怒甚至排斥。否认对同性的兴趣将直接妨碍他们进行自我探索和发展健康的人际关系的能力，而这对其身份认同的形成是至关重要的。来自他人的误解、歧视及社会压力，还有出于仇恨的行为，将严重阻碍青少年跨性别身份的识别和接受这一复杂的心理过程。"自欺欺人"或"视而不见"都会让这一群体面临极大的孤立和孤独。

LGBTQ 青少年尤其容易酗酒、吸毒和抑郁，而且 LGBTQ 青少年群体的自杀率高于异性恋青少年群体，他们试图通过这些方式来应对自己所遭遇的孤立和排斥（Grossman & D'Augelli，2007；Hatzenbuehler，2011）。LGBTQ 青少年群体经常成为仇恨犯罪的目标，并且遭受刑事司法惩罚的比例过高（Himmelstein & Brückner，2011）。教育工作者不愿意支持他们，或者不被允许支持他们；LGBTQ 青少年往往会在毕业前就被迫离开学校，经常被学校开除（Himmelstein & Brückner，2011）。LGBTQ 青少年可能会面临令人心寒甚至敌对的校园环境，这对他们的成绩、情绪健康、出勤率和对高等教育的追求产生了极为不利的影响（Chisler，Smischney，& Villarruel，2014；Kosciw，Greytak，Bartkiewicz，Boesen，& Palmer，2011）。尽管 LGBTQ 青少年可以向多个组织寻求帮助，但他们往往无法得到针对其特定需求的有效服务（Bertram，Crowley，& Massey，2010，Kitts，2010；Liu & Mustanski，2012）。

残障儿童和青少年群体

残障儿童和青少年群体在健康及其他方面都存在问题，他们更有可能面临肥胖、暴力伤害、意外伤害、失业及不充分就业等问题；另外，与正常的儿童和青少年相比，他们的学业成绩更低（Krahn，Walker，& Correa-De-Araujo，2015）。具有身体和智力残障，以及情绪和发育障碍的年轻人更容易受到霸凌。有人在对全美国中小学儿童和青少年的纵向研究数据库进行分析后发现，残障学生受霸凌的可能性是一般学生的 1 ~ 1.5 倍，其中患情绪障碍的学生在所有学生中的受害率最高（Blake，Lund，Zhou，Kwok，& Benz，2012）。患有学习障碍的青少年不成比例地出现在"从学校到监狱"的"道路"上（Mallett，2014）。

移民儿童和青少年群体

移民儿童和青少年及移民人员的子女是美国人口增长最快的阶层。预计到2060年，全美国的外籍出生人口将占总人口的18.8%（Brown，2015）。这一群体面临着诸多挑战，包括贫困、语言障碍和文化适应的要求。一些研究人员（Oh & Cooc，2011）建议使用"文化汇流"（transculturation）这一术语来替代同化、适应和文化顺应（acculturation），以更好地描述移民儿童和青少年群体所激发的这一复杂、动态、双向的过程。初来乍到的移民儿童和青少年面临着诸多复杂的挑战，这增加了他们辍学的风险，降低了他们的学业成绩，其他相关的风险因素还包括种族隔离式学校、高贫困地区学校、单亲家庭、与母亲或父亲分离、英语水平差和学业参与度低等（Suarez-Orozco et al.，2010）。

比喻：危机之树

信息碎片化使我们难以对危机问题有全面的理解。文化人类学家贝克尔（Backer，1981）曾对20世纪后半叶人类社会开始出现的信息堆积现象进行了系统的分析研究。他发现漫天的信息已经"遍布各处，它们正通过数以千计的途径争相发声。其中，那些无关紧要的细枝末节被无限放大了，而核心的、具有重要世界历史意义的内容却未能引起人们的充分关注"。时至今日，贝克尔的说法仍然很有道理。关于危机儿童和青少年的信息确实"遍布世界的各个角落"，但其中哪些是因，哪些是果？不同情境之间有怎样的关联？儿童的各种行为问题之间是什么关系？它们背后的关联又是什么？为了解决这些问题，我们会将原本错综复杂的问题拆分为一个个比较容易处理的小部分。因此，我们一般会把辍学问题、吸毒和酗酒问题、危险性行为问题、犯罪问题、自杀及其他议题分类进行研究。例如，降低学生学业失败行为的项目与预防儿童和青少年犯罪的工作是相互独立的，改善未成年怀孕的策略可能会暂时忽略药物滥用的问题。

然而，在现实世界，这些问题会交互影响、彼此强化，并汇聚在一起，而且不仅问题会聚集，有这些问题的年轻人也很有可能会扎堆。他们往往生活在同样的社区环境中，并受到许多共同因素的影响。此外，这些问题很有可能在家庭内部初见端倪，也经常会在几代人之间传承。虽然科研人员和政策研究者都在不断努力地研究未知领域，不断扩大我们已知领域的疆域，但他们常常对已知内容存在不同看法。我们常常竭力弄清楚每一种精确的干预措施和策略分别能起什么作用，却忽略了如果将它们进行系统整合能带来多么强大的效果。

许多关于危机中的儿童和青少年的实证研究在本质上都是相关的，但两个相关的因素并不意味着具有因果联系。儿童的反社会行为与父母的抑郁相关，但我们尚不清楚其中的因果关系。可能是儿童的反社会行为导致了父母的抑郁，也可能是父母的潜在抑郁造成了养育方式的不一致，从而导致了儿童的反社会行为。而更大的可能是，两者交互影响，同时又受到其他因素的影响。循环或动态因果效应时刻都在发挥作用：每一个问题和危机因素之间都交互影响，因此，我们对安德鲁斯一家的分析说明，这些危机中的家庭、儿童和青少年在许多方面存在交互影响。近年来，一些追踪个人及其生活背景因素的纵向研究有助于我们理解究竟哪些因素最重要。但总体而言，这是一幅社区、学校、家庭和个体特征多维度共同交织的画面。在下文中，我们将确定那些影响危机和心理韧性的诸多因素之间的关系，并在可能的情况下探索其中的因果联系。在此，我们将运用比喻的方式提出一个重要的生态模型，以更好地构建与危机相关的各种关联。

在本书中，我们将介绍一套系统的框架，以便读者更清晰地了解危机中的儿童和青少年所面临的问题，以及所涉及的广阔领域和诸多范围。我们所介绍的比喻是一个系统概念和组织框架，它整合了各种危机类型和不同的干预策略，使我们能够将"遍布于各处"的信息和知识整合在一起，并在这个整合的框架内分析每一种具体的危机类型。

我们将从园艺的角度来看这个框架：树的比喻可以使我们综合考虑与危机中的儿童和青少年有关的一系列问题。这棵树所生长的土壤即儿童和青少年所处的社会环境；家庭、学校和朋辈作为树的根脉将树与土壤（即环境）连接起来，为树提供支持和养料；树干是儿童和青少年的态度和行为的主要传输渠道，这些态度和行为会引发具体的危机类型；而不同的危机类型正是树的树枝（见图1-2）。

土壤

要想充分认识各种危机问题，我们就必须综合考虑诸如社会经济地位、政治现实条件、经济环境及文化因素等环境因素。当然，环境（即土壤）还包括剧烈的社会变化。像城市化进程、贫困人口的女性化趋势、暴力和恐怖主义的威胁及新技术的变革都是环境的组成部分，它们既可以促进也可以阻碍危机中的儿童和青少年成长。对安德鲁斯一家来说，他们赖以生存的"土壤"就是低水平的社会经济地位、有限的精神卫生福利、由技术革新引发的职业动荡及杰克所表现出的种族主义态度。所有这些都呈现了环境对这个家庭所造成的压力，环境造就了这个家庭的现状，给家庭成员带来了巨大的影响。

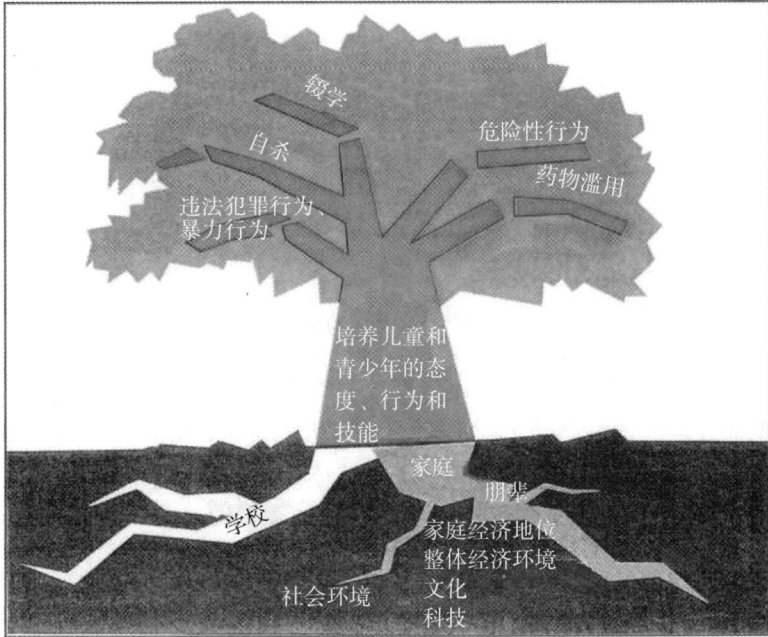

图 1-2　危机之树

这样的土壤（环境）只能培育出危机果实：阿莉和保罗。

根脉

危机之树有三条主要的根脉：家庭、学校和朋辈。如同树的根脉可以为其提供稳固和滋养生命的基础架构一样，家庭和学校作为文化传承的载体，与朋辈共同影响着儿童和青少年的发展。这三种基本的社会环境犹如根基，儿童和青少年可以从中汲取经验和养分。

家庭是危机之树的首要根脉。以安德鲁斯一家为例，冲突、摩擦及父母所秉持的截然不同的养育方式导致了阿莉和保罗的功能障碍。杰克易激惹和充满敌意的性格及艾丽西亚的抑郁、忧愁和息事宁人的处事方式妨碍了孩子们获得成长所需的照顾和支持。安德鲁斯一家经历了各种问题，像他们这样的多重问题家庭将面临巨大的挑战。

学校是另一条主要根脉。每一个社会都期待学校能为儿童和青少年提供一个安全的环境，培养他们获得必备的学习经验，并且处理他们的学习和情绪问题。现如今，基本生活技能越来越多地由学校传授给学生，而这些内容在过去都是由家庭传授的。对安德鲁斯一家的孩子们来说，学校对他们的未来起着至关重要的作用。学校如何对待阿莉和保罗的境况，将深深地影响他们对学校、学习和生活的态度。

第三条主要根脉就是朋辈。尽管朋辈对孩子的影响通常展现得相对较晚，一般在青春期早期，但它在青少年的文化、价值观及行为规范的传播方面具有巨大的影响力。在理解和干预青少年时，倘若未充分考虑朋辈的影响，实施的干预很可能就会无效。

树干

树干是树的骨架和支柱，是从土壤和根部往树叶、花朵和果实输送养分的管道。危机之树的主干是由儿童和青少年的具体行为、态度和技能组成的。它代表了儿童和青少年的优势和劣势、天赋和缺陷，以及风险因素和保护性因素。这些行为、态度和技能也会传输到树枝部分，诸如延迟满足能力不足、抑郁、焦虑、自卑和冲动控制问题等具体的个人特点都可能直接引发危机行为。对安德鲁斯一家来说，阿莉的反叛、自我挫败行为及保罗的焦虑、抑郁和攻击行为都将他们置于危机中。

树枝

危机之树的树枝代表儿童和青少年对社会的适应状况。许多儿童和青少年都适应得很好，他们身体健康，能很好地融入社会，并传承社会文化；他们未来能够胜任工作和为人父母，并成长为社会集体中的一员，充分发挥自己的创造力。与这些适应能力完备的儿童和青少年形成鲜明对比的是，有些儿童和青少年通过破坏性的态度和行为将自己孤立于文化传统、家庭与社会之外，最终将自己置于某种危机中。

能够结出剧毒果实的五条树枝，就是我们最关注的五种危机类型：辍学、药物滥用、危险性行为、违法犯罪行为或暴力行为，以及自杀。阿莉和保罗正处于辍学危机的边缘。此外，阿莉还面临药物滥用和（由危险性行为导致的）未成年怀孕的风险，而保罗则处于自杀和暴力行为的危机中。

树叶、果实和花朵

危机之树上结出的果实便是像阿莉和保罗这样活生生的儿童和青少年个体。有些儿童和青少年是健全且健康的，有些儿童和青少年则伤痕累累，还有些儿童和青少年会从树上坠落。诚然，折断的树枝有时也可能会结出丰硕的果实，健康的树枝有时也会结出不良的果实。但不可否认的是，特定的树枝，即五种主要危机类型中的适应不良行为，会提高危机行为发生的可能性。或许更加不幸的是，置身于危机中的儿童和青少年本身又会成为繁衍"危机之树"的种子。

园丁

像所有正在生长的树一样，面临危机风险的树需要得到修剪和立桩固定、充足的阳光和水分，以及精心的培育。因此，本书面向的正是这样一些"园丁"：教师、心理咨询师和社会工作者、青少年康乐中心和少管所工作人员，以及其他公众服务从业者——正是他们承担着培养千千万万个保罗和阿莉的重任。对危机之树的培育，有时需要针对土壤来工作，有时需要针对根脉来工作，有时则需要针对树干或树枝来工作。但最终的目标一定是改善树上的果实。针对儿童和青少年工作的各种有效策略将贯穿全书，希望这些策略将有助于你成为更优秀的园丁。

危机之树的比喻非常实用，它可以让我们更好地理解和帮助那些处于危机中的儿童和青少年。但它并非一个正式的理论框架。接下来，我们将介绍一种涵盖更为广泛，也更为简洁、直观的理论模型，即人类个体发展的生态学模型。

生态学模型

布朗芬布伦纳（Bronfenbrenner，1989，1994）提出了社会生态模型理论（ecological model）。他认为，人类个体的发展过程发生于一种相互关联且层层镶嵌的生态系统中。该模型可以帮助我们更好地理解文化、政治、关系、社会交往及生活经历是如何对儿童、青少年及他们的家庭的态度、行为和能力产生影响的。该模型已经被用于构建与儿童和青少年、多元文化个性发展及多元文化咨询过程相关的文化咨询和评估框架（Mobley，2001；Ponterotto，2010，Yeh & Kwon，2010）。此外，该模型也被用来分析哥伦比亚高中枪击案件（Hong，Cho，Allen-Meares，& Espelage，2011），还被应用于学校心理咨询工作（McMahon，Mason，Daluga-Guenther，& Ruiz，2014）。

布朗芬布伦纳社会生态模型基于这样一种核心理论假设构建：人类个体是在层层嵌套的互动系统中成长、发展起来的。这些系统包括微观系统、中间系统、外部系统、宏观系统，以及时间维度，其中，个体居于这些系统的中心位置。图 1-3 是布朗芬布伦纳的社会生态模型示意图，它直观地呈现了该模型，该模型是由一整套包含多种层次或多种程度的互动、交互关系的同心圆组成的。时间维度在纵向呈现，故未在平面图上标示。

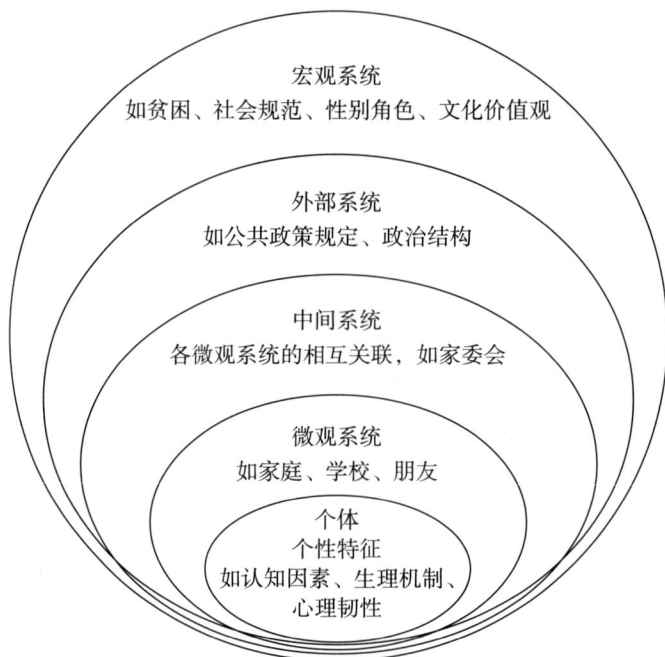

图 1-3 布朗芬布伦纳的社会生态模型

📄 **小故事：卡丽**

···

　　几年前，我们团队的其中一位成员开始与一位名叫卡丽的少女进行工作。她的主诉是情绪困扰，并具有不良行为。就个人而言，13 岁的卡丽显得自暴自弃、易怒且忧心忡忡。她性格固执又叛逆，这对她的家庭、学校和她个人而言都是个问题。然而，当我们分析她的生活中不断发生变化的生态环境时，她所表现出的行为和态度很容易就被大家理解了。

　　在搬进父亲家之前，卡丽住在乡村，由母亲抚养长大，母亲是兼职服务员，每个月能从卡丽父亲那里得到微薄的子女抚养费。卡丽的母亲周期性地感到焦虑和抑郁，在那段艰难的岁月里，卡丽承担起了照顾自己和母亲，以及打理她们那所简陋房子的重担。母亲和其他亲戚（大多住在附近）对卡丽的日常安排最恰当的描述就是自由和散漫，他们对孩子的任何行为都放任不管。

　　卡丽就读于当地的一所乡村学校，跟大部分同学从小就很熟悉。也许是因为学校的期望并不高，尽管有记录表明卡丽患有学习障碍，但她的学业总体上还算过得去。

后来，卡丽的母亲由于急性抑郁发作，决定让卡丽搬去跟父亲同住。一夜之间，她就从那个宁静、偏僻的乡村小房子里搬到了父亲那栋位于市郊富人区的大豪宅中。

卡丽的父亲白手起家，凭借自身努力成为百万富翁，他是一家连锁药店的老板兼 CEO，生意做得风生水起。他每天工作时间很长，不仅对自己要求非常严格，对跟他相关的每个人，包括供应商、零售商、员工、学校工作人员及自己的家人，也抱有很高的期望。

一夜之间，卡丽突然发现自己竟然生活在这样的一个家庭环境中：家中不仅有她的父亲、父亲的女友（不久将成为她的继母），还有一位管家和一位住家保姆，那位保姆是被雇来帮助、辅导、管教和陪伴她的。卡丽进入了当地的一所公立学校就读。由于新家所处的社区具有良好的社会经济条件，因此随之而来的学业期望和行为规范也变得更严格。她的同学大多是大学教授、医生和企业高管的子女。这所学校的大部分毕业生都会进入大学继续深造，很多人甚至考入了全美国最著名的学府。

大家可能会觉得卡丽是一个幸运的女孩，她从一个无力照顾她的母亲那里被拯救出来，占尽了所有"优势"，踏上了一条通往成功的康庄大道。如果仅仅是从社会经济学的角度来看，卡丽的"不知感恩"可能令人十分费解。但假如我们从生态环境学的角度来看，那么卡丽所表现出来的反常和不良行为则是她对环境变化的一种合情合理、自然而然的反应。卡丽就像一株蕨类植物，从花园阴暗的角落里一下子被移植到灼热耀眼的阳光下。遭遇如此骤变，蕨类植物无法茁壮生长，卡丽同样也难以健康成长。

个体（individual）是模型图的内核部分。个体身上所具有的遗传素质、进化和生理部分、个性特征，以及持续发展的认知、情绪情感体验和行为过程，都整合于该模型的内核中。本书的大部分篇幅都聚焦在儿童和青少年个体身上，集中论述那些给儿童和青少年及社会带来或多或少困难的诸多风险因素和保护性因素。显然，前文案例中所介绍的阿莉和保罗，以及小故事中的卡丽，都代表了布朗芬布伦纳的社会生态模型中的"个体"这一层面。

微观系统（microsystem）由与个体直接接触或互动的对象组成，是指个体生活中直接、近距离的接触系统。例如，孩子的主要微观系统就是他的家庭。以阿莉为例，她的母亲艾丽西亚、弟弟保罗及继父杰克构成了她主要的微观系统。孩子的另一个微观系统是学校，包括教师、教职人员和同学。对卡丽来说，从一所乡村学校转到一所富裕但学业压力大的郊区学校，构成了从一个微观系统到另一个微观系统的不幸转变。显然，每个微观系统都会对孩子的发展造成影响。

中间系统（mesosystem）是指由多个微观系统之间嵌套式地相互关联构成的系统，也包括其互动关系所带来的影响。中间系统所带来的影响效应包括孩子的父母和教师之间的关系及孩子的学校和周围社区之间的关系。布朗芬布伦纳的社会生态模型认为，如果中间系统（即各微观系统之间的关系）是稳定、一致且积极的，那么它就会促进个体的发展（Bronfenbrenner，1977，1989）。例如，小故事中的卡丽搬去了新家，生活在一个新的社区，就读于一所新的学校。她就读的新学校与她的父亲和家庭教师之间是相对稳定、一致且积极的关系。遗憾的是，搬家这件事本身及她之前的微观系统给她带来了不利影响。例如，她之前上的乡村学校条件很差，教师对她的学业要求也不高，这些都持续影响着卡丽。以上这些因素都破坏了她的中间系统，使她难以适应新的生活环境。

外部系统（exosystem）由一种或多种外部环境因素的交互关联构成，这些外部环境因素距离个体更远，个体一般不会直接参与其中。国家或政府的公共政策就是外部系统的最佳例子。关于教育教学标准、教师工资、医疗保健服务或学校午餐安排等方面的公共政策和规范会对个体及其微观系统（如家庭、社区和学校）产生很大的影响，但个体本身可能不会直接出现在决策公共政策的外部环境（如美国市议会或州立法会议）中。卡丽的例子仍然可以充分说明这一点：两个不同地区的学校董事会都为各自学区内孩子的教育制定了教育政策并提供了相应的资源。卡丽后来就读的那所学校对大部分青少年的影响是非常积极的，有助于他们提升学习成绩，并最终升入高等学府。但对卡丽来说，这一外部系统对她却产生了不那么积极的间接影响。

宏观系统（macrosystem）代表了一幅更为广阔的社会环境画面，涵盖了文化价值观、信仰体系、社会结构、性别角色社会化、种族关系、国家资源和国际资源等诸多因素（Bronfenbrenner，1994）。宏观系统涉及社会和文化价值观体系，这些价值观影响着前文所述的诸多环境系统，并为它们提供框架。例如，儿童的攻击行为和观看暴力电视节目之间的相关研究，就是确认宏观系统对个体产生影响的一个重要例子。前文案例中的继父杰克拒绝他的女儿阿莉跟非裔美国人约会，部分原因可能就是宏观系统对他产生的影响。

时间维度（chronosystem）是生态环境模型的最后一个层面，它是指在个体的生活过程中随时间推移而发生的诸多社会历史环境和变迁，是个体与不同层面的环境因素之间的相互联系和交互作用。例如，杰克和艾丽西亚各自的成长经历、各自的第一段婚姻和离异经历、阿莉的生父在童年期所遭受的性虐待和身体虐待经历，以及其后来对阿莉的性虐待和身体虐待行为，都是时间维度的例子。

布朗芬布伦纳的社会生态模型中有三大理论假设（Bronfenbrenner，1989，1994），即个体和环境持续交互作用并不断发展变化、个体是生态系统的积极参与者，以及某个生态系统的变化会影响其他生态系统的变化，反之亦然。接下来，我们将依次详细介绍这三大理论假设。

首先，个体与环境持续进行交互作用并相互影响，因此个体也在持续地发生变化。环境会影响个体的发展，反过来，个体也会改变环境。个体与环境之间的互动具有双向性。在前文的案例中，杰克严苛的教养方式导致了阿莉的反叛和消极应对，而阿莉的行为反过来又促成了更加严厉的家庭规矩。

其次，个体是其所处环境与自身发展的积极主动的参与者。也就是说，个体不仅会受到环境的影响，也会对环境产生影响。在前文的案例中，阿莉正在做出积极（或消极）的抉择，与此同时，她的抉择也会对她的当下和未来产生重大影响。

最后，该社会生态模型是双向交互的，即一个生态系统的变化可能会影响距离个体或近或远的其他环境系统。例如，政府的相关公共政策可以通过作用于更直接和更接近个体的那些生态系统来影响个体的发展。同样，处于微观系统和中间系统的个体、家庭和社区也可以反过来影响国家和政府的公共政策。例如，在美国，个体可以通过给参议员写信、参与公共论坛或举行抗议活动来对政府施加影响。这说明了生态模型的双向互动性，也描述了生态系统中每个系统的诸多因素是如何作用于另一个系统，进而产生变化的。无论在本章还是在整本书中，诸多风险因素和保护性因素的例子都处于这些嵌套的、相互作用的系统中。

助人者之间的对接

无论是心理咨询师、公众服务专业人士、心理学家、教师，还是其他在公共或私人领域从事专业助人工作的从业者，都可以将我们所提出的预防与干预策略融入自己的工作实践中。当然，最好可以将其有机地整合到机构和学校所提供的其他服务和干预措施中。为了能将本书给出的诸多策略落实到日常的生活和学习中，我们不仅要跟同事和管理人员紧密地进行专业协作，更要充分关注特定的组织文化和不同的学校氛围（Massey，Armstrong，Boroughs，Henson，& McCash，2005）。

教师既可以在某个特定的学生身上使用我们所提出的建议，也可以将其应用于对一群学生或整个班级的教育管理。这些干预措施只需进行适当调整，就可以适用于儿童和青少年个体与团体的工作。如果能将与儿童和青少年有关的成年人纳入进来，工作将会达到最佳效果。如果教师、公众服务专业人士能够和家长通力合作，将单个学生或整个班级的真实需求放在工作首位，那么他们的工作效率就一定会得到巨大提升。教师，尤其是社会教育和特殊教育学校的教师，可以将本书推荐的项目纳入课堂教学。

无论是少管所、青少年活动中心、日间护理治疗项目的从业者还是在其他地方工作的公众服务专业人士，都可以使用我们提出的干预策略。现如今，儿童和青少年越来越需要成年人担任他们的人生导师，为他们树立积极的榜样和典范，教授他们沟通和人际关系的实用技巧。生活技能训练项目（详见第 12 章）可以充分满足他们的这些需求。或许，教师是实施这些项目的最佳人选，可以与心理咨询师和经过培训的家长通力合作。当然，他们需要接受过专业培训、时间充裕且得到大家的鼓励和支持。

学校或其他机构的心理咨询师、心理学家和其他公众服务专业人士，都可以向教师提供专业的咨询，共同探讨如何更好地实施生活技能训练项目。很多心理咨询师都接受过认知行为技术训练、熟悉小组 - 团体动力，还接受过其他一些关于发展和认知行为技术的培训，这些技术和模式都可以用来帮助儿童和青少年提高社会技能。作为一名心理教育工作者，心理咨询师对儿童和青少年的发展和教育可以起到应有的促进作用。心理教育团体干预可以适用于各种各样的问题领域，尤其对危机中的儿童和青少年及他们的父母有效。

结语

本章介绍了当今美国儿童和青少年在成长过程中面临的诸多问题，并强调了这些问题的严重性。教师、心理咨询师、心理学家及公众服务专业人士在与儿童和青少年工作的过程中会致力于分析他们所面临的危机的本质，研究其严重程度。所以，危机连续体这一概念对于这些专业人士而言具有非常高的价值。布朗芬布伦纳的社会生态模型可以帮助我们更好地分析环境的不同层面如何给儿童和青少年的各种危机及危机类行为带来有利或不利的影响。在后面的各章，我们将再次介绍安德鲁斯一家的案例，这个案例充分说明了儿童和青少年是如何在家庭、学校和诸多社会问题三者的频繁交互所带来的影响下发展和成长的。正如我们在本章所提到的，本书的目的就是澄清危机中的儿童和青少年所面临的诸多问题，并为这些问题的干预与治疗方案提供多元、全面、可执行及合乎伦理道德要求的策略。

第 2 章

导致危机的环境与社会因素

我们不辞辛劳，付出大量的时间和努力来支持一个凌驾于人民之上的傻瓜，花费大量的心血来推销猫粮、研发更畅销的牙膏。倘若我们将同样的心血和精力用于改善社会，那么现在的大部分社会问题都已不复存在。

我们不辞辛劳，付出大量的时间和努力来制造炸弹，花费大量的心血来推销香烟和美酒、重新换上光鲜亮丽的衣装。倘若我们将同样的心血和精力用于社会改革，那么现在的大部分社会问题都已不复存在。

本章要点

■ 经济条件

- 贫困

  贫困工薪家庭

  弱势群体和社会公众服务不足的家庭

  年轻的单身母亲家庭

  无家可归的家庭

  案例研究：贝克一家

  贫困对危机中的儿童和青少年的影响

- 贫富差距

  倦怠、迷茫、富贵病和目标感缺失

  社会攀比

■ 政策建议与意见

- 儿童保育服务

- 综合性学前教育项目

  小故事：一位从启智教育项目中获得帮助的母亲

- 课前和课后延时教育中心

- 赋能

  批判意识

  技能发展

  社会行动

- 社区关怀模式

■ 结语

赫拉克利特（Heraclitus）有句名言："一切皆流，无物常驻。"或许，如今这个时代比历史上任何时候都能更清晰地印证这一洞见。在经济、政治、社会和技术变革的汹涌浪潮中，儿童和青少年的成长正面临着严峻的挑战：他们能否成长为成熟、健康、有责任心的社会栋梁。当下科技进步的速度亦是历史上任何时代都无法企及的。随之而来的是高度专业化的生产和服务体系，以及高度专业化的通信和运输系统，这使我们原本就错综复杂的社会生活更加变幻莫测。例如，互联网技术把全世界紧密地联系在一起，为"知识时代"的大众提供海量信息，但与此同时，它也为儿童和青少年提供了快速接收信息和社会影响的机会，而这些信息和社会影响难以监管，有时甚至存在危险。人口持续迁移、传统大家庭日渐式微、工业由北向南迁徙、大量工作外包至海外、工厂高度自动化，还有经济大萧条及其带来的后续影响等，所有这一切使我们的社会变得愈发扑朔迷离。尤其是在这个时代，全球经济成为一个相互依赖的共同体，那些影响世界其他地区的社会和经济力量同时也影响着儿童和青少年。

在本章，我们将仔细审视那些让儿童和青少年置身于危机中的社会影响和环境影响。另外，我们将讨论当前的经济趋势，尤其是关注贫困问题，还将为读者呈现社会经济地位、种族、经济萧条、国家趋势和公共政策等诸多因素之间错综复杂的关系。最后，我们会给出若干建议和意见，以改善不良经济局势的负面影响。

经济条件

经济条件是影响儿童和青少年生活的主要外部系统因素。其中，贫困会给危机中的儿童和青少年造成严重的影响，尤其是会威胁到以下几类家庭：贫困工薪家庭、弱势群体和社会公众服务不足的家庭、年轻的单身母亲家庭及无家可归的家庭。当然，同一个家庭往往会面临多重困境。例如，一位贫穷的年轻单身母亲同时可能无家可归。多重困境的叠加必然会给儿童和青少年带来危机，至于危机的水平则取决于家庭的实际情况及其所面临困境的具体组合（Garcia & McDowell, 2010）。我们还注意到，到目前为止，美国绝大多数地区关于就业、贫困和其他经济指标方面的数据都不包含同性父母及其子女的情况。我们认为，既然同性婚姻在美国所有州都是合法的，那么未来关于"已婚"和"单亲"父母的数据也应该涵盖对同性家庭状况的准确描述。

贫困

贫困是与家庭压力最密切相关的危机因素。尽管一些来自贫困家庭的孩子也发展得相当不错，但贫困仍然与儿童和青少年的学业失败、犯罪行为及其他问题高度相关。在过去的几十年里，美国儿童和青少年贫困率从 15% 上升到了 23%（Ratcliffe & McKernan，2010）。在美国所有 18 岁以下的儿童和青少年中，有 44% 的人来自低收入家庭，有 22% 的人来自贫困家庭（Jiang, Ekono, & Skinner，2015）。这个比例较 2007 年有所增长，2007 年，该数据分别为 39% 和 18%。有色人种的孩子更有可能在低收入家庭中长大，拉丁裔和黑人的子女分别占 63% 和 65%，移民父母的子女占 55%，生活在低收入家庭的白人的子女占 31%。同样，有 13% 的白人儿童成长于经济贫困的家庭；在拉丁裔和黑人家庭中，贫困家庭占比分别为 32% 和 39%。贫困率也会随着家庭结构的不同而有所差异：在贫困家庭中，有 12% 的孩子与已婚父母生活在一起，有 42% 的孩子生活在单亲家庭中（Jiang et al.，2015）。

美国农村儿童和青少年的贫困率（26.2%）仍然高于大多数城市儿童和青少年的贫困率（21.6%），但一些内陆城市除外（U.S. Department of Agriculture，2015）。例如，美国一些特大城市的儿童和青少年的贫困率分别为 67%（底特律）、57%（克利夫兰）、49%（迈阿密）、48%（密尔沃基）、43%（弗雷斯诺）和 43%（亚特兰大）（Annie E. Casey Foundation，2012）。尽管生活在贫困线以下的儿童和青少年人数在 2000 年降至 1160 万人，创下 20 年来历史新低，但许多低收入家庭仍然非常贫穷。那些振奋人心的、关于儿童和青少年贫困率下降的新闻报道，不过是 20 世纪 90 年代末美国劳动力就业率上升所带来的人为假象罢了。10 年间，这种繁荣和充满希望的景象转瞬即逝。自 2008 年全球经济大萧条以来，美国儿童和青少年的贫困率急剧上升，这类似于 20 世纪 80 年代初和 90 年代初经济大萧条时期儿童和青少年贫困人口剧增的情况。

贫困工薪家庭

工作可以有效减少贫困。在美国双亲均失业的家庭中，有 72% 的儿童和青少年处于贫困中；相比之下，在美国父母至少一人有兼职工作的家庭中，有 48% 的儿童和青少年处于贫困中（Jiang et al.，2015）。然而，单靠工作并不足以摆脱贫困：半数低收入家庭和 30% 贫困家庭中至少有一位家长全年都在全职工作（Jiang et al.，2015）。在一些家庭中，父母双方都必须努力工作，方能使家庭摆脱贫困，而年轻的家庭则面临着越来越大的经济压力，有色人种家庭受到的影响尤其大。2013 年，低收入家庭占所有工薪家庭的三分之一，其中有近一半的家庭是少数裔族和有色人种（Povich，Roberts，& Mather，2014—2015）。

就业指数无法呈现一些真实的信息：在经济大萧条时期，那些失业后再就业的人往往赚得比以前更少。对 25～34 岁的成年人来说，他们在经济大萧条期间失去工作，而重新就业后，他们的月收入中位数比以前下降了 11%。50～61 岁成年人的月收入中位数下降了 23%（Johnson & Butrica，2012）。

贫困工薪家庭所面临的经济问题会通过父母的态度、脾气和行为对孩子的发展产生影响。例如，有经济压力的父母更易焦虑、易怒、易激惹，在管教孩子方面也会更加专制、更具有惩罚性（Ponnet，2014；Schliebner & Peregoy，1994）。此外，成年人的心理健康也会受到经济因素的影响。心理健康水平的下降与失业高度相关（Paul & Moser，2009；Wanberg，2012）。较低的社会经济地位、较差的社区资源、与贫困相关的压力，都与父母和孩子较高的焦虑和抑郁水平相关（Santiago，Wadsworth，& Stump，2011）。经济压力加重了父母的抑郁水平，限制了父母积极的养育行为，导致低收入家庭中的儿童和青少年的问题行为更加明显（Ponnet，2014）。

与有工作的父母相比，失业的父母对自己的生活会产生更多不满，他们会觉得自己是受害者，也更易感到焦虑、抑郁，更易怀有敌意，罹患神经症、精神障碍的比例更高，自杀的概率也更高。另外，他们有更多睡眠、饮食和身体健康方面的问题，他们当中酗酒的人也更多（Smith，2002）。态度、脾气和行为的这些变化会使家庭关系趋于紧张，不利于儿童和青少年的健康成长（Solantaus，Leinonen，& Punamaki，2004）。

在第 1 章的案例研究中，我们介绍了安德鲁斯一家。回想一下，杰克因为技术革新而失去了电子技师的工作，后来他只能在一家加油站兼职。就业和收入的变化无疑是他产生愤怒、敌意和无力感的主要诱因。这些不良情绪反过来又影响了他对孩子们的养育方式，让他的养育更加专制、更具有惩罚性。阿莉的抑郁和叛逆行为就是受到高压对待和自尊受损的直接反应。她的青春期性行为（如果父母的怀疑是正确的话）至少可以被部分地解释为"她对继父严厉、粗暴行为的反应"。同样，杰克的这种情况也加剧了保罗的抑郁、愤怒和自卑感。保罗的破坏性行为和在校的适应不良行为也是其后果之一。

简而言之，安德鲁斯一家的情况反映了美国贫困工薪家庭所共有的几个典型特征。由于父母的工作性质是兼职，因此他们不需要托儿服务，这是许多工薪家庭所没有的优势。然而，无论如何，近乎最低工资水平的薪水，以及艾丽西亚和杰克有限的工作机会，都是导致这个家庭面临诸多问题的重要因素。

弱势群体和社会公众服务不足的家庭

在 2008 年至 2010 年的经济大萧条中，美国所有种族群体的贫困率都有所上升，其中黑人和拉丁裔美国人的贫困率最高。拉丁裔人口的贫困率从 23% 上升至近 31%，而黑人的贫困率则从 24% 上升至 35%。相比之下，白人的贫困率从 8.6% 上升至 11%（FIFCFS，2010）。除了受经济大萧条所带来的打击，美国国家经济结构调整也使低收入和失业有色人种家庭的比例更大了，这真是雪上加霜。制造业的就业岗位从城市转移到边远地区，包括外包到其他国家和地区，这让形势更加严峻。由于有色人种家庭居住在市中心地区的人数不多，他们从事的大多是蓝领工作，而这类工作岗位日趋减少，因此他们更有可能因受到失业的影响而流离失所。随着美国继续从商品生产型经济向服务型经济转型，这个问题可能会持续相当长的时间。

有色人种工人在低技能工作中的比例仍然过高。例如，拉丁裔和非裔美国人仅占就业工人总数的 16%，却占农业工人总数的 50%、地面维护工人总数的 45%、女佣和家政保洁工人总数的 44%（Bureau of Labor Statistics，2014）。非裔美国人占就业工人总数的 11%，却占医疗护理、精神疾病护理和家庭保健服务人员总数的 36%、公交车司机总数的 27%、保安和博彩监控人员总数的 27%。在美国，薪酬最高的主要职业类别是管理类、技术类及相关职业，在这类职业中，50% 的员工为亚裔，39% 的员工为白人，29% 的员工为黑人，20% 的员工为拉丁裔。这种分布模式在美国军队中也很常见。例如，2014 年，在步兵、装甲部队和炮兵部队这些美国陆军的主要作战部队中，没有一名黑人军官担任领导职务，2015 年，黑人军官也只有一个晋升名额（Brook，2014）。

非裔和拉丁裔美国人的贫困率明显高于欧裔美国人。那些育有子女且由妇女支撑的家庭特别容易陷入贫困，尤其是在少数族裔中。2012 年，非裔儿童、西班牙裔儿童和美洲土著儿童的家庭比亚裔和非西班牙同龄人的家庭更有可能面临失业的风险（Annie E. Casey Foundation，2014）。黑人儿童比白人儿童更有可能长期遭受贫困之苦。出生于贫困家庭是预测未来贫穷状况的主要标志。超过 30% 的白人儿童和近 70% 的黑人儿童出生于贫困家庭，在这些儿童中至少有一半的人的童年生活是在贫困中度过的（Ratcliffe & McKernan，2010）。

在 2008—2010 年的经济大萧条期间，所有人（不分种族、年龄和性别）的长期失业率都急剧上升。其中有一半的人已经至少失业半年以上了，这是自二战以来的最大比例。非裔和拉丁裔、老年人和蓝领的失业持续时间中位数是最大的。当然，长期失业对家庭经济状况、情绪健康水平和职业前景的影响远比短期失业更严重（Morin &

Kochhar，2010）。美洲土著人受到包括失业率在内的国家经济周期的影响较小，因为他们的失业率一直都比较高，尤其是在大多数保留地区域。

年轻的单身母亲家庭

如果阿莉·安德鲁斯跟他的男友发生婚前性行为，她很可能会怀孕，但嫁给孩子父亲的可能性不大。如果她生下孩子（这也是可能的），那么她将陷入收入微薄、工作繁重的困苦境地。她将承担起大部分照顾孩子和做家务的重担。如果她能找到一份工作，为孩子找到托儿服务，那么她可能会进入职场工作。那些以年轻女性为主要支柱的家庭最容易遭受贫困危机及其他附带问题。2013 年，有超过 39% 的单身母亲家庭生活在贫困中，而单身父亲家庭和双亲健全家庭的贫困率分别为 20% 和 7.6%（Economic Policy Institute，2015a）。在单身母亲家庭中长大的孩子成年后也很有可能穷困潦倒（Wu & Eamon，2011）。事实上，在过去的几十年里，大部分单亲母亲家庭的经济状况一直在不断恶化（Economic Policy Institute，2015a）。

未成年怀孕和生育对其本人及新生儿都会产生长期的不利影响（American Academy of Child and Pediatric Psychiatry，2012）。未成年母亲所生的孩子出现早产和低出生体重的风险更高。很多少女在怀孕后直到孩子出生前都不会接受正规的产前检查和护理，这就为孩子将来的危机埋下了隐患。缺乏产前检查和护理会影响孩子将来的健康、幸福和学习能力，而这种恶果往往要由学校和卫生保健系统来承担。当然，孩子更有可能出生在经济条件和教育资源有限的家庭中。所有这些因素都构成了他们未来成长的障碍。

自 20 世纪 90 年代以来，美国未成年女性的生育率逐年稳步下降。2012 年至 2013 年间，未成年女性的生育率下降了 10%，降至 26.5‰（Martin，Hamilton，& Ventura，2015）。尽管这一生育率有所下降，但仍高于大多数发达国家。在非裔和拉丁裔美国人中，未成年女性的生育率仍然比较高，分别为 39‰ 和 41.7‰（Martin et al.，2015）。

除影响家庭结构外，母亲的婚姻状况还会影响孩子的经济安全。2002 年至 2008 年间，未婚女性的生育率急剧上升。之后，35 岁以下未婚女性的生育率有所下降，而 35 岁以上未婚女性的生育率有所上升。目前，美国每 10 个新生儿中就有 4 个产于未婚女性（CDC，2015）。2007 年至 2012 年间，在拉丁裔和美国黑人女性群体中，未成年女性的生育率分别下降了 28% 和 11%，降至 73‰ 和 63‰。未婚母亲会面临诸多高危风险，如早产婴儿低出生体重和婴儿高死亡率等（CDC，2015）。越来越多的年轻未婚母亲不得不进入职场，部分原因是迫于家庭实际收入的下降。

无家可归的家庭

贫困、失业、低薪工作及无法承受的高价住房是造成人们无家可归、流离失所的主要原因。在美国，从 2005 年至 2013 年，无家可归的家庭所占比重总体有所下降，家庭和退伍军人的无家可归率也有所下降（National Alliance to End Homelessness，2014）。这些全国性的数据掩盖了美国不同地区的无家可归者之间的差异。2012—2013 年，美国 31 个州无家可归者的数量有所减少，同时也有 20 个州无家可归者的数量有所增加。美国市长会议（U.S. Conference of Mayors，2014）的报告显示，在所有参与调查的城市中，无家可归的家庭数量平均增加了 3%，其中有 22% 的城市报告无家可归的家庭数量没有变化，有 35% 的城市报告无家可归的家庭数量有所减少，有 43% 的城市报告无家可归的家庭数量有所增加。在所有参与调查的城市中，寻求庇护场所的家庭数量增加了约 3%，有 73% 的城市由于缺少足够的床位而不得不将那些带着孩子前来寻求帮助的无家可归的家庭拒之门外。尤其令人担忧的是，学龄期儿童和无家可归的青少年占无家可归总人数的三分之一。

美国市长会议的报告还指出：

- 在申请紧急食物援助的人中，有 56% 的人是家庭成员，有 38% 的人是在职的劳动人口；
- 在 2013 年，大约有 27% 的紧急食物援助需求无法得到满足，因为在大多数城市中，应急食品供应商必须减少应急食品供应的数量和频率；
- 有 84% 的城市预估 2015 年他们在紧急食物援助方面的需求将会增加；而有 44% 的城市预估他们支持紧急食物援助的资源将会减少。

没有可以负担得起的住房是导致家庭无家可归的最常见原因。在美国，平均每个家庭需要等待 2 年才能获得国家的公共住房援助（National Center for Family Homelessness，NCFH，2015）。美国无家可归家庭中心（NCFH）引用的一份报告显示，在每 100 个寻求廉租住房的低收入家庭中，只有 30 个家庭最终符合条件并负担得起租金。一项关于美国各州住房成本和最低工资的研究报告指出，那些拿着最低工资的全职工人无法在美国的任何一座城市买到一套一室或两室的公寓住宅（National Low Income Housing Coalition，NLIHC，2013）。这导致无家可归的家庭与其他家庭"合住"或暂时住在单间公寓的现象。

无家可归会对儿童和青少年的幸福和学业成就带来很多障碍。在许多城市的紧急避难所中，居住在此的无家可归的家庭不得不在避难所外度过白天，为了获得避难所，家庭成员常常被迫分开。这些不利条件使孩子很难安心学习，无法有一个安静的地方完成家庭作业，很难获得必要的学校用品，也很难在学业上获得父母的帮助。无家可归的儿童和青少年还面临上学通勤不便、没有正式学籍记录、没有免疫接种证明、没有居住证明及出生证明等困难。

安德鲁斯一家印证了我们前文所论述的两种趋势带来的影响：就业和收入减少所带来的经济问题及年轻家庭的问题。下面将要介绍的贝克一家的案例还引出了另外两个令人担忧的方面：单身母亲家庭和无家可归的家庭。

案例研究：贝克一家

萨莉·贝克是一个 28 岁的非裔美国女性。她和自己的丈夫乔治已经分居 5 年了，二人育有 9 岁的儿子蒂龙和 7 岁的女儿丹妮拉。萨莉跟现任男友育有 3 岁的儿子杰尔姆，这个男友也有一年多没露面了。在萨莉为人母的这 9 年里，她主要靠抚养未成年子女家庭援助计划（Aid to Families with Dependent Children，AFDC）的救济金来维持生活。几个月来，她和孩子一直栖身在安德烈之家（Andre House）收容所，这是政府为无家可归的家庭提供的庇护场所。

萨莉出生于美国亚拉巴马州的农村，从未见过自己的父亲。8 岁时，萨莉被母亲带着跟年幼的弟弟妹妹一起搬到了达拉斯。萨莉记得母亲没有工作，"她养不起我，也无力送我回去"。随着她们的生活处境变得越来越糟糕，母亲的受挫情绪也越来越严重，并且逐渐演变成了对萨莉的辱骂和

虐待。经过几年断断续续的被辱骂和被虐待后，14 岁的萨莉再也无法忍受，最终离开了那个家。她在当地的一个公园里住了几个星期，但因违反宵禁法和非法持有酒精而被捕，并被送到了拘留所。从拘留所出来后，她被送往她人生的第一个寄养家庭。她说自己在那个寄养家庭遭受了性虐待，后来再次流浪街头。在接下来的几年里，萨莉一直都在重复这样的生活模式：在大街上流浪几个星期或几个月；被警察逮捕并被送到拘留所；被拘留所安置在另一个寄养家庭中。她的弟弟妹妹最终也被寄养，在此之前，他们断断续续保持着联系。18 岁时，萨莉遇见了乔治·塔克，二人很快就结婚了。在最初的几个月里，婚姻给她带来了关爱和温暖。只可惜好景不长。在经历了 4 年的冲突和频繁的分居后，乔治选择了"穷人离婚"的方式，他抛妻弃子，再也没有回来，剩下萨莉独自一人

抚养两个孩子。

在来到安德烈之家收容所的前一年，贝克一家的生活状态反映了萨莉早年的生活轨迹——长期在各种危机之间来回摆荡。萨莉一直居住在城市住房管理局给穷人的廉租住房棚户区，靠政府的救济金来维持生活。因为住房管理局有补贴，所以她能以比市场价优惠数百美元的费用租到那间房子。但是，住在这样的地方，她们就得生活在那个周围充斥着毒贩、帮派活动和大量社区暴力的糟糕环境中。当蒂龙开始接触当地的一个帮派势力时，萨莉决定搬到邻近城镇和她的弟媳一起住。拥挤的居住环境让她们全新的生活大打折扣：因为现在是两个大人和七个孩子一起住在一套两居室的公寓里。萨莉在那里住了三个月，攒了些钱，但还是不够她找个地方住。

后来，萨莉带着孩子们搬回达拉斯，和她的妹妹一起住在一套同样是两居室的公寓里。妹妹和她的男友睡一间卧室，妹妹的三个孩子睡另一间卧室，萨莉和三个孩子在客厅打地铺。问题再次出现了。妹妹的男友不仅吸毒，还贩卖毒品。虽然萨莉也承担一部分房租，但是因为妹妹的男友根本没交房租，所以没过几个月，两个家庭都被赶了出来。

萨莉和她的孩子们被迫搬去她的一个朋友家住，但这一次毒品问题再次出现了。因为这个朋友的朋友在他们居住的公寓里进行毒品交易，所以警方经常来搜查公寓，最后还威胁说除非萨莉把孩子们带离公寓，否则警方就会把孩子们带走。

萨莉一直在一点一点地从家庭救济金中攒钱，尽管如此，她省吃俭用存下的这100美元仍然太少了，根本不够支付两个月的房租加押金。然而不幸的是，她合租室友的贩毒朋友进入她们的住处抢劫，她长久以来辛苦攒下的那点钱被洗劫一空了。萨莉还被人殴打，她和孩子们的生命安全都受到了威胁。好在隔壁的一对老年夫妇打电话叫来了医护人员，带萨莉去了一家诊所。经历了这场威胁后，萨莉害怕极了，不敢让人报警。诊所的心理咨询师为她找到了一家可以收纳她们一家人的收容所，还给了她乘坐公共汽车的钱。于是，贝克一家就来到了安德烈之家。

萨莉一塌糊涂的生活也在孩子们的身上呈现出来。儿子蒂龙似乎受家庭经历的负面影响特别大。他行为非常冲动，很难维持注意力。在学校，他也明显表现出自己"渴求关注"：他一定要坐在第一排，坐在老师旁边，总要第一个玩新玩具。有时，他甚至会伤害其他孩子，表现出很强的攻击性。有时，他与母亲的争吵会演变成肢体冲突，他还会对三岁的弟弟大打出手。

相比之下，丹妮拉在情绪自我调节和人际交往方面要好得多。她经常和萨莉聊天，似乎总是能得到她想要或需要的东西。她的性格文静、可爱，深得成年人的喜欢，而且，显然这也让她的两个弟弟，甚至是蒂龙都很喜欢她。在照顾弟弟杰尔姆时，丹妮拉非常细致、有耐心。尽管这项任务有时让她感到沮丧，但她很负责，对弟弟的感情也很深。

杰尔姆是一个害羞、顺从、体弱多病的孩子，很害怕陌生人。他喜欢独处，也很少提要求。性格孤僻的他甚至有些人际回避，一个人待着时，他大部分时间都在看电视。杰尔姆似乎对哥哥蒂龙的暴怒无动于衷，即使这些暴怒是针对他的。不过，他喜欢黏着姐姐丹妮拉，总是寸步不离地跟着她。

如同贫困问题一样，人们通常认为无家可归完全是由个人因素导致的。很多人会觉得萨莉·贝克肯定是一个懒惰、粗鲁的人，认为她完全不想工作，她早就应该把积蓄存进银行，等等。这些过于简单化的看法很难清楚地解释她混乱的现实处境，也没有顾及这数十年来影响她的诸多现实因素。总体而言，无家可归是由缺乏廉价住房造成的，这意味着成千上万的家庭都没有自己的住房。在这种情况下，穷人要么就得花更多的钱买房或付高额的房租，要么就与朋友或家人一起住，直到不再受亲朋好友待见，要么就无家可归、沦落街头。基本的数据表明，像贝克这样的家庭几乎别无选择。

相关研究显示，有色人种家庭、年轻家庭很可能会无家可归，这些家庭的父母很可能在儿童时期遭受过虐待，在成年后遭受过打击，并且他们的社会支持资源非常有限。在全美国无家可归的人中，带着孩子的单身母亲占很大比重（Paquette & Bassuk，2009）。那些无家可归、住在庇护所或流落街头的儿童和青少年，在生活中常常会被抑郁、焦虑、行为障碍、一系列教育问题（Anooshian，2005）及精神疾病（Bassuk，Richard，& Tsertsvadze，2015）困扰。所以，这些无家可归的孩子学习成绩差，出勤记录也不稳定（Murphy & Tobin，2011）。贝克一家的案例再次印证了由无家可归带来的诸多问题。萨莉在早年所遭受的身体虐待和性虐待、混乱且高压的日常生活，以及缺乏人生目标和希望，都使萨莉和她的孩子们深陷危机。

贫困对危机中的儿童和青少年的影响

家庭贫困与儿童和青少年的认知发展相关，这一结论并不新鲜，几十年来的相关研究早已证实了这一点。贫困家庭的儿童和青少年也更有可能面临贫困、教育和医疗保健不足的问题。

神经科学家针对经济贫困带来的诸多不利影响的研究发现，那些出身于经济条件差、社会地位低的贫困家庭的孩子所经历的高压程度会对其身体健康造成危害。这些持久的压力会损害孩子的语言发展和记忆功能，使他们未来摆脱贫困的可能性大大降低（Krugman，2008）。此外，贫困所带有的"社会毒素"也增加了使孩子暴露于暴力、种族歧视、不稳定的医疗卫生条件及不安全的社区环境等危机的风险。这些毒素所带来的其他副作用还包括学业失败、学习障碍和虐待。在贫困家庭中长大的孩子更容易罹患智力发育迟滞障碍。在那些长期生活在贫困中的孩子中，有超过四分之一的人直到 3 岁仍然会表现出认知迟缓的迹象（Kiernan & Mensah，2009）。儿童所处的社会和经济环境是预测其总体幸福感的一项外部系统关键指标。我们得到的几乎所有数据都证实：孩子的教育成就、今后的职业、未来的收入及健康状态在很大程度上取决于家庭的社会经济地位（SES；Duncan，Kalil，& Ziol-Guest，2015）。那些社会经济地位最低的群体，也就是生活在极端贫困中的孩子尤其容易面临一系列问题。另外，来自贫困家庭的儿童和青少年出现健康问题的风险更高（Bauman，Silver，& Stein，2006；Reynolds，Rolnick，& Temple，2015）。那些来自社会经济地位比较低的家庭的孩子往往在高压环境或微观系统中成长（Evans & Cassels，2014）。他们生活在混乱、贫困的社区环境中。他们生活其中的微观系统往往缺乏足够的社会支持，由年轻的单身母亲照顾家庭，缺乏其他家庭成员的支持，而且缺少健康的男性榜样。此外，社会经济地位低与心理问题、不良的亲子关系及儿童虐待和忽视的高发生率也有关。社会经济地位低还是青少年辍学、怀孕和犯罪最有力的预测指标。出生、成长于极度贫困的家庭会使个体逐渐积累各种压力，这会对个体的心理健康造成极大的不利影响（Evans & Cassels，2014）。在下文中，我们将更全面地分析社会经济地位与每种危机类行为之间的具体关系。

贫富差距

在过去的几十年里，美国生活在贫困线以下的人数有所增加。正如上文所述，由于与经济变化相关的诸多因素，大多数美国工人发现，他们的经济需求越来越难以被满足了。

贫富差距也在不断扩大（Economic Policy Institute，2015b；OECD，2010）。穷人、中产阶级与富人之间的差距越来越大。1970 年，美国最富有的 0.1% 群体的总收入占国家财富不足 3%；到 2007 年，这一比例上升到了 12% 以上。自 1913 年以来，这一比例唯一一次高于 12% 是在 1928 年，也就是引发经济大萧条的股市崩盘之前（Hacker & Pierson，2010）。

社会中低层家庭的平均收入有所减少，而最富裕家庭的收入却增加了。对大多数美国人而言，2009 年是经济形势非常糟糕的一年，但对另一些人而言，那是非常好的一年。华尔街的 38 家公司共赚了 1400 亿美元。例如，高盛集团（Goldman Sachs）迎来了自 1869 年以来最好的一年，员工的平均年收入为 60 万美元（Hacker & Pierson，2010）。这种日益扩大的差距并不是从经济大萧条才开始的。例如，1990 年至 2000 年间，企业高级主管人员的工资上涨了 571%。即使是在 2000 年，也就是美国标准普尔 500 指数（S&P 500）下跌 10% 的时候，众多 CEO 的工资仍在上涨。即使是那些经历过大规模裁员的公司，其 CEO 的薪酬也在大幅上涨。与 CEO 薪酬的爆炸式增长相比，员工薪酬增长 37% 根本就算不上什么（Anderson，Cavanagh，Hartman，& Leonard-Wright，2001）。换句话说，如果自 1990 年以来，普通产业工人的薪资年均按照与 CEO 的薪资相同的速度增长，那么工人在 2000 年的年收入应该是 120 491 美元，而不是 24 668 美元。收入最高的那 20% 的人，即年收入超过 10 万美元的人，占全美国总收入近 50%；相比之下，位于社会最底层的那 20% 的工人的薪资仅占全美国总收入的 3.4%。近年来，美国最富有的 1% 的人控制着美国 40% 的财富，自经济大萧条以来，95% 的社会财富增长都流向了这 1% 的人（Stiglitz，2011）。此外，美国家庭净资产的中值显示出这种不平等还具有种族特征：美国白人家庭净资产的中值为 113 149 美元，西班牙裔家庭净资产的中值为 6 325 美元，黑人家庭净资产的中值为 5677 美元（Pew Research Center，2011）。由于大部分财富的向上转移是基于像债券、信托基金和企业股权这样能带来收益的资产类型，因此这一趋势可能会持续下去。贫富差距的扩大至少从以下两个方面给危机中的儿童和青少年带来了负面影响：由缺乏人生目标导致的倦怠和社会攀比。

倦怠、迷茫、富贵病和目标感缺失

美国大多数人的经济状况与儿童和青少年不断增加的危机因素有很大关系。然而，如果我们就此认为只有贫困才会带来危机，那就大错特错了。许多来自富裕家庭的儿童和青少年同样会面临危机。某些富裕家庭的孩子的药物滥用量甚至高于全美国样本（Luthar & Barkin，2012）。从某种意义上讲，一些非常富裕家庭的孩子其实是"贫穷的富二代"。他们拥有大量的物质财富，但可能缺乏管束、支持和联结。富裕家庭的孩子有一个特点，那就是他们大部分时间都在独处，经常要从伙伴那里寻求支持和照顾，以取代父母和家庭的支持（如第 1 章小故事中的卡丽）。实际上，这些儿童和青少年引发了一种新型"疾病"——富贵病（malady）。富贵病是一种比喻，是指由过多的物质财富造成的问题。富贵病存在于中上阶层、白领家庭，这些家庭中的孩子在一系列问题领域（如药物滥用、抑郁和焦虑等）均呈现出较高的水平，这也意味着他们亟需预防和干预（Luthar & Barkin，2012）。另外，缺乏家庭陪伴和父母支持的来自富裕家庭的儿童和青少年会体验到极度的倦怠感。

倦怠感（ennui）是指由于缺乏联结和生活目标而产生的一种不参与和厌倦的情绪状态。它与迷茫或个体的孤立、疏远、社交不稳定及无规范感密切相关。许多儿童和青少年，包括那些来自富裕家庭的孩子，都会感到厌倦或迷茫，感到与他人、与自己缺少联结，甚至对自己的未来毫无预期，这种感觉增加了他们面临危机的可能性（Townsend & B. T. McWhirter，2005）。厌倦感会在各种类型家庭的孩子身上出现，它会引起个人目标感的缺失，而目标感的缺失、疏离感和迷失感反过来又会加重厌倦感。

过多的物质财富还会带来其他危机因素。一项研究发现，社会和经济地位较高的学生表现出较低的共情能力（Kraus，Cote，& Keltner，2010）。研究人员观察到，那些在比较困苦的经济环境中成长的人更容易受到环境（包括其他人）的影响。对家庭不太富裕的儿童和青少年来说，自我投入其实是一种难得的享受，他们的人生也因此得到了提升，因为他们的情感触角和社会敏感性会更加敏锐。此外，收入的巨大差距为富人对穷人持蔑视、贬低和指责的态度提供了基本条件（Fiske，2010）。积极心理学的相关研究表明，让我们的生命得以丰富和充实的并非物质，而是工作、娱乐、爱和奉献（Chamberlin，2010）。

社会攀比

那些经历过经济大萧条的人说："虽然那时我们穷困潦倒，但当时我们自己并没有这种感觉。"通常，这句话后面会跟着这样一句评论："大家都在同一条船上，这样我们就会觉得没那么糟糕了。"然而，那样的日子早已一去不复返。年薪高达数百万美元的职业运动员、仅凭一部电影就能获得巨额片酬的电影明星《比弗利山庄的富二代》（*Rich kids of Beverly Hills*）这类电视节目，无一不在提醒贫穷的儿童和青少年，他们究竟有多贫穷。现如今，社会攀比即使会带来社会阶层分化，给人造成压力、让人痛苦，却仍不可避免。

2008年，有53%的美国人认为自己属于中产阶层，但2014年这一比例下降至44%，与此同时，认为自己是下层或中下层阶级的人的比例从25%上升至40%

（Kochhar & Morin，2014）。儿童和青少年在全球经济危机中受到的负面影响最大，却在"经济复苏"中获益最少（OECD，2015）。社会不平等日益加剧，令人生畏的挑战愈发明显，加上不再相信未来会变好，儿童和青少年迷失了前进的目标，这种种因素叠加在一起，成了滋生危机的温床。这让那些家庭条件不好的儿童和青少年更容易无心学习甚至辍学，也成为他们吸毒、进行危险性行为、犯罪和变得暴力的借口。

政策建议与意见

在这种情况下，我们能做些什么呢？接下来，我们将尝试给出一些解决问题的对策。我们提出了几项让"土壤"更肥沃的措施。这些措施侧重于儿童保育服务、综合性学前教育项目、课前和课后延时教育中心、赋能及社区参与。其中的每一项措施都需要家庭、学校和社区的通力协作。

儿童保育服务

儿童保育需要家庭、社区、政府的共同努力，这样才能为儿童及其父母提供健康、有益的选择。越来越多的父母会在上班时把孩子交给他人看护。所以，如果有合适的儿童保育服务，职场父母就可以专心工作，不再需要因担心孩子的健康和安全问题而在工作时承受过大的压力。如此一来，那些由于社会经济条件而给双职工家庭的孩子的成长环境带来的限制，似乎能得以克服。缺乏能够负担得起的儿童保育服务仍然是父母面临的主要困境。

接受高质量看护和早教学习项目的儿童，尤其是那些来自低收入家庭的儿童，无论在认知方面还是非认知方面，均会表现更佳。虽然良好的日托服务给所有的贫困家庭带来了福祉，但那些最贫穷的儿童获益最明显（Dearing，McCartney，& Taylor，2009）。早期接受的看护质量越好，孩子受益就越明显，当然，也无须刻意追求"最好"（Vandell et al.，2010）。只要儿童受照顾的质量高于平均水平，似乎就能带来足够好的效果（Dearing et al.，2009）。据估计，美国只有不到10%的儿童能得到高质量的看护和照料，有80%的儿童得到的看护尚可。不管是来自富裕家庭还是来自贫困家庭，儿童早期得到的照顾甚至可以被用来预测其在青少年阶段的认知 - 学业表现，低质量儿童保育的负面影响在低收入家庭的儿童中更明显（Child Care Aware America，2014）。

在美国，家庭普遍缺乏"负担得起的"儿童保育服务，这已成为全国性的问题。美国卫生与公众服务部（U.S. Department of Health and Human Services）将"负担得起"的标准界定为儿童保育服务的支出不超过家庭总收入的 10%。在美国的 50 个州中，儿童保育中心的费用平均占单身母亲群体收入中位数的 40%（Child Care Aware America，2014）。2013 年，在美国的 31 个州中，公立四年制大学一年的学杂费低于育婴中心婴儿看护的平均年费，甚至比不上 20 个州 4 岁幼儿保育服务的平均年费（Child Care Aware America，2014）。对贫困家庭来说，保育中心育婴的平均费用占他们家庭年收入的 28% ～ 85% 不等，具体数值因其所在的州而有所不同。

另外，对儿童保育可能具有负面影响的恐惧和偏见阻碍了建设性社会政策的制定，如此一来，我们便无法确保所有社会经济地位的家庭都能获得负担得起且高质量的儿童保育服务。儿童早期养育的质量本身并不足以构成孩子生活的危机因素。对于这一点，发展心理学家和儿童早教专家基本上已达成共识。相较之下，糟糕的育儿条件和不良的家庭环境两者兼具才会导致不良的发展结果。因此，有关儿童保育的影响研究必须充分考虑不同保育服务的类型（例如，是家庭保姆还是可容纳百名以上儿童的保育中心），也要考虑不同的家庭环境（例如，是虐待儿童还是高度支持儿童）。此外，不同的保育人员在资质和培训体系方面也存在差异（有些人从未接受过任何专业训练，他们会忽视孩子的需求；有些人则接受过严格、系统的专业训练，可以为孩子创设丰富的活动）。影响看护质量的因素包括：孩子与看护人员的比例、孩子的数量、看护人员对孩子的照顾与回应能力，还有保育人员的受训质量、经验丰富程度及看护者的稳定程度。不幸的是，儿童保育行业收入比较低，许多保育人员难以靠它养活自己，因此这个行业的人才流失率很高（Whitebook，Phillips，& Howes，2014）。

国家通过一系列与儿童保育服务相关的政策规范并引导这一行业，将有助于解决这些问题。另外，用人单位也要调整相关人力管理规定，充分考虑员工实际的家庭困难，这也有助于问题的解决。美国当前盛行的社会价值观往往要求家庭适应职场，而不是工作配合家庭的现实需求进行调整。在学校，教师、心理咨询师及为家庭提供支持的志愿者可以告知家长如何有效地对立法者施加影响，从而帮助他们更有效地表达自己的合理诉求。此外，教师和心理咨询师可以通过一些行之有效的方法促进儿童看护相关信息的交流，并加强那些乐于分享儿童保育项目的家长之间的联系和交流。现在，许多社区都有非营利性的公益组织，会举办一些活动来交流儿童保育服务方面的信息。话虽如此，即便是这类服务，对家庭来说至少也会有一笔象征性的开销。

缺乏与家庭匹配的儿童保育服务是一个长期问题，对贫困的劳动者而言更是如此。由于无法找到合适的儿童保育服务，很多父母从事的工作会受到很大的限制。一般来说，因为育儿问题而失业的母亲大多受教育水平较低，薪资也不高，他们自然就负担不起她们所需要的育儿服务。另外，由于被日常琐事缠身，这些父母往往很难有时间和精力去了解政府对儿童保育的补贴（Johnson，Martin，& Brooks-Gunn，2011）。这便让家庭陷入了恶性循环。

为补贴某些日托服务，美国联邦政府采取了许多措施，包括抵扣抚养人托儿税、实施儿童保育和发展基金项目（Child Care and Development Block Grant，CCDBG）、向贫困家庭推行临时补助项目（Temporary Assistance for Needy Families，TANF）、国家启智项目和社会综合服务补助项目等，但大多数穷人并未从这些服务中获益。例如，仅有六分之一符合条件的儿童可以通过儿童保育和发展基金获得援助，儿童保育和发展基金的资金自2002年以来就没有提高过（Child Care Aware，2014）。以社会服务为重点的国家启智项目和社会服务整体补助项目通常资金不足。这使得抵扣抚养人托儿税成了美国联邦政府对儿童保育服务的主要支持渠道。一个家庭可以从联邦个人所得税中扣除一部分年度托儿保育费用，但极度贫困者很少会缴纳个人所得税。因此，对那些贫困的单身母亲而言，尽管她们的孩子处于危机中，亟须得到优质的儿童保育服务，但她们往往很难从这项福利政策中获得任何好处。所以，抵扣抚养人托儿税主要惠及中高收入的家庭。确保安全的、负担得起的儿童保育服务仍然是单身母亲面临的主要障碍。

综合性学前教育项目

另一项需要社区、学校和家庭通力协作的项目，是为危机中的儿童和青少年提供综合性的学前教育。相关证据表明，摆脱技能缺陷必须尽早开始，所以儿童的学前教育是极其重要的。研究证实，早期教育干预不仅能有效促进儿童的语言、数学和阅读能力的发展，还能促进他们情感的发展及身心健康。

尽管有证据表明，那些接受学前教育的儿童和未接受学前教育的儿童在学业成绩上的差异在接下来的几年里会逐渐消失，但学前教育还是会带来更多长远的益处，如高中升学率提高、受教育年限延长、犯罪率和青少年怀孕率降低（Yoshikawa et al.，2013）。贫困和中产阶级家庭的孩子都能从学前教育中获益，贫困或处于贫困边缘的儿童获益最多。其他研究表明，包括学前教育在内的一系列干预措施不仅可以有效促进孩子的认知和情绪发展，改善亲子关系及孩子的学业成绩，还可以提高父母和孩子在经济上自给自足的能力，并有效减少犯罪活动、儿童虐待和药物滥用，促进母亲的生育健康

（Karoly，Kilburn，& Cannon，2005）。儿童贫困会造成大量的经济损失，及早进行干预可以带来相当大的好处。其逻辑如下：来自贫困家庭的孩子很可能早在入学时就已陷入困境，而随着他们学业的开展，这些不利因素会持续存在。他们的大多数学科成绩都会受到影响，尤其是阅读成绩会特别差，这使得问题越来越严重。这些问题会一直伴随他们长大成人，当他们最终步入职场时，这些弱项会对其个人前途造成重大影响。

为孩子提供高质量的综合性学前教育项目能够有助于打破这种恶性循环。让低收入家庭的孩子充分做好入学准备，可以拉近他们与其他具有优势的同龄人之间的差距，也让他们更容易在今后取得成功。

幼儿启智项目（Head Start）是一项由美国联邦政府出资的全国性资助项目，旨在为那些经济上处于不利地位的学龄前儿童提供支持，这是综合性学前教育项目的典范。尽管项目的具体内容和实施情况在不同的地区会有所不同，但所有项目针对的都是 4 岁儿童，以课堂学习为基础，为儿童提供多元文化的学习经验。那些缺少结构性家庭刺激的儿童及无法触及中产家庭资源的儿童，在启智项目的帮助下可以在幼儿园阶段占得先机。这些儿童可以在相对轻松而丰富的认知环境下熟悉与学校有关的语言词汇和行为规范。参加项目的儿童会接受针对各种发展性问题的及时诊断与评估，如有需要，他们还能接受一些语言治疗师、心理学家及其他专业人士的帮助。另外，启智项目还可以为其他家庭成员提供丰富多彩的生活。家长可以积极参与课堂上的日常活动，接受育儿、生活技能、健康及就业等方面的专项培训，通过这些方式，家长就能参与对孩子的赋能过程，其效果远超一学年 9 个月的学习效果（见下文的小故事）。

尽管启智项目的最终效果取决于其实际执行的质量，但这样的项目能够帮助那些经济困难家庭的儿童和青少年坚持下去，最终顺利从高中毕业，实现就业。一些研究表明，学前教育并不会明显促进儿童社会情感技能的发展，但比尔曼等人（Bierman et al.，2014）的研究发现，与接受常规版启智教育的儿童相比，那些接受强化版启智教育的儿童会在幼儿园中表现出更高的学习参与度、更好的阅读成绩和更积极的社会行为。

学前教育项目会对儿童的认知和社会发展带来积极影响。另一个综合性学前教育项目是高瞻/佩里学前项目（High/Scope Perry Preschool Project），该项目发端于一项关于儿童生活现状的社会调查。调查对象是 123 名 3 ~ 4 岁的非裔美国儿童，他们均来自低收入家庭。在实验中，所有儿童被随机分为两组，一组儿童接受优质的学前教育项目，另一组儿童则从未参加任何教育项目。这些儿童在成年后的生活状况充分展示出学前教育的价值。虽然初始项目在早期产生的效果并不明显，但效果却相当持久，初始研究和其他随机对照试验均发现，接受过早教的那组儿童在将来的就业、收入和违法记录方面与另一组儿童相比具有明显的改善。每个儿童身上的学前教育投资大约是 15 000 美元，那些接受过学前教育的儿童在将来犯罪的比例更低，更有可能从高中毕业，收入更高，工作也更稳定。此外，儿童保育援助项目和综合性学前教育项目的实施都会促进以工代赈项目的效果（Dearing et al.，2009）。

即便单纯从经济的角度来看，在幼儿教育干预上每投入 1 美元，预估也可以为将来节省 2 ～ 7 美元的成本（Washington State Institute for Public Policy，2014；Whitebook et al.，2014），这足以说明不投入幼儿教育干预是多么愚蠢的一件事。缺乏足够的儿童保育服务，成年人技能水平普遍偏低，两者叠加起来共同导致了贫困所带来的窘境，使孩子陷入危机。如果萨莉·贝克能够得到她所需的儿童保育服务，有一份理想的薪水，获得与工作有关的技能培训，她和孩子们可能就会摆脱动荡的困境。不幸的是，美国社会为萨莉及跟她有类似处境的那些人提供的保障体系有巨大的疏漏，亟须完善。

📖 小故事：一位从启智教育项目中获得帮助的母亲

当她的第一个孩子满 4 岁时，她怯生生地自愿在教室里帮忙，每次只待 1 小时。几周后，她在教室的时间逐渐变长，2 小时、3 小时……甚至，她开始直视孩子们的目光。她很安静，工作十分卖力，似乎也很聪明。一年后，当她的第二个孩子满 4 岁时，她开始准备自己的高中同等学力考试。她告诉我，她之前住在一间又臭又脏的小屋里，她的孩子们总是赤脚，经常挨饿。为了不让孩子们挨饿，她只能给他们些零钱买些糖果和汽水。她笑着说："我重达 250 磅，而且体重还在往上涨。连我自己都觉得自己讨厌。"她左手有瘀伤，还有永久性的神经损伤，她的丈夫一喝酒就变得尖酸刻薄。

我第一次见到她时，她手臂上有瘀伤，眼睛下面也有道伤痕，当时她的第三个孩子刚上小学，而她已经在启智项目里做了 3 个月的助教。这是自从她 18 岁结婚以来，第一次能够带着最小的孩子去上班，并且还能领薪水。她的丈夫不太喜欢她的这份工作，不过他也因此多了一些买啤酒的钱。一天晚上，她坚持要做胡萝卜，她的丈夫就开始对她挑剔起来。之后，她第一次提起离婚诉讼。这是不可思议的一年，她体重 82 磅，不久之后又离了婚，她想去社区大学读书，"这样将来有一天，我就可以成为一名教师了"。在她离开启智项目几年后，我听说她真的做到了。

课前和课后延时教育中心

几年前，与启智项目关系最密切的一位发展心理学家齐格勒（Zigler）曾提出，要想每个社区都拥有自己的公立学校，美国政府就需要在这上面投入高达 1 万亿～2 万亿美元的资金。基于此，齐格勒认为，学校的开放时间应该调整为早上 7 点到下午 6 点，而且要为 3～5 岁幼儿设立保育中心，为 6～12 岁儿童设立课前和课后延时教育中心。这些教育中心环境安全、有保障，师资配备齐全，可以为儿童提供与他们的身心发展阶段相匹配的文化娱乐与教育活动。这些在学校设立的教育中心还可以为所有新生儿的父母提供家访服务，并提供面向 0～3 岁婴幼儿家庭的托管服务。一大批儿童早教工作人员会负责这些教育中心的管理工作，他们都必须接受过专业、系统的训练，知道如何协调家庭和学校之间的关系。

21 世纪社区学习中心（The 21st Century Community Learning Center）实践了齐格勒提出的部分教育理念。美国联邦立法通过相关法案使用联邦政府专项拨款来支持学校在课前、课后，以及周六和暑假期间继续面向社会开放。大多数教育中心都是混合型教育机构，整合了包括学校、城市和社区等不同层面的非营利性组织。而且每个教育中心都可以从多种渠道获得相应的资金支持。这种相对分散、去中心化的机构设置让每个教育中心都能根据当地的儿童和青少年群体、社区居民及资助者的需求进行灵活调整，提供更适合他们的一系列教育项目和个性化服务（Moore，2005）。

对 21 世纪社区学习中心的评估发现，该项目在促进儿童和青少年的学习成绩方面有一定效果（Public Agenda，2005）；而最近一项对课后教育项目进行的元分析并未发现它在改善儿童和青少年的学校出勤率或外显行为结果方面有显著效果（Kremer，Maynard，Polanin，Vaughn，& Sarteschi，2014）。然而，参加这类课程的学生在放学后可以在成年人的监督下学习，他们自己也表示会感到更加安全。参与这类教育项目的中学生平均每年少旷课一天，而且有更多的学生希望自己可以取得大学学历（James-Burdumy et al.，2005）。决策者更倾向于关注由校外教育项目带来的教育价值。有意思的是，只有 15% 的家长和 12% 的青少年表示，他们参加校外组织的活动主要是为了提高学业成绩。根据家长和参与者的说法，他们更看重的效果是培养孩子的兴趣和爱好，让孩子参与健康且有益的活动，并帮助孩子摆脱困境（Public Agenda，2005）。不幸的是，无法在孩子的学业成绩方面带来明显效果常常成为资金被削减或项目被取消的依据。

情况如果这样发展下去，将会非常令人遗憾。因为课前和课后延时教育中心作为这样的一种场所，可以促进儿童和青少年的教育和学习经验：在家长还忙于工作的时段，孩子得以在成年人的监护下安心学习，这既可以降低他们旷课的概率，也可以坚定他们的信心，让他们相信自己能够顺利取得大学文凭。还有证据表明，这类教育项目在减少犯罪方面起到了一定的促进作用（Mahatmya & Lohman，2011）。此外，这些教育项目还能带来丰富性、辅导性，并提供一个目标明确的教育框架，对美国将面临的一些教育问题具有重大意义。除此之外，这类教育项目还可以促进儿童和青少年个人与社会技能的发展（Durlak et al.，2015）。

赋能

为那些危机中的儿童和青少年赋能是成年人可以帮助他们摆脱困境的另一种方式。赋能有助于人们更加积极地面对环境，而不是消极、被动地任凭环境摆布（Cattaneo & Chapman，2010；E. H. McWhirter，1997；E. H. McWhirter & B. T. McWhirter，2007）。

"赋能"一词经常出现在各类教育、社会工作和心理咨询方面的文献中。我们在其他地方曾为赋能做出过定义：赋能是指一个过程，可以促使那些原本无力或被剥夺权力的个体、组织或团体意识到存在于其生活环境中的权力动态，并通过不断练习，在不侵犯他人权利的情况下发展能够理性掌控自己生活的技能和能力，同时积极支持群体内其他人的赋能（E. H. McWhirter，1994）。对儿童和青少年来说，这意味着他们既要了解家庭、学校及更大层面的社会维度是如何影响他们的生活的，又要培养抵御负面影响的技能，促进积极的改变，并为自己的生活做出健康的选择，还要支持家庭、学校和社区中其他人的健康选择。为他人的福祉做贡献会带来很多好处，这符合阿德勒学派的原则，并得到了服务学习项目相关研究数据的支持，这些项目有效降低了未成年女性怀孕的可能性（Kirby，2007；详见第 8 章）。下面，我们将详细讨论赋能的三个方面：批判意识、技能发展和社会行动。

批判意识

"批判意识"一词由保罗·弗莱雷（Paolo Freire，1970）提出，是指对不平等和权力差异的意识、对表达不公正的自主感，以及参与减少不公正、增进公平性的行动力。批判意识有时被称为"社会政治进步"，其中包含的自我意识、自主感和行动的内容与赋权过程非常类似（Diemer，E. H. McWhirter，Ozer，& Rapa，2015）。批判意识与拉丁裔青少年在学校和家庭中的学业成就和参与度高度相关（E. H. McWhirter & B. T.

McWhirter，2015；Luginbuhl，E. H. McWhirter，& B. T. McWhirter，2015），并且与城市少数族裔青少年今后的发展前景具有相关性（Diemer et al.，2010）。城市少数族裔青少年在高中阶段拥有的批判意识越高，将来工作所获得的报酬就越高，八年之后的受教育程度也就越高（Diemer，2009）。因此，批判意识对儿童和青少年，尤其是对那些贫困和处于其他边缘性困境的儿童和青少年的未来而言，是种十分有益的资源。

促进批判意识既要提高儿童和青少年对影响他们生活环境的诸多权力动力的认识，也要促进他们对自己在该生态环境中的行为进行批判性的自我反思（B. T. McWhirter & E. H. McWhirter，2007）。权力动力分析方法不仅可以聚焦于家庭系统、学校和社区因素，以及地方政府和国家的政策，还可以应用于种族歧视、性别歧视、恐同心理、贫困问题、生态环境恶化、核武器威胁、环境污染及其他众多议题。关键是要帮助儿童和青少年批判性地理解这些问题对他们个人和社区成员的影响，并培养他们做出积极改变的自主性。

青少年自身的受欢迎程度、来自朋辈的压力及大众传媒的影响（如广告）等更为直接的动力因素对青少年尤为重要。当前的电视真人秀节目和音乐视频可以作为分析和批评的素材，不过在课堂上讨论社会政治话题则是不必要的。例如，"有谁知道为什么她（电视剧中的某个角色）在上周的第五集里会这么生气？你认为她在自己的社交圈中有哪些权力？社交圈中的其他人是如何影响她的行为的？你认为在女性行为举止方面，社会给了她什么信息，这会对她产生什么影响？在过去的两周内，学校里发生过类似的事情吗？"即使是幼儿，也可以通过一些简单的方式来看出他们的行为是如何受到环境影响的。例如，"当其他孩子都在笑詹姆斯的时候，我也笑了，尽管我真的没觉得那很有趣。"这是一般的孩子都可以达到的自我意识水平。通常，青少年会非常愿意探索同龄人、学校和社区是如何塑造他们的行为的，但他们需要有人来传授一些规则和方法。培养批判性的反思能力，要让他们认识到他们在朋辈、社会和家庭压力，以及课堂活动中发挥着怎样的作用，这些必须在一种安全、非批判性的氛围下进行，以免他们遭受不必要的指责。一旦青少年能够清晰地了解自己是如何受到影响的，自己又是如何影响他人的，并且对自己已经做出的选择和正在做的选择进行探索，而不会因为做出这些选择而受到批评，他们就具备了选择不同态度和行为的潜力。

权力分析和批判性自我反思可以有效培养青少年批判意识的认知成分，我们可以将其与历史、语言艺术、管理学、创意写作和文学等各类标准学科整合后对青少年加以训练。培养青少年采取积极行动的技能有利于他们在批判意识方面建立自主性并形成行动力。形成批判意识可以帮助儿童和青少年更好地识别社会影响和不公平现象，发展促进其改变自身成长环境的自主性，推动其联合他人共同采取行动，积极改善生活现状（E. H. McWhirter & B.T. McWhirter，in Press；Watts，Diemer，& Voight，2015）。

例如，了解学校和当地的一些商超对残障人士的无障碍程度（或障碍程度）可以帮助儿童和青少年培养对残障人士问题的批判意识，激发其思考为什么残障人士会被社会视为"低能"，残障群体为何被边缘化，还可以探索并直面其内心对残障人士的刻板印象。此外，他们还可以跟其他学生合作，增强残障人士保护意识，共同倡导社会各界提高残障人士的便利性，并加强学校的相关规定，以防止对残障学生的霸凌行为，如果确实有类似的事件发生，学校就可以尽早发现，并进行有效处理。

技 能 发 展

赋能还包括教授儿童和青少年使用一些具体的技能，这样他们才能更好地践行自己的选择。教授儿童和青少年有效的社交技能可以提高他们在成长环境中的个人影响力；学习认知行为技能有助于他们更好地管理和应对自己的内心世界；提供学习策略有助于他们的智力发展。在后文中，我们将具体介绍决策和决断力训练、想象和放松技巧及其他一系列心理技巧，这些技巧都可以用来提高儿童和青少年克服困难的能力，帮助他们更好地利用成长环境中的有利资源。接受研究方法、写作技巧、会议管理和公众演说等其他技能方面的培训，可以使危机中的儿童和青少年在与影响他们生活的各方权力进行谈判时发挥得如鱼得水。

后文各章的大部分内容旨在对教师和心理咨询师提供具体指导，使他们可以更好地帮助儿童和青少年学习一系列重要技能，进而提高他们的能力。遗憾的是，有些社交技能培训项目的课程教学质量极差，培训过程对技能的强化不足，而且教学理论模型使用有误，这样的培训项目就不会带来好的效果。如果一个非结构性咨询团体中尽是些攻击性强、具有品行问题的男生，那么它很可能会强化他们的负面榜样。如果一位社交技能课程的任课教师对学生缺乏尊重，那么他就违反了其所授技能的基本原则。所以，培养儿童和青少年的技能，不仅需要理解各种技能的组成部分，还要以身作则，并为他们提供稳定、持续的机会来实践他们所学的内容。

增强危机中的儿童和青少年的批判意识，首先要帮助他们对社会化过程、贫富差距、不平等和歧视等诸多因素带给他们的影响进行现实的评估，同时要对来自朋辈和家庭成员的更加直接的影响进行评估。如果忽视了儿童和青少年赖以生存的政治、经济和社会环境，我们就可能会把问题归咎于他们个人。教师或心理咨询师有责任帮助学生找出导致其问题的真正原因，因为许多儿童和青少年都太习惯于把所有的责难都归咎于自己。然而，如果只是简单地让他们认为是"制度"导致了他们所有的问题，又会让他们变得更加消极、被动。培养批判意识必须伴随具体技能的传授，同样重要的是，我们要激发并鼓励儿童和青少年应用这些技能抵制消极影响，找出新的替代方案并付诸实践。当班级或学校的行为规范发生变化时，儿童和青少年的成长环境会受到明显的影响。

赋能意味着尽管问题往往根源于系统并被系统重复上演，但个人和集体其实可以共同承担责任，一起解决或缓解这些问题。我们需要找出系统是怎样维持问题的，识别阻抗的可能性，并践行新的选择和行为，这也为儿童和青少年提供了实践新行为和新选择的机会。否则，教师和心理咨询师只会让学生和来访者感到生活更加失控。社会行动便是赋权过程自然发展的结果。

社 会 行 动

为儿童和青少年提供充分的服务发展起来之所以困难重重，部分是因为许多解决方案需要进行基础的社会政治和经济变革（Albee，1995；Prilleltensky，1997；Romano，2014）。我们无法通过针对危机的干预项目来很好地预防经济贫困、营养不足、住房困难、歧视和社会偏见等问题。要想达到预防的目的，我们就必须彻底改善滋生这些问题的环境。因此，预防必须包含对社会结构进行批判性的分析，并体现在方案的规划、制定和实施上。

从本质上讲，赋权不仅需要接受公众服务的对象具有反思和转变的能力，而且需要服务提供者本身同样具备反思和转变的能力。如果提供赋能的助人者本身都无法意识到自己是如何参与或助长那些不平等、不公正及持续存在的社区问题和个人问题的整体运作过程的，那么这样的赋能者就很难促进当事人形成和发展批判意识。要想提供有效的帮助，助人者必须清晰地了解现有的社区组织、支持团体、社区行动委员会及其他可用的集体力量，并让自己的来访者、家庭、社区和同事明白，他们充分享有参与社会和社区事务的机会。

长期以来，我们一直主张，在为个体争取利益的同时，应该倡导对相关政策、制度和结构进行变革，因为这些因素可以将儿童和青少年置于危机中，使他们处于社会的边缘。咨询胜任力现在不仅包括针对个体的倡导和支持技能，还包括对系统和政策变化的倡导和支持（Toporek，Lewis，& Crethar，2009）。随着人们对环境在人类成长与发展中所发挥的作用有越来越多的认识，心理咨询师和教师要想继续坚持自己的信念，社会行动就自然是不可回避的领域。心理咨询师可以敦促有效心理健康方案的实施，解决具体的环境条件、限制和不足；教师可以倡导循证课程，以促进不同学生的学习、成长和能力提升；教师和心理咨询师还可以倡导实施有效的预防性干预措施，以改变危机中的儿童和青少年的人生轨迹，提高其生活质量。我们每个人都可以努力了解本地政治因素是如何影响社区的心理健康政策的，还可以通过投票、写信、宣传和参加社区教育研讨会等方式行动起来。

更大层面的社会和经济危机因素只能通过在基层维度的个体心理健康和学校工作人员来直接进行适度调整。集体的呼声为制度变革带来了更大的可能性，我们可以从教育和心理健康相关政策规定、各级政府的行政流程、岗前培训体系、校区和建筑，以及机构服务等诸多方面进行调整，使之有利于改善危机中的儿童和青少年的健康和学习状况。

进行倡议的资源途径有很多，如社会正义咨询师协会（Counselors for Social Justice）[①]。该协会致力于通过心理咨询师的专业能力，与那些不公正的、侵犯到专业心理咨询师和大众的合法利益的权力与特权制度进行抗争，以维护社会的公平正义，促进社会发生积极的改变。别尔科维奇（Berkovich，2014）提出了一整套在学校教育领导层倡导社会公平正义的系统框架，其中包括各种解决方法所面临的挑战和局限性。埃文斯（Evans，2014）及其同事对"心理健康和公众服务专业人士应该如何参与'批判性社区工作'，以应对系统不平等和不公正问题"做了详细的分析与总结。

虽然我们使用的是"社会行动"和"倡议"这两个词，但是我们也可以将其理解为一种公民权利，即致力于不遗余力地为所有公民，尤其是弱势群体，构建一个更加美好的社会。

社区关怀模式

充足的儿童保育服务、良好的综合性学前教育项目及优质的课外学习文娱中心对个体和微观系统具有直接的促进作用，也就是对危机之树的土壤和根脉具有直接的促进作用。而且，对个体、邻里及社区赋能可能会改善儿童和青少年所生活的整个生态系

---

① 社会正义咨询师协会由心理咨询师、咨询专业人士、研究人员、学校和社区领导及其他人士组成，旨在让社会公众平均分配公共资源，获得公平的权力、知识、资源和其他服务。该协会致力于消除民众、学生、教师、家庭之间，以及社区、学校、职场、政府机构及其他社会和制度体系中的压迫和不公平现象。——译者注

统，从而影响整棵危机之树。另外，还有一种可以影响整个生态环境系统的方法，那就是在更大范围内实施预防与治疗干预措施。能够促进个体—家庭—社区—助人者协作关系的系统干预措施在提高直接面向个体的服务、加强克服障碍的支持及促进心理健康方面具有巨大作用（Bryan，2009；Nakkula，Foster，Mannes，& Bolstrom，2010）。社区关怀模式（Communities that Care，CtC）便属于此类干预策略（Hawkins et al.，2009；Hawkins，Oesterle，Brown，Abbott，& Catalano，2014；Oesterle，Hawkins，Fagan，Abbott，& Catalano，2013）。

为了解决这些问题，那些致力于预防青少年犯罪、药物滥用、怀孕、辍学和其他高危问题的社区已经应用了大量循证方案（evidence-based program，EBP）。遗憾的是，这些方案整体收效甚微。方案的实施效果之所以差强人意，或许是因为社区层面缺乏全面规划和行动模式。专门针对某个具体问题的项目或许仅对该问题有效，无法对其他问题产生影响。

社区关怀模式是目前建立社区协作关系最有效的模式之一。它通过提供相关信息、材料，以进行培训服务的方式来构建、组织并提高社区联盟的能力，并在此基础上确认具体的需求，从而针对这些需求实施相应的变革。另外，通过构建"整体框架"或"操作平台"，社区关怀模式对这一新型的合作关系提供支持，该框架包含一整套循证干预措施，社区可以从这套干预措施中自主选择解决特定问题的项目，再由社区成员决定如何调整具体方案以匹配不同群体的特性。因此，社区关怀模式可以关注危机之树的不同组成部分，具有内在灵活性。这样一来，不同的社区就能根据自身的需求对不同的生态系统进行相应的调整。

我们将在下文介绍具体的干预措施，社区关怀模式的联盟成员可以从中选择适合的措施。例如，在一项研究中（Hawkins et al.，2009），项目组合包括三类措施：第一类是以家庭为中心的干预措施，如家庭关系促进、选择指导、家庭事务管理等；第二类是在学校开展的干预措施，如全明星计划、生活技能培训和奥尔维斯预防霸凌培训等；第三类是在社区开展的干预措施，如"老大哥和老大姐"等公益组织。因此，社区关怀模式并非针对某个具体问题，而是作用于一般性的保护性因素和风险因素，因为这些因素可以有效预测将来的各种问题，如危险性行为、犯罪或药物滥用等。

社区关怀模式是由美国西雅图华盛顿大学的戴维·霍金斯（David Hawkins）、理查德·卡达拉诺（Richard Catalano）及其同事（Hawkins et al.，2009；Oesterle et al.，2014）共同研发的，他们在随机对照试验中发现，社区关怀模式能有效减少青少年行为问题的风险因素并增强相应的保护性因素。在对照试验中，研究者以掷硬币的方式随机选取实施社区关怀模式的人，而其他社区则不施行任何干预。结果显示，在参与干预的20多个城镇中，社区关怀模式能有效减少10～14岁儿童和青少年的吸烟、酗酒和犯罪行为。在未实施社区关怀模式的城镇中，青少年在12～14岁时开始吸烟的可能性高达79%，开始饮酒的可能性则高达60%。在未施行干预的社区中，儿童和青少年更容易遇到各种麻烦，在10～14岁参与违法犯罪行为的可能性高达41%。

另一项大型准实验研究（Feinberg, Jones, Greenberg, Osgood, & Bontempo, 2010）是在宾夕法尼亚州120个社区实施的为期10年的社区关怀模式，当地有超过59 000名青少年参与了该研究。在实验中，青少年需要完成一套自陈式量表，该量表的有效性已得到充分验证，题目涉及对青少年问题行为的一系列风险因素和保护性因素，涵盖了家庭关系、孩子的社区信息及对学校的态度等方面的内容。与未实施社区关怀模式的社区青少年相比，实施社区关怀模式的社区青少年表现出更少的犯罪行为，而且其违法行为的正常增长率每年下降11%，其学业成绩每年的下降幅度也减少了三分之一。此外，与未实施社区关怀模式的社区青少年相比，实施社区关怀模式的社区青少年的反社会态度等风险因素的增长速度比较缓慢，他们的学业成绩、社区凝聚力和家庭关系等保护性因素的下降速度也明显较低。

相关研究表明，基于实证研究的干预项目能够对儿童和青少年的危机态度和危机行为产生重要而积极的促进作用。我们在后文会对此进行更详尽的阐述。毫无疑问，采用基于实证研究干预项目的社区联盟可以在群体层面对儿童和青少年的行为施加影响。社区关怀模式代表着一种振奋人心、行之有效的模式，这种模式的推广对社区及其他相关群体都具有积极意义。

结语

宣传和倡导普遍适用且有针对性的预防方案是提高危机中的儿童和青少年应对风险能力的一项重要措施，但这远远不够。最终，为了防止因环境或制度而使儿童和青少年陷入危险境地，我们所有人都必须积极参与并维护各种有利的公共政策，帮助那些在贫困中挣扎、处于社会边缘的家庭群体。在本章，我们讨论了贫困和较低社会经济地位的问题，介绍了几种家庭问题类型，包括贫困工薪家庭、弱势群体和社会公众服务不足的家庭、年轻的单身母亲家庭和无家可归的家庭。这些问题导致了我们所讨论的重要风险因素。基于此，我们建议加强与儿童保育服务相关的社会政策和资金支持，落实综合性学前教育项目、课前和课后教育项目，实施赋能项目，并在社区范围内开展循证项目动员，这些共同构成了应对危机措施的第一步。我们期望这些建议措施可以改善环境、外部生态系统乃至宏观系统中的一系列问题，如若不然，这些问题将使儿童和青少年置身于险境中。

第二部分

家庭、学校和技能

第二部分共包含三章。在第 3 章和第 4 章，我们将讨论两个重要的微观系统：家庭和学校，它们会直接影响儿童和青少年危机行为的严重程度。对应于危机之树的比喻，它们就是树的两条根脉，此外还有一条根脉是朋辈。不过，由于朋辈起作用的时间稍迟一些，因此在这一部分的内容中，与朋辈相关的一些问题我们只是点到即止。在第 13 章，我们会专门讨论朋辈和基于朋辈的干预措施。

家庭和学校提供了干预孩子不良行为的重要资源。在家庭和学校里，儿童和青少年能够习得他们赖以生存和发展的态度和技能。在第 5 章，我们描述了心理韧性，并界定了有助于健康、亲社会行为的五个重要结构。第 3 章和第 4 章中呈现的案例将贯穿本书始终，用以阐明一些重要的议题和关注点。

第 3 章

危机中的儿童和青少年的家庭问题

家庭犹如喷泉。

可为何有些家庭会涌出汩汩泉水，让居于此地的口渴之人斟满清凉的甘泉？

为何有些家庭却只能让人往杯中注入浑浊、苦涩的污水？

为何有些家庭早已干涸，没有任何水流，只能令人望着空杯兴叹？

太多孩子手中的杯子要么布满灰尘、空空如也，要么盛满苦涩而浑浊的污水。

我们该如何开启家庭的喷泉，让清凉甘洌之水再次喷涌而出？

本章要点

- ■ 影响家庭的社会变化：一种文化变迁
- ■ 家庭内部问题
  - • 家庭生命周期
    - 单身的成年早期
    - 家庭初建期（已婚，无子女）
    - 新手父母期（长子/女出生至3岁）
    - 学龄前期（长子/女3～6岁）
    - 学龄期（长子/女6～12岁）
    - 青少年期（长子/女13～20岁）
    - 放飞期（孩子成年后离家）
    - 最后两个阶段
    - 常见的危机
  - • 家庭系统
    - 案例研究：卡特一家
    - 疏离型家庭
    - 纠缠型家庭
    - 文化差异
  - • 养育问题
- ■ 面临困难和功能紊乱的家庭
  - • 家庭问题
    - 离婚与单亲家庭
    - 重组家庭
    - 留守儿童家庭
    - 女同性恋、男同性恋、双性恋、跨性别和酷儿青少年的家庭
  - • 问题家庭

我们在第 2 章看到，经济、政治和政策趋势的变化常常会创造出一个令人不安的环境，这是儿童和青少年所面临问题的根源。

这一点在家庭中的呈现最明显。家庭系统是个体最主要的影响因素。在本章，我们将重点关注影响危机中的儿童和青少年的家庭问题。

影响家庭的社会变化：一种文化变迁

近几十年来，美国的传统家庭经历了重大变化。1960 年，有近 90% 的孩子与已婚的父母共同生活。2008 年，这个数字为 64%（Taylor，2011）。随着 2015 年美国同性婚姻合法化，我们预计与已婚父母共同生活的孩子的比例将会上升。人口普查和大多数其他大规模数据来源尚未反映这一变化，但未来的数据将更准确地反映婚姻和双亲家庭的统计数据。在过去的几十年里，美国家庭所经历的变化超过历史上任何一个时期，以上仅仅是美国家庭发生变化的例子之一。

与半个世纪之前相比，美国孩子的生活方式更加多样化。在对"新"家庭组成方式的调查中，美国皮尤研究中心（Pew Research Center）[①] 的一项调查研究分析并总结了几种不同的家庭组成类型，并且尝试了解公众对它们的看法（Morin，2011）。家庭生活的组成方式主要有以下七种：

• 抚养一个或多个子女的已婚伴侣；

---

① 美国皮尤研究中心是美国的一间独立性民调机构，总部设于华盛顿特区。该中心对那些影响美国乃至世界的问题、态度与潮流提供信息资料。——译者注

- 已婚但尚无子女的伴侣；

- 抚养至少一个孩子的单亲父母；

- 抚养至少一个孩子的未婚伴侣；

- 有孩子的同性伴侣；

- 没有孩子的同性伴侣；

- 同居的未婚未育伴侣。

相当大比例的美国人会将所有这些组合视为一个共同生活的家庭，孩子和婚姻是构成家庭最重要的决定因素。随着家庭形态的转变，人们对家庭的观念也发生了变化。

与以往任何时候相比，如今的父母更有可能缺席家庭生活，而大家族的家庭成员也不太可能参与小家庭的生活。在前几代人中，大多数孩子是在大家族各种亲朋好友的共同努力照料下长大的，这些人会在孩子的整个童年期和青春期与之互动。如今，帮助孩子发展责任心、判断力和自律能力的成年人越来越少。然而，这项任务所需的理解、照料和关注却比以往任何时候都多。大多数儿童和青少年缺少一个由各种亲戚组成的大家族来支持他们及他们的父母。如今，大家族在参与抚养孩子时，往往不是辅助性地为孩子的父母提供帮助，而是直接取代父母成为主要甚至唯一的抚养者。例如，在那些没有与父母同住的孩子中，有超过一半的人跟自己的（外）祖父母生活在一起（Taylor，2011），这种现象自 2007 年美国经济大萧条以来尤其普遍（Livingston & Parker，2010）。

在过去，大家族提供各类榜样和各种机会，让家族成员可以预先了解与儿童和青少年相关的问题，而且其他家族成员都是可用的资源。现如今，在遇到生活困难时，小家庭中的孩子及其父母获得大家族帮助的机会却越来越少。以往，小家庭可以通过获得外部的支持来缓解困境，现如今却捉襟见肘。最常见的情况是，休闲娱乐、精神品质的培养和孩子的教育都转移到了家庭之外的环境中。在大部分美国家庭中，孩子往往会通过电视来了解成年人的世界，而如今美国的很多电视节目充斥着随意和无保护的性行为（Kaiser Family Foundation，2005）、酗酒和无端的暴力行为，以及自私自利之举，还把它们描述成习以为常的行为。电视还会通过商业广告传递关于奉献、自律和耐心的负面信息。许多儿童和青少年无法与他人建立关系，他们缺乏情感联结，无法为"普世价值"恪守承诺，甚至不觉得自己是社会集体中的一分子。

离婚现象和大家族体系的衰落并不一定会导致儿童和青少年社交网络的减少。事实上，家庭模式的日渐复杂也许反而增加了可作为资源的人的可用性。以莉萨为例，她的父亲在上一段婚姻中有几个孩子，他们来家里拜访时，莉萨便会与他们互动。在莉萨 8 岁时，她的父母离婚了。她和母亲一起生活，但每到暑假和周末，她都会去看望父亲。在莉萨 13 岁时，她的母亲再婚了。莉萨和她的继父相处得很好，他们一起做了很多事情。莉萨一直都和生父保持接触，尽管不是很频繁，因为他把家搬到了另一个州，娶了一个带着两个孩子的女性。在大学期间，莉萨和一个男性同居，毕业后不久却嫁给了另一个男性。她和丈夫有一个儿子。几年后，莉萨和丈夫离婚了，她获得了儿子的监护权，每逢暑假和周末，儿子都会和她的前夫见面。三年后，莉萨开始了另一段婚姻。她和第二任丈夫有了两个孩子。到目前为止，莉萨已经在九个家庭里或多或少地生活过。

莉萨的情况在美国不算典型，却也并不罕见。虽然莉萨的某些家庭关系可能并不理想，但是，在她所经历的每一段关系中都有她愿意一起做事、想要持续接触及所爱的人。这种情况与几十年前人们的成长经历大相径庭，那时一个人最多只会是两三个家庭中的成员。因为有更多的成年人作为榜样并提供更多样化的体验，孩子的生活可能会变得更加丰富。不幸的是，对许多儿童和青少年来说，不断变化的生活方式及曲折、不稳定的家庭经历会给他们带来疏离感、无归属感及分离感。

尽管人们会想当然地认为来自贫困家庭的孩子一定具有更高的风险，来自富裕家庭的孩子面临的危机更少，但对来自富裕家庭的孩子和来自贫困家庭的孩子的比较研究显示，在社会化过程和适应模式方面，两者具有更多的相似性，而非差异性。社会经济条件好的孩子往往会有抑郁、焦虑和药物滥用等问题。一般来说，这些孩子往往会经受过度的压力，并且承受与父母保持身体和情感上的隔离。家庭的财富并不能直接带来心灵的平静或为人父母的智慧。虽然那些来自富裕家庭的孩子会在许多方面具有优势，但这无法消除对他们心理健康的潜在威胁（Luthar & Barkin，2012）。

家庭内部问题

当前的家庭即便并未因社会环境的演变而引起结构性的巨变，往往也会随着时间的推移而有所不同。所有这些变化都必然引发家庭成员之间关系的改变。在每个发展阶段，家庭都要完成特定的发展任务，为后续阶段奠定基础。

家庭生命周期

家庭生命周期是指一个家庭在其发展历程中所经历的各个阶段（McGoldrick，

Garcia-Preto，& Carter，2015）。家庭始于一对新婚夫妇或伴侣，与此同时，这对新婚夫妇或伴侣仍然属于他们各自原生家庭中的一分子。即便一对新婚夫妇或伴侣的出现会开启他们新的家庭生命周期，但这并不会缩减他们原生家庭的生命周期。这对新婚夫妇或伴侣在延续他们各自原生家庭生命周期的同时，会开始一段新的家庭生命周期。因为本书聚焦于儿童和青少年群体，所以我们在书中讨论的主要是那些有孩子的家庭，但这并不意味着家庭的范围不包括那些没有孩子的家庭。

杜瓦尔和米勒（Duvall & Miller，1985）提出了传统家庭生命周期的八阶段模型，该模型至今仍然适用。该模型是指家庭根据某些可预测的标志性事件或阶段（如结婚、生育或收养第一个孩子、子女进入青春期等）发展。每个阶段根据家中长子 / 女的年龄来界定，每个阶段都有一系列既定的发展任务，家庭需要完成每个阶段的发展任务才能进入下一个阶段。麦戈德里克等人（McGoldrick et al.，2015）概述了非传统的重组家庭和单亲家庭的一系列发展任务。他们还在家庭生命周期中添加了一个初始阶段——单身的成年早期。在任何一个发展阶段中，家庭无法胜任发展任务都会导致孩子产生相关问题。专业人士需要充分了解家庭的发展任务，并帮助家庭发展必要的胜任能力。以下列出的 12 个阶段源自杜瓦尔和米勒（Duvall & Miller，1985），以及麦戈德里克、卡特和加西亚 - 普雷托等人（McGoldrick，Carter，& Garcia-Preto，2010）的研究工作。各阶段之间的发展变化有时会给传统家庭带来一些挑战，对非传统家庭来说则会更加困难。

单身的成年早期

单身的成年早期者需要在这个阶段完成几项发展任务：形成责任感，以便对自己的行为进行自我约束；能够妥善处理自身的资源（如交通工具、居所、安全的食物）；拥有安全、有偿的工作或其他一些可以养活自己的方式。哪怕单身的成年人仍居住在家（原生家庭）里，这些任务依然很重要。更重要的是，成年早期者必须建立亲密的同伴关系，并经历持续的分化过程，开始从原生家庭中分离出来。

家庭初建期（已婚，无子女）

这个阶段始于步入婚姻或形成彼此托付的伴侣关系。成年早期者继续从各自的原生家庭中分离出来。在这个阶段，伴侣的主要任务是建立作为新家庭成员的身份认同感。制定规则、确定彼此在婚姻中的角色，以及重新调整与朋友和家人的关系是这个阶段的重要组成部分。对成年早期的男同性恋者、女同性恋者或双性恋者而言，这个阶段的发展任务可能还包括在原生家庭中确认其身份认同（出柜）；那些来自少数种族（族裔）的伴侣往往需要花费相当多的时间来处理种族歧视问题（他们本人的，以及家庭成员和社会的）给他们的关系带来的影响。

新手父母期（长子/女出生至 3 岁）

接下来的这些阶段适用于有孩子的伴侣。一旦这对伴侣为人父母，他们的职责和角色就会发生改变。他们作为伴侣的关系必须有些转变，这样他们才能容纳家庭中的新生儿。

学龄前期（长子/女 3 ~ 6 岁）

父母继续发展自身的工作和家庭角色。这个阶段的主要发展任务是学习和使用有效的育儿技能，帮助子女学会与他人积极地互动。

学龄期（长子/女 6 ~ 12 岁）

随着子女逐渐成长和发展，家庭会更多地参与社区和学校的活动。家庭成员必须学会重新协商边界以容纳子女的朋辈群体。

青少年期（长子/女 13 ~ 20 岁）

这一阶段要求伴侣双方不仅要面对子女的发展任务及自己日渐年迈的父母，还要处理个人议题、工作和婚姻中面临的问题。青春期的孩子此时正在形成自我认同感，发展独立性，他们会挑战家庭系统的边界和规则。

放飞期（孩子成年后离家）

子女和父母必须在物理和心理上彼此分离。当然，"健康的"分离有很多种不同的形式和特点。当前，这个家庭的主要任务就是放手、重新适应伴侣的二人世界，以及协调父母和成年子女之间的关系。许多家庭还要面对（外）祖父母的离世。

最后两个阶段

最后两个阶段，即完成养育任务后的中年期及老年期。这两个阶段在家庭生命周期中同样重要，但因与本书的主题没有直接关系，这里我们不再赘述。

常见的危机

从一个阶段发展到下一个阶段，家庭会经历十分深刻的转变，这不可避免地会给几乎所有的家庭带来一些正常的成长转折。大多数家庭都能顺利渡过这些转折。遗憾的是，有些家庭无法应对不同阶段之间的转折和过渡，从而对孩子的福祉造成不良影响。这样的家庭可能会出现功能紊乱，此时，危机便产生了。要想深入了解那些功能紊乱家庭的具体情况，我们必须把家庭作为一个整体来看待。此外，专业的助人者还要将这个家庭的文化、民族及其背景的独特之处视为可以培养并提供支持的资源和优势，以促进家庭成员的福祉。在助人的过程中，高度尊重多样性十分重要。因此，公众服务专业人士需要培养并保持这种尊重的态度，这与对文化和跨文化实践的学习及专业能力的精进同等重要，因为它们都需要持之以恒的过程，也都是伦理的必然要求（Sue & Sue，2013）。美国国家公众服务中心（National Organization for Human Services，NOHS，2015）不但倡导社会公平和正义、充分认可人的力量与能力，还全面促进公众身体、心理、情感和精神健康的全面发展，尤其强调多元文化胜任力在家庭工作中的关键作用。我们需要持续不断地投入学习，包括持续接受来自同事的督导和咨询，这会促进助人者充分熟悉来自不同文化和民族群体的家庭系统的异同。

家庭系统

正如我们在本书第 1 章所探讨的，家庭是孩子生活中至关重要的微观系统，每个孩子都会从这个系统中习得一系列影响深远的态度和行为（Bronfenbrenner，1989）。家庭是一个由许多相互关联的元素（家族成员）、基于各种功能组成的系统，各元素之间相互作用，使系统保持平衡状态。其中，每个元素都依赖于其他元素的功能。付出和接受情感、养育子女和劳动分工，这些都是为人熟知的家庭功能。家庭成员是相互依赖的，每个成员都在影响他人的同时受到他人的影响。充分理解家庭系统是一种有效促进家长培训项目的方式（Scott & Dadds，2009；详见第 14 章）。

家庭成员日复一日地生活在一起，从而发展出一种能够维持系统平衡的行为模式。每个家庭成员都在为这种动态平衡或相对稳定的状态贡献自己的力量。具体到每个家庭中持续的行为、习惯、期望和沟通模式则反映出该家庭系统中的动态平衡情况。

要想形象地把家庭看作一个动态平衡系统，我们可以设想有这样一个家庭，家中的丈夫/父亲是酒鬼。他本应承担起与家庭问题有关的所有指责，从而维护这个系统。事实上，他不但没有受到相应的指责，反而将之投射到配偶身上。配偶则内化了这种指责，不但没有直面丈夫酗酒的恶习，反而想要改善自己和孩子的行为，让丈夫的酗酒得以继续。这样一来，有的孩子可能就会通过吸毒、怀孕或逃课将父母的注意力转移到自己的问题上，从而阻止父母之间的争吵；有的孩子可能会尝试扮演家中的小丑来缓解紧张氛围。这些家庭成员并未意识到自己在努力维持家庭平衡——无论这种平衡多么岌岌可危，相反，这是他们无意识的行为模式，这些模式时而十分明显，时而极其微妙。一旦维持动态平衡的行为模式变得僵化而固着，我们就会认为这个家庭系统是"封闭的"。

一个封闭的系统是功能紊乱的，因为它将自己孤立于环境，所以很少接受外部刺激，自然也缺乏对环境变化的反应。封闭的系统由于具有防渗透的边界且排斥改变，因此更易变得功能紊乱和失调。相比之下，开放的系统则会与环境产生交互作用，因而更具适应性和灵活性。适应性基于家庭系统维持着足够的稳定性，这可以使家庭成员不但能根据环境变化灵活地做出调整，还能发展出稳固且独立的身份认同感。

社会上有相当大比重的问题儿童和青少年是成长于封闭的家庭系统的，因为封闭的家庭系统会滋生更多的问题行为。封闭的家庭系统一般会表现出两种主要的问题类型：一种是疏离型（detachment），另一种是纠缠型（enmeshment）。

案例研究：卡特一家

卡特一家之所以会引起我们的注意，是因为贾森这个 13 岁的男孩。他身形瘦削、脸色苍白、情绪紧张，并卷入了一场恶战。这是一个中产阶级家庭，家里的其他成员还包括贾森的父母道格·卡特和路易丝·卡特，以及他 10 岁的妹妹克丽丝蒂。由于打架斗殴和其他行为问题，贾森被老师转介过来。他经常骚扰其他同学、寻衅滋事，还时常顶撞老师、扰乱课堂秩序。他的注意力持续时间很短、根本坐不住，但是随后针对这些问题进行的神经诊断却没有发现他在神经发育方面有任何缺陷。接着，贾森在学校接受了一次心理评估，包括标准化的社交过往史、心理测试及一次初始访谈。

评估结果显示，贾森问题行为的根源很可能是缺乏良好的家庭沟通和有效的赏罚规则。基于心理评估所呈现的信息，家庭治疗成为首选。实际上，转介到神经医疗诊所、与学校工作人员联系、评估社交过往史和初始访谈均是由学校指派的一名社会工作者完成的。同时，她还负责家庭个案工作，并将贾森和他的家人转介到一家可以提供个体治疗和家庭治疗的心理健康诊所。

路易丝·卡特是一名患有慢性抑郁障碍的欧裔美国女性，她为自己没能培养出一个在家和学校都能充分施展才能的孩子而深感内疚。她似乎有相当多未能说出口的愤怒，而这经常是针对贾森的。道格·卡特是一名工程师，他也总是憋着一肚子火。因为妻子的抑郁障碍，他在情感上被拒之门外。他似乎怨恨贾森，并不断地传递出一些微妙的信息，例如，一方面认为"男孩子就应该这样"，另一方面又会因为贾森的行为而训斥贾森，这让贾森感到十分困惑和矛盾。道格似乎不愿意或无法将惩罚贯彻到底。这种行为在某种程度上是他对妻子愤怒情绪的一种发泄。

路易丝·卡特对自己父母的感情十分矛盾，父母的住处跟自己的家只相隔一英里。她的父亲长期酗酒，并且会对妻女进行身体和情感上的虐待。父亲因为酗酒造成了脑损伤，近年来他的病情相当严重。她的母亲是一名被动攻击的女性，晚年皈依了宗教，以寻求心理上的慰藉。路易丝有一个姐姐，结过两次婚，又都离婚了。经过多次尝试，姐姐获得了大学学位，现在是一名小学教师。她的两个兄弟则更能说明她家庭功能的紊乱情况。最小的弟弟早在几年前就自杀了。另一个弟弟则一直跟父母住在一起，他已经30岁了，却还没有工作，也没有结婚。他因服兵役而患上

了情感障碍，靠着领取微薄的政府救济金过活。

道格·卡特身上兼具英国和法国血统，是家里两兄弟中的哥哥。他的父亲是一家小型制造公司的簿记员，也是个严厉、挑剔、尖酸刻薄的人。他的母亲是一个讨人喜欢却无能的人，她十分"疼爱"道格的弟弟。道格的奶奶如今已经去世了，但在他小时候跟他们生活在一起，她比较偏爱道格。道格和他的兄弟从小就喜欢互相竞争，不过现在他们已经不联系了。他的父母住在另一个州，也很少与他们来往。

他们夫妻二人都觉得女儿克丽丝蒂是一个非常棒的女孩，不曾惹过任何麻烦。她在学校表现优异，在家也是父母的小帮手，还有一群很好的小姐妹。

贾森和克丽丝蒂都是在婴儿期被收养的。贾森在被收养时就被认定为有问题，克丽丝蒂从一开始就被当作一个完美的小天使。

一位心理咨询师负责每周与卡特一家会面，针对他们的沟通方式进行治疗干预。在前六次面谈中，全家人探讨了设定限制及更直接地沟通的必要性。然而，由于这些家庭成员拒绝倾听彼此，因此他们最终陷入了僵局。例如，贾森经常指出，妹妹会戏弄他，挑起事端。但他的父母拒不承认克丽丝蒂会做出这样的事情，还斥责贾森不但不听他们的话，还试图让他的妹妹惹上麻烦。克丽丝蒂则显得比较拘谨，默默地对父母的观点表示赞同。在六次面谈

结束时，心理咨询师觉得自己在帮助父母倾听贾森或让他们夫妻二人倾听彼此方面几乎没有取得任何进展。克丽丝蒂基本上不愿意改变自己在家庭结构中的安全地位。贾森则一如既往地扰乱课堂秩序，在学校、社区和家里都表现得让人无法忍受。

疏离型家庭

疏离型家庭是指每个家庭成员各自独立运作，家庭成员之间几乎不存在相互依赖关系。当一个家庭成员面临压力时，整个家庭几乎完全察觉不到，也不会做出任何反应。疏离型家庭往往十分缺少反应，因为每个家庭成员在系统中都是孤立存在的。在这样的家庭中，家庭成员之间的关系泾渭分明，以至于只有当一个家庭成员面对极大的压力时，才有可能激活其他家庭成员提供支持。在这种家庭中，家庭成员难以获得社交和情感需求的满足，也难以学到满足他人需求的适当方法。即便家庭成员在家庭内部无法获得滋养或支持，他们仍然会待在一起，毕竟对他们而言，似乎也没有其他更好的选择了。不幸的是，那些疏离型家庭培养出来的孩子在家庭之外发展出的关系大多是适应不良或功能紊乱的，因为他们在家庭内未曾学会如何与他人建立良好的关系。他们不知道自己与他人的关系其实可以有更好的形式。显然，这样的儿童和青少年将面临各种问题行为的风险。

纠缠型家庭

纠缠型家庭中的互动会过度强烈和亲密，这会导致家庭成员过度参与且过度关心彼此的个人生活。在纠缠型家庭中，孩子会体验到扭曲的参与感、依恋感和归属感。他们无法发展出安全的个体独立感、分离感和自主感。在这样的家庭中，当一个家庭成员遇到压力时，家庭很可能会通过拯救他的方式来应对，而不是传授他有益的问题解决方法。家庭成员之间的边界很薄弱，容易被突破，分化也不足；孩子很可能会效仿父母的行为，而父母对孩子的管理和控制可能也成效微弱。儿童和青少年扭曲的归属感和依恋感干扰了其成功完成发展任务的能力。举例来说，有的孩子可能会一直跟同学保持疏离的状态，并反复装病，以避免"岌岌可危的"母子关系。

在本章的案例研究中，卡特一家呈现了他们在家庭生命周期的过渡过程中所遭遇的困境，同时展示了一个功能紊乱的家庭。当你阅读这个案例研究时，请花几分钟回顾一下"家庭生命周期""作为社会系统的家庭",以及"疏离型"和"纠缠型"等概念。

卡特一家正处于迈向家庭生命周期中的"青少年期"这个关键转折点。儿子贾森的潜在问题正在不断恶化,因为青少年在寻求建立自己的身份认同感时,会开始挑战各种规则和边界。这个家庭正在努力渡过这个危机,与此同时,卡特夫妇还在努力应对他们二人的中年转变期。

卡特一家的案例不仅生动、形象地展示了家庭生命周期模型,也说明了家庭是一个社会系统。贾森在校的行为问题其实是他在家庭中角色的外延表现。不仅他那位"天使般"的妹妹支持着哥哥的这个角色,他那位愤怒且沮丧的母亲也维持着儿子的这个角色,而他那位孤立的父亲也在暗中鼓励着儿子的这个角色。家庭中的每个人都在用自己的方式维持着系统的动态平衡。尽管他们每个人都有一些痛苦,但相比之下,未知的情况(如贾森的立场发生转变)会引发更多的焦虑。换句话说,虽然贾森是促使卡特一家向外寻求帮助的诱因,但其行为的潜在原因却深嵌于家庭成员的互动中。每个家庭成员都在封闭的家庭系统中尽力维持平衡,因为他们都很脆弱。女儿克丽丝蒂是脆弱的,因为她的自尊心建立在作为模范孩子的基础上。一旦情况有所改变,她可能就会变成坏孩子——家中的"魔鬼"。她不懂得如何以一种健康的方式提出异议或表达负面情绪。她似乎被家庭系统裹挟了。卡特太太也是脆弱的,她很容易受到系统动态平衡的影响:如果她失去了抑郁的理由(假如贾森变得配合且积极),她或许会感到更加内疚,她需要通过自我惩罚来维持自己的抑郁状态。如此一来,儿子贾森便成了家庭中的替罪羊,为母亲的不良情绪提供排解的出口。如果贾森有所改善,母亲就得跟女儿克丽丝蒂建立一段新的关系,还要开始直面丈夫,这些变化似乎都颇具威胁。而卡特先生可能就得强迫自己直面妻子的愤怒和怨恨之情。他可能还得重新定义女儿克丽丝蒂的角色,改变他与儿子贾森的相处方式。同时,儿子贾森也是非常脆弱的,因为如果他的角色发生变化,他就得在学校取得进步;而一旦他真的努力尝试,他就会面临失败的风险(而不是故意失败),同时,他也更难为自己的冲动行事找到合理的借口。这些在感知、角色和行为上的变化都会不可避免地构成威胁。因此,每个家庭成员其实都更愿意维持自己当前的角色功能。

文化差异

家庭生命周期和家庭系统的理论框架都有助于人们更好地理解家庭动力。虽然该理论框架在理解和帮助许多家庭方面很有用,但它必须同时适应那些有色人种家庭和移民家庭（Domenech Rodriguez，Donovick，& Crowley，2009）。助人行业的从业者需要具备多元文化知识、敏感度及与不同背景的人进行工作的能力，这些都是至关重要的。

例如，文化差异会影响家庭生命周期中每个阶段的任务所呈现出的特点。举例而言，一些文化群体期待年轻人在18岁或成年后不久便离开父母的家；另一些文化群体则希望年轻人能在结婚之前一直都跟父母住在一起；甚至在某些文化中，年轻人可以在结婚后依然与父母一起生活。任何有关家庭所经历的阶段和完成的任务的评估都必须探索家庭的文化规范。

文化差异的另一个具体例子是"融合"的概念。主流文化认为的"融合"对有色人种家庭来说，可能意味着集体分享和相互依赖。我们使用这些既定概念时必须十分谨慎；通常，与典型的欧美家庭相比，有色人种家庭会更加依赖更大的社会基础和大家族的支持。举例而言，在非裔美国家庭中，亲朋好友是他们生活的核心。教会社区也为许多非裔美国家庭提供了丰富的支持系统。在美洲土著家庭中，在孩子的生活中处于核心地位的是大家族的亲戚——包括叔叔、舅舅、姑姑、阿姨、表亲和（外）祖父母等人，而亲属关系圈往往还会包括那些没有直接血缘关系的人在内的多个家庭。许多美洲土著群体甚至会有正式的仪式用以邀请重要人物进入家庭系统。亚裔美国家庭一般会有紧密的联结、等级森严的家庭结构，父亲和家族里的年长者掌握着特殊的家族权力。亚裔美国人的亲戚可以参与家庭生活，影响家庭中的决策。对传统的拉丁裔家庭来说，家庭结构可以从正式的亲属关系一直延伸到教父和教母。"表亲"一词可能包括许多人——一般都是没有直接血缘关系的同龄人。对许多有色人种家庭和移民家庭来说，对家庭及大家族的忠诚要比其他社会需求和社会主流文化期待重要得多。毫无疑问，与欧美家庭一样，在有色人种家庭群体内部也存在着各种文化差异、群体差异及个体差异。

养育问题

养育子女是了解家庭内部特征的另一个方面。父母拥有不同的价值观、性格特征、脾气秉性及技能，会给子女带来积极或消极的影响。理解养育子女的行为有四个基本维度：纵容/限制、敌意/温暖、焦虑或情感卷入/情感冷漠、不一致性/一致性。

纵容/限制维度是指家庭中的控制和权力系统。其中，纵容是指家长的低控制和低权力行为，而限制是指高控制和高权力行为。敌意/温暖维度的情感范围从低到高不等。焦虑或情感卷入/情感冷漠维度是从高焦虑到低焦虑之间的连续体，反映了父母的情感卷入或情感联结的程度。不一致性/一致性维度则反映了家庭中规则及奖惩的稳定性和可预测性，以及始终如一的稳定程度。这四个维度基本上是彼此独立的，也是理解家庭养育议题的关键所在。

值得注意的是，每个维度的两端代表的是极端的父母行为。在大多数维度上，父母的养育行为往往更趋近于中间值，而不是极端值。例如，一位父亲不太可能完全充满敌意，也不太可能过度放任和温暖；对于子女想做的事情，大多数母亲既不会全然纵容，也不会全盘反对。通常来讲，任何具有极端行为的父母都会把子女置于更大的危机中。这种情况在行为一致性的维度上也是如此。一致性的极端情况往往就是那些僵化、缺乏弹性、坚决不妥协的父母。他们不允许任何讨价还价，而这种相互迁就和妥协是让子女练习决策和解决问题不可或缺的环境因素。当然，除了极端的养育行为，危机中的儿童和青少年的家庭生活中最常见的特征就是父母的养育行为不一致。一般来说，父母的一致行为会提高子女预测环境的能力，让子女形成更稳定的行为模式。养育行为不一致会对子女产生各种各样的不良影响。有大量犯罪研究文献呈现出养育行为不一致的危害，这些文献多次证明了不一致和紊乱的行为规范（父母双方之间不一致及父母一方前后不一致）与青少年反社会行为之间的紧密联系。帮助父母在养育方式中找到平衡点，尤其是传授他们如何给予子女更加一致的反应，这类干预措施对危机中的儿童和青少年很有帮助。同样重要的是，我们要充分关注养育方式上的文化差异。例如，与之前讨论的四个传统的养育维度相比，"保护性的养育"显然更能说明拉丁裔家庭的养育特点（Domenech Rodriguez et al.，2009）。

面临困难和功能紊乱的家庭

家庭问题

关注社会变化、家庭生命周期中的发展阶段和转变，以及将家庭视为一个系统，将有助于识别那些可能导致儿童和青少年问题的压力源。举例而言，诸如社会经济风险、父母的婚姻问题、养育风险及心理风险等家庭风险因素的累积，不仅会增加青春期早期女孩的内隐心理问题，而且会增加传统双亲家庭中男孩的外显行为问题。与这些风险因素相关的还有日渐下滑的学业成绩及适应困难问题（Buehler & Gerard，2013）。因此，一些具体的家庭问题会引发儿童和青少年的危机行为。有些家庭的情况会将所有的家庭成员，尤其是孩子，置于危机中。

正如我们在第 2 章看到的，与重组家庭和留守儿童家庭一样，单亲家庭和贫困家庭也都面临着相当大的压力。家中有女同性恋者、男同性恋者、双性恋者或跨性别者的家庭也会承受巨大的压力，这主要是受到外部系统和宏观系统对同性恋者的恐惧和偏见的影响。在第 2 章，我们探讨了社会经济条件和贫困的影响，并且发现越来越多的单亲父母会从事有薪酬的工作。离婚、非婚生育、同性婚姻的合法化及结婚率的下降等因素都改变了"典型"家庭的构成并促成了家庭类型的多样性。下面我们会着重介绍一些对现代家庭生活产生影响的社会趋势。

离婚与单亲家庭

在美国 20 世纪 60 年代末和 70 年代显著上升的离婚率，实际上在 80 年代就出现了明显回落（未成年人婚姻除外），之后便逐渐趋于稳定。根据美国疾病控制与预防中心（CDC）的数据，2000—2012 年，结婚人数的比例从 8.2‰ 下降到了 6.8‰，而离婚人数的比例从 4.0‰ 下降到了 3.4‰（Martin，Hamilton，& Ventura，2015）。父母离婚会不可避免地影响子女。

单亲家庭会面临一些独特的压力源。在与单亲父母一起生活的孩子中，每 10 个就有 4 个面临经济贫困（Jiang，Ekono，& Skinner，2015）；在与单身母亲一起生活的孩子中，有 70% 属于贫困或低收入人群，而在与双亲共同生活的孩子及其他类型家庭的孩子中，经济贫困的比例则是 32%（Mather，2010）。在这些数字中，非裔美国儿童和拉丁裔儿童的比例高得出奇。希尔顿、德斯罗彻和德瓦尔（Hilton，Desrochers，& Devall，2001）比较了在单身母亲家庭、单身父亲家庭及完整家庭中的子女和父母的功能情况。他们发现，单身父亲一般会比单身母亲拥有更好的经济条件；单身父亲的养育比在婚父亲更加积极，并且比在婚父母更依赖朋友。

低收入的单身母亲大多是那些年轻、从未结过婚、受教育程度较低、没有工作的女性。由于仅仅依靠单一的家庭收入，大多数单身母亲的经济条件会比较差，而且她们中的许多人很难从缺席的父亲那里获得子女抚养费（Mather，2010）。在美国过去的几十年里，未婚女性所生孩子的数量正在以惊人的速度增长：从 1960 年的 5% 上升到了 2008 年的 41%（Martin et al.，2015；Taylor，2011）。截至 2010 年，在 7500 万 18 岁以下的儿童和青少年中，有 24% 的人生活在单身母亲家庭中（Mather，2010）。那些与单身母亲生活在一起的孩子会表现出更多的内隐（心理）问题；而无论是与单身母亲一起生活还是与单身父亲一起生活，孩子都会表现出更多的外显行为问题（Hilton et al.，2001）。此外，与单身母亲共同生活的孩子会面临更大的辍学风险（Mather，2010；Pong & Ju，2000）。

重组家庭

重组家庭（又称再婚或继父母家庭）是指再婚的一方或双方带着孩子所组成的家庭。在如今的美国，生活在"传统"家庭中的孩子越来越少：有34%的孩子与未婚父母生活在一起，有15%的孩子与再婚的父母生活在一起，而有6%的孩子与继父母生活在一起。再婚现象越来越普遍：在所有已婚人士中，有23%的人是曾经有过婚姻经历的，而在1960年，这一比例仅为13%（Livingston，2014）。重组家庭中的孩子面临着陌生的关系网络，尤其是要跟一个不曾有过深厚感情的成年人生活在一起。所以，他们经常会感到某种程度的不舒服。这些孩子可能没有什么资源来处理与新父母、新（外）祖父母、异父或异母的兄弟姐妹的关系，以及适应新的家庭生活方式。随着这对新婚夫妇逐渐形成他们新的生活方式和日常行为习惯，孩子会面临一套全新的期待、模式和互动。另外，这些孩子正在艰难地适应他们的新环境，而此时他们生命中最重要的他人，也就是他们的父母正忙着自我调整，显然无暇顾及他们。

基于家庭生命周期的视角，新婚夫妇需要顺利通过初建期，这本来就是个非常复杂的任务。而与此同时，他们还要对孩子采用适当的、稳定且一致的养育和管教方法。可孩子的需求往往又很难与父母的需求相一致。显然，问题已经呼之欲出了，这也许就是第二次婚姻往往十分脆弱的一个主要原因。所以，第二次婚姻会比第一次婚姻更有可能以离婚告终。

留守儿童家庭

留守（latchkey，挂钥匙的）①儿童家庭是指一个或多个孩子在不上学的时间（如上学前、放学后及假期）独自在家的家庭。越来越多年幼孩子的母亲进入职场，这将是21世纪下半叶最大的社会变化之一（Halpern，2005），也是导致留守现象的一个重要因素。父亲工作而母亲全职在家带孩子，这种传统的家庭结构已经不再适用于现在大多数家庭的实际情况了。一系列复杂的原因造成了这种情况，如出于经济上的需要、女性社会地位提高及生活质量要求更高等。由于大多数母亲外出工作，加上缺少父亲在家和

---

① 英语"latchkey"的意思是挂钥匙的，原意是指当父母不在家的时候，为了不弄丢钥匙，孩子会把钥匙挂在胸前。引申为由于父母要上班工作，孩子必须独自在家的家庭。——译者注

孩子待在一起，许多美国孩子都成了留守儿童，数量估计从 700 万（Taylor，2011）到 1100 多万（Afterschool Alliance，2014）不等。根据美国课后辅导联盟提供的数据，有五分之一（大约 1130 万）的孩子会在下午 3 点到 6 点之间无人看管，这个数字低于 2009 年的 1510 万。在这些孩子中，小学生占 3%，中学生占 19%。课外辅导项目不仅可以让孩子在课后有事可做，还可以让他们被看护和管理。但 55% 的非裔美国父母、53% 的西班牙裔 / 拉丁裔父母、50% 的白人父母及 54% 的低收入父母表示，阻碍他们使用课外辅导项目的一个重大因素就是缺乏让孩子可以安全参加课外辅导并安全回家的交通工具（Afterschool Alliance，2014）。由于父母工作条件的限制，许多孩子无法通过电话及时联系到他们的父母。留守儿童不仅容易发生一些事故，而且可能从事破坏性行为或违法行为（Dishion & Bullock，2001）。至于为什么青少年暴力犯罪往往都发生在下午 3 点到 7 点之间，便显而易见了。孩子最有可能在放学后成为犯罪事件的受害者（National Center for Juvenile Justice，2015）。孩子每天使用电子产品的平均时间是 7 小时左右，包括看计算机、电视、手机、平板电脑和其他电子设备（American Academy of Pediatrics，2015）。当孩子独自在家时，他们也会在无人监督的情况下使用互联网，这种情况最终会让他们（在不经意间）接触一些色情内容、进入成年人聊天室，或者遇到不健康的甚至危险的关系。

卡洛斯·迪亚兹（详见第 4 章）在下午要照顾自己的妹妹。和很多孩子一样，他会把家钥匙装在背包里，并在放学后回到空荡荡的屋子里。许多留守儿童都会感到无聊、孤独和害怕。当孩子缺少可以遵循的计划安排或需要承担的责任时，这类体验可能会更强烈。多达四分之一的留守儿童可能极为恐惧，恐惧到看电视时必须拿着棒球棒来给自己壮胆。对这些孩子而言，电视和互联网成了保姆、麻醉师及忠实的伙伴。课前和课后教育项目可以大大延长孩子有人监管的时间，考虑到孩子的父母必须工作，而且留守儿童的数量将会持续增加，所以推广、普及这类项目是十分重要的预防措施之一（详见第 2 章）。不过，许多课外项目仅仅起到"下午学校"的作用。在学校待了一整天后，再参加这样的辅导项目就显得太枯燥了，尤其是对年龄较小的儿童来说。然而，对上班族父母和除了课后项目再没有其他去处的孩子来说，它们确实有很大帮助。研究发现，与高收入家庭相比，低收入家庭对课后项目的需求更强烈，西班牙裔和非裔美国儿童参与这些项目的可能性至少是白人儿童的两倍多（Afterschool Alliance，2014）。事实上，与过度学习的可能性相比，校外辅导和课后监管项目所带来的好处也许要多得多。如果课后项目既包括游戏、体育锻炼、家庭作业辅导、团体辅导、个体辅导，又包括体验音乐、戏剧和艺术的乐趣，效果就会更好。即便学校缺乏足够的经费来开办课前和课后教育项目，它们仍然可以通过其他方式来满足留守儿童的一些需求。举例而言，学校心理咨询师或心理学家可以为家长或孩子举办一些专题工作坊，教孩子应对他们在无人看护的时间里所体验到的恐惧感；他们也可以教孩子在紧急或危险的情况下应该做些什么，以及如何最大限度地保证自己的安全；他们还可以帮助留守儿童想出各种有效的方法来度过父母回家前的那段时光，如做家务、做家庭作业、准备营养小吃、做创意设计手工等。

女同性恋、男同性恋、双性恋、跨性别和酷儿青少年的家庭

截至 2011 年，有 63% 的美国民众认为，父母双方不需要一定是异性（Taylor，2011），他们也把共同养育孩子的同性伴侣视为一个完整的家庭。然而，对同性恋的偏见态度依然给抚养孩子的同性伴侣带来很多压力。孩子本人则尤其能感受到压力的影响。而且，那些异性恋家庭中的女同性恋、男同性恋、双性恋、跨性别和酷儿（LGBTQ）青少年经常会面临更大的压力。

对许多 LGBTQ 青少年来说，家庭生活并不那么安全。一些主动"出柜"（公开承认自己的同性恋身份）或被动（因为被家人发现而不得不）"出柜"的青少年，大多会被逐出家门或受到家庭成员的身体侵犯或性侵犯（Hunt & Moodie-Mills，2012）。许多 LGBTQ 青少年会被排斥，也会被指责为造成家庭功能紊乱的罪魁祸首，这最终导致这一特殊群体极易成为青少年司法系统管制的对象（Hunt & Moodie-Mills，2012）。事实上，"出柜"的过程是 LGBTQ 青少年的一项主要发展任务，而他们往往很难为这一过程找到合适的方式和家庭支持（Sullivan & Wodarski，2002）。跨性别儿童和青少年是那些"先天的、发自内心对自己是男性或女性的心理认同……或许与其生理性别或出生时所指定的性别（即出生证明上的性别）不一致的人"（Human Rights Campaign Foundation，2004）。社会对跨性别群体缺乏足够的理解，这会给他们在家庭和社区中的生活带来巨大的困难，这些儿童和青少年被他人排斥、被羞辱和被嫌弃的风险十分高（Harper & Singh，2014）。

更加雪上加霜的是，缺乏来自家庭的支持和接纳往往还会给他们带来一系列其他问题。许多 LGBTQ 青少年会选择离家出走或被赶出家门，由此带来的无家可归会让问题更加严重。混迹街头的青少年不上学，有些还会染上酗酒和吸毒的恶习，还有许多青少年会为了能维系其不良嗜好、找到一个容身之所，或者为了保证自己的"安全"而沦为卖淫者。缺少家庭支持的 LGBTQ 青少年患艾滋病和其他性传播疾病的风险是其他群体的三倍，他们使用非法药物的风险也足足比其他群体高出三倍（Society for Public

Health Education，2012）。在所有离家出走的青少年中，LGBTQ 群体会更早接触性行为和毒品，可想而知，他们感染艾滋病的风险会更高（Moon et al.，2000）。因此，在对家庭内部进行干预时，我们必须对性取向和性别认同持足够敏锐的态度，同时帮助家庭成员学习有效的知识和技能，让成年人成为孩子的盟友（Harper & Singh，2014）。

问题家庭

所有那些出现功能紊乱的家庭都会将孩子置于压力下，并可能导致他们的危机行为（Sander & McCart，2005）。如果家庭中出现成年监护人滥用药物、父母罹患精神疾病，以及包括儿童虐待或忽视、亲密关系暴力和约会暴力在内的人际暴力，那么这些家庭都很有可能导致儿童和青少年出现问题行为（Reupert，Maybery，Nicholson，Gopfert，& Seeman，2015）。这类家庭中的大多数成年人在他们自己的原生家庭中曾经历了同样的问题，而同样的问题往往也会延续到他们的孩子身上。

滥用药物的家庭

如果父母有酗酒或吸毒的恶习，那么他们的孩子在童年时期遭遇不良经历的风险会很高，包括被忽视，遭受情感虐待、身体虐待和性虐待，以及目睹暴力行为等。这些孩子将来更有可能成为酗酒者或吸毒者，或者与这类人建立亲密关系（Sterling，Weisner，Hinman，& Parthasarathy，2010；Wilens et al.，2002）。如果父母有滥用药物的行为，那么他们的孩子出现短期或长期情绪问题和社会适应问题的风险也会更高，包括多动、人际关系困难、攻击、抑郁、旷课和吸毒等（Straussner & Fewell，2015）。研究酗酒者子女长大成人后的相关文献资料表明，滥用药物的父母会对子女产生广泛而深远的不良影响。

家庭和监禁

在美国，被监禁的人数和比例非常惊人，2013 年有 220 万人在监狱中服刑，比过去 30 年增加了 500%（Carson，2014）。按人均计算，美国关押的犯人比世界上任何其他国家都多。大多数被监禁服刑的成年人过去都曾是陷入危机的儿童和青少年。而且这种情况还在继续发生。许多在监狱服刑的犯人都会撇下他们的配偶和其他家庭成员，包括年幼的孩子，这对他们的家属而言是巨大的打击，对孩子造成的伤害更难以估量。

服刑人员在服刑期间与家庭成员之间的亲情联结会经受严峻的考验，对其子女而言更是如此。他们的孩子不仅无法跟正在服刑的父母取得联系，还背负着被社会污名化的耻辱，而且许多孩子还要面对其他危机，如经济贫困、单亲父母等。服刑人员即使在刑满释放后也会出现许多其他问题。许多服刑人员会因为在狱中遭受暴力和性侵犯而产生严重的心理创伤，其子女则要被迫同一位已经失踪数月甚至数年之久的家长一起面对这些不利局面。重新建立家庭内部的亲情联结对他们来说往往是一个严峻的挑战。

如果因违法犯罪而入狱服刑的是家庭中的青少年，同样会带来很多不良影响，不过影响的方面会不太一样。被逮捕监禁的这段经历往往会增加青少年将来出现反社会行为的可能性。一项研究结果显示，青少年出庭的经历会明显激发其将来的违法犯罪行为，而青少年被关押监禁的经历甚至可能会带来更糟糕的负面结果（Gatti, Tremblay, & Vitaro, 2009）。那些受过青少年司法系统管治的青少年在成年后因犯罪而被捕的可能性是其他同龄人的近 7 倍。那些曾因违法行为进过少管所的青少年在成年后被捕的可能性是同样具有反社会倾向的同龄人的 37 倍。

青少年司法系统的管制和干预所带来的相关副作用对青少年和社会而言都是一个重大问题。显然，配对效应（assortative pairing），也就是反社会青少年会互相对违法行为进行吹嘘、找借口并强化的过程，实际上会引发后续的一系列问题（Gatti et al., 2009）。同时，这也为预防工作提供了另一个有力支持，我们必须在问题变得严重之前将它扼杀在萌芽中。

父母罹患精神疾病的家庭

父母的心理健康问题或精神疾病会将许多儿童和青少年置于危机中（Bennouna-Greene, Bennouna-Greene, Berna, & Defranoux, 2011；Kohl, Johnson-Reid, & Drake, 2011；Reupert et al., 2015）。举例而言，母亲的焦虑会与青春期女儿的焦虑高度相关（Rapee, 2009）。成年监护人的精神分裂症、双相情感障碍和抑郁障碍尤其会令儿童和青少年心力交瘁，并且这种影响是十分持久的。例如，与父母心理健康的儿童和青少年相比，父母（尤其是母亲）罹患抑郁障碍的儿童和青少年抑郁障碍发作的频率会更高，病情也会更严重（Rohde, Lewinsohn, Klein, & Seeley, 2005）。即便父母的抑郁症状较轻，如果持续时间较长，也会增加儿童和青少年罹患精神疾病的风险（Mars et al., 2015）。母亲的抑郁严重程度与儿童和青少年攻击行为的频率也呈正相关（Pugh & Farrell, 2012）。一般来说，在父母患有抑郁障碍的家庭中，夫妻二人适应婚姻关系的能力都会比较差，并且父母关系往往也不稳定，缺少温暖的氛围和足够的支持。父母的精神疾病会导致亲子互动的紊乱，从而导致孩子在认知、情感和社会发展方面受限（Center on the Developing Child at Harvard University，2009）。父母的抑郁症状与孩子的主观压力水平显著相关（Sieh，Visser-Meily，& Meijer，2013）。生活在这些家庭中的儿童和青少年往往对自身情绪和行为的调控能力比较差，同时会面临学校适应方面的问题。他们会很容易变得烦躁不安，会以一些怪异的行为来扰乱班级秩序，持续不断地违反学校纪律。这些儿童和青少年既是精神疾病的高危群体，也是其他危险行为的高危群体。

一旦儿童和青少年表现出危险行为，我们就需要将其成长的家庭环境一并考虑进来，这是至关重要的。尽管儿童和青少年的这些行为会让人不安或具有一定的危险性，但它却极有可能是那些生活在一个功能紊乱的家庭中的孩子所能做出的合理反应。所以，父母所面临的问题不仅令人悲伤和痛苦，还会对孩子造成可怕的影响。

家庭暴力

家庭暴力相关因素

在现实生活中，家庭功能紊乱的不同类型其实经常交织在一起。例如，人际暴力与酗酒、吸毒行为密切相关。对经历过人际暴力的女性来说，相信酒精和毒品会缓解她们的压力，与她们使用酒精的频率、酗酒的严重程度、遭受亲密关系中的身体暴力和性暴力的严重程度及创伤后应激障碍有关（Peters，Khondkaryan，& Sullivan，2012）。对经历过轻微暴力（如威胁和推搡）的女性来说，她们将来吸毒的概率会增加 1.5 倍（Nowotny & Graves，2013）。此外，研究人员还发现，当人际暴力以身体暴力的形式呈现时，受害者会在药物滥用方面存在种族上的差异。对美国白人女性和拉丁裔女性来说，亲密关系中不同形式的暴力行为与其之后吸食大麻和毒品有密切关联，而非裔美国女性却并非如此，这表明不同群体会有不同的应对方式。配偶之间的暴力行为往往会伴随对孩子的暴力，而且父母酗酒和吸毒与对孩子的忽视和身体虐待行为也有关（Kohl et al.，2011）。正如我们注意到的，与酗酒的父母一起长大，会显著增加各种（包括人际暴力在内的）童年期不良经历的风险（Reupert et al.，2015）。举例来说，罹患药物使用障碍及抑郁症状较为严重的母亲在养育中更倾向于过度反应，其虐待孩子的可能性也会更高（Kelley et al.，2015）。同样，那些罹患药物使用障碍的父亲的抑郁症状与孩子遭受虐待的风险呈中度正相关。酗酒的父母虐待孩子的可能性是普通父母的 8 倍，酗酒的母亲虐待孩子的可能性是忽视孩子的父母的 3 倍（American Psychological Association Presidential Task Force on Violence and the Family，1996）。

目睹家庭中的人际暴力行为对儿童和青少年也十分危险。显而易见，暴力意味着婚姻关系在整体上并不和谐，这也与儿童和青少年的问题行为有关。即使儿童和青少年不是家庭暴力的直接受害者，长期与互相辱骂且难以控制愤怒情绪的成年人相处，也会受到长久的影响。家庭暴力对儿童和青少年的影响是完全负面的，它会伤害他们的自尊和自信。这些儿童和青少年更容易罹患包括应激障碍在内的其他一系列心理障碍。暴力行为还会衍生更多的暴力。儿童虐待能够有效预测成年人和青少年的一般暴力行为，因为它与成年人和青少年的暴力犯罪呈正相关（Topitzes，Mersky，& Reynolds，2012）。随着家庭暴力行为的增加，儿童日后实施暴力和虐待行为的可能性也会随之增加（Capaldi et al.，2009；Tolan，Gorman-Smith，& Henry，2006）。童年期被忽视增加了个体遭受人际暴力伤害的可能性，有虐待 / 忽视史的成年人更有可能被其亲密伴侣伤害（Widom，Czaja，& Dutton，2014）。虐待儿童的家庭尤其令人痛心（Bennouna-Greene et al.，2011）。

儿童虐待

作为一种特殊的暴力形式，儿童虐待有许多种，包括身体暴力、情感虐待、心理虐待、忽视和性虐待。身体暴力是指对儿童的身体所实施的一切伤害行为，如拉扯头发、扇耳光、殴打及烧烫等。情感虐待是指儿童受到严厉的批评、嘲讽、辱骂、不合理的惩罚，以及混乱且不一致的期望。心理虐待是指父母通过各种手段来操纵孩子，如情感拒绝、传递混乱且不一致的言语和非言语信息、在孩子面前以自杀相要挟，以及阻止孩子与同龄人来往，包括把家里弄得一团糟以使孩子的同伴不愿意到家里来玩。忽视是指父母对孩子的健康、福祉和安全漠不关心。那些无法稳定地得到健康饮食和洗漱照顾、无人看管或一直被视而不见的儿童都是忽视的牺牲品。性虐待是指与儿童发生任何形式的性行为，包括性骚扰、乱伦和强奸，还包括蓄意让儿童接触露骨的色情用品等行为。

成长于这类家庭中的孩子在未来有问题的风险极高，而且遭受心理虐待的伤害性尤其大。遭受心理虐待的儿童要承受的不良影响甚至会超过遭受身体和 / 或性虐待的儿童，而与单纯遭受身体或性虐待的儿童相比，遭受身体或性虐待的同时还遭受心理虐待的儿童会经历更多且更严重的负面影响（Spinazzola et al.，2015）。有近 50 万遭受虐待和忽视的儿童会进入寄养家庭系统，渐渐地，这些儿童中的许多人将成为青少年司法系统管辖和处理的对象，最终他们中的许多人会在成年后走上犯罪的道路（Krinsky，2010）。人在一生中有三个重要的里程碑，分别是高中毕业、工作和结婚，而儿童时期的虐待和忽视对顺利跨过这三个人生里程碑会产生极大的负面影响，未能顺利跨过这些人生里程碑则会显著增加成年期犯罪的风险（Allwood & Widom，2013）。有充分的研究证明儿童虐待、青少年怀孕和由被迫发生性行为造成的性侵害之间的相关性（USDHHS，2008）。另外，女性初次怀孕的年龄与她们早年在家庭中遭受的身体虐待或性虐待有关（Feingold，Kerr，& Capaldi，2008）。

亲密关系暴力

亲密关系暴力（intimate partner violence，IPV）行为涉及进入亲密关系的双方，既包括现任和前任配偶，也包括同居伴侣及约会对象。亲密关系暴力一般由四类行为组成，分别是情感/心理虐待、性虐待、身体虐待及恐吓威胁行为。亲密关系暴力是从偶发事件到长期殴打的连续体。如果稍加留意，你就会发现本书截至目前所呈现的四个案例要么涉及儿童虐待，要么涉及亲密关系暴力，要么两者兼有。由此可见，它们其实普遍存在于危机中的儿童和青少年的日常生活中。

许多亲密关系暴力的受害者其实并没有把事情告知家人和朋友，也没有报警。即便如此，在美国，每年遭受亲密伴侣袭击的男性受害者也有近 300 万人，而遭受袭击和强奸的女性受害者有近 500 万人。在受害者为男性的强奸案件中，肇事者多为男性；在其他形式的性暴力案件中，肇事者中女性占多数（如强迫插入）或男女肇事者占比相差无几（如非自愿的性接触、非自愿的无接触性经历、跟踪等）（CDC，2011）。女同性恋者和男同性恋者一生中报告的亲密关系暴力经历不低于异性恋者（CDC，2013）。在 2005 年的 1500 多例亲密关系暴力致死案件的受害者中，有 78% 的人为女性，有 22% 的人为男性（CDC，2010a）。人际暴力也是造成女性被杀及孕期因伤致死的主要原因。此外，虐待女性行为是造成女性受伤的最大原因，也是发生频率最高、最常见的家庭暴力形式（Whitaker & Lutzker，2009）。由于伴侣的暴力行为，美国女性每年会损失近 800 万天的带薪工作时间及超过 5500 万天的家务工作时间，这相当于 32 000 多份全职工作时间（Chronister & Davidson，2010）。

如果父母之间发生亲密关系暴力，那么孩子不仅会目睹父母的暴力，也更有可能受到虐待。这种负面经历不仅会影响他们的认知、情感和行为功能，还会影响他们的朋辈关系和学校适应能力（Whitaker & Lutzker，2009；Wolfe，Wekerle，Scott，Straatman，& Grasley，2004）。父母之间的伴侣暴力行为，以及孩子目睹或亲身经历暴力，都是孩子日后卷入亲密关系暴力行为的高危因素，无论是作为受害者、施暴者，还是两者兼具。从本质上讲，孩子会通过他人对待自己的经验及观察父母对待彼此的方式来学习如何做事。

现在，我们要介绍两种对亲密关系暴力的幸存者具有积极影响的预防项目（Chronister，2006；Chronister & E. H. McWhiter，2006；Chronister，Linville，& Palmer，2008；P. T. McWhiter & J. J. McWhiter，2010）：为幸存者提供职业咨询和就业支持（Advancing Career Counseling and Employment Support for Survivors，ACCESS[①]，简称"通路"）计划和"解脱"（FREE）项目。

"通路"计划

"通路"计划（Chronister，2006）是一种包含五个阶段的职业咨询项目，也是一种团体干预项目，旨在通过提高亲密关系暴力中女性幸存者的自我意识和职业选择，来帮助她们树立公平和权利意识。每次的团体辅导由 1～2 位团体带领者主持，每次持续 2 小时。该项目包含五个主要部分，均是在职业咨询干预方面最具积极效果的技术（Brown & Krane，2000），它们分别是建立支持、个性化的职业技能评估、提供职业方面的信息、书面练习和角色示范。

"通路"计划的核心在于让幸存者形成批判意识并为她们赋权，方法是帮助幸存者觉察自己生活中的支持性和虐待性的权力动力，觉察影响他们生活环境的社会、政治和经济不公正，以及她们的职业和生活技能。干预项目会通过六个团体进程来推动女性批判意识的发展：对话、群体认同、提出问题、识别矛盾、权力分析和批判性的自我反思。

"通路"计划会对幸存者的职业自我效能感和批判意识有显著影响。在五周的随访中，参与者在其目标实现上取得了更多的进展（Chronister & E. H. McWhirter，2006）。此外，在另一项研究中（Chronister，Linville，& Palmer，2008），参与者报告其职业知识有所增加，自我效能感、自尊水平和动机都有所提升。简而言之，"通路"计划是一种心理教育课程体系，无论是心理咨询师、社会工作者还是公众服务从业者，都可以用

---

① ACCESS 是由项目英文名称的首字母缩写组成的单词，本意是获取、通道、通路。在此译作"通路"，是为了表示该计划通过对亲密关系暴力的受害者进行帮助，使其获得通往更好生活的途径。——译者注

它来帮助幸存者重获职业和经济机会，而这些机会曾经由于她们施暴的伴侣及有限的社会和系统支持而受限。如果作为家庭暴力幸存者的母亲可以成功地摆脱暴力恶性循环，敢于展望并坚定自己未来的发展，那么她们的孩子将获益良多。

"解脱"项目

这个基于社区的干预项目主要聚焦于在家庭暴力中幸存下来的母亲和目睹了家庭暴力的孩子（P. T. McWhirter，2006，2008a，2008b）。"解脱"项目会先让受虐待的母亲及其孩子分别参加心理教育团体辅导，之后安排母亲及其孩子进行联合家庭面谈。团体辅导也是每周会面一次，为期五周。母亲单独参加的团体小组每次时长是 60 分钟，孩子和母亲共同参加的家庭面谈每次时长也是 60 分钟。每个小组由 4 ～ 5 名参与者组成，共有 8 ～ 10 名参与者（包含母亲和孩子）（P. T. McWhirter，2008a）。

针对母亲的团体工作已经有大量成熟的实践经验：第一种是使用认知行为和完形的方法来改善心理健康状态；第二种是通过职业指导和建立人脉来促进其经济条件；第三种是聚焦于情绪、此时此地的团体模式；第四种是目标导向的干预措施。在母亲接受面谈的同时，孩子也会参加心理教育团体辅导，以减少暴力所带来的负面影响。这些儿童团体辅导旨在帮助孩子学习适当的发展性技能，包括压力和强烈情感的应对技巧、沟通技巧、更加负责任的行为、认识新朋友和交朋友的技巧，以及家庭人际冲突的处理技巧（P. T. McWhirter，2008b）。

"解脱"项目的成果十分显著。对母亲来说，家庭成员的联结感、社交网络都有所改善，而且她们对重大的治疗性改变也有了更充分的准备，社会孤立感和经济层面的压力也有所缓解。此外，参与项目的母亲纷纷感到自己的心态和技能都得到了提升，这使她们能更有效地应对充满压力的家庭环境。不同团体的心理教育内容都会有积极的作用，包括减少饮酒量以达成减少酒精和其他药物使用的个人目标，以及增加社会支持（P. T. McWhirter，2007）。在"解脱"项目中，儿童心理教育团体参与者的幸福感得以提升，他们会更加积极地与朋辈和兄弟姐妹进行沟通、互动，其自尊水平也有所提升（P. T. McWhirter & J. J. McWhirter，2010）。

约会暴力

约会暴力（dating violence）早于亲密关系暴力而发生，它本身也属于亲密关系暴力的范畴。约会暴力一般出现在青少年约会的初期。尽管很多研究表明，约会暴力可以有效预测成年家庭内部的暴力，但大多数研究人员认为，在青春期形成的虐待模式很有可能会延续至成年伴侣（Foshee & Reyes，2009；Whitaker & Lutzker，2009）。

不管约会暴力对未来行为的影响如何，约会暴力本身都是一个严重的问题（Ortega & Sánchez，2011）。约会暴力是亲密关系暴力的一种形式，发生在确立了亲密关系的两个人之间。约会暴力的具体方式可以是身体虐待、情感虐待或性虐待，包括从推搡、扔东西到使用武器攻击的身体虐待，以及性虐待和情感虐待等各种方式。

在美国八九年级的学生中，有近四分之三的人都会"约会"。尽管因为不敢告诉朋友和家人，许多青少年并没有报告约会暴力，但有数据显示，在这些约会的青少年中，有四分之一的人表示他们每年都会受到约会伴侣在语言、身体、情感或性方面的虐待。此外，有近10%的学生表示他们在过去的12个月里曾遭受男朋友或女朋友的身体伤害（CDC，2010b）。女同性恋、男同性恋和双性恋青少年比异性恋青少年更有可能经历约会身体暴力、约会心理虐待、网络约会虐待和强迫性行为（Dank，Lachman，Zweig，& Yahner，2014）。这些青少年所报告的身体、心理和网络约会暴力及虐待的犯罪率也高于异性恋青少年。其中，与男性和女性青少年相比，跨性别青少年的受害率最高；与此同时，他们进行除心理虐待以外的任何犯罪行为的概率都是最高的（Dank et al.，2014）。青少年约会暴力显然与社会经济地位或种族没有明显的关系（Jacob，Ouvrard，& Bélanger，2011）。然而，青少年约会暴力和药物滥用之间存在一定的关系（Chronister，Marsiglio，Linville，& Lantrip，2014）。

鉴于青少年所面临的特殊发展任务，预防性干预措施尤为重要。与成年人相比，青少年倾向于接受并遵循传统的性别刻板印象。因为他们十分渴望获得来自朋辈的认可，迫切需要团体归属感，这使他们更容易受到恐吓、控制和暴力行为的影响（Ortega & Sances，2011）。所以，我们应该重点关注既定的关系与应对技巧，不仅要将其纳入预防性干预措施，更要将其整合进针对那些已经经历过约会暴力的青少年的干预措施体系中，这样才能有效缓解当前关系的负面影响，并防止未来的虐待关系（Chronister et al.，2014）。

我们应该尽早开始对约会暴力的预防，干预应该始于识别约会中一些无礼的互动行为，可能包括身体虐待和心理虐待。大多数学者都建议，对约会暴力着手进行基础干预的最合适时机是在八年级，也就是在青少年13岁左右（Foshee & Reyes，2009）。这类项目可以借助预防霸凌项目的影响效果，将其作为预防约会暴力的一种有效方式。约会暴力的初级干预应集中在防止同龄人的霸凌、攻击和性骚扰上，这些都是约会暴力的一些前兆行为。

霸凌者会使用攻击来维护自己的权力和控制地位，这种行为也很可能会表现在恋爱关系中。早在小学阶段，也就是霸凌行为刚出现苗头的时候，我们就要开展预防霸凌干预项目，这可能会有助于预防约会暴力行为的发生。当然，这一课题还有待进一步的研究。很显然，预防霸凌项目能有效减少青少年的霸凌行为，尽管这在逻辑上表明，它们可能也会改善与约会暴力相关的行为，但目前尚缺乏相关的研究支持。有两种专门针对约会暴力的预防项目，它们已经对青少年约会暴力产生了积极的影响：安全约会项目和青少年亲密关系项目（Foshee et al.，2005，2014；Wolfe et al.，2004）。

安全约会项目

安全约会（Safe Dates，SD）项目是一个基于学校的通用干预项目，目的在于传授学生关于约会虐待的相关知识和心态。实施安全约会项目是为了有效预防约会暴力行为的发生，并降低那些已经遭受过约会暴力的青少年再次成为受害者或做出违法罪犯行为的可能性（Foshee et al.，2000，2005，2012）。该项目共有 10 次课程，其中包括 45 分钟的戏剧制作。该项目的干预目标是：提高青少年的冲突管理技巧，如怎样在愤怒时有效地沟通；降低对性别刻板印象的接受度和对约会虐待的接受度；促进受害者或犯罪者觉察自身对获得帮助的需要并帮助他们了解相关社区资源，以及有效防止或减少遭受或实施约会暴力的经历。

福希等人（Foshee et al.，2005）报告了接受安全约会项目干预的八九年级学生的长期随访结果。他们在项目实施后的四个不同时间节点，从以下四个方面对该项目的参与者与未接受干预的学生的受害率和犯罪率进行了比较分析，包括心理虐待、轻微身体虐待、严重身体虐待和约会性暴力。与那些没有接受干预的学生相比，安全约会项目参与者在四个时间节点上所报告的心理虐待、轻微身体虐待和约会性暴力犯罪情况都较少，轻微身体暴力受害情况也较少。项目参与者的约会性暴力受害率也略低一些。研究发现，该项目的效果并不存在性别上的显著差异，也不存在种族差异。但研究结果显示，该项目无法有效防止或减轻心理伤害或严重的身体虐待伤害。对那些已经实施过严重身体虐待行为的参与者而言，该项目对其随后的身体虐待行为也没有产生明显的影响。此外，该项目在性别角色规范、约会暴力标准及参与者对社区资源的认识方面均产生了积极影响。总之，安全约会项目在干预实施后的三年内，在初级预防和次级预防方面均呈现出了一定的效果。让我们深感遗憾的是，该项目对于较为严重的约会暴力行为并没有起到有效的预防作用。安全约会项目的效果似乎远远超出了它的预期目标。福希等人

（Foshee et al.，2014）在之后的分析报告中表示，在安全约会项目干预实施一年后，参与者在学校被同龄人伤害的可能性降低了 12%，携带武器的可能性降低了 31%；少数族裔参与者（反而不是白人参与者）实施其他形式的暴力行为的可能性也降低了 23%。

青少年亲密关系项目

约会暴力与包括体罚在内的儿童虐待密切相关。青少年亲密关系项目（Youth Relationships Project，YRP）的目标对象是那些被儿童保护服务机构认定为曾遭受虐待的青少年。这些项目的参与者会加入男女混合的团体，团体小组由男性和女性辅导人员共同带领，活动内容涵盖三个主要部分，即亲密关系中的虐待和权力意识、技能培养及社会行动。

该项目包括每次时长 2 小时、共计 18 次的团体活动。这一干预项目可以有效减少约会情感虐待和被恐吓威胁的受害行为，而且在几个月的数据收集期间，它能有效预防参与者实施身体约会暴力行为。该项目显示，参与者的创伤症状有所减少，但他们在沟通、解决问题的技能或敌意方面没有受到显著影响（Wolfe et al.，2004）。

结语

在本章，我们探讨了影响当今美国家庭的社会变化，以及这些家庭为了应对这些变化而在内部发生的一些剧变。专业人士需要理解并重视家庭之间的文化差异，而不是持主流文化的假设。许多家庭会表现出疏离、纠缠等不良的教养方式特征，或者在其他方面出现家庭功能紊乱。卡特一家展现了一个相当常见的家庭紊乱的案例。随着家庭经历各个发展时期或家庭生命周期的不同阶段，一些早期发展的互动模式，如父母的养育方式，必须适应子女不断变化的需求。不然，儿童和青少年便会面临适应不良和自我挫败行为的风险。

第 4 章

危机中的儿童和青少年的学校问题

倘若家庭无法实现，
学校就必须为孩子们提供根基，
让他们可以扎根于此，
茁壮成长，
而且学校也可以为孩子们插上双翼，
让他们得以自由翱翔。

残损的根基和折断的双翼，
摧毁了飞翔的希望，
而正是希望，
可以将无形化为有形，
让不可能成为现实。

本章要点

■ **教育的价值**
  • 美国联邦政府对教育的投入

  小故事：泾渭分明且处境不平等的 15 岁青少年

  • 美国联邦立法：《不让一个孩子掉队》《力争上游》
  • 美国国家举措：共同核心课程标准
■ **高效能学校研究**
  • 学校效能研究中的影响因素
    领导行为
    重视学业表现
    教职人员因素
    学生参与度

    社区支持
    社会资源
  • 学校效能研究中的范围界定问题

  案例研究：迪亚兹一家

    校园文化
    学生氛围
    朋辈参与度
    教师氛围

  小故事：教师氛围
■ **教育结构：学校与班级**
  • 学校结构
  • 择校权
  • 特许学校

- 班级结构
- 课程问题

■ 教育结构：创新

- 互联网
- 翻转课堂

■ 结语

在教育领域，"危机中的学生"一词主要是指那些面临学业失败风险的学生。正如前几章所讨论的，"危机"的实际含义远比阅读或数学不及格更严重，甚至比辍学更严重。然而，从教育者的角度出发，我们完全可以从教育层面来充分定义儿童和青少年的危机。学校问题和辍学问题与儿童和青少年的其他诸多问题都息息相关（APA，2012；Henry，Stanley，Edwards，Harkabus，& Chapin，2009；Rumberger & Ah Lim，2008；Suh，Suh，& Houston，2007）。学校困难也与其他问题密切相关。此外，研究数据显示，教育投入是影响心理韧性（resilience）的保护性因子，这些都能突显学校的关键作用。在校园里，预防性干预的效果可以最大限度地惠及儿童和青少年群体。因此，对教育环境进行分析和探讨至关重要。

教育的价值

在美国，教育价值有诸多衡量指标。很多新闻报道会对美国和其他国家的学生在地理、拼写、数学和科学等方面的测验分数进行比较。这些报告一直以来都更有利于其他国家的学生，这似乎表示，在某种程度上，美国校园里的学习效果还没有达到国际平均水平。可问题是，学生的拼写能力能否反映其思维能力？对日期、地点或事件的记忆能力能否说明该学生有解决问题的能力？答案显然是否定的。学习是一种通过观察、经验、指导或研究来获得知识或技能的行为，但上述新闻报道所做的这类比较却暗含这样一种观点，即认为学习这一复杂行为可以被简化成一个孤立而机械的过程。此外，这些比较往往忽视了一个因素，即在美国，所有孩子，而不仅是富裕或中产阶级的城市或大学预科的学生，在高中毕业前都要接受教育。

学习的价值也同样体现在以下统计数据上：2000 年，美国家庭平均年收入约为 5.5 万美元（Census Bureau，2001）。而在 10 年后，教师的平均工资还不到 5.4 万美元（NCES，2010）。自上次人口普查以来，这种情况基本没有多大改变。超过一半的学校教师和心理咨询师拥有硕士学位，但他们的收入却仍然低于全美国平均收入水平，与其他专业人士相比，他们的薪资其实非常低。教师群体的低薪现状反映了美国社会对教育价值的轻视，这也是当前美国师资队伍短缺的原因之一。对一些新任教师早期职业模式的研究表明，有 17% 的新任教师在入行五年内便离开了教学岗位（Gray & Taie，2015）。第一年的薪资水平直接关系到这些新任教师是否会继续从事教学工作。假如第一年的基本工资能达到（含）4 万美元以上，其中有 89% 的新任教师在五年后仍然会选择留在教学岗位；而如果第一年的工资达不到 4 万美元，那么在五年后，只有 80% 的新任教师会选择继续教书育人。

在第一年，给新任教师分配带教老师也至关重要。如果在这些新任教师刚入行就为他们配备带教老师，那么在五年后，86% 的教师会继续教书；如果没有，那么只有71% 的教师在五年后会继续教书。社会确实应该庆幸，有这么多好教师不是为了微薄的薪资，而是出于其他原因选择留在讲台上。

为了应对目前教师短缺的困境，美国的许多州都在降低教师标准，现在许多新任教师其实还达不到国家教师资格要求。很多正在从事高中物理学科、地理学科、生物／生命学科及非母语英语课程或双语教育课程教学的教师其实并没有取得教师资格认证，这是很常见的事。也许是美国特许学校运动[①]导致了这一情况，因为在特许学校教书并不需要资格证。学生会从好教师那里学到更多东西。自然而然地，那些经费比较充足的学校会吸引学术能力强的教师（Wayne，2002），而贫困学校的师资在学术水平和教学能力方面就会相对较差。而且，贫富学校之间的差距仍在不断扩大（Berliner，2001；Kozol，2005）。美国最有钱的学区花在每位学生身上的费用比最贫穷的学校花在每位学生身上的费用高 56%。近几十年来，很多经济学家、社会学家和教育工作者一直都很清楚，社会和经济劣势与学生成绩差距之间存在紧密的关系。为了做出切实的学校改革，解决根本的社会和经济条件问题是至关重要的（Rothstein，2004）。那些为大量贫困儿童服务的学校更有可能面临图书和学习用品短缺的问题，而学校教师也更有可能缺少足够的培训和教学经验。如果寄希望于借助美国学校来干预危机中的学生的社会问题，我们就必须把对儿童和青少年的教育问题作为当务之急来处理，吸引和培训足够的合格教师和心理咨询师，鼓励他们到贫困地区去工作，并为他们发放足够的经济补助。

---

① 美国特许学校运动正式兴起于 1991 年，以明尼苏达州第一部特许学校法的颁布为标志。所谓特许学校，是指在特许状或合同制下以绩效责任制为基础的公立学校。——译者注

美国联邦政府对教育的投入

在教育所获得的社会支持方面，我们可以从美国联邦政府对教育的资金投入和政策支持上看出来。在美国第 39 任总统吉米·卡特（Jimmy Carter）任职期间，美国国会将原来的联邦教育机构升级为内阁级别的教育部（Department of Education，DOE）。20 世纪 80 年代，在美国第 40 任总统罗纳德·威尔逊·里根（Ronald Wilson Reagan）和第 41 任总统乔治·沃克·布什（George Walker Bush）执政期间，政府坚持认为，教育部是通过"领导和说服"的方式而非新项目或资金来实现教育改革的。事实上，在里根执政期间，为弱势儿童、双语教育及为增加国家劳动力资源而启动的儿童保育项目所投入的教育资金每年都持平甚至有所缩减，教育经费预算也从联邦财政预算总额的 2.3% 下降到了 1.7%（Carville，1996）。在二十世纪八九十年代，公立学校每名学生的教育经费投入增长也十分缓慢。20 世纪 90 年代甚至出现了一种令人不安的趋势——拿监狱和教育相比，各州在监狱上的支出第一次超过了在大学上的支出：大学的建设资金投入减少了近 10 亿美元（降至约 25 亿美元）；而监狱惩教资金投入则增加了近 10 亿美元（提高到约 26 亿美元）（Ambrosio & Schiraldi，1997；CNN Money，2015）。

举例来说，纽约州监狱预算增加了 7.61 亿美元，与此同时，高等教育预算则降低了 6.15 亿美元。在加利福尼亚州，监狱系统的预算资金增加了 209%，但州立大学的教育经费却只增加了 15%（Taqi-Eddin，Macallair，& Schiraldi，1998）。平均每年安置一名囚犯的费用为 31 286 美元（Henrichson & Delaney，2012），这是对公共资金的巨大损耗。受"从学校到监狱的通道"负面影响最大、最直接的群体就是黑人男性青少年群体（Alexander，2010；Dancy，2014）。

社会如果造就出没有任何生产价值的公民，就意味着失败。倘若学校无法为儿童和青少年提供安全的环境，他们的健康和福祉就会受到影响。把资金投入监狱，而不是投在教育和干预上，这是一项既昂贵又浪费的失败的长期策略。美国在监禁非暴力罪犯上的支出比在福利项目上的支出更多，比在儿童保育上的支出更是多得多。尽管美国人口数量只占全世界人口数量的 5%，但它拥有的囚犯数量却占全世界人口数量的 25%，监禁率也是全世界最高的（Walmsley，2011）。然而，美国儿童和青少年就读学校的教育经费却严重不足。

《（美国）国家处于危机之中》的发布，将学生问题的根源和责任完全归咎于学校，而将其他社会因素排除在外，这直接导致了 30 多年来美国公立学校教育系统受到持续的猛烈抨击（Mehta，2015）。这份报告忽视了很多外部因素的重要作用，让教育工作者和学校系统沦为替罪羊，显然有失公允。

《（美国）国家处于危机之中》还推出了高利害性测验（high-stakes testing）[①]制度，未能通过该测验的学生会被留级，而且未达到通过率要求的学校还会被缩减经费预算（Amrein & Berliner，2002；Au，2013）。高利害性测验有助于美国精英统治的神话，并把穷人、少数族裔和移民社区所经历的结构性不平等合法化（Au，2013）。在《人为的危机》（*The Manufactured Crisis*）一书中，作者（Berliner & Biddle，1995）提供了一些令人信服的证据，证明了《（美国）国家处于危机之中》背后政治力量的干预，并提供了全面、可靠的数据，表明美国的公立学校体系其实在教育美国儿童和青少年方面做出了巨大的成绩。事实上，他们充分证明，美国儿童和青少年实际上已经比前几代人掌握了更多知识，与其他国家的受教育学生相比毫不逊色，而且表现得比以往任何时候都更优秀（详见下文的小故事）。

📖 **小故事**：泾渭分明且处境不平等的 15 岁青少年

....

一项针对生活在工业化国家的青少年群体的读写能力开展的新研究表明，美国学生基本处于平均线水平。美国前联邦教育部长罗德·佩奇（Rod Paige）警告说："平均线水平对美国学生来说还不够好。"话虽如此，但佩奇和布什政府却忽视了一个关键点。上述这些结果中隐含了另一个重要问题，即美国青少年就读的学校是截然不同且明显不平等的。

国际学生评估项目（Program on International Student Assessment，PISA）旨在了解自 27 个工业化国家的 15 岁青少年在校内外的学习情况，包括阅读、数学和科学这些学科，并了解他们都学到了哪些内容。PISA 的目标是评估青少年对这三个学科中一些常见问题的思考和解决能力。鉴于一名学生在高中毕业前有 85% 的清醒时间都是在校外度过的，因此，这实际上是关于社会如何教育青少年的一项研究。

研究发现，结果取决于这些青少年是美国白人、非裔美国人，还是西班牙裔美国人。总体来说，在美国，15 岁的青少年在这三个学科上的成绩都接近国际平均水平：大约有 10% 的人在这三个科目上的得分排名都位于世界前 10%。而且这三个科

---

① 高利害性测验与低利害性测验（low-stakes testing）相对应，它是指决定一个人未来学术生涯和工作机会的测验。测验结果可以对测试所涉及的受测者或项目、单位造成直接且重要的结果的测验，被统称为高利害测验，为中国学生所熟知的 TOEFL、SAT、GRE 和 GMAT 是此类标准化测验的代表。——译者注

目的测验的相关性极高，因此，如果知道某个国家的青少年在任何一个学科上的成绩，那么另外两个学科的成绩也大致相当。

阅读是美国的强项，在这个学科上，只有芬兰、加拿大和新西兰这三个国家的青少年得分显著高于美国；事实上，81%的美国青少年都能在5分制的阅读能力测验中得2分（含）以上。

这一点很值得关注，因为在PISA的评估结果中，"2分"表示青少年具备以下能力：对文本和外部知识进行比较或建立多种联系；利用个人经验和态度来解释文本；在信息不明显时，识别主题思想；在选定的文本段落中，理解不同部分之间的关系或分析其意义；找出一条或几条满足不同条件且需要通过推论来获取的信息。在美国的青少年中，只有12%的人，也就是那些得了1分的青少年，达不到该标准，并且即便在那些得了1分且被认为读写能力最差的青少年中，仍有将近一半的人能够成功地完成难度更高的2分水平的题目。

在所有三个学科的测验中，美国青少年在总体表现上并不算差，但也并不出彩。原因是什么呢？如果我们将这些15岁青少年的成绩分开来看，答案便一目了然了。

PISA的结果清晰地显示，美国有一些没有受过教育的15岁青少年，其中大多数都是经济贫困和少数族裔青少年。在阅读理解测验中，白人学生排名世界第2位，但非裔和西班牙裔学生排名世界第25位；在数学测验中，白人学生排名世界第7位，非裔美国学生排名世界第26位；在科学测验中，白人学生排名世界第4位，而非裔和西班牙裔学生则排名世界第26位。

令人沮丧的现实是，美国的学校和社区仍保持着泾渭分明且不平等的状态。非裔和西班牙裔美国贫困青少年所在的学校和社区环境完全无法符合"培养学生高水平的阅读、数学和科学能力"的要求。贫困、暴力、毒品、学校教育经费不平等、无证教师和制度化的种族歧视等因素都存在于这些孩子所就读的学校及其所居住的社区环境中，而我们对此却已经习以为常。这些不平等的教育条件看似就是美国在国际较量中失利的主要原因。如果将这些教育资源短缺的青少年的成绩与那些享受更好资源的青少年的成绩结合起来（只要继续容忍这些教育上的失衡发展），美国在国际角逐中的排名就会始终处于平均水平。

正如PISA所清晰呈现的，如果美国任由贫困、少数族裔学生继续身处有缺陷的学校和有问题的社区，其国际竞争力必然会被削弱。而假如美国忽视这些数据，不去探究哪些人做得好，哪些人做得不好，那么美国在国际上的道德权威也同样会被削弱。

PISA 揭露的不过是我们早已了然于心的真相：美国社会存在一些其长期视而不见的问题。在每一次工业化国家的国际较量中，美国的儿童贫困率均遥遥领先。非裔和西班牙裔学生就读的公立学校所遭受的种族隔离政策仍如往常一样严重。美国的那些经济贫困和少数族裔的孩子并未获得他们所需的机会。

把精力浪费在谴责公立学校未能教育美国青少年的那些政客忽视了 PISA 向世人展示的事实：美国的失败在于，美国社会未能给经济贫困和少数族裔的 15 岁青少年提供足够的机会去实现目标，并且应当为此深感羞愧。

戴维·柏林（David Berliner），Emeritus[①] 荣誉教授

亚利桑那州立大学

坦佩，亚利桑那州

注：最近的报告（OECD，2014）显示，2012 年，美国在数学、科学和阅读能力上的平均得分与以往 PISA 评估的平均得分没有显著差异，这一数据再度支持了柏林教授的观点。

美国联邦立法：《不让一个孩子掉队》《力争上游》

2002 年，美国通过的《不让一个孩子掉队》（No Child Left Behind，NCLB）法案是对美国《小中学教育法》（Elementary and Secondary Education Act）的全面改革，它重新定义了美国联邦政府在 K12 教育阶段中的作用，旨在缩小弱势群体和少数族裔学生与其他同龄人之间的成绩差距。令人遗憾的是，这一努力只在小范围内取得了成效。NCLB 法案包含四项基本原则：加强对成绩的问责制（例如，缩减那些标准化测验率未达标学校的教育经费）；增加灵活性和地方控制权；扩大父母的自主择校权（例如，父母可以选择让孩子从不合格的学校转学出去）；强调经过科学验证的教学方法。美国民众对 NCLB 法案所带来的影响忧心忡忡，担心那些最需要资金的公立学校反而流失更多经费，也担心政府会削减对公共教育的支持力度（Meier，Kohn，Darling-Hammond，Sizer，& Wood，2004）。另外，他们还担心该法案会影响对优等生和差生群体的关注。因为如果学校想快速提高测验合格率，那么最有效的方式就是把大部分精力放在帮助测

---

① Emeritus 为美国一家教育培训机构，创立于 2015 年，该机构致力于为世界各地的个人、企业和政府部门提供优质教育服务。——编者注

验成绩刚好在及格线上徘徊的那部分学生。至于那些测验成绩很差的学生，他们不太可能在短时间内取得很高的分数，从而提高学校的达标率；而那些分数高的学生原本就可以通过测验。如此一来，成绩最好和成绩最差的学生都不太可能得到支持或帮助。NCLB 法案对标准化测验结果的过分关注还造成了其他负面影响，包括降低学校的吸引力和创造力，教学去专业化，不够重视社会研究、音乐和艺术，以及严重缺乏对发展价值观和技能的关注，而这些对培养学生的问题解决能力、推理能力、合作和民主参与感都非常重要（Weiner & Mathis，2015）。在 NCLB 法案继续扩大应用范围的同时，奥巴马政府还引入了旨在取代 NCLB 的《力争上游》（Race to the Top，RTTT）法案。RTTT 法案由《美国复苏与再投资法案》（American Recovery and Reinvestment Act）资助，旨在推动 K12 教育改革。RTTT 法案的目标是提高学生的成绩、提升高中毕业率、促进学生中学毕业后的教育和职业发展，以及缩小好学校和差学校之间的成绩差距（U.S. Department of Education，2009）。韦纳和马西斯（Welner & Mathis，2015）认为，如果教育改革继续以标准化测验结果为导向而非通过增加教育资源来推动，那么好学校和差学校之间的成绩差距只会不断扩大。

美国国家举措：共同核心课程标准

除了美国联邦立法外，共同核心课程标准（Common Core Standards）运动也是作为一项教育改革措施来实施的。来自 48 个州的州立学校校长及州长都充分认识到，在美国教育系统中建立一套稳定持续、基于现实社会的学习目标具有十分重要的意义。他们于 2009 年正式启动了这项改革措施，以确保所有高中毕业生无论去向何方，都能为大学、就业和生活做好充分的准备。21 世纪初，美国大多数州都已经制定了具体的学习标准，明确规定了 3 ～ 8 年级和高中学生应该具备的学习能力。此外，每个州都有各自关于专业能力水平的界定标准（即一名学生被认定为获得充分教育的水平）。所以，在全美国范围内缺乏一种学生能力标准化体系是开展共同核心课程标准运动的主要原因之一。通过公众的反馈、教师与课程专家的经验，以及现有最好的州际标准，共同核心课程标准现在已经被美国大部分州采用（McLaughlin & Overturf，2012）。

共同核心课程标准确实能够为教育儿童和青少年提供统一的模板，但是那些辍学或已毕业却未获得公认专业能力认证的学生是否也能得到相应的资源和帮助，有待进一步的观察。大多数学者都乐观地认为，这些新标准可以让危机中的学生，甚至那些有特殊需求的学生从中获益，尽管他们也警告说，达到这些标准所需的支持可能比许多有学习困难的学生所需的支持还要多（Powell，Fuchs，& Fuchs，2013；Scruggs，Brigham，& Mastropieri，2013）。之前曾有两项针对肯塔基州学生开展的研究，一项来自美国国家教育研究纵向数据分析中心（National Center for Analysis of Longitudinal Data in Education Research），另一项来自布鲁金斯学会的布朗教育政策中心（Brookings Institution's Brown Center on Education Policy）。研究发现，在肯塔基州的多所学校实施共同核心州标准的年份里，学生的成绩确实有所提高（Granata，2015）。然而，成绩的提高和共同核心课程标准之间是否有关联，以及实施共同核心课程标准是否有助于缩小贫困、移民或少数族裔、有学习障碍的学生之间的成绩差距，现在下结论还为时尚早。

大多数教师都辛勤工作，对学生非常上心，对教学也尽心尽力。他们知道，每名学生的成长都需要支持、照顾和养育。他们也十分清楚，随着经济环境日益不稳定、父母面临的压力日益增加、社区和邻里之间日渐疏离，学生在学校能够得到的支持和关爱会愈加重要。人们对教师的期待变得比以往任何时候都要多，与此同时，美国的教学环境却变得越来越不安全。帮派活动经常会发生在校园周遭。校园枪击事件让教师不禁怀疑，这种令人震惊的暴力事件是否会发生在"我的学校"。当然，有一部分人会因为这类伤害性事件而备感失望，甚至因此而离开教学岗位（Dinkes，Kemp，& Baum，2009；Smith & Smith，2006）。在这些问题中，最让教师不堪其扰的就是类似"教师没有尽到本职责任""学校太不合格、太失败了""教师应该少拿钱多办事"这样狂轰滥炸式的批评。

国家公共教育要想取得成功，就必须给那些在困境中挣扎的学校提供更多资金支持，投入更多教育经费。要想建立更优质的学校，校园改革是至关重要的。然而，教育改革不仅仅是修改考试、改编课程和改组学校这些工作而已。教育改革必须包括对人力（教师）资源的支持，因为这是各项工作的立足之本。学校教师、心理咨询师和其他教职人员理应得到更好的薪酬待遇，摆脱官僚政治的侵扰；在教学管理工作中，他们也应该获得相应的自主权，能够从事他们的专业工作，并且得到最好的教学方法和教学内容（资料）的支持。

高效能学校研究

学校效能研究中的影响因素

最近的一份研究报告分析并总结了衡量高效能学校的一些共同要素：教师持续调动学生的参与度；全体教职人员尽心尽责、关爱学生；班级规模小、学生人数少；明确的基本规则，奠定彼此尊重的基调；向学生频繁传达正面的期许和清晰的结果；具有稳定感与起引导作用的日常及课堂安排（Education World，2015）。这些反映了学校效能的特征（Henry et al.，2009；Sadker，Zittleman，& Sadker，2010）大致可以归为以下几类：领导行为、重视学业表现、教职人员因素、学生参与度、社区支持和社会资源。

领导行为

在高效能学校，教职人员拥有自主管理校园现场的权限。学校管理人员、教师和心理咨询师都无须经过学校董事会或所在辖区的批准便能对各自负责的项目及项目实施做出诸多决策。高效能学校有明确的使命和责任，会十分重视强有力的教学领导。

重视学业表现

高效能学校会制定严格的教学课程体系。学生必须严格执行教学任务并持续得到监管。学生的学业成绩会在全校范围内得到认可，而且教学时间会得到最大的保证，教学课程也会不断得到改进（Rumberger & Ah Lim，2008）。

教职人员因素

高效能学校的特点还包括教职人员之间平等团结的关系、提倡协同办公，以及教职人员的低流动率。此外，学校还会为全校教职人员提供进一步发展的机会和资源。

学生参与度

高效能学校的学生往往具有很强的集体感、归属感和安全感（Khoury-Kassabri，2011）。他们中的大多数也具有清晰的目标。学校教师和心理咨询师的工作能够帮助学生体验到与他人的联结感。对学生的管教是公平、明确、一致的，既不是压迫性的，也不是惩罚性的。

社区支持

高效能学校所在的社区对学校及其学生有很高的期望。来自辖区内的支持及父母的支持和参与也都显而易见，家庭和学校之间关系密切且十分融洽。

社 会 资 源

社会资源是指每个孩子周围的关系网，这对他们的发展极为重要（Terrion，2006）。有些学校之所以遥遥领先，是因为它们具有十分雄厚的社会资源（Coleman & Hoffer，1987；Terrion，2006）。核心家庭与大家族、街坊邻里和教会团体、社会服务机构和社区组织共同构成了成年人支持网络体系，它们与学校教职人员联合起来，构成了一个享有共同教育理念和价值观的系统。这种关系网对每个孩子的教育都至关重要。社会资源的改善可以有效缓解家庭压力，从而改善孩子的行为。由于现实社会中的社会资源正在减少，大多数学校系统也相应受到了严重的限制。

学校效能研究中的范围界定问题

从某种程度上讲，关于高效能学校的研究是《不让一个孩子掉队》法案的一种副产品。这些研究大多以学生在标准化测验上的成绩来衡量学校的效能，这是一种极其狭隘的学习观。其他的认知指标，如深度分析、决策判断和批判性思维等，在很大程度上都被忽略了。大部分优质知识是无法通过标准化、机械化的测验来衡量的。通过标准化测验成绩来判断学校效能，这种狭隘的评估指标会迫使教师和学区不得不实施以考试为导向的课程体系（Weiner & Mathis，2015）。而这对改善教育问题可能毫无帮助。爱莫雷和伯林（Amrein & Berliner，2002）对美国 18 个州 10 年以来实施高利害性测验的相关数据资料进行了分析研究，他们发现在实施高利害性测验后，学生在 ACT 和 SAT 等标准化测验上的分数并未提高，即使其高利害性测验的分数有所提高，这些标准化测验的分数也仅仅维持在既有水平上，甚至还有所下降。

我们必须谨慎看待关于学校效能研究的结果。例如，与长期照顾到成绩较差学生的学校相比，辍学率较高的学校反而会在高利害性测验中获得更高的平均分。如果仅根据高利害性测验的成绩来判断学校效能，那么一所将处于危机中的学生逐出校门的糟糕学校的效能反而会相当高。其他一些关键指标，如学生对社区活动的参与度、出勤率、学校破坏与暴力事件的发生率或辍学率，则很少出现在学校效能研究中。然而，这些指标却可能与学校、社区和国家更相关。学校效能的另一个维度是校园文化。校园文化所侧重的教育层面与危机中的儿童和青少年有更直接的关系。在讨论学校文化之前，让我们先来看看迪亚兹一家的案例研究。

案例研究：迪亚兹一家

恩里克·迪亚兹在 23 岁那年从萨尔瓦多来到美国。当时他因为种种原因被迫离开萨尔瓦多，抛下了他的父母、兄弟姐妹和一大家子人。临走时，他带上了 2 岁的外甥女雷蒙娜，因为她的父亲离世了，而她的母亲早已自顾不暇。一家为移民服务的非营利性社区机构与当地的一家教会帮恩里克和雷蒙娜找到了一个容身之处，还帮恩里克找到了一份工作。恩里克在一家园林景观绿化公司做临时工。在美国的第一周，他认识了艾丽西亚，社区机构的一名墨西哥裔女志愿者。从那以后，艾丽西亚开始花大量的时间照看雷蒙娜，并且在 10 个月后与恩里克结了婚。艾丽西亚当初被恩里克吸引的一点是他工作勤奋，还不喝酒。如今，恩里克白天依然像过去一样辛勤工作，但是每天晚上他都要喝半打或一打啤酒。艾丽西亚在家里的九个孩子中排行第二。她的父母在年轻时从墨西哥中部来到美国。艾丽西亚是一家汽车旅馆的服务员，也在教堂做兼职保管员。艾丽西亚和恩里克把雷蒙娜当作亲生女儿来抚养，如今雷蒙娜已经 18 岁了，他们还有一个

13 岁的儿子卡洛斯和一个 5 岁的女儿莉迪亚。他们一家人住在租来的房子里，生活非常拮据。在莉迪亚出生前，恩里克和雷蒙娜才刚刚获得美国国籍。

恩里克听得懂英语，但不会说英语。艾丽西亚家里只说西班牙语，不过她在学校学会了说英语。尽管她的英语基础很扎实，但是不到万不得已，她是不会主动说英语的，因为她觉得自己会犯很多错，还十分介意自己的口音。恩里克和艾莉西亚感到忧心忡忡，尤其担心子女的教育问题，因为他们都要长时间工作，所以他们的家庭生活被大幅度缩减。夫妻二人都是高中肄业，所以他们非常希望子女能过上更好的生活。他们把教育视为实现这一目标的必经之路。因语言障碍和工作时间所限，他们和学校之间的沟通一直很困难。恩里克和艾丽西亚都坚信，所有老师都会觉得他们是很差劲的父母，对子女毫不关心，因为他们的英语不好。

雷蒙娜·迪亚兹上幼儿园时，被安排到一个以英语作为第二语言的班级；进入中学时，因为所在辖区的规定，她被转到

一个只说英语的班级读书。然而，她似乎并未准备好适应新环境。雷蒙娜只跟那些以说西班牙语为主的女孩交往，而且她所有科目的成绩在班里都是倒数。她不愿意上学，偶尔还会逃课。在家长会上，老师不断提到雷蒙娜经常不交作业，即便交上来的作业也没有全部做完，还错漏百出。但是雷蒙娜坚持说自己交了作业，是老师放错了地方，给她的打分也很不公平，因为他们觉得她很"笨"，都不喜欢她。雷蒙娜对学校的这种态度激怒了恩里克，每周他们都会爆发两到三次激烈的争吵，而且一般都是在晚上，在恩里克喝了几小时的酒之后。终于，雷蒙娜在16岁那年辍学了，她开始在ABC汉堡店上班，每周工作五个晚上。虽然恩里克和艾丽西亚并不赞成，但他们也觉得对雷蒙娜似乎无计可施，对如何改善她的校园生活也无从下手。由于雷蒙娜上晚班不在家，加上不再有作业这个持续的压力源，恩里克和雷蒙娜之间的争吵减少了，但是恩里克的饮酒量并没有减少。

雷蒙娜告诉父母，她会拿到美国高中同等学力证书（GED）。艾丽西亚却很担心雷蒙娜会怀孕，之后一辈子都只能做一些低薪的工作。她几乎见不到雷蒙娜的面。当雷蒙娜下班回到家时，父母都已经睡着了，而第二天早上父母出去工作时，她还在蒙头大睡。艾丽西亚怀疑雷蒙娜在工作中交往了男朋友，但是雷蒙娜矢口否认，并且闭口不谈自己的社交活动。雷蒙娜一

直都挺支持家里的财务状况，而且跟弟弟妹妹也很亲近。然而，就在上周，雷蒙娜告诉父母，她丢了工作，在她找到下一份工作前无法继续为家里提供经济支持。

卡洛斯·迪亚兹正在读七年级，他跟父母，尤其是跟母亲的关系非常紧密。在过去的两年里，他都在一个普通班级学习，总体来说，他的成绩很不错，但也不是模范生。他会经常跟同龄人发生一些冲突，还会不时在操场上跟人打架。自从上初中以后，他的社交问题便有所缓和了。目前他有好几门课要学，班里的同学也比上小学时多。他开始交朋友了，虽然他的校外闲暇时间很有限，这一点会给他造成一些困难。

因为雷蒙娜在ABC汉堡店上班，所以卡洛斯在放学后要承担起照顾妹妹的责任。他一直很难完成学校布置的任务。现在，他放学后的活动包括打扫卫生、照看妹妹，还有帮忙准备晚餐，因此他只有很少的时间来完成五门课的作业。他的家里没有计算机，如果作业需要用到计算机，他就只能牺牲午饭时间，用学校里的计算机来完成作业。有时，他可以在每门课上各花费一点时间，但有时，他只能抽出时间来完成一门课的作业。当这个家庭接受心理咨询时，卡洛斯所有的课都已经落下了，而且他还会在课堂上睡觉。有些老师觉得他很懒惰、叛逆、没有上进心。对于卡洛斯"至今"还没能流利地说英语，大多数任课老师都感到很挫败。

但是，卡洛斯的社会学老师巴西特女士对他特别感兴趣。最初，她发现卡洛斯上课不专心，课堂上的提问他也答不上来，她觉得这是由语言障碍和缺乏学习能力造成的。然而，她随后发现，卡洛斯只要能完成作业，一般都会做得很好，而且准确率很高。在跟学校心理咨询师沟通后，她开始想方设法地让卡洛斯在学习中更加积极、主动。她尝试各种方法让卡洛斯在学习上承担更多责任，教他检查自己进步的方法，还一直鼓励他在学习上更主动一些。此外，心理咨询师还建议，互助学习小组对卡洛斯会大有帮助，不仅有助于提高他的学习成绩，还有助于他形成良好的朋辈关系。巴西特女士目前正在努力改变自己的教学风格，因为这所学校对她的教学评价是建立在直接指导的基础上的，这种方法一般对社会研究习题课很有效，却无法让学生在学习中发挥积极的作用。恩里克和艾丽西亚觉得儿子卡洛斯是一个非常有上进心的青少年，希望他能继续学业。他们注意到卡洛斯在家和学校都承受着巨大的压力，却不知如何应对。尽管对此甚为

担忧，但他们还是拒绝了巴西特女士的邀约，没有答应与她会面或进行电话沟通。他们似乎很怕巴西特女士会因为卡洛斯不得不承担照顾妹妹的责任而难过，也觉得她无法理解他们家庭的处境。

莉迪亚·迪亚兹今年上幼儿园。去年她参加了启智项目。这对她提升语言能力很有帮助，也可以帮助她做好入园准备。除此之外，她的进步很缓慢。她所在的班级有 30 个孩子，班上有些同学曾上过私立学前班，都已经可以阅读了。为了管好这么大的一个班，莉迪亚的老师会根据孩子们的阅读水平和算术能力来分组。莉迪亚知道在这两门课上，自己都被分到最差的小组，跟姐姐一样，她也常常觉得自己很笨。莉迪亚的老师相信她有潜力在学业上获得成功，也希望自己能在她身上多投入些时间。莉迪亚所在的小学是有留级规定的，没有达到一定学业标准的学生会被留级。即便老师相信莉迪亚的学习能力，莉迪亚还是符合留级规定的相关标准。如果情况没有得到改善，她明年就会被留级。

校园文化

任何一个社会组织都有自身独特的文化，学校也不例外。学生参与度、教师因素、社区支持、课程重点和教育领导等界定学校效能的因素也同样决定着校园文化。文化向其成员提供了两部分内容。首先，它为成员树立了一套规则、期望和行为规范。卡洛斯

的老师鼓励说西班牙语的学生只说英语，这种要求甚至扩展到学生之间的日常对话，但对其他非英语语言的使用却不加以干涉。在莉迪亚所在的学校，表现不佳的学生被留级是一种规则，教师对能力最差的学生不抱什么期待。从本质上讲，校园文化会在各个方面提供一些不成文的规定。其次，文化会通过共同的价值观、信念、习俗和仪式来增强自尊。那些以自己的校园文化为傲的学生、教职人员会表现得更出色。例如，卡洛斯的许多老师都对双语教育持消极的态度；莉迪亚之所以觉得自己笨，部分是因为她被排斥在校园文化之外。参与学校活动可以极大地提高学生的凝聚力和荣誉感。但是在资源匮乏的时候，这些活动往往会受到严重的影响；而且即便活动得以顺利开展，像卡洛斯这样的学生也无法很好地利用它们。校园文化可以通过学生氛围和教师氛围体现出来。

学生氛围

学生氛围中的很多方面都与危机中的儿童和青少年有直接关联。与同龄人相处的经验为他们提供了诸多机会，让他们可以学会如何与他人互动、如何发展与年龄相符的技能和兴趣、如何调控自己的社会行为，以及如何跟他人分享自己面临的问题和感受。随着年龄的增长，他们的朋辈群体关系也越来越重要。对群体归属感的认同是儿童和青少年发展的重要一步，那些在校园里有更多朋友的学生会觉得与学校的联结更紧密，出现问题的概率也较小（Karcher，2004；SCDRC，2010）。学生氛围的另一个重要组成部分就是对他人的"重要性"，以及拥有对学生而言"重要"的他人（Dixon, Scheidegger, & McWhirter，2009）。但是，儿童和青少年对某个群体的归属感对其后续的社会发展和行为既有好处，也有代价。许多面临学业失败风险的学生很早就知道，就某方面而言，他们与其他学生是不一样的，如不太接纳别人，也不太被别人接纳。莉迪亚·迪亚兹就是这样一个学生。按能力对学生进行分组会强化这种自我认知。到了二年级，有谁会不知道哪一组学生是"优等生"，哪一组学生是"差生"呢？更重要的是，学生所在的群体会决定他们对自己的期待。在学校取得成功的那些学生会对自己有很高的期望，对学校也会有强烈、积极的归属感；而那些面临学业失败风险的学生往往会被划入能力最差的群体，被排除在学业成功之外。这种排斥就大大限制了校园文化对那些面临学业失败风险的学生所能起到的潜在的积极影响。

除了基于学业表现的分组外，学生氛围还会受到由学生组成的朋辈群体的影响。朋辈影响彼此的方式包括提供支持、建议，以及有机会讨论相互冲突的观点，但朋辈也可能以胁迫和操纵的方式对他人产生不良影响。朋辈压力对某个学生而言既可以是强大的盟友，也可以是可怕的对手；朋辈压力既可以有效防止问题行为，也可以诱发问题行为（Roseth，Johnson，& Johnson，2008）。在课堂上行为不端、打架、争吵、做出伤害性行为（Khoury-Kassabri，2011）及不交家庭作业等会干扰学习，与学业失败也有很大关系。在纪律差的校园氛围里，学生更有可能辍学，这种氛围是通过学生在课堂上或学校里的破坏程度来衡量的（Rumberger & Ah Lim，2008）。卡洛斯早期在操场上打架的情况能充分说明学生的不良行为会破坏学生的积极氛围。努力提高学生解决问题的能力和决策技能对危机中的学生具有积极的影响（Shure，2006，2007；详见第 12 章）。一些学校报告，学生在学会如何自行调解纠纷后，其破坏性行为会显著减少。学生之间相互传授和效仿社交技能会带来诸多好处（Blake，Wang，Cartledge，& Gardner，2000）。如果学生具有解决自身问题的能力及和平解决纠纷的能力，会给学生氛围带来直接而积极的影响。校园调解项目（将在第 13 章讨论）在这方面特别有效（Decker，2009；Jones，1998；Lane & McWhirter，1996；Smith & Daunic，2002）。

朋辈参与度

由于朋辈在青少年中所起的作用十分重要，因此危机行为的预防与干预工作不仅应该关注个体的问题，还应该关注朋辈群体本身。注重培养自信和其他社交技能的朋辈项目成功率相当高（Herrmann & McWhirter，1997）。如果没有把这些技能传授给整个朋辈群体（详见第 13 章），或者青少年在接受了远离朋辈的干预后再次回到原先那个不良的朋辈群体中，他们过往的模式很快便会死灰复燃。

与低年级的女生相比，处于青春期的女生，尤其是那些比较有才华的女生会感到更不自信，并体验到更多的社交焦虑。有学者认为，个体会在 14 岁时经历心理上的骤变，会从对成就的需求转变为对爱和归属感的需求（Neihart，Reis，Robinson，& Moon，2002）。与同龄的男生相比，天资聪颖的女生更容易看到自身能力的不足之处，与此同时，女生的自尊水平在 11 岁至 17 岁期间会急剧下降。她们认为自己的成绩会威胁到男生，因此，青春期的女生会"藏锋不露"，隐藏自己的能力。此外，女生在课堂上缺乏公正的指导，得到教师的关注更少，获得教师的信息反馈也较少，同时也较少得到如何正确完成任务的详细指导；但是，女生却经常会因为在课堂上对提问不假思索，将答案脱口而出，或者因为其他一些"草率"的行为而招致较多的批评。

在学校，其他群体也会经历自我概念方面的问题。例如，在三年的时间里，非裔美国男生在学校的自尊水平比非裔美国女生有更大幅度的下降（Dotterer，Lowe，&

McHale，2013）。另一组受到校园氛围影响特别大的学生群体是那些性别身份认同或性取向不符合严格的异性恋规范的学生（Greene，Britton，& Fitts，2014；Russell & McGuire，2008）。他们持续承受着巨大的压力。其他学生，有时甚至包括教师，往往会对这些学生表现出不接纳、拒绝和敌意。学校氛围在很多方面对他们而言尤为重要。

学生氛围会受以下三个能力的共同影响：对自身行为与进步的监管能力、对自己学习的负责能力及对学校社团的贡献能力。大多数针对学习开展的研究都侧重于那些可以增加学生期望行为的方法和操作步骤，而且把关注点都放在教师和心理咨询师所采用的方法上（Crone，Hawken，& Horner，2015；Farkas et al.，2011）。然而，教师和心理咨询师如何通过改变教室环境和期望来帮助年轻人自助，这方面仍需要更多的研究。危机中的青少年其实是有能力、懂得思考的人，他们能看到也能调控自身的进步。但是，他们需要有人对他们加以指点，也需要有人鼓励他们共同承担学习责任。

教师氛围

教师及其他学校教职人员的工作环境也是校园文化的一部分。学校教职人员之间共同协商与合作的水平、团队支持情况、自主性、经费保障及领导效能都影响着校园里的教师氛围。

教师与相关支持人员（包括心理学家、心理咨询师和社会工作者）要定期举行一系列主题会议，这有利于促进稳定、发展、共同合作与协同管理。遗憾的是，学校教职人员之间的沟通往往都是出于迫切的干预或治疗的需要，而非防患于未然。这个过程其实代价很高，效果也难以立竿见影，这主要是因为他们需要投入大量的时间，对彼此的努力和方式的理解也比较有限。此外，学校教职人员还需要通过合作、协同管理的工作方式来防止学生出现问题，不过他们一般都没有接受过此类的任何培训。假如卡洛斯的老师能具有团队合作的工作意识，就像很多中学老师经常做的那样，他们可能会更好地理解卡洛斯面临的语言问题，找出可能的解决办法。围绕共同的价值观、责任和信仰建立起来的共同决策和领导模式，可以给教师氛围带来巨大的改善。下文的小故事会从其中一个方面来说明不同的教师氛围之间会存在多大的差异。

> ## 📑 小故事：教师氛围
>
> 本书的一位作者在开展某项研究期间，曾于一周内在两所中学的教师休息室分别待了 15 分钟。这两个休息室的氛围截然相反，所以两所学校的不同教师氛围也跃然纸上。
>
> 在第一个教师休息室里，五名教师正在一边冲咖啡一边整理文件，并且兴致勃勃地谈论着本周发生的一些事情。其中一名教师走到这位作者 / 研究人员身边，询问她的名字，并把她介绍给其他教师认识。一旦有人进来，其他教师就会亲切地叫对方的名字，跟对方打招呼。还有的教师会调侃他们面前那些"堆积如山的学生试卷"。
>
> 在第二个教师休息室里，两名教师正在默默批改学生试卷，第三名教师走进来，随即开始用粗鲁、侮辱性的语言谈论起一名学生。另外两名教师也附和着说了些类似的关于这名学生的事情，还使用了"混蛋"和"讨厌鬼"之类的字眼。第三名教师说："天哪，我巴不得赶紧退休！"说完便离开了休息室，另外两名教师则继续批改学生的试卷。这三名教师完全无视这位作者 / 研究人员的存在，甚至全程都没有跟他有任何目光接触。

如果把教师群体当作专业人士来看待，就会对教师氛围形成促进作用。不幸的是，教师经常不被视为学习、教育和课程方面的专家。教师一般会具备专业知识基础和专业语言，而且能将特定的技能运用到工作中。然而，他们往往被要求按照课程和教学法的规定照本宣科。现行的教学活动扼杀了教师更好地利用自身的专业知识和能力的机会，从而形成不良的教师氛围，并最终导致不良的学生氛围。学校心理咨询师的处境也是如此。

在工作中，尤其是在课程方面，充分赋予教师权力是非常有必要的。教师所掌握的备课知识应优先于教师手册中的备课计划。教师其实是有能力的决策者，他们必须参与校本管理工作。团队协同教学机制（team-teaching）是另一种可以促进高效能学校建设的方式。在这种机制下，团队中的教师会得到彼此的即时反馈，该团队就像一个支持小组，能帮助教师解决在教育和行为方面遇到的各种问题。因此，教师可以在团队的协同教学中发挥得更好。

学校往往对破坏性事件持零容忍态度，并且会采取措施强化安保人员和监控设施，勒令捣乱的学生停学或退学。虽然将这些学生赶出教室或学校能暂时缓解对教师和其他学生造成的影响，但这些短期措施也会带来一系列负面结果。这种做法不仅推卸了学校责任，还强化了被惩罚学生的反社会行为和学校的控制环境，削弱了成年人与儿童之间的关系，同时弱化了学业成绩和社会行为学习之间的联系。积极行为支持（Positive Behavioral Support，PBS）技术就是一种足以替代零容忍措施的方法，虽然它需要投入大量的资源和时间，但可以带来十分显著的长期效果（Crone et al.，2015；Farkas et al.，2011）。PBS 技术是一种全方位的学校行为管理方法，它将教师行为支持系统与有助于学生行为的有效决策和实践支持数据进行有机整合。PBS 技术会增加教师用于教学（而不是管理行为问题）的时间投入，同时提升学生在学业上的投入时间和学业表现，以此来提高所有学生（尤其是那些有情绪和行为问题的学生）在学业表现和社会学习方面的效率、实用性及最终结果。也就是说，PBS 技术是通过改变行为发生的环境来改变个体的行为的。PBS 技术建立了一整套全校范围的行为规范体系，流程清晰、标准明确，能持续强化学生的积极行为，减少学生的消极行为。当然，这也需要全校教职人员的通力合作（Crone et al.，2015；Farkas et al.，2011）。

　　PBS 项目的启动需要花费数年时间，而且对体系的运营和维护也是重中之重。启动 PBS 项目还有其他一些具体的要求，例如，采取团队合作的方式、获得管理层的大力支持、使用积极主动的指导方针、结合本地行为问题专家的意见，以及采用基于数据的决策方式。既然实施 PBS 项目需要花费大量的时间、资源和精力，那么学校为什么还要选择这种干预措施呢？答案显然来自它的效果。一所曾实施 PBS 项目的学校，当年 12 月的单日平均转诊人数从 21 次 / 天下降到次年 12 月的 6 次 / 天。四年后，改善的效果依然存在，12 月平均每天有 5 次转诊，其他月份也有类似的良好效果。转诊所节省的时间和精力，以及学校教职人员满意度和安全感的提高，足以说服许多学校采用这一项目。

教育结构：学校与班级

　　教育结构包含两个可操作的层面，即学校（年级设置、教室样式）与班级（教学理念、教学风格和教学方法）。为了帮助那些处于危机中的学生在学业上取得成功，这两个层面可能都需要进行相应的改革。

学校结构

年级划分（grade configuration）历来是教育系统中的一项基本组织原则。美国内战后，中学的数量急速增长，从而导致有些地区采用 8-5 式的年级设置，即 8 年小学和 5 年中学；其他地区则采用了 6-6 式的年级设置，即 6 年小学和 6 年中学。19 世纪末，8-4 式的年级设置逐渐开始流行起来。1909 年，美国历史上第一所初级中学诞生了。从那时起，各种各样的年级设置（如 6-3-3 式、6-2-4 式、7-2-3 式、5-3-4 式、4-4-4 式）便出现了，这些做法都在试图根据发展需求对学生进行分级，并提高教育的成本效益。美国民众普遍认为，年级划分更精细的大型学校会比年级划分单一的学校（如 K12 或 K8）有更好的成本效益，然而，事实恰恰相反（Bickel，Howley，Williams，& Glascock，2001）。就人力成本而言，学校的规模越大，那些弱势学生在其中获得学业成就的难度就越大。在对各种指标进行深入分析后，比尔克（Bickel）及其同事得出结论："如果我们希望在学生的人均支出与所获成绩之间取得平衡，那么年级划分比较单一的小型学校似乎是最好的设置……小型学校（最需要这类学校的地方就是贫困社区）能使提高学业成绩所需的成本比预期中容易负担得多。"同时，我们还要对成本效益等问题进行更深度的考量，并进一步提出诸如"对谁最有益""成本效益体现在哪些方面""还有哪些方面尚未考虑到"等问题。

校中校（school-within-a-school）也是一种学校结构，它可以将相对小规模的学生群体聚集在一起。例如，某所初中校园里的学生被分成四个"小校区"，学生会在这些小校区中进行社会交往、校内运动、校园活动及行为规范等其他教学活动［读者可以想象霍格沃茨魔法学院中各个分院的划分结构，J. K. 罗琳（J. K. Rowling）在其系列畅销小说《哈利·波特》（Harry Potter）中就形象地描绘了校中校的形式］。通过这种划分方式，学生参照群体的数量就可以有所减少，例如，从全校 2000 名学生减少到每个小校区的 500 名学生，这样，学生的社群意识就可以得到增强。校中校的另一个例子是高等职业学院（High School Career Academy），这类学校不仅提供文化类课程，同时提供基于各种职业类别的课程体系，还会跟单位雇主合作为学生提供实习的机会。这类学校对那些面临辍学风险的青少年具有积极作用，可以帮助他们留在学校并取得进步（Kemple，2004）。也有些学校会将课前和课后教育项目纳入学校结构（详见第 2 章）。与那些放学后可以与监护人待在一起的青少年相比，那些放学后无法得到适当监管的青少年及与朋辈待在一起的青少年更有可能做出一些危险行为，学习成绩也可能更差。此外，参加高质量的课后项目还会带来诸多益处（Durlak，Domitrovich，Weissberg，&

Gullott，2015）。虽然基于学校的课后项目供不应求，但即便是很多已经在开展的项目也经常会面临经费紧缺的困境。对卡洛斯和莉迪亚这样的学生来说，课后监管项目会有很大的帮助。

择校权

择校权被当作可以解决劣质学校问题的有效方法。在美国，择校权的支持者包括以下几类：政治保守派，他们认为公共教育被政府过度把控；宗教保守派，他们认为公立学校将儿童和青少年置于不道德的价值观和行为环境中，从而对他们造成损害；私立学校，他们希望提高本校的入学率；城市中的有色人种家长和一些积极人士，他们希望为孩子提供更优质的教育资源。择校权会激发竞争从而提高教育质量，基于这一信念，择校权运动得到了 2002 年美国最高法院一项决议的支持，克利夫兰教育代金券（Cleveland school voucher program）① 计划获得批准实施，允许学生自主选择就读私立宗教学校。在密尔沃基公立学校的一项研究中（Witte et al.，2010），使用代金券进入宗教学校或普通学校的学生在数学和阅读成绩上并没有显著差异。然而，美国全国教育协会（National Education Association）、美国全国学校校长协会（National Association of School Principals）和美国教师联合会（American Federation of Teachers）这些组织强烈反对代金券制度，它们认为这些举措将会强化并复制那些社会经济地位低、少数族裔和成绩差的学生所遭受的不平等待遇，进而危害公共教育体系。

特许学校

特许学校运动（charter school movement）起源于择校权运动，后来迅速取得了蓬勃的发展：从 1999 年到 2012 年，特许学校在公立学校中所占比例从大约 2% 上升到了 6%；入学的学生数量也几乎翻了两番（NCES，2014）。2014—2015 学年，随着特许学校和学生数量的增加，全美国共有 6700 多所公立特许学校，共计招收近 300 万名学生（National Alliance for Public Charter Schools，2014）。虽然特许学校是提供免费教育的公立学校，但它们与地方政府所设立的公立学校有所不同，因为特许学校是由包括私人机构在内的各种法律实体共同组建的。特许学校也体现了许多不同的学校教育革新愿景。

---

① 克利夫兰教育代金券主要是指州政府给学生和家长的补贴，给他们就读私立学校的择校权，同时这些私立学校必须达到政府规定的某些最低要求。——译者注

特许学校具有创新的自由，能够成为优秀思想的来源。支持者会认为特许学校大有前景，觉得它可以提高学术标准、增强教育工作者的能力、促进家长与社区的参与度、扩大选择权和责任感（National Alliance for Public Charter Schools，2014）。尽管特许学校有这么多优点，但由于性质不同，我们很难将它们与传统学校的教学效果直接进行评估和比较。一项研究发现（Gleason，Clark，Tuttle，& Dwoyer，2010），就读于特许学校的学生在数学和阅读、出勤率、成绩提升或行为方面与非特许学校的学生并没有显著差异。然而，在家长和学生的满意度方面，研究显示出有利于特许学校的结果。另一项研究发现（Tuttle，Teh，Nichols-Barrer，Gill，& Gleason，2010），特许学校学生的阅读和数学测验成绩高于传统公立学校的同类学生。

特许学校有非常大的潜力成为一种重要的教育创新。然而，特许学校的可行性牵涉以下问题的解决：交通、入学手续与要求，以及对实际入学学生的更全面的了解。

班级结构

班级结构直接影响着危机中的学生的学习体验，可以让他们对自身处境有掌控感。如果学生被视为独特的个体，对团队有特殊的贡献，那么这样的环境可以就带来积极的结果（Wubbolding，2007）。情感联系和互动能够促进学生的学业表现（Reyes，Brackett，Rivers，White，& Salovey，2012）。而且这种环境能够接纳并欣赏差异、增强创造性、提高自主性、提升心理健康水平，并最终提高整体学习质量。师生之间充满关爱的关系有助于满足危机中的学生的需求，而且影响学生对班级氛围和班集体的态　度（Doren，Murray，& Gau，2014；Madill，Gest，& Rodkin，2014；Mainhard，Brekelmans，den Brok，& Wubbels，2011）。

班级规模也会对危机中的学生产生影响。有强有力的证据表明（National Council of Teachers of English，NCTE，2014；Rumberger & Ah Lim，2008），K-3年级的小班制（15∶1）可以显著提高高中毕业率。毫无疑问，假如莉迪亚·迪亚兹的老师能少照顾几个学生，她就可以更好地满足莉迪亚的特殊需求。实际上，有研究发现，学生的学业表现、学生与学校之间的关系都与班级规模有关（Finn，Gerber，& Boyd-Zaharias，2005；Rumberger & Ah Lim，2008）。那些在小学早期曾在小班（13～17名学生）学习了四年或更长时间的学生能顺利高中毕业的可能性更高。对低收入家庭的学生而言，情况尤其如此（Finn et al.，2005；NCTE，2014）。

因为莉迪亚所在的班级很大，所以老师只能根据学生的能力水平划分不同的小组。

虽然分配到高水平组的学生并未得到什么好处，但分配到低水平组的学生却会受到很大的不利影响。如今，教育研究人员提倡，可以用较小的合作型异质团体来取代竞争型同质群体（Roseth et al.，2008）。鼓励师生之间的合作，会给校园的整体环境和学生的成绩带来积极影响（Reyes et al.，2012）。那些面临学业失败风险的学生通常会比同龄人落后几个年级，所以强调合作而不是竞争的学校结构能更好地满足这些学生的需求（详见第 13 章）。此外，课程和教学实践也会影响那些面临学业失败风险的学生。学生对仅仅关注学习知识和单一技能的课程几乎缺乏热情，长此以往，他们在学校教育的过程中就会沦为被动的参与者。另外，课程中那些争议性的、有时却非常有趣的内容被删减了。例如，亚利桑那州图森联合学区根据 H.B. 2281 法案取消了"墨西哥裔美国人研究"（MAS）这一课程，原因是其"过于政治化"。该课程是基于弗雷内教学法和"极富同情心的知性主义"（Critically Compassionate Intellectualism）（Cammarota & Romero，2014）设计出来的，会让学生对缺乏少数族裔观点的传统学校课程进行批判，鼓励学生在学习过程中主动参与，并在教师的关爱下发展基础的学术能力。该课程能够起到有效促进危机中的学生取得学业成功。在参加 MAS 课程之前，与未参加此类课程的学生相比，参加该课程的学生的标准化测验分数和排名都更低，但到 12 年级，那些学习过一门或多门 MAS 课程的学生的测验成绩更高，也明显更容易顺利毕业（Cabrera，Meza，Romero，& Rodriguez，2013）。可以看出，学生所学习的 MAS 课程越多，课程对标准化测验成绩和毕业难易度的影响就越大。

教育工作者和家长都在传承社会的共同价值观。然而，在美国，与"民族自豪感""价值观澄清""价值观教育"或"道德"相关的内容已引起社会某些部分的警惕。许多学区对诸如性行为和预防怀孕等话题的课堂讨论会进行严格的规定，以避免引发一些争议。

课程问题

那些忽视道德教育和社交技能、不重视发展学生的沟通能力和批判性思维的课程，对处于危机中的学生来说毫无助益。上文所举的例子已经充分说明，那些被删减的课程其实能给图森联合学区的学生带来很大的好处。另一个例子是，有批评人士认为，向青少年提供避孕药并告知他们药物的作用，会助长青少年的性行为。然而，尽管美国和欧洲青少年的性行为发生率大致相当，但教育和宣传避孕措施的做法使欧洲青少年的生育率比美国低得多。2000 年，俄勒冈州险些通过了一项法案，该法案明令禁止在校园里讨论有关预防艾滋病的安全性行为，原因是有未经证实的指控称此类信息会"促进同性恋行为"（我们将在第 8 章讨论这一问题）。有些人认为，儿童和青少年应该从他们的家里获得这方面的知识。可这样的观点太不切实际了，因为大多数家庭根本不会讨论这类问题。

另外，我们还需要丰富课程的评估方式。如本章前文所提到的，对学生学习效果的评估不应该局限于标准化测验的成绩，还应该包括批判性思维、问题决策及其他一些重要因素。美国有数个州已经实施了教育改革，要求学生必须通过 K12 教育阶段包括社交技能、问题解决技能，以及其他重要的职业、生活技能在内的所有基准测验。举例来说，学生要想顺利通过数学基准测验，不仅要提供正确的答案，还要描述出答案的推导过程，并提供不同的解题思路。对危机中的青少年来说，建立学校教育与职业领域之间的联系非常重要。如果将这两者有机结合，我们需要考虑以下七种关键要素（Bizot，1999）：（1）通过尝试具有挑战性的任务来获得真正的成就感，从而发展胜任感；（2）让学生多接触一些自己有潜在兴趣的领域，并有机会进一步精进；（3）培养学生设定目标、提出备选方案、评估方案及其效果，以及克服障碍的能力；（4）为学生提供理解和整理职业信息的系统框架；（5）向学生传达对个体差异的尊重，以及对个人价值观、兴趣和技能，以及由此导致的不同选择、机会和障碍的理解；（6）为学生提供参与、合作与贡献的机会；（7）让学生明白，教育和职业发展是终身的、持续的过程。这些关键要素应该被纳入课程教学。如果当初雷蒙娜接受过持续的职业教育，并且有门课程可以把学习和生活技能结合起来，那么她可能就会看到留在学校的更多好处。即便是辍学，她也能掌握一些不错的工作和生活技能。对高危学生来说，以英语为第二语言（English as a Second Language，ESL）项目，又被称为英语学习者（English language learner，ELL）教育或双语教育课程，也是学校课程体系的重要组成部分。1979 年至 2008 年间，家中使用非英语作为母语的学龄期儿童占比从 9% 增加到了 21%，即从 380 万人增加到了 1090 万人（Kena et al.，2015）。2014—2015 学年，双语教育占城市公立学校平均总入学率的 14%，占比从小城市中的 9.4% 到大城市中的 16.7% 不等（Kena et al.，2015）。接受双语教育的学生辍学率一直居高不下，毕业率也很低（Gil & Bardack，2011）。考虑到拥有资格证书的双语教师资源十分稀缺，加上迪亚兹这类孩子所住的地区又以贫困家庭居多，因此，他们在上双语教育课程时很可能会遇到不合格的教师。

在《不让一个孩子掉队》（NCLB）法案的政策要求下，美国联邦政府投入了大量资金来支持双语教育，并优先快速发展英语教学。而且每年的英语能力评估都是强制性的，旨在让学生的英语水平不断得到提升。尽管 NCLB 所提供的资源对拥有大量非英语语种学生的学校来说是个好消息，但其最终能分到的教育经费仍然是杯水车薪，因为参与资金分配的州数量多、项目杂、学生基数也十分大。虽然各学区会根据招收的双语学生和移民学生的情况自动获得相应的拨款，但考虑到英语学习者的复杂性和多样性，美国联邦政府资金拨款所能起到的作用将会减弱。双语学生的具体情况并非千篇一律（Bardack，2010），他们有着不同的社会经济条件、语言能力，以及学业经历和移民经历。

教育结构：创新

互联网

互联网既带来了有趣的课程问题，也有助于创新教育结构。学生和学校可以通过互联网获取近乎无限的浩瀚信息，并且帮助教师将这些资源纳入教学的相关支持服务也正在迅速发展。教育工作者可以用来帮助学生的资源几乎呈爆炸式增长。

学校正在不断发展，并且会越来越多地在课堂上使用互联网工具。如今，美国几乎所有的公立学校都能上网，大多数学校都配有宽带无线连接。使用学校计算机在四年级学生中已经很普遍（95%），在八年级学生中也占了绝大多数（83%）；2011 年，3 岁至 17 岁儿童和青少年的家庭计算机使用率为 58%，而在 1997 年，这一数字仅为 11%（Child Trends，2013）。调查结果会因种族 / 民族和收入水平而异，例如，91% 的白人儿童和 69% 的西班牙裔儿童可以在家里使用计算机，而在那些来自低收入家庭的儿童中，只有 58% 的人可以使用计算机。如果教师能获得掌握互联网的时间和技术支持，学生也会受益。访问并浏览互联网是当今年轻人不可或缺的一项技能。互联网的主要功能之一就是交流，许多支持者已经让大家深信不疑，互联网确实可以提升人们交流的便利性。人们可以通过电子邮件、短信、即时通信、朋友圈，以及在线游戏之类的社交媒体来进行交流、互动，这给社会带来的好处似乎是显而易见的。互联网资源极为丰富，人们可以在其中从事各种各样的活动，如搜集资料、聊天、打游戏或进行其他各种形式的娱乐活动（Lenhart，Madden，MacGill，& Smith，2007；O'Keeffe & Clarke-Pearson，2011）。

对一些儿童和青少年来说，互联网可以缓解他们的社交焦虑和社交孤立感。然而，互联网的使用也带来了一些严重的问题。使用互联网会减少家庭成员之间的交流吗？用户规模会发生怎样的变化？我们的社交圈呢？社交媒体真的会增加人们的孤独感和抑郁情绪吗？随着未成年人越来越多地使用互联网，检测它给他们与家人、朋辈之间的社会互动的影响将至关重要。后续研究需要调查电视、互联网、计算机、手机等多重媒体的使用是如何影响儿童和青少年的生活的，如何使用媒体才能使之发挥积极的作用，以及如何才能利用它们促进儿童和青少年的健康、教育和发展。美国儿科学会的研究人员（O'Keeffe & Clarke-Pearson，2011）指出了儿童使用社交媒体的风险，如网络霸凌、色情短信和抑郁，而且建议儿科医生必须告知其父母了解社交媒体，跟孩子商量如何更好地利用这些方式，并且监管孩子使用社交媒体的情况。

翻转课堂

一般来说，在全美国甚至全世界的中小学课堂上，通常都会有一节课是教师向学生展示新材料。有时，课程会通过讨论、问答和幻灯片演示等来丰富教学形式，随后，学生要完成相应的家庭作业，如完成学习清单或解决某个问题。在过去的十余年里，一种创新的方式出现了，这种方式被称为"翻转"（flipped）课堂或"反转"（inverted）课堂。它得益于两名高中科学教师：伯格曼和萨姆斯（Bergmann & Sams，2012）。他们于 2006 年开创翻转课堂教学，随后还为这一创举专门写了一篇文章。从那时起，翻转课堂的数量便急剧增加（Educause，2012）。例如，翻转学习网络（Flipped Learning Network）这一社交媒体网站的会员（教师）从 2011 年的 2500 名增加到了 2012 年的 9000 名。采用翻转课堂进行教学后，美国密歇根州一所高中的九年级学生数学课的不及格率从 44% 下降到了 13%（Finkel，2012）。

"翻转"一词是指对传统教学过程的反转。翻转课堂将课堂内外的内容进行了互换（Herreid & Schiller，2013）。学生可以在私下先听、看或阅读课程内容，将课堂上的时间用来完成本该是家庭作业的内容。最初，教师会负责录制讲座和提供教学视频。但是，正如前文所讨论的，互联网技术早已发展成熟，所以有海量现成的视频教育资源可供使用。可供选择的课程和视频成千上万，这部分我们将在第 6 章进行详细讨论。可汗学院、TED 演讲和 YouTube 教育频道这些资源能够提供丰富的学习内容，并且都可以用在翻转课堂的教学中。

翻转课堂有以下几个关键特征（Flipped Learning Network，2012；Hamdan，McKnight，McKnight，& Arfstrom，2013；Moran & Milsom，2015）。

- 从以教师为中心的文化向以学生为中心的文化转变。
- 教师需要有选择地分配哪些内容可以让学生在课前自学，哪些内容最好在课堂上讨论。
- 教师组织讨论、活动和小型讲座，以解决学生可能尚不理解的概念，并解答仍然存在的问题。
- 学生提供朋辈指导，包括朋辈间对作业和项目的反馈。
- 小组工作，教师作为引导者，要为学生提供个性化的关注。

翻转课堂真的有效吗？学生学到更多知识了吗？他们在学校更投入了吗？这种新方法对危机中的儿童和青少年有帮助吗？许多对危机中的儿童和青少年造成影响的问题，翻转课堂似乎都可以提供有益的解决之道。可问题是，到目前为止，尚缺少强有力的证据来说明翻转课堂的教学效果究竟如何（Abeysekera & Dawson，2015）。有许多不那么科学的数据表明，翻转课堂确实会带来一些好处。在一项针对 500 名翻转课堂教师进行的调查中，有 99% 的教师表示他们第二年会再次采用翻转课堂模式，有 80% 的教师表示学生的态度有所改善，有 67% 的教师表示学生的测验成绩有所提高。对有特殊需要的学生和大学预修班的学生来说，翻转课堂似乎特别有帮助（Flipped Learning Network，2012）。

翻转课堂的几个方面对危机中的学生特别有帮助。首先，翻转课堂的实践活动使师生之间可以更好地互动。教师可以与学生进行真实的交流，而不是对他们进行说教。发现学生的社交与情感需求并及时给予反馈，对危机中的学生而言尤为重要（Goodwin & Miller，2013）。其次，学生可以根据自身的需求和能力自主地调整学习节奏，这对那些可能有学业困难的学生及那些厌倦了慢节奏的学生来说都很有用。再次，危机中的学生倾向于在接触新内容 10 分钟后就选择放弃。翻转课堂将直接教学分解为更吸引人、10分钟一节的学习片段，学生可以更好地参与其中。最后，在课堂上完成"家庭作业"可以让学生练习他们学到的技能和知识，并得到教师的矫正性反馈，这可以让学生的错误得到即时的纠正（Greenberg，Medlock，& Stephens，2011）。简而言之，翻转课堂的发展前景十分可观，因为它整合了改善校园氛围的诸多层面，而这些层面已被证实是有利于学生的学业成功的（Voight，Austin，& Hanson，2013）。我们希望阿贝塞克拉和道森（Abeysekera & Dawson，2015）提供的研究总结和呼吁能推动翻转课堂的进一步发展，为这一教学策略提供强有力的实证基础。

结语

　　教育实践工作者已经开始尝试对相关的教育实践、政策及校园氛围进行调控，使危机中的学生的学习潜力得到提升。首先，教育工作者可以继续推进那些重视学生的整体性学习和发展的课程和教学实践。其次，教育工作者之间可以增进合作，鼓励相互支持与共同决策，以改善校园氛围。再次，教育工作者要促进学生的批判性思维并充分赋权，同时在学业和人际交往方面帮助学生树立宽容和民主的态度。在这些实践方面，教师和心理咨询师应该以身作则。最后，我们每个人都可以贡献一己之力，增强公众意识，为危机中的儿童和青少年提供更为广泛的支持。通过与研究人员合作，我们还可以发现很多预防与干预措施成功或失败的证据，这是一种有益的方式，可以让我们知道哪些方法有效，哪些方法无效。反过来，研究人员必须与教师及其他从业者沟通、协商，将教育工作者的第一手课堂经验与智慧纳入预防与干预项目的策划和实施中。此外，教师的专业意见也是学校类干预项目的一个关键组成部分，这类项目能够为危机中的学生提供他们在学校和生活中取得成功所需的必要技能和资源。

第 5 章

高危与低危儿童和青少年的个体特征

有些青少年足够果敢与坚定，

他们可以凿开矿砂、找到钻石并将之

精心打磨……

而有些青少年则虚弱无力，

他们只能徘徊于茫茫沙土中，四处翻找宝石，最终却一无所获。

是什么让他们有如此天壤之别呢？

本章要点

- ■ 心理韧性
- ■ 心理韧性的影响因素
  - • 社会环境
  - • 家庭环境
  - • 强心理韧性儿童和青少年的个性特征
- ■ 区分高危与低危儿童和青少年的技能特征：五 C 胜任力
  - • 核心学业胜任力
    基本学习能力
    学业生存能力
  - • 自我概念、自尊和自我效能感
  - • 联结感
    与他人沟通
    换位思考
    解决关系问题

- • 压力应对能力
- • 控制力
  决策能力
  延迟满足
  人生目标
- ■ 正念
  > **小故事：每次只能考虑一周之内的计划**
- ■ 儿童和青少年干预项目与技能汇总清单：5C 胜任力工具
- ■ 结语

115

未成年人会在独特的家庭和社区生态中发展出不同的个体特征：喜好与厌恶、天赋与局限、优势与劣势。这些个体特征既来自社会环境，也来自家庭和学校这两条重要根脉。大部分未成年人具备足够的知识，能够发展出积极的行为，形成亲社会的态度及其他一些健康的性格特征，这些都使他们将来面临较少的风险。有一部分儿童和青少年则缺少相应的知识、行为、态度与技能，而这些特质是成为优秀成年人所必备的（Crowe，Beauchamp，Catroppa，& Anderson，2011）。这些未成年人往往在生命早期，尤其是在早期学校生活中，表现出一系列功能紊乱的行为、认知和情绪模式。如果消极模式没有被即时纠正，最终很可能会酿成恶果。因此，充分了解未成年人的社会功能是至关重要的（Crowe et al.，2011），这样才能有效防止一些问题的恶性循环，这些问题包括学业失败、吸毒、未成年怀孕、违法犯罪及自杀等。杰赛（Jessor，1991，1993）在此基础上发展出了问题行为理论（Problem Behavior Theory）（Donovan，2005）。

儿童和青少年的个体特征形成了危机之树的树干，它将作为土壤的社会环境，作为根脉的家庭、学校和朋辈，以及作为树枝的诸多行为表现连接起来。这些特征既能促进儿童和青少年积极、健康地发展，也能导致危险行为。回顾有关危机中的儿童和青少年的研究，我们会发现"多重问题综合征"这一现象极为普遍。在辍学、吸毒、犯罪、未成年怀孕与自杀这些问题背后，存在着一系列相似的心理因素和能力缺陷。无论是教师、心理咨询师还是心理学家，都充分意识到许多未成年人缺乏基本的技能。这里的"技能"不仅指机械化的操作能力，还包括熟练地应用于特定情境和场合中的行为、感受及思维模式。未成年人，包括那些被认为处于危机中的孩子，其实都有能力学会更具适应性的方法以应对生活的困难，因此，在教育和咨询干预中，融入技能学习是极为关键的（Algozzine，Daunic，& Smith，2010）。

有些儿童和青少年在极其艰难的生活环境中最终设法生存下来了。不知何故，他们超越了经济贫困、混乱的家庭、朋辈压力及糟糕的学校条件所带来的影响，简而言之，他们克服了前几章所介绍的那些不利环境。这是一些被认为处于危机中的儿童和青少年，因为他们的困难处境显然预示着未来的问题。这类风险因子的数量越多，其危机程度就越高。而心理韧性强的儿童和青少年则能够避免吸毒、犯罪和其他危险行为。通过研究他们的生活状况和环境条件，我们有望受到启发，从而为另一些不那么幸运的儿童和青少年提供更有效的帮助。

心理韧性

尽管环境、家庭和个人经历极为不利，但许多儿童和青少年依然可以健康成长。他们身上展现出了应对外界环境的胜任力、自主性和有效方法。

这些儿童和青少年一度被称为"无懈可击的""抗压力强的""超级儿童"和"不可战胜的"。这些称号受到了很多批评，因为按照这种观点，这些儿童和青少年的幸福只源于内在或先天的因素，而且这些因素是固定的，不会因为时间和情景的不同而改变（McGlion & Widom，2001）。心理韧性（resilience）所描述的是那些在危机中依然健康发展，在压力下依然保持胜任力，并且有能力从创伤中复原的人。从本质上讲，心理韧性是一种适应能力，即使个体经历了长期的压力和逆境，心理韧性也能成功地发挥作用。心理韧性并不是一种静态的特质，相反，它会受到内部因素和环境因素的双重影响（Dishion & Connell，2006）。

在表现良好（如充满希望、对自我持积极态度、行为功能良好）和表现不佳（如感到绝望、低自尊、行为功能紊乱）之间，每个孩子都存在一个"临界点"。如果长期置身于负面的社会、家庭和教育环境中，没有一个孩子能完全不受影响，而临界点这个概念可能比心理韧性更有用。心理韧性这个概念也受到了另一种批评，那就是司法系统会利用这个概念来惩戒犯人，它们认为，粗暴的养育并不一定会引发暴力行为，因为在同样的环境中长大的儿童和青少年，也有一些并不会做出暴力行为。我们承认这些批评确实有一定的道理。然而，我们发现，心理韧性这个概念的确有助于区分那些表现良好和表现不佳的儿童和青少年。

心理韧性的影响因素

心理韧性的发展是由三个彼此相关但又各不相同的方面共同作用的结果，对儿童和青少年起保护作用（McCreanor & Watson，2004）。首先，社会环境可以为儿童和青少年提供其发展的机会和支持，尽管有时也会给其发展带来不利影响。外部支持系统可以提高儿童和青少年的胜任力，并提供一种关于生活的意义感或信念体系。其次，家庭环境对儿童和青少年的心理韧性有直接和间接的影响。当儿童和青少年面临压力时，家庭成员之间的紧密联结可以带来情感上的支持。当亲情联结比较牢固时，这一点最明显（Taylor，2010）。最后，与心理韧性有关的若干个体特征和气质品质对危机中的儿童和青少年具有积极的影响。这些重要因素包括认知技能、沟通方式、人际交往技能，以及诸如活动水平、社交性和智力等气质因素。

社会环境

心理韧性强的儿童和青少年能够从社会环境——他们所处的学校、社区和亲属网络——中获得支持（Taylor，2010）。对面临诸多危机因素的儿童和青少年而言，学校环境可能是一个潜在的缓冲因素。如果某个微观系统（如家庭）能提供的社会支持较少，其他微观系统（如学校或社区）就可以提供支持和协助，以弥补微观系统所提供的微薄支持。增强儿童和青少年的心理韧性可以改善不良童年经历所带来的负面影响（Bethell，Newacheck，Hawes，& Halfon，2014），而关爱可以增强心理韧性（Laursen & Birmingham，2003；Wolchik，Schenck，& Sandler，2009）。教师的支持和鼓励尤为重要。此外，心理咨询师和心理学家也能起到至关重要的作用。心理韧性强的儿童和青少年往往会有优异的学业表现，也可以在艺术、音乐、体育或戏剧方面取得成绩。在这些课外活动中，与朋辈和成年人之间的积极交往为儿童和青少年提供了有力的支持。

更大范围的社会支持系统也有助于改善压力对儿童和青少年造成的影响。心理韧性强的儿童和青少年经常会利用一些社区资源，如年长的朋友、青少年活动中心的工作者等。心理韧性强的儿童和青少年在成长过程中往往至少有一位家庭以外的成年人可以成为他们的良师益友。这些成年人能够为他们提供情感支持、鼓励和建议。心理韧性强的儿童和青少年通常也有一个或多个亲密的同龄朋友和知己。这些支持系统可以给他们提供资源，使他们能够发展生存和成功所必需的技能。

许多未成年人会发展出某些具体的生存技能，这些生存技能可以在他们的成长环境中发挥重要作用。这些技能为他们提供了应对不利、消极或破坏性环境的机制。不幸的是，其中一些生存技能只在其所处环境的亚文化中才有效，在其他情境中则往往无效，甚至还可能弄巧成拙。例如，一定程度的出言不逊或肢体挑衅可能会让儿童和青少年不那么容易在社区中遭到身体攻击，但如果他们在学校的走廊上这么做，很可能会被留校察看。

有色人种儿童和青少年经常会遭遇一些公开或隐蔽的种族歧视及在主流文化中被边缘化的压力。尽管少数族裔身份与高风险相关，但儿童在这样的压力下所学到的生存方式会影响他们维持自尊和积极的身份认同感的能力。有些作者已经明确阐述了一些有色人种儿童和青少年是如何学会有效应对他们所经历的系统性种族歧视的创伤和压力事件的，以及他们是怎样最终将这些事件转化为对生命有益的体验的（Holleran &

Jung，2005）。年轻人如果独自抵抗压迫，会被贴上麻烦制造者的标签，但如果取而代之进行集体反抗，如抗议和罢工，则会产生积极的效果（Cabrera，Meza，Romero，& Rodriguez，2013）。家长、教师和其他学校教职人员应该足够敏锐，注意区分那些从根本上具有破坏性的行为与那些意在引起人们注意并改变压迫的行为之间的差异。

我们在第5章介绍的卡洛斯·迪亚兹是一个具有心理韧性的青少年。他与母亲的关系为他提供了稳固的基础。家庭负担虽然干扰了他的学业，却帮助他发展出了重要的生活技能，如做饭和照顾年幼的孩子，而这些都会提高他的自我概念和自尊水平。

尽管这些负担很有压力，但亲眼看到自己对家庭的贡献，让卡洛斯深感自己在促进家庭幸福中扮演着重要的角色。他的学习困难与缺乏时间和资源（如计算机）有关，但那些已经完成的作业则体现出他的学习和学术能力。同样重要的是，社会学老师对他特别关注。巴西特女士对卡洛斯的关心和支持，加上合理的期望，使他可以与一个充满关爱的成年人建立坚实的关系。此外，作为教师，她愿意改变自己的课堂和教学风格，这可以有效激发卡洛斯对学习的责任，有助于增强他的心理韧性。

家庭环境

正如我们所看到的，家庭环境是影响未成年人社会心理发展的重要因素之一。良好的家庭环境包括以下特点：在空间环境上不会过度拥挤；在严格但公平的监督下，稳定、一致地执行家庭规则；均衡、适度的行为规范。即便家里只有一位抚养者，那些与之保持良好关系的孩子也能表现出较强的心理韧性（Contreras & Kerns，2000；Werner，1995）。父母的支持和参与有助于孩子发展自主性和自我引导能力，进而有助于孩子心理韧性的发展。

心理韧性强的儿童和青少年的家庭中往往有着健康的沟通模式。在这样的家庭中，父母塑造了积极参与、专注和承担责任等技能的榜样。专注、灵活、结构化及与任务相匹配的沟通可以带来学业和社交方面的胜任力。以温暖、情感表达、预期指导、积极传授社交技能及以参与为特征的养育方式可以有效降低风险并促进儿童的社交能力发展。在家庭互动中鼓励孩子表达独立的想法、支持双向沟通与交流，使这类家庭中的孩子可以展现出良好的心理社会胜任力（Larzelere，Morris，& Harrist，2013）。但是，无论在城市还是农村，在以暴力和贫困为特征的社区中，父母的监管和控制都会对儿童和青少年的发展更有利（Murry，Simons，Simons，& Gibbons，2013）。

正面的养育、父母的支持和高质量的母子关系都有利于孩子心理韧性的发展

（Klein，Forehand，& Family Health Project Research Group，2000）。尽管在养育行为和结果方面存在一些文化差异（Domenech Rodriguez，Donovick，& Crowley，2009；Ramírez，Jorge，Manongdo，& Cruz-Santiago，2010），但这些发现在美国大多数文化和种族群体中都是一致的。

家庭还能通过影响儿童和青少年的支持系统，间接影响其心理韧性的发展。例如，有些父母会选择让他们的孩子参加一些团体组织，或者侧重于音乐或舞蹈传统的文化促进团体。这些团体组织中的成年人可以为儿童和青少年提供一个有效的支持系统，以增强他们的心理韧性。

我们在第3章提到的克丽丝蒂·卡特就是个心理韧性比较强的孩子。她在家里是一个古板、有点不讨人喜欢的小女孩。她扮演了家中的天使，把贾森置于魔鬼的位置，然而，她之所以扮演天使这个角色，也许是因为这个角色能拯救她。她确实从父母那里得到了大量的关注、支持和强化。这种支持所带来的安全感足以让她应对家庭功能紊乱，并防止她做出一些危险的行为。

强心理韧性儿童和青少年的个体特征

心理韧性强的儿童和青少年通常都具备一系列个体特征和技能（Alvord，Zucker，& Grados，2011；Bethell et al.，2014；Flores，Cicchetti，& Rogosch，2005），具体如下。

- 对生活中的问题采取积极的方法，包括采取主动解决问题的立场，以应对那些情感层面的不良经历。
- 对痛苦、挫折和其他负面经历保有建设性的、乐观的态度。
- 无论在家还是其他地方，都有能力从别人那里获得积极关注并与他人建立积极的关系。
- 持有积极、有意义的生活愿景，并对此坚信不疑。
- 具有警觉性和自主性，乐于寻求全新的体验。
- 在社交、学业和认知方面具有胜任力，在语言沟通和社交技能方面表现良好。
- 内控型，具有良好的冲动控制能力、反思能力和积极的自尊。
- 具有良好的幽默感、延迟满足能力及未来导向。

这些特征成为保护屏障，使儿童和青少年可以避开、调节或应对糟糕的成长环境，改变压力源对自己的影响，进而减少破坏性的结果（Dishion & Connell，2006）。

我们在第 2 章提到的丹妮拉·贝克和母亲之间的关系是比较特别的。她发展出了良好的沟通能力，并且能够让别人知道她的需求。她甜美、平静的气质赢得了母亲和其他人的积极回应。鉴于她的生活环境经常发生变化，这一点尤为可贵。丹尼拉也承担了照顾弟弟的责任。这种责任虽然有时会让她感到沮丧，却增强了她的自尊。这些性格因素有助于增强她的心理韧性，还可能减轻环境对她的影响。

心理韧性比较强的儿童和青少年会通过平衡自己与他人的短期需求和长期需求，来有效地应对困难。这使他们能在大多数情况下收获积极的成果，从而增强他们的自我意象及日后积极应对困难的倾向（Bethell et al., 2014）。这些态度使他们与那些不惹麻烦的同龄人更亲近，并远离那些惹是生非的同龄人。

卡洛斯·迪亚兹、克丽丝蒂·卡特和丹妮拉·贝克都是心理韧性比较强的孩子。他们所具备的个体特征都反映了社会环境和家庭环境的影响，这使他们能抵御当前处境的压力，并帮助自己避免将来的困难。此外，心理韧性的特征与一些特定的技能相对应，这些技能可以被用来区分高危与低危儿童和青少年。

区分高危与低危儿童和青少年的技能特征：五 C 胜任力

我们曾对危机中的儿童和青少年开展了大量的教育和心理咨询工作，还跟其他专业人士进行了探讨，并回顾了大量与心理韧性、危机中的儿童和青少年相关的研究资料。在此基础上，我们提出了用以区分高危与低危儿童和青少年之间主要差异的五种特征，我们称之为"5C 胜任力"（five Cs of competency）[①]。

- 核心学业胜任力
- 自我概念、自尊和自我效能感
- 联结感
- 压力应对能力
- 控制力

这些特征能够有效区分哪些儿童和青少年在生活中更具备成功的潜力。低危儿童和

---

① 作者通过五个以 C 为首字母的单词或词组为开头来描述这五种胜任力，这五个单词或词组分别为 "Critical school competencies" "Concept of self, self-esteem, and self-efficacy" "Connectedness" "Coping ability" "Control"。——译者注

青少年会在 5C 胜任力中展现出优势或潜力；而高危儿童和青少年则在一种或多种特征上有所欠缺。这些技能特征的欠缺很可能会导致儿童和青少年长期依赖、攻击他人或无法应对生活，而这些行为很可能会将儿童和青少年推入高危问题的行列：辍学、药物滥用、未成年怀孕、未成年暴力与犯罪，甚至自杀。

当然，这些技能是部分重叠的。例如，核心学业胜任力会带来归属感，同时还与压力应对能力和控制力密切相关。自我概念则会以极为重要且强有力的方式与其他特征产生交互作用。尽管如此，我们还是会逐一进行论述，这样可以更好地把握各个特征的重要方面。

核心学业胜任力

核心学业胜任力包括那些对学业成功至关重要的技能：基本学习能力、学业生存能力和自我效能期望（Arbona，2000）。因为自我效能期望也与第二个 C，即自我概念有关，所以我们在这里只讨论基本学习能力和学业生存能力。

基本学习能力

在一个科技高度发达的工业社会，儿童和青少年必须学会基本的读写和算术能力，只有这样，他们才能生存下去。要想获得进一步的发展，他们还要了解关于自己及周边世界的资讯和知识。如果缺乏相关技能，他们就很难获得有价值、富有成效的生活。

危机中的学生最明显的一个特征就是学业表现不佳。学业表现不佳往往是由于缺乏基本的读写和算术能力。这种不足是导致他们过早辍学的主要原因，还会带来其他一系列问题。掌握了这些基本的学习技能，儿童和青少年就更有可能坚持完成学业。阅读、写作和算术等基础能力的缺乏往往源自儿童和青少年的发育迟缓、特定的学习困难、英语水平差或情绪障碍问题。这些问题又往往会与环境因素交织在一起，如不恰当的教育结构、对学生缺乏足够关注和反馈的学校氛围、对学生的指导不足及糟糕的教学质量。在中小学阶段，学业表现不佳的危机中的学生，很可能会表现出退缩和冷漠，抑或是另一个极端，即表现出破坏性和攻击性（Jitendra，Dupaul，Someki，& Tresco，2008）。因此，尽早发现并进行干预对于预防学生进一步的学业困难是至关重要的。

学业生存能力

除了算术和读写能力，核心的社会行为技能对学生的成功而言也是必不可少的

（McKown, Gumbiner, Russo, & Lipton, 2010; Preston, Heaton, McCann, Watson, & Selke, 2009）。缺乏这些基本能力或"生存技巧"会使学生更有可能面临失败，因为诸如参与学习任务、听从教师的指令和举手发言等能力都会促进学生积极获取知识。一些研究表明，这些技能实际上比学习成绩本身更加重要。例如，法德（Fad, 1990）的研究表明，相对于学业成绩和人口统计学特征，某些社会行为因素更能有效预测学生的成功。其中，最重要的三个维度就是学习习惯、应对技巧和朋辈关系。她在每个维度上分别提取了 10 种行为，这些行为与综合能力高度相关。一旦有办法掌握这些行为，学生基本上便可胜券在握。

最近的研究（Lemberger & Clemens, 2012; Lemberger, Selig, Bowers, & Rogers, 2015; Webb & Brigman, 2007）进一步支持了法德先前的研究结论。学生成功技能（Student Success Skills, SSS）干预项目最初是专门为学校心理咨询师开发的，可用于 4 ～ 10 年级的学生，但随后得到扩展，可涵盖 K12 教育阶段所有年级的学生。该项目由学校心理咨询师主导（Webb & Brigman, 2007），学校心理咨询师和 / 或教师可以在大课堂上介绍并传授一些关键技能和方法，并在由心理咨询师带领的小组中继续推进与强化这些技能和方法。团体 / 小组咨询使学校心理咨询师可以与那些被认为需要帮助的学生组成小团体来一起工作，除了学校心理咨询师和 / 或教师在课堂上所教授的内容外，团体 / 小组咨询还可以提供额外支持，以帮助这些学生发展核心学习能力，提升社会技能（Webb & Brigman, 2007）。在该模式中，团体 / 小组咨询针对这些技能提供了一种重要的直接干预。

SSS 干预项目旨在帮助学生触及他们在学校取得成功所必备的那些有关学习、学业、社会和自我管理的技能。该干预项目所传授的许多技能正是 25 年前法德提出的技能和要点；而其他技能则与 5C 胜任力中的另外几个元素极为吻合。

SSS 干预项目中包含的技能基于三大技能类别：（1）认知和元认知技能；（2）社交技能；（3）自我管理技能。这些技能一直被认为有助于改善学生的学业和社会成果。各类别中的具体技能包括：目标设定能力、进度把控能力与记忆能力；人际关系和社会问题解决能力、倾听能力和团队合作能力；对愤怒、注意力、专注力和动机的管理能力。

在近 20 项研究中，研究人员发现 SSS 干预项目的干预措施对以下各项均有显著效果：执行能力中的多个组成部分（见本章有关控制力的部分）、与同学和教师的联结（见本章有关归属感的部分），以及数学和阅读成绩（见本章有关核心学业胜任力的部分）。该项目已被证明在提高 K12 阶段学生的学习能力和学业成绩方面十分有效（Lemberger & Clemens, 2012）。同样值得注意的是，有多项研究表明，SSS 干预项目对美国城市里的非裔小学生（Lemberger & Clemens，2012）及家庭经济较为困难的拉丁裔中学生有显著效果（Lemberger et al.，2015）。

越来越多的文献证实了社交能力和情绪能力与成就之间的关联，这为SSS干预项目的内容提供了支持，并使之成为强有力的实证案例，因为该干预项目将社交-情绪学习与改善学生（包括那些有学业失败风险的学生）的行为及学业表现整合在一起。SSS干预项目也是学校心理咨询师可实施的最有用、最可靠的方法之一（Carey，Dimmitt，Hatch，Lapan，& Whiston，2008）。

雷蒙娜·迪亚兹仍处于危机中。她尚未学会进入社会工作所需的基本学习能力。她无法熟练地讲英语，也很少与朋辈建立联系，这降低了她在学业上的自我效能感，而高中辍学的决定又进一步限制了她发展学业能力，她也无法在学业上发展出更积极的自我效能感。因此，她是SSS干预项目的首选帮助对象，特别是该干预项目已被证明对低收入的拉丁裔学生尤为有效（Lemberger et al.，2015）。

自我概念、自尊和自我效能感

5C胜任力中的第二项是自我概念、自尊和自我效能感。自我概念是一个人对自己的看法或感知。自我概念、自尊和自我效能感这三个重要的概念经常被混淆，有时甚至被交替使用。尽管看起来很相似，但它们之间的差别其实绝不仅仅是遣词用句上的不同。

自我概念是指我们关于自己是谁的整体信念。也就是说，我们如何从各个方面来定义自己——包括特征、能力、性格、关系等。在通常情况下，自我概念会带有一个评价性的形容词。例如，一个青少年可能会这样定义自己：我是个有着相当"酷"的发型且受欢迎的人；我是个糟糕的运动员；我是个数学不好，但阅读还不错，对关系比较冷淡的学生。

自尊是指基于我们的自我概念，我们觉得自己多有价值，或者认为自己有多重要。心理学家威廉·詹姆斯（William James，1890）指出，如果某个领域对个体的自我概念十分重要，那么在该领域遭遇的失败将会降低个体的自尊水平，反之则会提升个体的自尊水平。总体来说，假如某个领域对自我概念有决定性的影响，那么该领域的失败经历就会使个体的自尊受挫。

自我效能感（预期）是指个体对自己能否成功地完成某项具体任务的信念（Bandura，1993；Pajares & Urdan，2006）。自我效能感是针对具体领域的，例如，一个青少年可能对与打篮球相关的任务（如运球、传球、投篮、防守）有很高的自我效能感预期，但对与打棒球相关的任务（如接球、传球、投球、击球）则有较低的自我效能感预期；另一个青少年可能对参加所有运动都有较低的自我效能感预期。当然，自我效能感预期不一定就是准确的。个体有时会对他自己实际上能够胜任的任务表现出较低的自我效能感，而对自己做得不好的任务表现出较高的自我效能感。自我效能感预期会影响个体是否决定尝试具体的行为及面对困难时坚持的时间。

举例来说，一个十来岁的女生根据自己在体育课上的表现，以及以往参加学校和社区运动项目的经验，可以设想自己在学校运动队的表现也不尽如人意。那么，她的自我概念中可能会有这样的信念：我不是个"运动型"的人。如果她和家人都非常重视参与体育运动，而她最亲密的朋友又都是校队运动员，那么她的自我概念可能会是"我真是个糟糕的运动员"，她的自尊水平就会变得很低。但是，如果她的朋友和家人都对体育不感兴趣，而她自己也不喜欢，那么她的自尊就不太可能因为她缺乏体育方面的自信和成功经验而受到负面影响。她从过往经历得出的结论是，她无法掌握运动技能。因为自我效能感很低，所以她不愿意参加体育运动，即便参加了，她也很容易放弃。可想而知，如果不去尝试，她自然就无法发展出相应的技能。如此一来，她的自我效能感预期便成了自我实现的预言。如果儿童和青少年在学校没有取得成功、缺乏归属感、自我感觉不良，那么他们可能会开始尝试一些破坏性行为或违法犯罪行为。这些行为一旦受到那些叛逆同伴的关注和钦佩，他们的自我概念可能就会从"失败的学生"变成"勇敢的学生"，然后他们会发展出更多"技能"，通过扰乱课堂秩序来获得更多的自我效能感，继而贬低学校表现，这个过程实际上可能会让他们体验到更高的自尊水平。儿童和青少年的自我评价与他们的行为表现之间高度相关。儿童和青少年周边的环境会影响他们对某件事（如学业成绩、受欢迎程度、叛逆行为等）的价值判断，也会影响他们对比较对象的选择。如果来自知识分子家庭的学生的学习成绩处于中等水平，那么其自尊水平可能就会低于那些学习成绩也处于中等水平，但家中没有人上过大学的学生。总之，自我概念和自尊都是"整体性的"，它们源自多领域的大量体验；而自我效能感预期则是针对某一具体领域而言的。

学业自我效能感预期对儿童和青少年的在校表现有重要影响（Arbona，2000；Pajares & Urdan，2006）。当儿童和青少年相信自己能胜任某件事时，他们更有可能成功。较差的自我概念和较低的学业自我效能感预期是辍学的关键性决定因素。一项针对非裔美国高中生的研究发现，自尊水平的高低、能否认识到上学带来的好处，以及是否有足够的信心认为自己可以克服学业上的困难，这几项重要的因素都能有效预测学生是否有意愿留在学校（Davis，Johnson，Miller-Cribbs，& Saunders，2002）。

但是，单凭低自尊这一因素其实无法准确预测儿童和青少年的不良行为，我们还需要考虑其他诸多因素的影响。事实上，几乎没有确凿的证据表明，那些有霸凌行为或其他不良行为的儿童和青少年的自尊水平很低（Baumeister，Bushman，& Campbell，2000）。正如上文所提到的，一些儿童和青少年可能会将霸凌行为或其他不良行为纳入他们的自我概念，从而提升自己的自尊水平。然而，一些研究者（Herrmann，McWhirter，& Sipsas-Herrmann，1997）发现，与拥有积极自我概念的青少年相比，那些拥有比较消极的自我概念的青少年更愿意参与街头帮派活动。是否相信自己可以给世界带来影响，这一点尤为重要。那些参与帮派的中学生对他们自己解决问题、实现目标、获得预期结果及在环境中有效发挥作用的能力明显更缺乏信心。这或许在一定程度上解答了"加入帮派究竟能否提升一个人的自尊水平"这一疑惑。那些最终加入帮派的"小喽啰"可能会改变他们的自我概念，他们会参与帮派活动，以此来增加他们能够给所处环境带来影响的信心。

心理学家塞利格曼（Seligman，1995）指出，不是因为低自尊才导致学习成绩差，恰恰相反，是因为学习成绩差才形成低自尊。事实上，低自尊可能是对负面生活经历的一种现实评估。几乎没有相关证据表明（Baumeister et al.，2000），自尊对成就有任何重要影响。然而，有相当多的证据表明，积极的自尊本身应该成为人们追求的一个重要结果。比起单纯的表扬或鼓励，通过技能发展和其他相关支持来获得学业上的成功体验更能提升儿童和青少年的自尊水平（Seligman，1995）。

我们在第 1 章提到的阿莉·安德鲁斯对自我和自己行为的感觉都很糟糕，部分原因是她和继父之间的关系不好。随着她与继父的关系越来越疏远，她把自我概念修改成了"一个不需要获得继父认可的人"。她对自己、对成年人、对那些循规蹈矩的同学的归因都产生了偏见和歪曲。如果她还排斥父母（及其他成年人）的信念和价值观，那么她与那些不良朋辈群体之间的关系就会变得更紧密，也就更容易受到其不良影响。她逐渐觉得，父母对她的认可越来越无足轻重，与此同时，她愈发重视来自不良朋辈群体的认可。也就是说，她取悦继父的自我效能感预期降低了——这使得她不太可能再去尝试获得他的认可，而如果她勉为其难地尝试改善与继父的关系，一旦遭到一丁点的怀疑，她可能就会迅速放弃。随着她开始吸烟、喝酒、不顾继父的限制而频繁地与男生约会，她赢得朋友赞赏的自我效能感也在不断增强。不幸的是，她的这些行为使她走上了一条潜在的灾难之路。

联结感

在本书先前的版本中，我们曾提出"与他人沟通"是 5C 胜任力之一。随后的一些研究（Townsend & B. T. McWhirter，2005）使我们确信，沟通实际上可以被纳入更为广泛、更具概括性的范畴，即联结感。当然，与他人沟通仍然非常重要。实际上，这是儿童和青少年形成联结感的主要渠道之一。

联结感是一种弥漫性的、相对持久的、对自我与世界之间的关系的体验，它包括与他人关系中的亲密归属感（Lee & Robbins，2000）。除了与他人之间的沟通和交流，联结感还包括"重要性"的概念，或者说知道自己对他人来说是重要的（Dixon，Scheidegger，& McWhirter，2009）。缺乏联结感的儿童和青少年会体验到社交孤立或社交排斥，而且往往更容易遭受心理困扰，有较为严重的心理健康问题和自杀危机（CDC，2011a；Karcher，2004）。

与他人沟通

联结感需要个体具备足够的社交技能及人际交往能力，它们在心理适应和心理社会发展中发挥着重要作用（CDC，2011；Kamps & Kay，2001）。要想获得良好、具有积极回应、互惠互利的关系，基本的人际关系技能是必不可少的。而且，这也是我们必须学会的一项重要技能。儿童和青少年的人际交往能力水平与其今后在生活中多个方面的适应性有很大的关系。如果儿童和青少年具有社交方面的缺陷，那么他们将来面临心理健康问题、青少年犯罪、辍学和其他高危行为的概率就会更大。相反，儿童和青少年时期良好的社会功能与日后优秀的学业成绩和适当的人际关系适应能力有密切的关系。此外，一个人有能力建立并维系积极的人际关系，这是在工作和亲密关系中取得成功的先决条件。

积极的社交互动能促进人际关系的融洽。友谊之所以重要，不仅是因为社交层面的因素，还因为它能促进良好的同学关系和朋辈关系。那些拥有良好朋辈关系的未成年人会更多地参与社交互动，并为彼此提供更为正面的反馈。他们还会发挥自己的能力以取得学业上的成功，并在课堂上表现得体。与同学和教师关系良好的学生能更好地适应学校生活（Roseth，Johnson，& Johnson，2008）。

换位思考

从广义上讲，换位思考是指理解他人的观点、想法、感受及行为的能力。个体必须能够分辨自己与他人的观点和相应的依据。儿童和青少年的换位思考能力与他们的认知发展水平有关，而且会影响他们的道德推理和共情能力。情绪理解力强的儿童和青少年的共情能力也比较强，在同龄人中会更受欢迎，也不太可能经历朋辈社交方面的问题（Schultz，Izard，Ackerman，& Youngstrom，2001）。

危机中的儿童和青少年不仅存在认知歪曲，还缺乏建立令人满意的社会关系的核心能力。例如，在幼儿园，认知能力差、注意力不集中的孩子可能会缺乏亲社会技能、具有攻击性、被同伴拒绝（Bellanti & Bierman，2000）。这些孩子上小学后面临朋辈关系不良的风险会更高。

解决关系问题

能够解决人际关系中的问题是一项重要能力。舒尔（Shure，2006）认为，问题解决能力是以下两种能力的整合：一种是思考多种解决办法的能力，另一种是理解行为所产生的结果的能力。人际关系中的问题解决能力与成年期、青春期、儿童中期乃至四岁左右儿童的人际功能都有密切的关联。儿童通常会在低年级就开始发展这方面的能力（Shure，1992a，1992b，1992c，2007；Youngstrom et al.，2000）。尽管舒尔（Shure，1992a，1992b，1992c）强调儿童能想到的解决方法的数量是最重要的，但扬斯特罗姆及其同事（Youngstrom et al.，2000）的研究表明，在儿童人际问题的解决方法上，质量比数量更重要，换句话说，想出两种亲社会的解决办法，要优于想出八种攻击性的、敌对的或逃避的解决办法。

我们在第 3 章提到的贾森·卡特就缺乏联结感，不具备足够的沟通能力。他之所以会处于危机中，正是因为他如果不通过那些暴躁、冲动、到头来却适得其反的行为，就无法表达自己内心的愿望和需求。他的朋辈关系很糟，对成年人缺少应有的尊重，还时常爆发攻击行为，这些都说明他严重缺乏有效的沟通技能。他尚未学会基本的社交技能以帮助自己更有效地应对功能不足的父母、争强好胜的妹妹、排斥他的同学及满心失望的老师。

发展联结感的核心技能包括沟通与交流能力、换位思考能力和问题解决能力，具体涉及如下技能：（1）课堂适应技能（如寻求帮助、不受外界干扰、把材料带到课堂上等）；（2）交友技能（如打开话题、参与互动、适时道歉等）；（3）情绪处理技能（如理解并表达自己的情绪和感受、理解他人的情绪和感受、适当地管理愤怒情绪等）；（4）以更好的方式替代攻击性的技能（如征得他人同意、恰当应对别人的戏弄、解决问题等）；（5）应对压力的技能（如找出问题的起因、豁达开朗、输得起、能够应对团体压力等）。这些技能都有助于形成联结感。有效的技能训练［如安全模型（SAFE model）①——有序、主动、聚焦、明确］可以带来不错的学习结果（Durlak，Weissberg，& Pachan，2010）。在第 12 章和第 13 章，我们将更详细地教授相关的社交技能。

压力应对能力

　　能否有效应对焦虑和压力，是区分高危与低危儿童和青少年的又一特征。每个人都会面临冲突和压力情境。未成年人在与他人互动时，都会经历一些失望、被拒绝、恐惧和愤怒的时刻。如何处理这些情绪，决定了他们的适应能力。

　　压力应对能力会影响个体对压力事件的反应，进而影响个体处理冲突的方式。一些儿童和青少年会通过幽默和利他的方式来应对压力，另一些儿童和青少年则会通过转移注意力的方式来应对压力。这些方法会让人对压力情境有更放松、更积极的看法。当儿童和青少年处于积极、放松的心理状态时，他们就可以更客观地处理信息，做出更好的判断，并且有足够的空间运用一些常识来解决问题。他们在解决个人问题方面也表现出更高的效率和能力。

　　不幸的是，一些儿童和青少年面临的压力比较大，所处的困境更难应对，这使他们处于更大的危机中。有时，他们会使用逃避策略，如冲动行为、退缩和否认；有时，他们会遭受心理上的困扰，如焦虑或抑郁情绪。这两者就像双胞胎一样如影随形。焦虑情绪会干扰学习过程、社交判断和人际关系，还会经常引发攻击行为和破坏性行为；抑郁情绪会导致自杀行为、自杀意念及其他自我挫败的行为（B. T. McWhirter & Burrow-Sanchez，2004）。儿童和青少年的焦虑和抑郁都与认知歪曲、消极的自我对话，以及预期未来会变得更糟糕有关。焦虑和抑郁可能是儿童和青少年在敏锐地意识到不利的家庭、学校和社会状况后的合理反应。焦虑和抑郁会使儿童和青少年面临学习问题、学业表现不佳、行为问题和社交问题解决能力差等一系列风险，这些都无法改善他们成长环境中的不利条件。幸运的是，已经有许多项目被证实可以有效促进儿童和青少年应对压力、焦虑和抑郁的能力（Durlak et al.，2010；Rishel，2007）。在本章后续的内容中，我们将介绍一种重要的应对技巧：正念。

　　艾丽西亚的弟弟保罗·安德鲁斯正是因为无法应对压力而出现了问题。他的虚张声

---

① SAFE 意为安全，也指代所涉及的四个单词 "sequenced" "active" "focused" "explicit" 的首字母大写。——译者注

势、咄咄逼人和破坏力似乎正是为了掩盖自己内心强烈的焦虑感。他无法控制自己突然爆发的攻击性，也无法压抑自己具有破坏性的敌意。对他来说，无论在家还是学校，这都是一个很大的问题。他缺乏应对压力的能力，这预示着他进入青春期后会出现更多严重的问题。

控制力

缺乏对决策、未来及生活的控制感是高危儿童和青少年身上的共同特征。事实上，社会控制理论（Hirschi，2004；Hirschi & Gottfredson，2004）为违法犯罪行为提供了一种解释。外部障碍加上无法做出选择并遵循合理的决定，使儿童和青少年无法考虑后果、不愿意延迟满足，并将问题归咎于外部因素。这些都会影响目标的设定和达成。许多儿童和青少年会面临一些更基本的问题：他们的人生目标感是受限的、歪曲的，有些人甚至没有人生目标。相比之下，那些低危儿童和青少年会以发展性的、更为适当的方式来管控他们所处的环境和自己的行为。

自我决定理论是一种动机理论，涵盖了控制感、联结感、自我效能感 / 胜任感等多方面内容（Deci，Vallerand，Pelletier，& Ryan，1991）。根据自我决定理论，儿童和青少年有三种基本心理需求：归属感（联结感）、自主感（控制力）和胜任感（自我效能感）。如果这些需求能在家庭和学校得到满足，儿童和青少年就会产生自主的动机，这反过来又会带来各种短期和长期的积极结果，包括学业成就和心理健康（Deci & Ryan，2000；Neimeic & Ryan，2009；Ryan & Deci，2000）。

决策能力

决策就是在目标的指引下，情绪和认知共同发挥作用，并产生一定行为反应的过程。决策能力的不足显然与危机行为有关。

低危儿童和青少年懂得如何获取必要的信息并在此基础上做出决策，而且会更加准确地感知、理解和存储这些信息。他们通过将获得的信息与自己的信念、价值观和态度相结合，使之符合自己的个性；同时，他们会通过考虑结果来评估解决方案。他们会在适当的社会情境中执行这些决策并施展相应的能力。此外，他们还相信自己的个人能力。拥有高控制力和重要目标的儿童和青少年能更好地掌控自己的行为，他们往往有更高水平的成就和满意度（Bandura，Pastorelli，Barbaranelli，& Caprara，1999）。

相比之下，高危儿童和青少年往往会做出糟糕且冲动的决定。他们缺乏明智的解决方案所需的信息或知识，而这只是问题的一部分。工作记忆缺陷与两种冲动有关：不加思考的行动和"延迟折扣"行为（Khurana et al.，2013）。延迟折扣（delay discounting，DD）是指行为对结果的影响会随着时间的流逝而降低。例如，与延迟折扣水平较低的青少年相比，那些延迟折扣水平较高的青少年用涂防晒霜来防止皮肤受损的可能性会更低，他们为了更充足的睡眠以应对第二天的考试而选择提前离开派对的可能性也更低。研究发现，不加思考的行动和延迟折扣行为可以解释青少年过早发生性行为和酗酒等问题（Khurana et al.，2012；Khurana et al.，2013）。另一个问题在于，有些儿童和青少年缺乏设定有益且可实现的目标的能力，这与他们酗酒、吸毒、犯罪和学习成绩差有关。此外，高危儿童和青少年不太可能充分考虑行为的结果，他们倾向于认为事情都是由外部因素控制的，而非由内部因素控制。也就是说，他们觉得是外力控制了他们生活中的事件，甚至控制了他们的行为，所以他们会觉得自己无法主动塑造自己的生活。那些步入中学阶段的青少年如果不相信自己有能力在学校取得成功，也不为此付出努力，那么他们会体验到更多的压力和抑郁感（Rudolph，Lambert，Clark，& Kurlakowsky，2001）。最后，许多决策问题都与无法或不愿延迟满足有关。

延迟满足

早在学龄前阶段，不同的个体之间就能在延迟满足方面表现出差异。低危儿童和青少年会自愿延迟即时的满足，保持自我控制，并且能在取得一定的成功后，为了更大的目标而继续坚持努力。而高危儿童和青少年则更看重即时满足，并以此为目标来行事。这种只顾眼前的做法往往会弄巧成拙。无法延迟满足与抑郁感、较低的社会责任感、品行障碍、反社会行为和各种成瘾障碍有关（Adams，2013）。一项针对学龄前儿童的延迟满足能力所进行的评估（以秒为测量单位）发现，评估结果与青春期适应、SAT 评分、体质指数及其他重要指标呈正相关（Casey et al.，2011；Schlam，Wilson，Shoda，Mischel，& Ayduk，2013）。

我们在第 2 章提到的蒂龙·贝克就是一个无法延迟满足的青少年。他的行为十分冲动，缺乏自制力。他的家庭生活一片混乱，与母亲和兄弟姐妹之间缺乏情感联结，家中又缺乏男性角色的榜样。这些造成了他未能习得足够的自我控制策略，无法为了那些更重要、更长远的目标而延迟满足。他坚持获得即时的满足，这损害了他的决策能力，并增加了他做出高危行为的可能性。

人生目标

人生有了目标，才有意义。如果将人生视作一个连续体，那么有目标就是这个连续体上比较积极的一端，而无意义或孤寂感则是消极的一端。对未来是否乐观及是否接纳自我，这两个因素可以用来区分儿童和青少年是否有自杀意图或自杀倾向（Gutierrez，Osman，Kopper，Barrios，& Bagge，2000）。缺乏人生目标，以及随之而来的乏味感、徒劳感和悲观厌世感，是自我贬损、抑郁和自杀意念之间的重要中介因素。此外，缺乏人生目标与日后的酒精滥用和其他药物滥用也有关联（Kumpfer & Summerhays，2006）。既然人生没有目标，那么人们又有什么必要担心学校、朋友、目的，甚至生活本身呢？

低危儿童和青少年的人生目标具有很强的现实性，能推动他们不断前进。他们的人生目标会引领他们走向未来，而且这样的人生目标还能被细分成一些短期、现实的阶段性目标，而后者是学生成绩的重要预测因素。有些学生的愿景和目标更切实际、更有前景，执行能力也更强，这类学生有望在学校取得成功，而那些缺乏远见的学生则不然。因此，基于学校式的、促进"职业希望"的职业发展干预措施已被视为高危儿童和青少年辍学预防规划的一个重要组成部分（Brown，Lamp，Telander，& Hacker，2011）。

许多高危儿童和青少年缺乏切实可行的人生目标（见下文的小故事）。如果儿童和青少年不认为自己有一个可行的未来，那么仅仅对他们说"你这样做不对"就不会有任何帮助，他们必须知道什么才是"对的"。如果儿童和青少年觉得自己的未来希望渺茫，他们便不会对自己抱有什么希望，他们会觉得即便做出一些高危行为，如辍学、不安全的性行为、违法犯罪行为、药物滥用或自杀，他们也没什么可失去的了。

正念

5C 胜任力提供了一个绝佳的工作框架，让预防与治疗工作更聚焦、更有效，使问题儿童和青少年及其父母得到有效的帮助。努力改变社会、社区、邻里、家庭和学校环境固然至关重要。然而，实际上，改变的核心对象依然是那些处于危机中的儿童和青少年。正念技术与前文提及的学生成功技能（SSS）干预项目类似，也是促进儿童和青少年有所改善的有效工具，并且正念技术已被证明对 5C 胜任力中的数个要素均有强化和促进作用。

人们开创并应用正念技术来缓解心理痛苦的历史至少可以追溯到 2500 年前。正念虽然源于东方的一种灵性修炼方法，但带着觉察和接纳专注于一个人当下的体验，并不局限于某种宗教传统。事实上，正念是一种任何人都可以获得的意识状态（Kabat-Zinn，2013），它与宗教或灵性无关。正念（mindfulness）是指一种对当下体验全然接纳的态度，培养对此时此地的不断觉察，包括内心的想法、反应、感觉，以及外部人际关系和客观环境中发生的事件。正念的重点在于改变个体与其自身体验之间的关系。

📖 小故事：每次只能考虑一周之内的计划

许多高中刚毕业或即将毕业的少男少女在贫困的现实中苦苦挣扎。住在秘鲁华斯卡的马诺洛就是这样。他的脸上总是洋溢着热情和兴奋。灿烂的笑容虽然帮助他摆脱了不少麻烦，但也掩盖了一些问题。

在他高中的最后一年，当我们交谈时，他对我说："你知道，秘鲁是一个伟大的国家，但我很少考虑未来。最多也只考虑最近几天。"

"为什么？"

"因为我不知道一周之后会发生什么。我没有工作，大学的学费又太高了，而在我家，有时候干面包就是我们唯一的食物。"

于是，我问他："你在高中学的东西对你将来会有帮助吗？"

"没什么帮助，"他无可奈何地回答，"现在上学占用了我大量的时间，可那又有什么用呢？我永远不可能上大学。我可能会在某个工厂工作，前提是如果我能找得到工作的话。"

在秘鲁各区和美国的许多旧城区，教育资源极其有限。对许多年轻人来说，拥有一份体面的职业根本就是痴心妄想，他们甚至连一份谋生的工作都很难找到。而那些跟随父母或其他亲属非法入（美国）境的未成年人则是教育和职业道路受限的又一群体（McWhirter，Ramos，& Medina，2013）。美国每年大约有 6.5 万名非法移民的学生从高中毕业。他们生长在美国，有时直到申请驾照或准备填写大学助学金表格时才意识到自己还没有合法的身份证件。这样的身份地位使他们与工作、上大学或参军无缘，而这些途径可以帮助他们更顺利地成长为富有责任心的成年人。美国有些州允许无证移民获得驾照，而一些未取得合法身份证件的青少年也有资格根据联邦立法获得临时保护，免于被驱逐出境。这种保护被称为"童年入境暂缓遣返计划"（Deferred Action for Childhood Arrivals，DACA）。DACA 可以使一些未取得合法身份证明的年轻人找到工作，但他们仍然没有资格获得联邦财政援助。DACA

一旦被推翻，将会让这些年轻人及其家人面临被驱逐出境的风险。而且，他们仍然在接受高等教育方面存在很多障碍。非法移民的学生更有可能面临抑郁、焦虑、自杀、监禁及与家人长期或永久分居等问题（Gonzales, Suárez-Orozco, & Dedios-Sanguineti, 2013）。对于那些没有有效身份证件、面临贫困或其他无法逾越的障碍的青少年，他们的人生目标或对未来的期许应该是什么呢？

正念（Brown, Marquis, & Guiffrida, 2013；Kabat-Zinn, 1994）在过去的20年里已经成为一种主流的治疗干预技术。在通常情况下，早期大多数相关的应用和研究主要针对成年人案例。正念最引人注目的价值在于，它除了能有效提高共情理解和总体幸福感（Hölzel et al., 2011），还能减轻许多令人痛苦的问题或症状，包括焦虑、抑郁、进食障碍、酗酒和药物成瘾（Brown et al., 2013；Mermelstein & Garske, 2014）。与认知行为策略相结合的正念减压在缓解压力和慢性身体疼痛方面卓有成效（Goyal et al., 2014）。对教师、心理咨询师和其他学校工作人员来说，正念可以是减轻压力、提升幸福感、促进自我意识和自我调节的有效手段，这些是人际交往中重要的社交和情感能力（Vago & Silbersweig, 2012）。正念还可以帮助教师更有效地重新评估压力情况，从而发展出更有效的课堂管理方法（Jennings, Frank, Snowberg, Coccia, & Greenberg, 2013）。

最近，越来越多针对儿童和青少年的研究出现了（Simkin & Black, 2014），其中研究最多的技术就是正念减压与认知疗法、瑜伽与禅修冥想，以及身心技巧（如冥想、放松、瑜伽姿势和太极动作）。这些技术有助于治疗焦虑、抑郁和疼痛（Simkin & Black, 2014），并且有数据显示，它们会带来情绪和行为上更广泛的益处，如促进上学、决策、安全性行为，改善身体形象、不良饮食习惯及自我关照行为（Cook-Cottone, Tribole, Tylka, & Tracy, 2013；Greenberg & Harris, 2012；Zenner, Herrnleben-Kurz, & Walach, 2014）。将正念技术整合到当前的学校教育工作中是一种切实可行的方式。通过应用于班级范围内的项目，正念技术可能会影响整个学校。例如，在英国，有的教师会将校园正念项目（Mindfulness in Schools Programme, MiSP）整合进学校课程中，并提供给那些有压力或有心理健康困扰的学生使用（Kuyken et al., 2013）。MiSP是一项针对12~16岁的青少年干预项目，共有9门量身定制的课程，包括基于正念的认知疗法及适合青少年使用的减压技术。研究显示，在干预项目结束时，以及在3个月后的随访中，参与者的抑郁症状都得到了改善。

正念通过觉察、识别并监测情绪来达到对其进行调节的目的，这对处理困难的情感体验很有帮助。总之，对儿童和青少年的正念干预前景十分广阔，尤其是在改善认知表现和应对压力的反应方面。简而言之，它是一种可以提高儿童和青少年的心理韧性和自我控制力的有效工具。

也有人认为，正念技术可能忽视了边缘化群体所经历的系统性和结构性压迫。如果这种说法属实，那么从长远来看，这对任何人来说都是不利的。一项研究针对经历文化压迫的人进行了团体正念干预，该研究证实了以下因素是十分有帮助的：密切关注参与者的文化和受压迫经历；尊重参与者的反应；为这些反应的体验创造一个安全空间；帮助参与者将压迫与身体症状联系起来；提供如何应对压迫的指导；调整干预措施，使之适应参与者的独特经验和语言；在参与团体中培养包容性和团体意识（Longoria，Adams，& Hitter，2014）。另一项研究发现，正念对那些经历过歧视的人很有帮助（Brown-Iannuzzi，Adair，Payne，Richman，& Fredrickson，2014）。

儿童和青少年干预项目与技能汇总清单：5C 胜任力工具

本书收录了大量有实证依据的干预措施，详细介绍了可供儿童和青少年使用的各种具体的干预技术。虽然这些措施和技术放在了具体的章节内，但它们其实并不仅限于其所在章节所讨论的具体问题，其应用领域的涵盖范围可以更广泛。这些措施和技术大多有利于增强心理韧性，而且同 5C 胜任力中的一个或多个特征直接相关。表 5-1 标明了各项活动所在的章节位置，读者可以通过这些方法来帮助危机中的儿童和青少年及其家庭，表中还列出了每种技能、策略、活动所适用的最佳年龄和年级范围。希望该表能帮助你找到有效的预防与干预措施。

除了穿插于各个章节的具体干预措施外，还有三个通用理念也极为重要，本书提到的所有干预措施基本上都包含了这三个通用理念。

第一，与危机中的儿童和青少年建立开放、真诚和充满关爱的关系，对干预的有效性是至关重要的。与成年人建立充满关爱的关系是儿童和青少年心理韧性发展的关键所在，并对 5C 胜任力的发展大有助益，而 5C 胜任力可以帮助儿童和青少年在各方面有更好的发挥。一项研究指出，成年人与危机中的儿童和青少年建立的充满关爱的关系，需要具备以下七个重要特征：关注、高效、肯定、共情、尊重、信任和美德（Laursen & Birmingham，2003）。

第二，当未成年人成长到一定阶段，能够处理自己的见解（通常是在四年级之后）

表 5-1　干预项目与技能汇总索引

年级												
学龄前和幼儿园时期	1	2	3	4	5	6	7	8	9	10	11	12

父母效能培训项目（第 14 章）

普雷马克原则（第 14 章）

合理且自然的后果原则（第 8 章、第 14 章）

阿德勒 / 德雷库斯模型（第 8 章）

"我能解决问题"（第 12 章）

社区关怀模式（第 2 章）

"解脱"项目（第 3 章）

家庭心理筛查技术 /EcoFIT 模型（第 14 章）

合作学习（第 13 章）

冲突解决模型（第 9 章，第 13 章）

良好行为游戏（第 13 章）

学生成功技能（第 5 章）

决断力训练（第 12 章）

危机管理（第 9 章、第 10 章）

反霸凌项目（第 11 章）

综合能力导向指导项目（第 6 章）

同龄及跨龄朋辈辅导（第 13 章）

朋辈支持体系（第 13 章）

平息愤怒计划（第 11 章）

冥想（第 13 章）

现实疗法（第 9 章）

翻转课堂（第 4 章、第 6 章）

正念（第 5 章）

生活 / 社会技能训练（第 12 章）

抵制和拒绝训练（第 12 章）

网络霸凌预防训练（第 12 章）

本森放松反应训练（第 12 章）

认知改变策略（第 12 章、第 14 章）

放松与意象训练（第 12 章）

短程焦点解决心理咨询（第 6 章）

自杀风险评估（第 10 章）

减少约会暴力项目（第 6 章）

动机式访谈（第 7 章）

学生援助项目（第 7 章）

可汗学院 /Ted 演讲 /YouTube（第 4 章、第 6 章）

"通路"计划（第 4 章）

时，错误、消极、自我挫败的思维模式必须成为干预的焦点，因为这些思维模式会诱发高危行为。错误认知、低期望值、努力减少、表现下降，这类恶性循环在危机中的儿童和青少年身上并不罕见（见图 5-1）。充分理解这种恶性循环，有助于专业助人者在干预时有的放矢。

第三，"负面情绪综合征"。情绪问题，包括焦虑、抑郁及其他情绪问题，通常都会伴随一些危机行为。一般来说，如果我们能减少负面情绪，我们就能减少危机行为。在所有终身罹患精神疾病的案例中，有一半以上的人是从 14 岁开始发病，但许多人首次出现精神障碍或情绪障碍的症状后，要延误好几年的时间才开始接受治疗（Kessler，Wang，& Zaslavsky，2005）。毫无疑问，我们希望帮助儿童和青少年减少自我挫败的行为，做出更好的选择。为了达到最佳效果，在制定并实施预防与治疗策略时，了解情绪和潜在的"负面情绪综合征"是至关重要的。

无论是在与危机中的儿童和青少年工作期间，还是在后文所涉及的干预措施实施期间，我们都要关注以上三个通用理念。

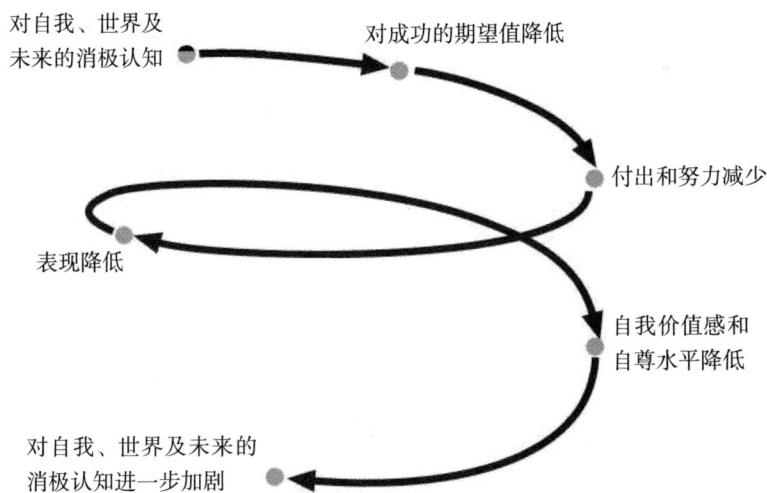

图 5-1　自我挫败认知循环

结语

在本章，我们重点讨论了一个问题：儿童和青少年所面临的问题不仅受到他们所处的社会、家庭和学校环境的影响，而且受到他们所具备的技能的影响——这些技能可以有效帮助他们克服困难。这也是本书始终强调的一个重要观点。我们帮助儿童和青少年的方法之一就是，认识到他们中的一些人是如何发展出心理韧性的，并将这些技能传授给那些高危人群。如果专业人士能够发现高危与低危儿童和青少年的不同特征，他们就能识别出风险最高的年轻人，并设计出有针对性的干预措施来为他们提供帮助。我们可以通过帮助儿童和青少年发展本章所提到的这几项核心技能，来有效降低他们所面临的风险。在第三部分，我们将更详细地介绍 5C 胜任力，并根据不同的危机类型及相应的治疗干预方法对不同问题进行界定和探讨。在本书的第四部分，我们将针对这些问题给出相应的预防策略。

第三部分

儿童和青少年危机的
不同类型

在第三部分，我们将探讨危机中的儿童和青少年主要问题领域中的五种具体的危机类型，它们分别是辍学、物质滥用、危险性行为、青少年犯罪和暴力，以及自杀。虽然这五种具体的危机类型代表了相当一部分与儿童和青少年危机相关的领域，但仍不足以涵盖所有问题。不过，我们认为上述核心危机类型十分具有代表性。接下来，我们会从以下五个方面展开讨论。

1. 对问题进行界定

2. 探讨问题的范围

3. 描述问题的特征及识别和评估问题的方法

4. 分析问题所带来的后果

5. 应对具体问题的针对性干预措施

除此之外，对于每种具体的问题类型，我们将探讨几种针对性的预防策略与干预措施。当然，每章所介绍的干预思路同样适用于对其他危机问题的干预。

第 6 章

辍学问题

漫长的一天即将到来，

无论我经过哪个角落，

打开哪扇门，

走过哪条走廊，

都有可能被所有人看到，

众目睽睽，却又空无一人。

之后，你会说"别搭理他们"。

你说得如同呼吸一般轻巧。

你会给我讲故事，

让我说说我的计划，

点头，而后微笑，

再低头看看你的手表，

仿佛我不曾开口，

仿佛我并不在那里。

我们坐在你的办公室里，

墙上贴着濒危动物幼仔的海报（然而，它们并不是濒危动物），

但你仍虚与委蛇，而我也随声附和，

佯装我们之间的闲聊会让事情好转，

佯装我将勇敢地忍受，

佯装这个故事会有个安静且美好的结局，

佯装我不会有事。

本章要点

- ■ 与辍学问题相关的概念界定
  - 脱盲标准
  - 对辍学者的定义
- ■ 辍学问题的范围与特征
  - 移民学生群体
  - 拉丁裔学生群体
  - 特殊学生群体
  - 女同性恋、男同性恋、双性恋、跨性别和酷儿学生群体
  - 违法犯罪青少年 / 少年犯群体
- ■ 辍学问题带来的影响
  - 经济影响
  - 社会影响
- ■ 辍学预测指标及辍学类型
  - 辍学者与在校生之间的差异比较

- 相关预测指标及辍学者类型

  自由散漫型

  低成就表现型

  默默无闻型

  行为不良型

■ 辍学者的针对性干预策略

小故事：一位即将辍学者的心声

- 针对性干预措施：互联网技术

YouTube 教育频道和 TED 演讲
可汗学院

- 针对性干预措施：综合能力导
  向指导项目

- 针对性干预措施：焦点解决咨
  询模式

■ 结语

在本章，我们将重点探讨那些在顺利毕业之前就离开学校的儿童和青少年。接下来，我们会：（1）讨论不断变化的"脱盲"这一具体标准及其对辍学这一定义的影响；（2）探讨辍学问题的范围；（3）介绍辍学问题的根源；（4）分析辍学问题所带来的经济后果和社会影响；（5）提供一些有助于识别潜在辍学者的信息；（6）提供致力于减少辍学现象的一些应对思路和干预措施。

与辍学问题相关的概念界定

脱盲标准

当前美国学生的学业能力似乎有明显的下降趋势。为了更好地理解这一现象，我们必须注意这些年来教育标准发生的变化。早在 1890 年，全美国 14 ～ 17 岁的青少年中只有 6.7% 的人能读到高中；20 世纪 90 年代末，有超过 95% 的人上过高中。1890 年，美国 17 岁的青少年中能够高中毕业的只占 3.5%；1970 年，这个数值上升到了 75.6%；20 世纪 90 年代末，这一群体高中毕业的比例为 89%；2014 年，美国青少年完成高中阶段的学习或取得同等水平学历的比例高达 91%（Kena et al.，2015）。对于功能性脱盲（functional literacy）[①]或识字的标准也在逐渐提高。20 世纪 30 年代，脱盲的标准是受过

---

① 在美国，功能性脱盲泛指具备阅读实用文章（如报纸、菜单、商品介绍、招聘广告等）的能力。——译者注

3 年学校教育；20 世纪 50 年代，这一标准变成了 6 年；到 20 世纪 70 年代，这一标准又有所变化，至少高中毕业才算得上功能性脱盲。不断攀升的教学标准对学生的要求越来越高，也带来了一些意想不到的影响。一项研究表明，高中学习中更加严格的数学和科学的标准导致了学生更高的辍学率，同时降低了黑人女性和西班牙裔学生进入大学的可能性（Plunk，Tate，Bierut，& Grucza，2014）。另外，我们在第 4 章讨论过的"共同核心"标准在全美国范围内的推广和应用也进一步提升了教育标准。在当今这个时代，接受教育的孩子比以往任何时候都多，他们的出身背景也各不相同。100 年前的高中主要面向那些特权阶层的孩子，而且他们之中也只有少数人能顺利毕业。现如今的学校要为更多的孩子服务，这些孩子来自不同的社会环境，有着不同的文化和语言背景。人们也会期望学校能提供更多的服务，使孩子的能力得到更全面的发展。如今，高中生辍学这一问题已经引起了广大教育工作者及社会的普遍关注，他们也正在通过多方努力致力于将高中生辍学率归零。尽管面临诸多困难，美国的教育体系从总体上讲还是取得了巨大的成功的。

对辍学者的定义

辍学者是指那些在毕业和学习计划完成之前就离开学校的学生。美国联邦政府教育部将辍学的学生分为两类：事件性辍学者和状态性辍学者。"事件性辍学者"是指在一定的时间段内辍学的学生，如在某一学年辍学；"状态性辍学者"是指那些年龄在 16 岁至 24 岁之间未取得高中文凭且未登记在册的青少年。此外，教育部还追踪调查了两种学业完成率：状态完成率（16 岁至 24 岁的全体学生）和四年制高中毕业率（Aud & Hannes，2010）。这些定义为计算辍学人数提供了统一标准。然而，教育工作者、各州政府、政策制定者和学区相关工作人员有时会使用另外一些不太一致的标准，使统计数据往往不够精确，有时甚至相互矛盾。

辍学率的数据统计会受到很多因素的影响，如不同学校师资的配备情况各有不同；对于学生生病、中途离校和转学、学生家庭的变故，尚无统一的理解和界定标准；此外，美国各州计算辍学率的具体标准也不一致。例如，在美国有些州，取得高中同等学力［美国普通教育发展考试（GED）］的学生也算作高中毕业生，而在另一些州则不算。保持较低的辍学率会给许多学校带来利益，至少在年初时是这样，因为学校申请到的政府资金预算与该校在校学生的数量是挂钩的。例如，在很多时候，每名在校生所获得的政府资助金额直接取决于该校秋季学期开学后第 100 天的注册在校学生人数。

即便统计数据都基于共同标准，那些在进入高中之前就辍学的学生数量也很少会被纳入辍学数据统计范围。例如，在拉丁裔高中，那些在最后一年之前就离开学校的学生并不会被计入毕业生的统计数据，因此，拉丁裔学生真实的辍学率被低估了。在亚利桑那州的一个大型中学学区，那些没能升入高中的八年级学生就从未被计入高中生的统计数据，因此，他们自然也不会被计入高中辍学率。拉丁裔学生的统计数据受到这种做法的影响特别明显（Aud & Hannes，2010）。

辍学问题的范围与特征

尽管对辍学学生的统计数据始终存在不一致，但教育工作者和研究人员对辍学者的描述和分析却取得了长足的发展。一些研究已经确定了个人和机构的辍学危机因素（De Witte，Cabus，Thyssen，Groot，& van den Brink，2013）。当然，教师根据自身经验就能得知，辍学的学生很可能具备以下特征：对课堂作业毫无兴趣、跟学校或警察（或两者）发生冲突、逃课或经常缺课、上学期间怀孕或结婚、为经济条件所迫而打工赚钱、家庭有问题、有吸毒或酗酒问题、属于有色人种、成绩落后。成绩落后的学生中也包括许多以英语为第二语言（ESL）的学生，他们也被称为第二语言学习者（second-language learner，SLL）或英语学习者（ELL）。2012—2013 学年，美国的英语学习者这一学生群体的比例和数量（超过 9.2%，440 万）已经明显高于 2002—2003 学年的比例和数量（8.4%，410 万）（Kena et al.，2015）。

来自非英语家庭的学生的辍学人数远远高于以英语为母语的学生的辍学人数（Gil & Bardack，2011）。大家可以回想一下我们在第 4 章提到的那位学习成绩很差且不喜欢上学的雷蒙娜·迪亚兹。她认为学校不能满足自己的需要，觉得自己并不属于那里。雷蒙娜家的经济状况很差，她强烈地感觉到自己应该出去工作以养家糊口。她也对自己的感觉很糟糕，不相信自己有能力在学校取得好成绩。雷蒙娜很少参与学校的社交活动，一方面是因为家庭经济状况不好，另一方面是因为她在英语学习方面很吃力。这一系列影响因素都很容易促使雷蒙娜辍学。

2000 年，在 16 ～ 24 岁的年轻人中，有 11% 的人在拿到高中文凭前就辍学了。尽管从 1992 年到 2000 年，辍学率基本上没有什么变化，但在 20 世纪 70 年代初到 2000 年中期，青少年这一群体的人口数量在总人口数量中所占的比例却下降了。欧裔、非裔、拉丁裔美国人及美洲土著的下降速率各有不同（Chapman，Laird，& KewalRamani，2010）。其中，美洲土著 / 阿拉斯加原住民的高中毕业率最低。2012 年，非裔美国学生的高中毕业率只有 69%，西班牙裔学生的高中毕业率为 73%，而亚裔学生的高中毕业率为 88%，白人学生的高中毕业率为 86%（Layton，2014）。高中顺利毕业（或辍学）的情况在不同群体之间的差异也很大：在纽约州，只有 37% 的黑人男性能顺利读完四年的学习并从高中毕业；在内布拉斯加州，这一数据为 45%（Schott Foundation for Public Education，2012）。拉丁裔美国学生的高辍学率充分反映了在拉丁裔移民和（父母）非法移民的拉丁裔学生群体中存在的严重辍学问题。

移民学生群体

尽管移民是绝大部分国家都存在的普遍现象，但美国的移民率一直都特别高。根据美国国土安全部的数据，在过去的几年里，新移民的数量一直稳定在每年 100 万左右，低于 1991 年近 200 万的最高点（Wade，2015）。公立学校系统信息就反映了这一人口统计学特征，移民子女在美国学龄期儿童中占了相当大的比重。这些孩子的父母大多来自拉丁美洲（2014 年，42% 的移民人口来自墨西哥）和亚洲。

拉丁美洲移民儿童和青少年的受教育程度明显偏低，这对他们之后的就业、收入、健康、婚姻和住房带来了诸多不利影响（Wade，2015）。随着加利福尼亚州、亚利桑那州及其他州放弃双语教育模式，转而实施州政府授权的英语浸入式教学模式，这一问题可能会变得愈发严重，给相当一部分移民儿童和青少年带来更大的危机。因为英语浸入式教学模式的基本假设是：移民儿童和青少年比那些不以英语为母语的儿童和青少年在浸入式的教学环境中能够非常快速地学习英语，大概在一年内就可以表现出不错的英语水平。然而，有趣的是，相关研究表明，英语口语能力的发展大概需要经过 1 ～ 6.5 年不等的时间，平均也要 3.31 年的时间。仅有 2.25% 的学生能够在一年内就表现出不错的英语水平，大多数学生能够在 2 ～ 5 年内达到熟练使用英语的程度（MacSwan & Pray，2005）。在英语沉浸式教学模式中，不管学生能否理解，所有学科都要采用全英语授课。实际上，这些学生本就缺乏多年的学习经历。对那些在青春期移民而非在幼儿期移民的学生来说，他们需要更长的时间来学习英语语言技能。此外，由于他们在学业和语言方面得到的支持比较少，又要面临更加复杂的学业要求和更高的风险评估要求，因此他们学习英语语言技能的难度也更大（Carhill，Suárez-Orozco，& Páez，2008）。

来自墨西哥和中美洲地区（包括危地马拉、洪都拉斯、萨尔瓦多）的移民儿童通常是因为想要逃离本国的毒品暴力和帮派活动而移民的（Assessment Capacities Project，ACAPS，2014）。那些经历过恐惧、被孤立和创伤的儿童会比较容易受到各种心理健康问题和心理压力源的影响，许多儿童甚至会发展为抑郁症、焦虑症及创伤后应激障碍（Collier，2015；Landale，Hardie，Oropesa，& Hillemeier，2015）。如果拉丁裔非法移民学生的父母没有合法身份，在他们面临被捕风险或真的被捕并被驱逐出境时，他们的孩子通常会表现出一系列行为问题（Landale et al.，2015）。当然，这样的条件既干扰了学生的学习，也妨碍了他们取得学业成就。

拉丁裔学生群体

2000—2011 年，拉丁裔美国学生群体的辍学率从 27% 左右降至 14% 左右，其中年幼的拉丁裔学生辍学率下降得尤为明显（Fry & Taylor，2013）。与这一积极发展趋势相伴而来的是，拉丁裔学生的大学入学人数大幅上升，2012 年，拉丁裔学生的高中毕业生数量甚至超过了白人学生的高中毕业生数量。然而，与白人学生和亚洲学生相比，西班牙裔学生高中辍学的可能性要大得多，他们获得大学学士学位的可能性要小得多（Fry & Taylor，2013）。大量关于拉丁裔学生辍学率的研究文献表明，影响他们辍学的因素十分复杂。出生于美国本土以外的拉丁裔学生群体的辍学率高于在美国本土出生的拉丁裔学生（Aud & Hannes，2010）。对移民群体来说，第一次进入美国学校时的压力、混乱和焦虑，再加上语言不通的问题，都会成为辍学的影响因素。其他一些因素还包括经济贫困、怀孕、学业成绩差、父母受教育程度低、缺乏学习动力、缺乏自信心、对学习缺乏投入及单亲家庭环境等（Chapman，Laird，& KewalRamani，2010）。越来越多的文献指出，学校或制度方面的因素对学生的辍学问题也产生了重大影响，这些因素包括教师的期望水平低、教师表现出的刻板印象，以及来自学校教职人员和学生朋辈群体的歧视（Conchas，2001；McWhirter，Valdez，& Caban，2013）。当那些非法入境的移民学生（大部分来自墨西哥）意识到法律可能会使他们无法追求更高水平的教育资源和就业机会时，他们很可能会选择辍学（Abrego & Gonzalez，2010；McWhirter，Ramos，& Medina，2013）。虽然童年入境暂缓遣返计划（DACA）为一些非法入境的学生提供了上大学和就业的机会，让他们无须担心被驱逐出境，但这里仍然存在许多障碍，其中包括学费问题、DACA 申请资格的限制标准问题，他们也会担心其他非法入境的家庭成员面临被驱逐出境的风险。这一问题尤其突出，因为 DACA 可能会在美国新一届政府的领导下被撤销。

特殊学生群体

除了有色人种学生、移民学生和以英语为第二语言的学生群体外，辍学率的统计范围还包括许多残障学生。根据美国《残障人教育法案》（Individuals With Disabilities Education Act，IDEA）和《美国残障人法案》（Americans With Disabilities Act，ADA）的相关规定，学校必须承担相应的法律义务，为残障学生提供免费、适当的教育资源，直到他们年满 21 岁或取得高中文凭，但那些具有情绪或行为障碍学生的辍学率要远高于普通学生。与那些可以顺利完成学业的学生相比，患有特殊学习障碍和注意缺陷 / 多动障碍（attention defeicit hyperactivity disorder，ADHD）的辍学学生与同学和老师在关系上更加疏远。与残障男孩相比，残障女孩辍学的风险更大，其经济发展前景也更不乐观（Lindstrom，Harwich，Poppen，& Doren，2012）。据估计，精神障碍群体在高中辍学学生中占 5.8% ~ 11%（Mojtabai，Stuart，Hwang，Eaton，Sampson，& Kessler，2015）。残障青少年在完成高中学业的过程中会面临无数困难和挑战。

那些天资聪慧的学生往往会表现出很高的天赋和才智，具有很高的创造力，在开始和完成一项任务时具有强烈的动机。然而，他们辍学的概率却比人们想象中的要高。事实上，他们比那些天赋和才智一般的同龄人更容易辍学。这可能是因为他们面临着许多无法单凭天赋和才智就可以解决的困扰（Foley-Nicpon & Assouline，2015）。在人们的印象中，黑人男性学生很可能患有学习障碍及情绪或行为方面的障碍，人们也倾向于忽视他们的天赋和才智，这两个因素都会导致黑人男性学生在学校系统中处于被边缘化的境地，最终面临辍学的风险（Dancy，2014）。在探讨辍学问题的范围时，我们必须充分考虑特殊群体中的所有学生。

女同性恋、男同性恋、双性恋、跨性别和酷儿学生群体

另外一个特别容易辍学的学生群体就是女同性恋、男同性恋、双性恋、跨性别和酷儿（LGBTQ）学生群体，这一特殊的学生群体具有很多独特性和问题。这一群体的大部分与学校相关的问题都与他们从同龄人那里受到的、无处不在的身体侵犯和语言侵犯有关。2013 年美国国家学校氛围调查（2013 National School Climate Survey；Kosciw，Greytak，Palmer，& Boesen，2014）报告显示，有 55.5% 的 LGBTQ 学生会因为自己的性取向问题而在学校感到不安全，有近 39% 的 LGBTQ 学生因为他们的性别表达方式而感到不安全。有超过 60% 的 LGBTQ 学生因为感到不安全或不自在而选择逃避，不去

参加学校活动和课外活动。LGBTQ 学生还表示他们曾遭受他人的口头骚扰（有 74% 是因为性取向，有 55% 是因为性别表达）、身体骚扰（有 36% 是因为性取向，有 23% 是因为性别表达）、身体攻击（有 16.5% 是因为性取向，有 11% 是因为性别表达），还有 49% 的 LGBTQ 学生表示他们曾经历某种形式的网络霸凌，而这会给他们带来更严重的不良影响。在 LGBTQ 学生群体中，有些人因为自己的性取向或性别表达方式而遭受了更为恶劣的骚扰和伤害，他们更有可能面临辍学，平均学业成绩较低，打算接受高等教育的可能性较小，自尊水平较低，而抑郁程度较高（Kosciw et al.，2014）。有近 60% 的 LGBTQ 学生没有向外人坦诚表达过他们曾经历的骚扰或侵犯事件，他们担心就算自己说了也没用，甚至可能会让事情变得更糟。在那些向别人陈述自己经历的 LGBTQ 学生中，有超过 60% 的人表示学校教职人员对他们的问题没有任何回应或未采取任何行动。这一现象说明，同龄人并不是 LGBTQ 学生唯一的问题来源，甚至不是主要的问题来源。学校教职人员表现出的偏见和负面态度或含蓄或明确地纵容了同龄人的不当行为。当他们面前发生了对 LGBTQ 学生的不公正对待时，他们往往没有任何反应，甚至根本没有意识到不当行为的发生（Greene，Britton，& Fitts，2014；Kosciw et al.，2014；Russell，Toomey，Ryan，& Diaz，2014）。

一些学校的相关规定经常明确地表达出对 LGBTQ 学生的不包容态度。例如，学生会因为表达非异性恋的情感而受到处分；学校会禁止学生成立 LGBTQ 互助团体，禁止学生穿着与他们的生理性别或出生性别不符的衣服。确保 LGBTQ 青少年能够有一个安全的校园环境是所有教育工作者共同的责任。LGBTQ 青少年经常表示，他们在学校的相关活动中承受着巨大的心理压力，这会导致他们离校和辍学（Russell et al.，2014）。由于内在的情绪不安，加上外在环境的侵扰，LGBTQ 青少年更容易抑郁，自杀的风险也更高（详见第 10 章）。

违法犯罪青少年 / 少年犯群体

那些因犯罪而被判刑的青少年很难顺利完成高中学业。在美国，有超过三分之二的高中少年犯从拘留所被释放后再也没有重返校园。这些青少年的学习成绩达不到年级平均水平，得不到毕业所必需的高中学分，无法完成学校的重新入学流程，而且由于长期旷课也需要额外和特殊的教育服务，他们往往会因为这些问题而被学校拒之门外（Office of Program Policy Analysis and Government Accountability，2010；U.S. Office of Juvenile Justice and Delinquency Prevention，2005）。这些青少年给社会带来了一个特别棘手的问题，因为除了可能的辍学风险外，少年犯管理每年都会给政府带来超过 10 万美元的成本，而且这会对青少年自身及社会将来的长远发展带来更为不利的影响（Justice Policy Institute，2015）。此外，每 10 名少年犯中就有 8 名被诊断患有学习障碍。2000 年，在因违法犯罪而被捕的青少年中，有近五分之四的人与毒品或酒精滥用有关，其中有高达 92% 的人大麻检测呈阳性。不幸的是，在这些少年犯中，只有极少数的人能在进入少管所后接受药物滥用治疗，有四分之三的人被诊断患有精神障碍。在大多数情况下，他们在监狱里接受的教育项目根本达不到美国国家相关标准，精神健康服务也相当匮乏（National Center on Addiction and Substance Abuse，2005）。最后，这项制度给不同的青少年群体带来的影响也不尽相同。西班牙裔 / 拉丁裔青少年的犯罪率 / 监禁率是白人青少年的两倍，而非裔美国青少年的犯罪率 / 监禁率是白人青少年的五倍之多（Justice Policy Institute，2015）。关于这方面的内容，米歇尔·亚历山大（Michelle Alexander）的《新种族隔离主义：色盲时代的大规模监禁》（*The New Jim Grow: Mass Incarceration in the Age of Colorblindness*）一书对美国司法系统中存在的种族不平等及非裔美国人的艰辛成长历程进行了十分精彩的描述。

一项研究（Kayama，Haight，Gibson，& Wilson，2015）中的社会语言分析表明，一些学校教职人员会通过使用刑事司法语言来传递一种强烈而坚定的信息，即学生在校的不良行为与违法犯罪之间具有高度的相关性。参与这项研究的专业人士认为，这类语言方式会影响一些学生对自身不良行为的感知，这与学生的犯罪化自我认同有关，这种语言的使用是让学生"从校园到监狱"的潜在推动机制。

辍学问题带来的影响

辍学会对学生个人的生活带来重大负面影响，而且远远超出个人层面。高辍学率会对经济和社会造成严重的不良影响，还会引发各种形式的社会排挤和其他不利因素。灵活、全面、针对性强的支持与干预措施对参与者往往更具吸引力，也会给他们带来更有效的帮助。

经济影响

那些辍学的学生将来会在经济收入上处于劣势，这一现象可能伴随其一生：高中辍学者将来的失业率和不充分就业率很高，他们在整个职业生涯的总收入明显低于高中毕业生，更低于大学毕业生。2008 年的数据显示，那些获得学士学位的学生的工资比获得大专学位的学生高 28%，比高中毕业的学生高 53%，比那些没有高中文凭的年轻人高 96%（Aud & Hannes，2010）。除了较低的收入以外，辍学者的失业率也相当高。与那些留在学校的同龄人相比，辍学者将面临收入更低、就业更不稳定的风险（U.S. Department of Education，2010）。现如今，高中文凭不再像过去那样，能保证一份带薪的工作了。

辍学问题会给社会带来负面的经济影响，不仅会影响国民收入、政府税收、社会保障资金，还会造成有胜任力工人的短缺。因为高中文凭是美国经济社会劳动力的最低合格限定，没有高中文凭的工人只能从事最卑微的工作，拿微薄的酬劳。过去，有些工厂可以让没有高中文凭的工人有不错的收入，不过这样的工作岗位已经越来越少，很多都被转移到美国以外去了。而且从总体上讲，如今的工作岗位对员工的受教育背景要求越来越高。由于现在对高技能工人需求的不断增加，那些高中辍学者很难在劳动力大军中占有一席之地。同时，他们也缺乏进入高科技就业市场的必备技能，很可能注定从事一些底层、边缘的工作，或者完全依靠政府救济来过活。一般来说，高中辍学者的贫困率是大学毕业生的两倍多，失业率比全国平均水平要高出四个百分点（Lynch，2015）。

随着低技能工人的就业机会日趋减少，辍学问题所带来的负面经济影响进一步恶化，这给整个美国的发展拖了后腿。如果 2010 届的 130 万辍学者能够顺利高中毕业，那么把这些学生将来的整个职业生涯中创造的财富计算在内，美国国民收入将增加 3370 亿美元（Campaign High School Equity，CHSE，2015）。一方面，辍学者缴纳的税款是高中毕业生的一半；另一方面，他们可以通过食品券、福利金和住房援助金等形式拿到更多的政府补贴。此外，辍学者这一群体的犯罪率也更高，更有可能参与违法犯罪活动，这大大增加了他们入狱的可能性。同时，他们的健康状况也较差，预期寿命更短，因此也更依赖国家医疗补助和医疗保险的支持。

几年前，美国每名退休人员所领取的社会保障费用还是由 17 名在职员工承担的。然而，目前这个比例出现了很大变化，对每名退休职工而言，平均仅有约 3 名在职员工分摊他的社会保障金（Social Security Administration，SSA，2014）。单从经济发展的角度来看，学校、社区和立法者必须确保越来越多的危机中的青少年顺利毕业，这样才能满足美国对劳动力资源的需求，并确保美国社会保障体系的稳健运行。

社会影响

那些未能完成学业就离开学校的学生在其他方面也会处于劣势。辍学往往会影响个体的心理健康水平。儿童和青少年对自我、环境和缺乏合适的就业机会的不满，也会降低他们的职业抱负。将来，当高中辍学者面临失业或收入明显不及那些顺利毕业的同龄人时，他们还会给自己的孩子带来负面影响，因为他们只能给孩子提供较差的社会经济条件。相应地，这样的家庭也很难在孩子的学习上给予足够的支持。与那些社会经济地位较高的父母相比，经济条件差的父母也不太可能支持孩子参与校外活动。此外，工资低就意味着他们要付出更多的工作时间，如此一来，他们就很难顾及孩子的课外活动。由于高中辍学者的职业抱负显著低于顺利毕业的同龄人，因此他们往往对自己孩子的教育期望水平也较低。有关安德鲁斯、贝克和迪亚兹这几个家庭的案例（分别出现在第1章、第2章和第4章）描述的就是这种情况。在这些家庭中，父母中至少有一人没有完成高中学业，而孩子不得不承担相应的后果。

在某种意义上，辍学会直接导致孩子的教育和职业发展通道被切断，这会让他们更有可能陷入更多的身体问题、情绪问题及经济问题的恶性循环。那些辍学者比其他人的健康状况更差。高中辍学者在他们40岁时的健康状况要比那些年龄在70岁但是接受过大学教育的人还要差（Zajacova，Montez，& Herd，2014）。受教育程度较低的青少年更有可能未婚先孕，染上酗酒和吸毒的恶习。简而言之，药物滥用、暴力行为、缺乏体育锻炼等危害身心健康的行为均与学业失败高度相关（CDC，2011a）。辍学者群体在美国监狱和死囚犯中所占的比例也十分高（Chapman et al.，2010）。

然而，"父母辍学，孩子就一定会辍学"这种观点传达了一种不必要的绝望感。事实上，并非每一位辍学者的孩子将来都不想上学，也并非所有深陷学业失败危机的学生都是辍学者的孩子。然而，如果学校不主动采取行动，辍学现象可能就会继续循环下去。所以，学校必须通过种种方式来打破这种恶性循环。

相关预测指标及辍学者类型

一份研究报告（Rosen & Chen，2015）显示，在美国，截至2012年春季，2009级的9年级中学生中有近3%的人辍学，其中大部分人读到11年级。辍学率会因学生的不同种族而存在一些差异：非裔美国人的辍学率为4.3%，拉丁裔美国人的辍学率为3.5%，欧裔美国人的辍学率为2.1%，亚裔美国人的辍学率为0.3%。在社会经济地位最低的那五分之一学生中，有近 5% 的人会辍学，而相比之下，社会经济地位最高的那五分之一学生的辍学率仅为约 0.5%。当然，要想实施有效的预防辍学项目，我们必须更准确地识别那些处于危机中的学生，而不仅仅是了解他们的种族或社会经济地位。为了做到这一点，我们会致力于进行更加细致的分析研究，期望能满足教师、心理咨询师、心理学家及其他公众服务专业人士的需求，并对他们的日常工作有所帮助（Dynarski et al.，2008；Suh，Suh，& Houston，2007；Ekstrom，Goertz，Pollack，& Rock，1986）。

辍学者与在校生之间的差异比较

大约在 30 年前，埃克斯特罗姆及其同事（Ekstrom et al.，1986）针对高中二年级学生群体进行了一项为期两年的抽样调查研究。他们发现，那些留在学校继续学习的学生与那些中途离开学校的辍学者在很多方面都有显著的差异。具体来说，他们在社会经济地位、种族 / 民族、父母对教育的支持度、家庭结构、在校行为表现及学业态度 / 能力等诸多方面都有显著不同。辍学者往往是那些经济条件较差的学生、年纪大的学生、男生或少数族裔学生。与留在学校继续完成学业的学生相比，辍学者的家庭往往难以为其学习提供足够的支持，辍学者也没有多少校外的学习机会和资源。辍学者与自己的生父生母共同生活的可能性更小，他们的母亲更有可能要出去工作（她们自身的受教育水平较低，对孩子的教育期望值也较低），父母对辍学者的活动监管也较少。

在校生与辍学者在学业行为表现上也大相径庭。辍学者不太参加课外活动，学业成绩也较低。有趣的是，辍学者与一般学生之间的实际差距要大于他们在测验得分上的差距。辍学者花在家庭作业上的时间更少，平均每周 2.2 小时，而一般学生报告的时间为平均每周 3.4 小时。辍学者在学校也会有更多的纪律问题，缺课和迟到的频率更高，旷课的次数更多，被学校停课的频率更高，也更容易与警方发生冲突。

另外，辍学者在情绪和感受方面与一般学生体验到的也有较大不同。许多辍学者表示，他们会感到自己与学校有一种疏离感。他们中的大多数人都不参与俱乐部、体育部或学生会活动。毋庸置疑，很少有辍学者会对自己的学业感到满意。辍学者也不太受其他学生欢迎，与他们交往的那些伙伴也与学校比较疏离，对教育的期望也很低。最后，辍学者的工作时间比一般学生更长。对他们来说，工作比学习更愉快，也更重要。

那么，那些在高二年级后辍学的学生在离开学校后都去做什么了呢？埃克斯特罗姆等人（Ekstrom et al.，1986）发现，在美国众多辍学者中，有 47% 的人在从事全职或兼职工作（与少数族裔学生和女生相比，白人学生和男生更多地表示他们是为了挣钱而工作），有 29% 的人忙着找工作，有 16% 的人忙着照顾家庭，有 10% 的人参加了一些职业培训项目，还有 3% 的人去服兵役了。在这些辍学者中，实际上有 58% 的人希望能最终完成高中学业，有 17% 的人表示他们已经在教育机构报名学习了，还有 14% 的人已经获得了高中同等学力证书。自埃克斯特罗姆最初的报告（Dynarski et al.，2008；Rosen & Chen，2015；Suh et al.，2007）发布以来，除了工资待遇变得更低、工作岗位更为匮乏之外，如今的情况几乎没有发生任何改变。今天，在类似的群体中，至少有一半的人可能处于失业或未充分就业状态。再加上经济对劳动力需求的标准不断提高，这一情况也变得更加严峻。在当今的职场中，有 85% 的现有岗位和 90% 的新增岗位要求大学及以上的学历或高等教育水平（Alliance for Excellent Education，2015）。

相关预测指标及辍学者类型

　　尽管通过埃克斯特罗姆等人（Ekstrom et al.，1986）的调查分析报告，我们可以了解辍学儿童和青少年群体所具有的一些特征，但他们并未充分阐述这些因素之间的复杂交互关系，以及为什么这些学生会在中途辍学。事实上，辍学这一现象是涉及一系列复杂生态因素发展过程的最终结果。辍学问题通常很早就开始了，发迹于个体早年，在孩子入学之前就埋下伏笔，直至他们正式退学。例如，一位达到既定阅读标准要求的高中三年级学生，在 19 岁之前顺利高中毕业的概率是那些未达标学生的四倍。另外，普通学生如期毕业的概率比生活在贫困家庭中的学生要低 13 倍（Sparks，2011）。一项研究发现，学生在他们早年所得到的照顾的质量、早期的家庭环境、伙伴关系的质量及问题行为等因素可以有效预测其高中学业状态（Jimerson，Egeland，Sroufe，& Carlson，2000）。早期经历可能会影响学生的自主感和自我概念，进而影响他们在校的学业表现，以及将来是否会选择留在学校继续学习。迪默（Diemer，2009）发现，相比于批判意识较差的高中生，那些具有较高的批判意识或抱有解决社会不平等问题的意识与动机的城市少数族裔高中生更有可能完成高中学业，而且更有希望在 8 年后继续深造或进入职场。个体的早期体验也为他们的师生关系及朋辈互动的模式奠定了基础，这些方面也可能进一步推动他们走向辍学。要想取得不错的学业成绩，他们必须在早年获得足够的行为控制和自我调节的能力。

　　在一项旨在验证五种有关早期辍学行为理论的研究中，巴廷 - 皮尔逊及其同事（Battin-Pearson et al.，2000）发现，在标准化成就测验和平均绩点评估中，得分较低被认为是早期辍学最有力的预测因素之一。如果学生早期出现过诸如药物滥用或犯罪等不良行为，或者与反社会的不良朋辈有密切联系，又或者来自经济贫困的家庭，他们在 14 岁之前辍学的风险都会增加，即便他们不存在学业上的失败或问题。显然，有效预防辍学的工作重心应该放在直接提高学生早年的学业成绩上，但同时，预防项目也要关注家庭贫困、与行为不良的朋辈群体交往甚密的青少年，以及涉嫌攻击行为和吸毒的青少年。

真正有效的辍学预防项目的实施方式和内容应该充分考虑学生的具体情况，可以根据参与对象特定的优缺点和具体需求来进行灵活的调整。雅诺斯及其同事的工作（Janosz et al., 2000）为我们提供了一种颇具价值的辍学问题分类体系。他们结合学业成绩、校园生活参与度和行为问题这三个与学校相关的行为维度，对辍学者群体进行了可靠、有效的分类。他们将辍学者划分为四种基本类型：自由散漫型、低成就表现型、默默无闻型和行为不良型。在设计针对性的干预措施时，每种辍学者类型都有其独特之处。

自由散漫型

尽管这类学生认为自己的能力不如其他学生，但鉴于他们经常缺课、逃学，他们取得的学业成绩其实还挺出人意料的。这类学生对自己的学业成绩不太上心，对接受教育的期待也很低，一般都讨厌上学，不认可教育的重要性，学校和教育在他们的生活中根本没什么价值可言。

低成就表现型

尽管这类学生表现出的行为问题相对较少，但他们对教育不抱有太多期待，他们通常学业成绩较差，也很少花时间努力学习。在所有的辍学者类型中，低成就表现型学生的学业能力明显不足，连最低的学业要求都达不到。

默默无闻型

除了学业成绩较差外，这类学生几乎没什么明显的问题。他们积极上课、出勤，似乎也参与学校活动，通常没有违反纪律之类的问题。他们虽然没有取得很好的学业成绩，但也没有太多不良行为，对学业中的困难也没什么公开的反应。这类学生往往在辍学之前都不会引起他人特别的关注。

行为不良型

这类学生行为不良的概率很高。他们很少受学校规定的约束，在校表现很差，也很少参与学校活动，而且有大量的行为纪律问题。由于这类学生的问题十分严重，因此在以上四类辍学者中，这类辍学者的学校档案记录最糟糕。

充分了解这些辍学者的类型，将有助于学校心理咨询师和教育工作者有效地识别有可能辍学的学生。对不同类型辍学者的各种有效预测因素进行细致的整理、分析，将有助于改进干预措施，减少辍学问题的发生。因为这样一来，预防工作就可以针对具体的类型采取不同的方式和态度。

此外，还有一个重要因素要纳入考量：学生的教学环境。糟糕的教学环境会加剧学生对学校的厌恶、降低其学习动机并给其自我概念带来不良影响。例如，那些危机中的学生、学业成绩差的学生往往会受到与学业成绩好的学生截然不同的对待，而这种差别对待就足以将他们"逐"出学校。对危机中的学生的差别对待包括：教师很少让他们回答问题；教师在他们回答问题时给予的思考时间更短；教师很少鼓励他们，对他们的目光接触和其他非言语交流的回应也更少。他们还会面临特别严格的纪律要求，这一点对黑人学生的影响尤为突出。那些危机中的学生会感到同样作为学生，教师似乎不太尊重他们作为学习者的个人价值，并逐渐对此深信不疑，继而按照教师的期望行事。同样重要的是，我们要在地方层面及时对那些在危机中的学生工作方面表现不佳的学校进行干预（Knudson，Shambaugh，& O'Day，2011）。

巴尔凡茨（Balfanz，2007）也将辍学者分为四种类型，与雅诺斯及其同事所提出的分类相近。不过，他的分类体系中还包括"被迫辍学"这一概念。他描述了一系列类型的辍学学生的境遇：有因为经历一些生活事件而被迫辍学的学生（如怀孕、家人去世或残疾、家人被驱逐出境、本人被捕或家人被捕、无家可归）；有默默退学的学生（不引人注意的隐形学生，虽然他们的学业表现"还不错"，他们却觉得学习没意思、压抑，认为高中文凭没用）；有遭到排挤的学生（那些从事或被认为从事危险行为，或者不服从课堂管理，并可能被公开或私下劝说辍学的学生）；还有学业失败的学生（那些需要更多学业支持或更多社会情感支持的学生，他们学习落后、学业成绩差、经常逃课、行为冲动，并最终以失败告终）。这些类别与雅诺斯及其同事的分类体系很相似，他们不仅关注到了学生生活的整体生态环境系统，也考虑到了那些会影响学生学习、削弱其学习动机及导致其辍学等诸多因素所具有的多维特点。

辍学者的针对性干预策略

学生会因为各种各样的原因辍学，所以辍学问题并没有一个统一的解决办法，尽管如此，那些最具辍学风险的学生是可以被识别出来的。各学区及每所学校可以通过组织一系列项目，直接针对该地区辍学者的具体问题进行灵活的干预，从而提高学生的留校率。此外，防止学生辍学的措施还应该能减少学生的反社会行为、提高他们的学习成绩、改善他们与其他学生和成年人的关系等，以增强他们对学业的积极投入。然而，那些疏离、孤僻、不受欢迎的学生却并未得到足够的重视（Thomas & Smith，2004）。下文的小故事中所描述的那位青少年（可能是位默默无闻型或自由散漫型辍学者）表达了许多高中辍学者共同的心声：他们会觉得，在学校所学的那些课程离他们的实际生活实在太遥远了，而且他们在学校缺乏集体归属感。尽管如此，这位青少年至少还有一个奋斗目标，那就是她将来要帮助母亲打理餐馆。显然，她具有浓厚的学习兴趣，但她所学到的本领大多并非来自学校。她是如此渴望学习科学知识、阅读，也渴望使用数学技能。令人遗憾的是，她觉得学校在这些方面所教授的学习课程与她的实际生活没有太大的关系。因此，学校应该尽可能地选择那些与"现实世界"更密切关联的课程，而且要鼓励教师加强这种关联性。包含目标设定技巧的课程也能让她获益。帮助学生找到长远目标并将它们记下来，制定实施目标的方案，并且定期复盘实现这些目标应采取的行动，都是十分有用的技能。举例来说，我们在前面的内容中提到的蒂龙·贝克就可以从这样的课程中获得比较大的帮助。（我们将在第 12 章讨论问题解决的技巧，在第 13 章讨论如何利用合作学习来促进小组目标的实现。）

那些自由散漫、默默无闻、行为不良的学生将来很可能会走向辍学的歧途。所以，学校也应该设计并实施一些项目，尽力让他们回到教室。例如，学校可以允许学生在放学后按照自己的节奏进行自主学习，并在完成学习后获得相应的学分。这些补救式的学习方式实为一种挽救学生的无奈之举，不过这也算预防辍学项目中的关键环节了。

儿童和青少年的社会交往，尤其是与那些具有反社会行为的同龄人的交往，会促使他们将来做出离开学校的决定；不过，社会交往同样可以促进儿童和青少年的学业。如果能有机会参加一些社团，抱着积极的态度跟社团的其他成员一起活动，可能会给那些有辍学风险的默默无闻型学生带来很大的帮助。或许，如果 9 岁的蒂龙·贝克能够参与学校举办的那些比较积极、健康的社会活动，他就不会那么容易受到不良少年团伙的影响了。另外，学校里设置的艺术、音乐和体育活动项目可以帮助家庭贫困的学生，这是他们可以参与体育活动、俱乐部和其他活动的资源和机会。大部分学校开设的艺术课程可以成为儿童和青少年获得自我成就感的有利途径，如参加学校乐队或合唱团就可以达到这样的效果。不过，在通常情况下，当经费预算紧张时，我们往往会忽视学校艺术活动类项目在预防学生辍学方面的重要价值（无论是对人的价值还是经济上的价值）。

📄 小故事：一位即将辍学者的心声

....

我是真的希望离开学校。这里实在太无聊了，我整天都在课堂上发呆，胡思乱想。为什么他们不能让我现在就走，非要等到我 16 岁才行呢？

等我离开学校，我要去妈妈的餐馆帮忙。我的妈妈经营着一家餐馆，同时她还得照顾我的几个小妹妹，不过我们都已经规划妥当了。现在，我每天晚上放学回家后都会给她帮忙，这周她让我在厨房帮工。我还想出了一种做沙拉酱的新方法，真的很好吃。妈妈说这道菜可以作为店里的招牌菜。当我们第一次上这道菜的时候，我想办法很快做出了够 100 个人吃的量。

妈妈也会让我帮忙记账。她太忙了，没时间什么都干。如果不用去上学，我就可以帮她做很多事情了。三周前，我记得有个税收员来餐馆查账。他说他很惊讶账做得那么好。我们不能让他知道那其实是我做的，因为我年纪太小，还不可以工作。那是妈妈晚上把它们带回家，我放学后在家里做的。我一般都能算对账。多希望我在学校也能表现得这么好呀！天哪，作业里的那些题目真是把我搞得一塌糊涂。我是说，有次一个题目要我算清楚"两列相向而行的火车在不同的时间出发，什么时候会相遇"，差不多就是这些玩意儿。谁会在乎这个无聊的问题呢？有人已经把火车时刻表都安排得清清楚楚了，这样它们就不会撞在一起，而我也永远不可能去当火车工程师，那么为什么要问我这个问题呢？不过，这通常对我没什么影响，因为我还要忙着把客人的账加在一起呢，根本没时间坐下来看看没准哪个聪明的家伙早就做好的事情。对于我不交作业这件事，拉森先生早就习惯了，波伦先生也差不多习惯了。他说我最好想一下，在科学展览活动上我可以做点什么，否则他的课我一定会挂掉。哎，不好意思，我是真没时间研究要怎么制造原子弹呀。真希望他一直骚扰那些聪明的孩子，别来烦我就行！

如果不用去上学，我就可以帮妈妈带着妹妹们去图书馆。那里有讲故事的时段，我的妹妹们非常喜欢听故事。我刚开始阅读百科全书。前几天我在书中读到，母袋鼠竟然可以同时带着三只小袋鼠，可能是有一只袋鼠宝宝在吸奶，一只袋鼠宝宝在妈妈的育儿袋里，还有一只大一点的袋鼠宝宝也可以跳进来吃东西（袋鼠宝宝被叫作"幼兽"，如果你不知道的话）。我真的很喜欢去图书馆，特别是在夏天，因为里面的空调很舒服。有些图书管理员对我很好，我最喜欢贝肖普夫人。她总是问我"借的书怎么样啊？喜不喜欢看啊"，然后她会说"这里还有一本不错的书可以读哦"。虽然那里还有一位有点小气的图书管理员，但也比我们学校的图书管理员好多了。老天，我们学校的那个女管理员甚至不让我看书里夹着的图片，因为那会弄乱她那干净、漂亮的书架，还有她每次看我的样子就像我要偷走什么东西一样。妈妈说要用木板打那个管理员的屁股。其实，我才不稀罕去学校的图书馆呢。不过，这也没什么大不了的，反正我们只有上英语课的时候才会去那儿，而我也从来没有完成过英语作业。我就是不懂介词之类的东西。我是说，谁会在乎这个呢？在妈妈的餐馆里，没有人会觉得我不会说话，反正我是从来没听到过有任何一个人在吃法式烤牛肉三明治时还讨论动词的变化形式。我是真的想离开学校，这样我就能开始真正的学习了。

以同龄和跨龄小组来组织的辅导、协调、带领、促进（咨询）培训项目也可以有效帮助那些身处辍学危机的儿童和青少年。这类项目具有十分巨大的潜力，因为它们可以将学习知识、培养责任感、习得社交技能及发展积极的自我意象整合起来。在第13章，我们将广泛探讨如何开展同龄和跨龄项目以预防辍学问题。此外，课堂技巧可以帮助学生用更加积极的方式互相沟通和交流，这有助于增进他们的社会关系和联结感。像贾森·卡特和蕾蒙娜·迪亚兹这类学生，就可以从与其他学生合作的小组项目中获益良多。我们会在第13章详细介绍具体的课堂实践活动，其中包括同伴支持体系和合作学习小组模式。

辍学干预项目要想取得更好的效果，就必须有效识别那些面临学业失败风险的学生，追踪他们的真实情况，并关注他们在学业成绩方面所取得的进步。这些项目应致力于确保学生的入学情况，并针对与学生参与度相关的各项指标进行工作。这些项目要充分顾及学生的人员流动、备选学习时间及包括替代教育项目在内的其他能够有效帮助学生完成学业的途径和资源（Christenson & Thurlow, 2004; Dynarski et al., 2008; Knudson et al., 2011）。

针对性干预措施：互联网技术

我们经常会听到许多关于技术所带来的不良影响，通常都是集中在像网络成瘾、网络暴力及危险性行为及影响学业成绩等方面的潜在危害，尽管这些担忧大多十分符合媒体制造道德恐慌的套路（Ferguson，2010）。然而，正如我们在第 1 章和第 4 章所介绍的那样，互联网技术本身具有两面性，既可以是好的，也可以是坏的，它是福祸相依的。现代信息技术和互联网所带来的危险的、不良的、具有破坏性的方面包括网络色情和暴力电视节目、暴力电影和音乐、性诱骗和非法网络跟踪、网络霸凌和网络骚扰、网络毒品贩卖，以及其他一些与网络相关的非法活动。我们会在其他章节针对其中一些不良影响展开详细探讨。事实上，网络技术仅仅是一种工具而已。工具的用途也是多种多样的，有好也有坏。毕竟，我们可以将钢铁铸成剑和枪，也可以做成犁和修枝剪。

如今的年轻一代都是数字化学习者，网络技术已经成为他们不可或缺的生活工具。有高达 92% 的青少年表示他们几乎天天都上网，这一现象充分说明，智能手机和其他移动互联网设备能够为人们提供稳定和便捷的网络服务。皮尤研究中心（Pew Research Center）所做的一项调查显示，青少年群体中有四分之一的人表示他们上网十分频繁（Lenhart，2015）。教师必须考虑每位学生都有不同的学习方式，而网络技术则为如何应对这些差异开辟了新的途径。那些危机中的儿童和青少年很容易厌倦传统的课堂教学模式，他们往往缺乏足够的学习动力。但许多危机中的儿童和青少年却十分热衷于诸如笔记本电脑、游戏机、Xbox、iPad、台式计算机和苹果电脑等新潮的技术设备。这些设备可以创造一种以问题为导向的学习挑战方式，帮助学生学会如何高效地学习；同时，这些设备可以帮助学生进行小组合作，共同寻求解决现实问题的方法；另外，这些设备还可以作为辅助工具，为正在进行的心理咨询或心理治疗提供支持。生物反馈技术、智能手机、Skype 及掌上电脑都可以作为有效辅助或促进传统心理咨询模式的工具（Clough & Casey，2011）。

公立学校在普及教室互联网接入率方面已然取得了长足的发展。现如今，几乎所有的美国公立学校都可以接入互联网，大部分学校都配有宽带无线连接。1998 年，学生 - 计算机持有比例为 12∶1；到 2003 年，这个比例上升为 4.5∶1；而 2007 年，这个比例约为 2∶1（National Center for Education Statistics，2006）。因此，学校的计算机普及率继续上升，小学几乎已经完全普及计算机，绝大多数中学的计算机普及率也非常高。不过，学校计算机普及情况仍然存在一些地区间的差异，在那些贫困地区的学校，全校范围内接入无线网络的可能性要小得多，学生对计算机的持有比例也不高。

过往的一些研究报告显示，美国家庭个人计算机拥有率和互联网使用情况近年来都在稳步增长。例如，1984 年，只有 8.2% 的家庭拥有个人计算机；1997 年，18% 的家庭表示他们可以在家里上网。2013 年的数据显示，家庭个人计算机拥有率已上升至 83.8%，有 74.4% 的家庭可以在家里使用互联网（File & Ryan，2014）。这是一项十分重要的进展，因为有越来越多的证据表明，互联网技术在帮助儿童和青少年方面发挥着重要作用。而且，已经有大量确凿的数据支持在线学习模式。在一项已发表的元分析研究项目中（U.S. Department of Education，2010），研究人员在将线上学习模式与传统教学模式进行比较分析后，得出了重要结论：那些全程或部分参与在线学习课程的学生比以传统方式学习同一课程的学生具有更优异的学业表现。

那些来自低收入家庭的儿童和青少年在家里使用计算机的情况与更高的学业成绩、更高的阅读成绩和更高的总体 GPA 成绩相关（Brown & Marin，2009）。每几周至少使用一次计算机的学生比很少使用计算机的学生成绩更高，在科学课成绩上的差异尤其显著（U.S. Department of Education，2009）。

计算机端的电子游戏已经被用来辅助某些认知功能的发展（Spence & Feng，2010），并被应用于与改善健康相关的问题（Kato，2010），研究人员还开发了能够起到儿童和青少年教育作用的"严肃"游戏（Annetta，2010）。此外，电子游戏还被应用于与儿童和青少年心理治疗相关的一系列全新研究领域（Ceranoglu，2010）。

YouTube 教育频道和 TED 演讲

YouTube 教育频道和 TED 演讲是十分有力的网络资源工具，可以帮助危机中的儿童和青少年有效摆脱危机。虽然这两个网站都不是专门为辍学者开发的，但它们都可以提供重要的帮助，这对预防辍学问题及为辍学者提供必要的教育资源很重要。

我们相信很多读者都比较熟悉 YouTube，它是一个视频共享网站，允许用户上传、共享和浏览视频片段、音乐视频和视频博客。YouTube EDU 是该视频网站的教育频道，以拥有大量教育类视频为主要特色。用户可以在上面观看学术讲座、演讲和学术报告等一系列教育视频。YouTube EDU 上既有让人热血沸腾的励志类短视频，也有顶尖教师和一流大学教授的完整授课讲座。除了大学教材以外，YouTube EDU 还为中小学生整理了大量的短期课程和教材内容。YouTube 视频可以有效丰富课堂教学，让理论概念变得鲜活、生动起来。这对视觉型学习者尤其有用，用户只需要在 YouTube 的"学校"网站上进行注册，就可以浏览成千上万的教育视频。

TED 演讲是另一个充分利用 YouTube 资源进行学习和教学的工具。TED 诞生于 1984 年，它是因一次将技术、娱乐和设计整合在一起的国际盛会而发展起来的机构（并因此得名 TED）。该机构旨在鼓励创意，通常是以简短的演讲为主要形式（一般不超过 20 分钟）。如今，这个非营利性机构所涉及的演讲主题十分广泛，包括科学、商业、娱乐、教育及全球化议题，其所涉及的领域已然拓展到了包括 TED 会议、TED 书籍、TED 伙伴计划及 TED 开放翻译项目等诸多方面。TED-Ed 还有一个专门为教师提供的海量教育视频库，非常适合翻转课堂的教学使用。

可汗学院

我们在第 4 章讨论翻转课堂这部分内容时就曾提到过可汗学院。可汗学院（Khan Academy）的诞生，是因为一位名叫萨尔曼·可汗（Salman Khan）的年轻人为了给他居住在另一座城市的表妹辅导代数课程，将自己的教学辅导视频片段上传到了 YouTube 上。现如今，这所网络学校已发展为规模巨大的线上学校（Noer，2012）。截至本章内容撰写之时，可汗学院有超过 4000 段可供学习的视频内容。由于可汗学院与翻转课堂的理念非常契合，它们看起来好像是同时发展起来的，但事实并非如此。有趣的是，萨尔曼·可汗在 YouTube 上的 TED 演讲中曾讲述他是如何创立可汗学院的，并详细介绍了他这么做的初衷，还讨论了可汗学院与翻转课堂之间的关系。

正如前面的内容所提到的，TED 演讲和可汗学院是那些希望给课堂教学带来改变的学校和教师使用的主要教学资源。在这里，我们之所以对这类全新资源着墨甚多，是因为它们确实在改革教育、提高危机中的学生的学业成绩及降低辍学率方面具有巨大的潜力。可汗学院是一个完全免费的网站，致力于为任何一位使用计算机的人提供可靠的教育资源。另外，可汗学院囊括了上传到 YouTube 上的 6500 多段视频和 100 000 多个互动练习。这些由萨尔曼·可汗开发的 10～12 分钟的简短课程视频，涵盖了从基础数学到高等微积分，从生物学到化学，从人文到历史等众多学科领域。

起初，可汗学院只是为单个学生设计的。据相关报道，该网站现已为全球超过 100 万名学生提供教学服务。对于那些无法理解特定课程内容的学生，或者那些需要每天参加学校学习小组的学生，可汗学院提供了丰富的学习资源。该网站提供了海量教学视频库、练习及评估内容。在完成了自定进度的学习材料后，学生可以记录他们的学习进度，并获得相应的积分和徽章，以此来衡量自己的学习进展。例如，学生连续回答正确一定数量的数学问题，就可以获得"连胜"；学生获得连胜并完成各个阶段的具体学习内容，就可以获得徽章。

教师可以使用线上的教学素材来补充自己的课程。另外，教师还可以跟踪学生的学习和行为，以获得更详尽的教学信息，并进行具有针对性的教学干预。当然，这些课程也非常适合在翻转课堂中使用。

对那些有辍学风险的学生来说，最重要的是，这种学习形式允许他们反复学习并进行有效的复习。如果学习内容难以理解，学生就可以回放内容进行反复学习。可汗学院和 YouTube 上的 TED 演讲可以作为替代教育项目的一个绝佳补充。

美国有效教育策略信息中心（What Works Clearinghouse，WWC）[①]发布了一系列研究报告，其中介绍了一些具体、有针对性的辍学预防项目。以下这七项干预措施被认为在预防儿童和青少年辍学方面具有显著或潜在的积极作用（Dynarski et al.，2008）：拉丁裔学生学业成功计划（Achievement for Latinos with Academic Success，ALAS）、职业学院实习计划（Career Academies）、青少年评估与关系建立计划（Check and Connect）、高中再定向计划（High School Redirection）、人才发展计划（Talent Development）、人才发掘计划（Talent Search）、十二年义务教育计划（Twelve Together）。接下来，我们将介绍一些能够有效降低学生辍学率的通用干预措施。

针对性干预措施：综合能力导向指导项目

绝大多数未能顺利完成学业就离开学校的学生，未曾接受过任何帮助他们留在学校的干预措施（Dynarski et al.，2008）。有超过 60% 的辍学者表示，没有任何一名学校教职人员曾尽力说服他们留在学校。只有不到四分之一的学生会求助于心理咨询师或社会工作者，探讨他们的问题或辍学打算。显然，在学校的最后那两年时间里，这些学生整天都因为学业困扰和其他一些问题而苦苦挣扎，却没有人能尽早发现他们的问题，从而避免他们退学。导致这一局面的其中一个因素就是学校心理咨询师资源的极度稀缺。在美国，平均每名学校心理咨询师至少要服务 400 名中小学生，这使心理咨询师很难有时间顾及每名面临辍学危机的学生。

从 20 世纪 90 年代初至今，美国学校咨询协会和其他相关团体组织始终致力于推动和鼓励学校遵守美国学校心理咨询项目的国家标准。这些相关国家标准基本上要求

---

① 美国有效教育策略信息中心是隶属于美国国家教育科学研究所（Institute of Education Sciences，IES）的一个研究机构。该机构的使命是对与美国教育相关的教育项目、产品、实践和政策进行分析研究并汇总，旨在为教育工作者提供他们做出基于实证研究的决策所需的信息指导和参考。——译者注

开展综合能力导向指导（Comprehensive, Competency-Based Guidance, CCBG）项目，而且 CCBG 项目正迅速发展为学校管理指导和咨询的首选项目（Gysbers & Henderson, 2012）。据估计，美国有半数以上的州都已推广使用 CCBG 项目。

CCBG 项目以发展为重点，旨在为所有学生提供系统性的体验，帮助他们成长，促进他们在学业、职业和社会情感领域的发展（Gysbers & Henderson, 2012）。CCBG 项目改变了传统学校心理咨询师的工作职责、角色定位及所起到的作用。虽然学校心理咨询师还是和以前一样，为学生提供日常心理咨询及危机事件管理等方面的服务，参与心理评估、向任课教师和家长分享学生的相关情况，提供咨询服务，实施各种形式的预防干预（如小团体、大团体或课堂干预），并提供转介服务、安置服务及对儿童和青少年及其家庭的后续追踪回访工作。除了以上这些日常工作事项，学校心理咨询师在 CCBG 项目上的主要任务是定期组织有计划的活动项目，培养学生获得特定的能力，以促进他们在学业、职业和个人／社会等核心领域学到新的技能。在这三个核心领域中，每个领域都包含与各个发展阶段相匹配的具体能力，涵盖了从学前到 12 年级各个学龄阶段。根据心理咨询师制订的学生计划安排表，每个学生都有机会通过课堂和小组展示来系统地培养自己的能力。其中，学业能力发展是指获得有助于学生在学校和将来进行有效学习的相关知识和技能；职业能力发展是指进行职业探索、职业目标设定、获得将来工作和职业成就方面的知识和技能；个人／社会能力发展是指获得相关的态度、知识和人际交往技能，以更好地理解并尊重自己和他人。

在 CCBG 项目中，学校心理咨询师会更加全面地参与每个学生的预防与干预工作。他们不再处于边缘地位，而是能够更有效地促进学生的基本教育和职业目标。有大量研究（Gysbers & Henderson, 2012）表明，CCBG 项目的实施与学生学业成就和安全感的提高有密切关联。

在后面的内容中，我们会介绍一系列非常适合 CCBG 的项目、策略和干预措施。例如，在第 11 章，我们提出了两种一般性预防策略——团体取向心理教育预防（Group-Oriented Psychological Education Prevention, GOPEP）项目和反霸凌项目，这两者都可以用于 CCBG 的咨询项目。

在传统的学校心理咨询与辅导模式中，并不是每个学生都能从学校心理咨询师那里获得足够、优质的关于高等教育资源、就业资源或生活应对技能等方面的信息和知识。其中，往往是那些个人问题最明显的学生及学业能力最好的学生会得到学校心理咨询师最多的关注。在这种传统的学习咨询与辅导模式下，心理咨询师是被动地等待学生来主动联系他们的，这对那些有可能辍学的学生来说尤其不利。在 CCBG 项目中，那些有潜在危机的辍学者，无论是主动寻求帮助还是默默承受，都会获得系统的支持和帮助，这样他们就可以有效地在学业、职业和个人 / 社会技能方面获得发展。当然，由于学校心理咨询师工作职责的增加，他们在学校为每个学生提供长期心理咨询和辅导的时间自然就会减少。他们要将学生更多地转介到外部那些合适的心理咨询师、社会工作者或社区的心理学家那里。CCBG 项目能够为更多的学生提供更为广泛的支持和指导，这种项目的落实可以成为有效预防辍学工作中的重要一环。

针对性干预措施：焦点解决咨询模式

如何才能将学校这一问题重重的环境转变为以问题解决为中心的环境，或者一个能够带来积极变化的环境呢？焦点解决咨询模式（solution-focused counseling）就是一种积极有效的手段。该咨询模式旨在对儿童、青少年、成年人甚至组织系统所面临的问题进行一种积极主动、强调能力的干预方式（Macdonald，2011；Nelson & Thomas，2012）。这种咨询模式并非关注哪里出了问题及如何进行修正，而是探索那些已经在起作用的因素，并强调如何更好地利用和扩大它们所起的作用。这种咨询模式在学校系统中的价值及在解决学校相关问题方面已经得到了大量验证（Murphy，2015）。焦点解决咨询模式具有诸多优势，如限定的时间框架、强调积极主动、强调能力，并且是目标导向的，这使它非常适合学校心理咨询师在开展综合能力导向指导模式的工作时使用。

虽然，我们在此强调的是如何在咨询环境中使用焦点解决策略。不过，这些技术对于跟教师、家长和学生打交道的那些行政管理人员也是很有帮助的；同时，这一技巧也可以在行政会议、案例研讨会上使用。教师会发现其中含有大量有利于他们跟家长和学生合作的策略、技能和概念。

焦点解决咨询模式有以下几个核心假设。

- 变化可以迅速发生，通常一些小的变化就足以引发其他变化。
- 问题通常并不具有普遍性；有时，问题可能没那么严重，或者根本不存在。
- 当学生有一个明确的目标，并且能够找到合适的解决方法时，他们更有可能做出改变。
- 个体本身就具备一定的问题解决能力和资源，而且他们已经在做出一些事情以解决自己的问题了。
- 问题仅仅出在问题本身，学生、教师或家长并不是问题。

根据以上核心假设，我们鼓励学生在行为上做出微小的改变，以带来行为上更大的改善。我们之所以鼓励学生先完成一小部分英语作业，而不是一下子就将作业全部写完，也是基于这样一个理念：学生其实需要一些成功和被鼓励的体验，以推动自己的生活。此外，一个人在一段关系中的角色发生细微的转变，也可能会引发其他人在这段关系中的角色转变。所以，心理咨询师的首要工作就是促成这些微小变化的发生。

使用焦点解决咨询模式中的提问技术可以帮助来访者有效识别"例外情况"（exception），并找出解决问题的可能方法。心理咨询师会帮助来访者一起找出那些没有问题或问题没那么严重的情况（例如，"你能描述一下在过去的一周里，老师什么时候没有生你的气吗？当时你正在做什么呢"）。这些例外情况就可以被转化为解决问题的方法。接下来，心理咨询师会询问来访者例外情况是如何发生的，以及来访者如何才能让例外情况更加频繁地发生。

以下实用主义观点通常符合来访者头脑中的常识。

1. 如果有一点效果，那就试着多做些这样的行为。

2. 建立并强化有效的行为。

3. 如果它们不起作用了，那就停止这些无效的行为，做些不同的行为来修正。

4. 如果这些行为仍然有效，就无须修正。

在焦点解决咨询模式中，目标会通过积极、可观察的形式表述出来。具体、可量化的目标会帮助来访者更好地达成目标。例如，"更加努力地学习"这个目标就不如"每天在自习室完成一份家庭作业"这个目标来得好。咨询面谈则完全用来探索如何增加例外情况（做更多有效的事情）及确定具体的目标和实现方法。焦点解决不会将时间花在试图探究问题的起因、描述问题的发展或重复体验过往经历上。

在焦点解决策略中，心理咨询师往往会使用一个简单的技巧，即"奇迹问题"（miracle question；De Shazer，Nolan，& Korman，2007）。奇迹问题是一种面向未来的问题，可以有效帮助来访者设定目标，从关注问题转向关注问题的解决方法。从大体上讲，这一技巧就是邀请来访者想象，如果问题突然间得以解决，他的生活会是什么样的。例如，"假如今晚在你睡觉的时候发生了奇迹。当你醒来时，你突然发现你的问题已经解决了，那么事情会是什么样的？你会做些什么让你自己知道奇迹确实发生了"。有一种很适合儿童的奇迹问题形式是："假如我挥动魔杖，把你所有的烦恼都赶走，你会怎么样？你会做些什么？如果我们将你一整天做的事情都记录下来，我们会看到什么？"年龄大一点的儿童和青少年可能会更容易想象，如果问题得到解决，6个月或1年后他们的生活会是什么样的。"如果我们在1年后再见面，而那时我们正在探讨的问题已经不复存在，你的做法会有什么不一样吗？你是怎么知道那些事情会是这样的？"

在焦点解决策略中，心理咨询师会通过使用诸如"还有什么""其他人会看到什么""这会让你有什么感觉""它将如何发生"等问题来阐述奇迹发生的愿景。一旦参与这一过程，学生基本上就能探索他们希望看到的那些积极变化，想出他们想要实施的可能解决问题的方法。

焦点解决咨询模式具有非指责性的特点，主张将儿童和青少年的经历和问题正常化，所以这一咨询模式可能对面临早期辍学风险的儿童和青少年特别有效。具体原因如下。

- 学生不会感到心理咨询师会因为他们的问题而攻击或指责他们。
- 当学生知道，心理咨询师相信他们有能力成为改变自己的推动者时，他们会更有力量感。
- 学生能够认识到，他们还有很多其他的选择，不一定非要辍学。
- 心理咨询师会聚焦于那些更容易实现的问题解决方案，这样一来，即便他们与每个危机中的学生接触的时间比较短，仍可以将作用发挥至最大限度。

当心理咨询师从焦点解决的角度与危机中的儿童和青少年一起工作时，应始终牢记以下工作原则（Macdonald，2011；Nelson & Thomas，2012）。

- 充分利用每次与学生短暂会谈的时间，因为这可能是唯一的机会。
- 重视并尊重学生，尤其要重视他们已经拥有的那些资源和优势，因为这些都是带来积极改变的要素。
- 帮助学生在走廊、餐厅、健身房、公共汽车或地铁等场景中迁移、使用那些在咨询互动中听到和学到的知识。
- 尽可能跟学生及其家人开展合作性的、非对抗的沟通和交流。
- 给予学生充满希望的理由，因为希望推动改变，而这样的变化总能发生。

焦点解决短期心理咨询模式（solution-focused brief counseling，SFBT）特别适合在学校场景中使用（Murphy，2015）。因为它强调环境中的资源、优势和自然力量，并注重使用一些有效、简单且积极的策略来帮助学生改变行为。

专业人士对 SFBT 效果的研究还远远不够，现在我们所知道的大部分情况都来自关于 SFBT 的传闻轶事。尽管如此，现有的一些研究已经充分表明，SFBT 在应用于那些有行为障碍、焦虑、抑郁和自杀风险的学生时，效果十分显著（Macdonald，2011；Murphy，2015）；SFBT 还可以有效改善寄养儿童和青少年的行为、身体和认知障碍（Cepukiene & Pakrosnis，2011）。此外，SFBT 可以让忙碌的心理咨询师帮助更多学生，而且它在危机中的学生的行为限制干预方面具有巨大的潜在价值。

结语

随着大众文化水平的提高，社会对技术的要求也越来越高，我们对儿童和青少年的期望比以往任何时候都要高得多。不幸的是，伴随着越来越高的要求，经济资源的分配却比以往任何时候都更加不平等，美国的许多学校、社区和家庭都无法满足儿童和青少年对教育和激励的需求。只有当我们认识到与此相关的家庭、学校、社会和个体等一系列因素，考虑到儿童和青少年的失败经历给他们带来的严重影响时，我们才能更好地理解为什么儿童和青少年会辍学。如果我们想在解决辍学问题及其广泛影响方面取得进展，我们就必须在以上这些方面做出积极、有效的改变。

如果危机中的儿童和青少年不继续上学，他们就无法获得在学校开展或通过学校实施的有效预防与干预措施。如果儿童和青少年无法掌握学校所教授的基本技能，他们将难以自力更生，并沦为社会中无法创造价值、令人气馁的人。

第 7 章

物质使用问题与成瘾行为

人生是值得的。对于这个观点，我们与其理所当然地接纳，不如认真地加以论证。

有这么一个形而上的辩题：人究竟是生而善良，之后才堕落，还是生来邪恶，却因教化而文明。

我个人的观点是，两者皆是。

因此，我无法断言，假如剥去态度和防御的外壳，展露出的必定是个天使般快乐、明媚的人。

然而，毫无疑问，人们不会发现面具下潜藏着大多数人所恐惧的那个愚蠢而任性的怪物。

剥去外壳，你依然是个普通人，拥有人类定义中的那些资本和局限。但这是第一次，也是最重要的一次，你可以做出选择：

选择美丽而非丑陋；选择善良而非残忍；选择促进而非阻碍……

允许自我成为自我，不要害怕自我是渺小的、卑鄙的、肮脏的，跨越恐惧的鸿沟，迈向另一种信念，相信自我是美好的事物，相信自发行为是值得信任的。

——摘自 J. 杰弗里斯·麦克沃特的《寻找智慧》(第 2 版)(*Seek Wisdom*, 2nd ed.)

本章要点

- ■ 如何界定与评估药物滥用
- ■ 药物使用问题的范围
- ■ 物质使用的影响因素及使用者的共同特征
  - • 环境因素与社会因素
  - • 朋辈因素
  - • 家庭因素
  - • 个人因素

  小故事：乔
  - • 奖励与控制系统的发展变化
- ■ 药物使用带来的负面影响
  - • 生理上的不良影响
  - • 心理上的不良影响
- ■ 药物使用问题的针对性干预措施

- 校园干预项目
- 家庭干预项目
- 社区干预项目
- 学生援助项目

- 改变阶段模型
- ■ 针对性干预措施：动机式访谈
- ■ 结语

在本章，我们将介绍儿童和青少年的药物使用及与之相关的一系列问题，并针对这些普遍存在的问题提出一些解决方法。这方面的探讨对美国来说尤为合适，因为美国儿童和青少年吸烟、喝酒的比例很高，而且使用非法药物的现象也很常见（Johnston，O'malley，Miech，Bachman，& Schulenberg，2014）。在本章，我们会将"物质"（substance）和"药物"（drug）这两个术语作为同义词交替使用，并将烟草和酒精作为药物的主要例子。接下来，我们将：（1）介绍如何界定、评估与药物使用有关的一些问题；（2）描述儿童和青少年药物使用的范围；（3）概述导致药物使用和成瘾问题的个人和社会影响因素；（4）探讨酒精和药物使用带来的不良影响；（5）重点介绍如何对儿童和青少年的药物使用问题进行有效预防与干预。

如何界定与评估药物滥用

要想确定药物使用的性质，我们就必须综合考虑使用药物的具体情景、使用频率及目的。在药物使用（drug use）与药物滥用（drug abuse）之间往往存在一条细微的界限。药物使用一般会受到一些社会因素的影响（如周边同龄人在使用药物），而药物滥用则可能更多地与个体的内在体验有关，例如，通过服用药物来抵御持续的情绪困扰或进行自我治疗（self-medication）。然而，对处于青春期和青春期前的孩子来说，药物使用与药物滥用的影响因素大部分是相同的。另外，"药物滥用"这个词还带有意识形态上的意义，它暗示了药物使用往往会带来消极或有害的结果，这可能会给大家造成误解。所以，我们会在文中使用"药物使用"一词，因为这样既不否定药物使用所带来的后果，也不对其过分夸大。

另外，我们也与《美国精神障碍诊断与统计手册》（第五版）（*Diagnostic and Statistical Manual of Mental Disorders*，DSM-5；APA，2013）保持一致，该手册涵盖了美国精神障碍的主要分类与诊断体系。DSM-5 中使用了新条目"物质使用障碍"（substance use disorder），而不再像之前的版本那样对"物质依赖"（substance dependence）和"物质滥用"（substance abuse）进行区分。手册中明确列出了 10 种物质使用障碍的具体诊断标准，但仍然没有专门针对儿童和青少年在这方面的问题诊断条目。

物质使用障碍包括耐受性的生理反应（需要通过不断增大某种药物的剂量来维持其生理效果）及戒断反应（当身体停止接触药物时，会引起痛苦的生理和心理后果）两个方面。在 DSM-5 的诊断条目中，如果使用某种具体的药物会导致个体在社会、学业或职业功能上的受损，那么该药物的使用就是不当的（DSM-5，2013）。药物使用则是通过"有无生理上的依赖"来确定的，具体的药物使用过程被划分为"早期完全缓解""早期部分缓解""持续完全缓解"或"持续部分缓解"等描述特征。虽然药物滥用没有被明确列入 DSM-5 的诊断标准，但它可以通过以下几个方面的检查来确定：（1）药物使用的频率；（2）药物常规使用剂量；（3）一次服用药物的种类（多药滥用）；（4）药物使用的社会情景（使用者是在尝试冒险吗；使用者一般是跟朋友一起使用，还是自己单独使用，又或是跟陌生人一起使用）；（5）药物使用者的情绪状态（使用者在使用药物前一般是抑郁的还是兴奋的）。这些检查标准有助于澄清儿童和青少年药物使用问题的性质和程度。另外，它们也有助于识别双重诊断问题，即儿童和青少年其实是在使用药物作为自我治疗的一种手段。研究发现，在那些被诊断为物质使用障碍的儿童和青少年中，精神障碍的患病率也很高，包括重度抑郁症（DiCola，Gaydos，Druss，& Cummings，2013）、双相情感障碍（Stephens et al.，2014）及创伤相关障碍（Garland，Pettus-Davis，& Howard，2013）。

虽然对成年人而言，使用烟草制品、酒精和大麻在美国的一些州是可以接受的，也是合法的。但即使是相对适量的使用，也会导致严重的后果。饮酒和吸烟会导致严重的身体和个人问题，给社会造成的后果比其他所有类型的药物使用的总和所产生的后果还要严重。在美国，每年因酒精滥用而耗费的资金成本远超过 10 亿美元。吸烟、酗酒和非法药物使用是青少年和成年人致死的主要原因（Johnston et al.，2014）。据估计，吸烟每年造成大量的过早死亡，35 岁及以上的男性和女性每年因吸烟而死亡的人数高达 48 万以上（U.S. Surgeon General Report，2014）。当然，那些偶尔吸烟或饮酒的人并不能算作物质滥用者，虽然这极具讽刺意味。因为烟草极易上瘾，这直接导致了半数吸烟者的死亡，同时影响了许多接触二手烟的非吸烟者（Prochaska，2013）。

药物使用问题的范围

在过去的几年里，美国儿童和青少年的总体药物使用情况持续改善，这给人们带来了一些希望。然而，并非所有情况都有所好转，不同种类的药物在不同群体、不同时间段的使用情况也不尽相同。自20世纪60年代中期儿童和青少年的药物使用量激增以来，使用非法药物一直是美国面临的一个主要问题。美国国家药物滥用研究所（National Institute on Drug Abuse，NIDA）的"监测未来"（Monitoring the Future，MTF）研究项目对美国青少年的药物使用情况进行了为期35年的长期研究（Johnston et al.，2014）。MTF研究项目显示，对药物使用的看法、态度和使用率会根据青少年的年级和药物种类的不同而有很大差异。

总体来说，美国青少年的饮酒量正在下降。每个年级的饮酒量都有显著下降，其中12年级学生的饮酒量降至37.5%以下。2014年，酗酒人数也显著下降。有大约20%的高中生在MTF项目调查的两周内有酗酒行为，相比之下，在1998年，这一比例高达31.5%（Johnston et al.，2014）。

除此之外，美国个体在步入青春期后开始尝试吸烟的现象也相当普遍。许多孩子早在9岁时就开始尝试吸烟。到21世纪中期，烟草的日使用量开始下降。例如，吸烟人数在过去的十余年里减少了近50%（Johnston et al.，2014）。尽管如此，仍有15%的高中男生会使用无烟烟草，如咀嚼烟、鼻烟或浸渍烟（U.S. Department of Health and Human Services，2015）。

烟草和酒精的使用是药物使用中至关重要的一环，因为这两种物质通常被视为"门槛药物"或"入门药物"，这意味着烟草和酒精的滥用通常会发展成一些"烈性"非法药物的使用。与以上两种"入门药物"类似，除大麻外，大多数烈性非法药物的使用量也有明显下降。尽管可食用大麻的使用量有所增加，与大麻使用相关的感知风险有所下降，但是大麻的使用量在总体上仍保持稳定。

因此，这足以证明针对美国儿童和青少年的药物使用/滥用的预防与干预项目似乎正在起作用，因为在有关儿童和青少年的吸毒问题上，美国已经取得了令人鼓舞的成果，其中包括雪茄、酒精和处方类止痛药的使用量减少，吸入剂和合成药物的使用量减少，在过去的20多年里，非法药物的使用量稳步下降，大麻的使用量不曾上升（National Institute on Drug Abuse，2015）。与此同时，越来越多的人开始关注水烟（hookah），尤其是电子烟（e-cigarette）的使用，这在年轻人群体中占有很高的比例。

虽然整个美国社会在减少吸烟方面取得了不错的成果，但其他形式的尼古丁消费正在增长。有近 9% 的 8 年级学生、超过 16% 的 10 年级学生和超过 17% 的 12 年级学生（National Institute on Drug Abuse，2015）表示他们在过去的一个月里使用过电子烟。电子烟中的尼古丁物质并不是被直接吸食的，而是经过蒸发后被人体吸入的。目前，我们还不清楚使用电子烟对人体健康究竟有什么影响，也不清楚使用电子烟是否会增加人们向传统香烟或其他烟草产品过渡的可能性。不过，值得引起足够重视的是，在 12 年级的学生中，只有 14.2% 的人觉得经常使用电子烟是有害的。

这一发现反映了人们对与使用大麻相关的伤害感知风险的态度变化，现在大多数美国高中生并不觉得经常吸食大麻是有害的。对电子烟和大麻使用态度的这种变化，可能预示着将来会出现的问题。在某种药物使用量发生改变之前，大众通常会降低对这种药物所带来的危害的感知，并提高其使用的接受度。对定期使用大麻的伤害感知风险降低可能表明，在美国未来的几年里，大麻的使用量可能会再次上升（National Institute on Drug Abuse，2015）。

或许和药物的实际使用一样令人不安的是，人们对药物使用的看法及对朋友或同伴的药物使用的态度正在发生变化。那些认为未成年人饮酒是"正常"的青少年，以及那些认为过早大量饮酒并不是什么大问题的未成年人，在未来出现问题的风险很可能更大。一个值得关注的事实是，15 岁之前开始饮酒的青少年在成年后更容易出现与酒精相关的问题。实际上，如果一个人在 15 岁之前就开始饮酒，那么他产生酒精依赖的可能性是那些 20 岁才开始饮酒的人的 4 倍。大部分美国青少年（73%）都表示，他们的朋友每周至少喝一次酒。只有不到三分之一的青少年会强烈反对同龄人酗酒，有近一半的青少年觉得每天酗酒"风险并不大"（Feliz，2011）。饮酒，甚至酗酒，被认为比使用其他药物的风险要小。

当然，我们仍然可以相对乐观地看待这一问题。因为即便美国民众对药物使用的态度有所软化，但尚无证据表明早期开始吸毒的人数有所增加。而且如上文所述，截至 2014 年，大多数非法药物的使用量都有所降低或保持稳定，而且美国民众对吸烟和使用大多数非法药物所带来风险的认识也有所提高（Johnston et al.，2014）。尽管这些数据比较乐观，但美国儿童和青少年对药物和酒精的使用仍然是一个严重的行为问题，也是一个严峻的社会议题和健康问题。此外，新兴药物的不断问世，加上如今的年轻人逐渐"淡忘"老一代毒品所带来的危险，这种趋势使得我们要继续努力不懈地教育美国民众。

美国民众通常会有这样的刻板印象，即认为与欧美青少年相比，有色人种青少年会更多地陷入药物滥用问题。但这并没有得到相关研究的充分支持。有研究数据显示，非裔美国青少年使用香烟、酒精和非法药物的可能性显著低于欧裔美国青少年（Johnston，O'Malley，Bachman，& Schulenberg，2011）。在 8 年级的学生中，拉丁裔青少年除安非他明以外的所有物质的使用量最高；在 10 年级和 12 年级的学生中，欧裔美国青少年几乎在所有药物的使用量上都是最高的（Johnston et al.，2011）。另外，美洲土著青少年使用酒精、烟草和其他药物的情况明显高于其他少数族裔学生群体。这就导致了一系列问题，如他们的胎儿酒精综合征的发病率更高（Plunkett & Mitchell，2000）。

因为女同性恋、男同性恋、双性恋、跨性别和酷儿（LGBTQ）青少年群体的自杀意念、抑郁和绝望程度较高，受害经历较多，所以他们的药物滥用风险也极高（Mayer，Garofalo，& Makadon，2014）。据估计，超过三分之一的美国 LGBTQ 青少年的毒品使用频率很高，他们更有可能同时使用多种药物，其中最多的是吸食大麻和酗酒。当然，LGBTQ 青少年药物滥用的原因与普通的青少年无异。但作为性少数群体，他们会经历更多苦难和压力，这可能会迫使他们中的许多人通过药物来缓解自己所经历的社会排斥、嘲笑和痛苦（Mayer et al.，2014）。显然，如果我们能更好地了解 LGBTQ 青少年群体的药物滥用问题，就能制定更有针对性的预防与治疗项目。如果能给予这个不太受社会重视的群体更多的关注和了解，我们就可以有效改进我们当前的预防与干预工作。

物质使用的影响因素及使用者的共同特征

来自家庭和同伴的影响、个人行为和人格特征等因素，总是与儿童和青少年的药物使用有密切关联。心理咨询师和公众服务专业人士可以有效利用以上这些因素的知识来评估儿童和青少年药物使用的可能性，并提供适当的干预。另外，影响儿童和青少年吸毒的相关因素及各种预测因素之间会以多种方式产生交互影响（Mulvey，Schubert，& Chassin，2010）。因此，充分了解儿童和青少年所在的复杂生态环境及其中的各个方面，如社会政策、社交媒体广告、父母的养育方式、家庭和同伴的药物使用情况及个体特征，并分析各个方面对药物使用有哪些影响及其影响后果，这一点尤为重要。虽然我们在此将影响儿童和青少年药物使用的相关因素分门别类地呈现出来，但实际上这些因素之间是高度相关的，并且是相互影响的。

环境因素与社会因素

很多不良环境因素都会导致对药物的滥用。滋生药物滥用的土壤（详见第 2 章）包括经济贫困、种族主义、社区暴力和人际暴力、缺乏教育和就业机会、社区邻里关系不和，以及人际和家庭问题。生活在经济条件较差的社区的孩子会经常通过服用药物来应对糟糕的经济和社会条件，就像我们在安德鲁斯和贝克这两个青少年案例中看到的那样（详见第 1 章和第 2 章）。创伤事件、贫穷的居住环境、不利的学校条件和不良的朋辈影响也会导致青少年药物使用量（Nakkula，Foster，Mannes，& Bolstrom，2010）和攻击性的增加（Mason & Mennis，2010）。与此相一致的是，社会经济条件越差的群体的药物使用情况往往也越严重。

美国发动的"毒品战争"之所以会失败，在很大程度上是因为美国始终通过军事 / 地缘政治的方式来解决一个本属于社会和公共健康领域的问题，这充分说明美国调动刑事司法系统的力量来处理毒品及其相关问题，这也让美国成为历史上最注重刑罚的国家（Alexander，2010）。这是一场注定赢不了的战争。因为美国所采取的这种解决方式，并未涉及青少年吸毒的根源。而且，大众媒体也强化药物使用。市面上铺天盖地的宣传，鼓吹使用药物是帮助消除肉体疼痛和心理问题的有效方法；酒精被描述为"美好生活"的必备佳品；很多电影会以积极的方式（52%）或中立的态度（48%）描述大麻的使用（Gunasekera，Chapman，& Campbell，2005）。关于药物可接受性的各种信息进一步向年轻人传达，药物使用作为美国主流文化的一部分，是具有一定价值的。在巨大的商业利润的驱使下，广告会将药物相关产品极致美化以吸引年轻人的关注，诱惑他们购买。例如，商家会使用流行的卡通人物为香烟做广告，或是让漂亮、穿着考究的模特来卖伏特加。此外，兄弟姐妹、父母及同龄人的榜样作用与儿童和青少年的药物使用也高度相关（Mares，van der Vorst，Engels，& Lichtwarck- Aschoff，2011）。青少年药物使用最重要、最直接的两个预测因素是：朋辈群体的药物使用和父母的疏于监管。也就是说，父母对孩子的日常生活行为不管不顾，这样的孩子很可能会染上吸毒的恶习。另外，令人关注的是，娱乐音乐下载、社交媒体和计算机的使用与青少年的酒精使用也存在显著的相关性（Epstein，2011）。

朋辈因素

朋辈群体会强烈影响青少年是否做出药物使用的选择，而且他们可以用来预测个体最初使用药物的年龄，尤其是酒精、大麻和烟草这些药物（Lewis，Neighbors，Lindgren，Buckingham，& Hoang，2010）。其中，支持亲酒精态度、示范饮酒、提供饮酒机会及施加相关压力的同龄人对青少年具有特别强烈的影响（Schwinn & Schinke，

2014）。因此，注重朋辈群体的干预措施可能是预防和治疗药物使用及相关问题的最有效方法。遗憾的是，"朋辈群体"和"朋辈压力"的使用过于宽泛，这让它们的含义显得十分模糊。朋辈群体理论（Lewis et al.，2010）提供了一个具体的框架，可以帮助我们更好地理解和解释朋辈对青少年决策制定的影响。我们将在第 13 章对这一内容进行更详细的探讨。朋辈群体理论强调药物使用与同伴关系有关：青少年会从他们的同龄人那里获得有关药物的信息、形成对药物的态度；朋辈群体会营造出药物使用的社交环境、提供使用药物的理由，以及直接提供药物（Schwinn & Schinke，2014）。

朋辈群体理论已经得到了一系列研究的验证和支持，这些研究十分强调在对青少年的药物使用问题进行预防和干预时，要充分考虑朋辈群体的重要性（Beauvais，Chavez，Oetting，Deffenbacher，& Cornell，1996；Lewis et al.，2010）。这一理论在描述其他文化背景下的青少年问题行为时也得到了一些支持（P. T. McWhirter，1998），这表明该理论具有足够的文化敏感性和广泛的适用性。

家庭因素

很多研究一致认为，家庭因素（如父母的教养方式）是导致儿童和青少年多种问题行为（包括早发性药物使用）的主要原因（Mares et al.，2011）。社会经济条件较差及父母本身就有物质使用问题是预测青少年从早期就开始使用酒精和烟草的重要背景因素（Kirisci，Vanyukov，& Tarter，2005）。例如，一项针对酗酒父母的观察研究就提供了有力支持（Ruutel et al.，2014）。父母对孩子缺乏必要的监管，预示着孩子可能很早就会出现酗酒、吸烟和吸食大麻等问题。因此，如果孩子的兄弟姐妹或同伴让他们接触这些药物，那么加强父母对孩子的监管力度可能就是有效降低儿童和青少年药物使用的关键保护性因素（Bargiel Matusiewicz，Grzelak，& Weglinska，2010）。不良的亲子关系、父母对孩子缺乏必要的约束、家庭内部有矛盾及成员之间沟通不畅，都可能是导致孩子药物使用率较高的问题。相反，如果父母禁止孩子饮酒，做到应有的监管并提供一定的支持，就可以使孩子免受来自不良同伴的强烈影响。事实上，相关研究表明，父母禁止孩子饮酒的规定与他们将来适度饮酒和较少酗酒高度相关（Schwinn & Schinke，2014）。当然，父母自身的饮酒问题及对酒精的宽容态度与青少年的饮酒问题直接相关（Mares et al.，2011）。

学校和家庭对孩子的专制和惩罚行为也往往会导致孩子的药物滥用率较高。如果青少年成长于混乱、无序的家庭环境（如家里有个药物滥用的成年人），那么青少年出现药物滥用问题的可能性会很高（Webster-Stratton，Reid，& Hammond，2001）。安德鲁斯一家、贝克一家和卡特一家的孩子就面临着严重的危机。功能失调的家庭、糟糕的学校适应力及潜在的情绪问题，都为贾森·卡特最终染上药物使用的恶习提供了肥沃的土壤。由于家庭环境因素是影响青少年药物使用的核心因素，因此我们坚信，采用一系列基于家庭开展的干预方法，有望有效预防青少年较早出现药物使用问题。并且，这类干预对我们所介绍的所有案例中的家庭都会有所帮助。

个人因素

尽管有的青少年从未尝试过使用药物，有的青少年在短暂尝试后就再也不会使用药物，但还有一部分青少年会形成长期使用药物的依赖模式。药物依赖可能与个体缺乏有效的应对心理痛苦的能力有关。

心理上的痛苦可能来自弥漫性的自我批评及长期的挫败感，这种感觉往往会导致个体自尊心水平较低，使个体相信他们要对经历的所有问题承担不可推卸的责任。而且，许多青少年会将他们所经历的困难都归因于内在原因，因而体验到随之而来的抑郁和焦虑（B. T. McWhirter & Burrow-Sanchez，2004）。

问题应对能力较差的青少年很容易受到这种强烈痛苦情感的影响。而使用药物便成为他们寻求解脱的一种方式。他们期望可以通过服用药物来缓解内心的痛苦（如挫折、压力、抑郁、自我价值感低），解决外部问题（如学习成绩差、家庭不和、暴力行为）。诚然，有些痛苦可能会强烈到让人无法承受，因此许多青少年将使用药物作为一种自我治疗的方式（详见下文的小故事）。不过，通过药物缓解痛苦只是暂时的，而且药物使用本身会成为恶性循环的一部分，个体最终只能作茧自缚。例如，我们在第 3 章介绍的贾森·卡特就经历着大量心理上的痛苦，而他的应对方式非但无效，反而加剧了他的痛苦。因此，他将来很可能会面临长期药物滥用和药物依赖的问题。

沉迷于物质使用（不包括单纯的尝试行为）与个人特质有关：包括寻求愉悦和寻求刺激（sensation-seeking，SS）行为（Burrow-Sanchez & Hawken，2013），叛逆、反传统、接纳反常行为、冒险精神和对兴奋的需求（Kirisci et al.，2005），对独立和自主的强烈渴望，以及缺乏人际间的信任感、冲动控制能力差及延迟满足能力差（Mulvey et al.，2010）。事实上，越来越多的证据表明，处于青春期的个体的大脑其实不如我们之前所认为的那样成熟，因此他们会做出很多冲动行为和冒险行为（Rosser，Stevens，& Ruiz，2005）。

　　一些研究表明，与其他因素（如单纯的寻求刺激）相比，易冲动（以强烈的寻求奖赏倾向为主要特征）和执行控制能力（如工作记忆）薄弱这两项特质与药物使用的关系更为密切（Khurana，Romer，Betancourt，Brodsky，Giannetta，& Hurt，2014）。易冲动是指倾向于过早做出行动，而很少考虑行为的后果（Eysenck & Eysenck，1980）。易冲动包括两部分：不假思索的行动（acting without thinking，AWT）和延迟折扣（DD）行为，或者因为无法拒绝一个小的即时奖励而失去一个更大的延迟奖励（如棉花糖实验）（Madden & Bickel，2010）。冲动性也与寻求刺激具有共同特征（Buckholtz et al.，2010；Pattij & Vanderschueren，2008；Zald et al.，2008），但寻求刺激与不假思索的行动和延迟折扣行为的区别在于它们所涉及的是不同水平的执行控制能力，特别是工作记忆（working memory，WM）。寻求刺激需求较高的青少年也倾向于有更强的工作记忆能力。而工作记忆则是一种高水平的认知能力，它能促进灵活的、以目标为导向的行为。相关研究表明，具有强工作记忆能力的个体会更善于控制自身的冲动行为，会考虑通过更具适应性的替代方案行事，因此他们不太容易做出冲动和具有潜在风险的行为（Khurana et al.，2014）。研究表明，药物滥用人群在执行控制和易冲动方面都存在一定的缺陷（Ersche，Turton，Pradhan，Bullmore，& Robbins，2010）。因此，随着时间的推移，工作记忆能力较弱的青少年倾向于使用越来越烈性的药物，而工作记忆能力较强的青少年则不会（Khurana et al.，2014）。

📑 小故事：乔

　　乔的母亲要求他前来接受心理咨询，于是本书的作者之一便开始对这个名叫乔的13岁男孩进行心理咨询，咨询周期为2个月。乔的母亲和她的丈夫（乔的继父）十分担心乔，他的学业成绩很差，有很多不良行为，还整天跟一帮问题青少年混在一起。另外，乔在家时而充满敌意，时而孤僻。

　　乔的继父是一个机械操作工，他对乔的行为要求严格但又不一致。乔讨厌继父，而且觉得继父也不喜欢他。他觉得自己的母亲"比较好"，但又抱怨她不允许他做自己想做的事。乔的母亲是一个家庭主妇，偶尔也会做一些短期的办公室行政文书工作。她会经常安抚她的丈夫，这样他就不会对乔那么生气了。不过，她也觉得乔需要改变，并且认为让他接受心理咨询可能会"解决问题"。乔的父母拒绝一起接受家庭咨询，他们坚持认为乔才是症结所在。

无论是在校期间还是放学后，乔都花了很多时间和他的那群朋友在一起。他说，他经常吸食大麻和吸烟。在我们第一次咨询后不久，他就因藏有毒品用具而被捕。被捕后，他的父母禁止他再跟任何朋友见面。

乔在学校的表现很差，学习上也不怎么用功。乔可能有轻微的学习障碍，但最近的一次心理教育评估还未出结果。乔在学校的主要问题是他的冲动行为。不幸的是，每当他与老师发生冲突时，他的破坏性行为总是在不经意间得到强化。他可以坐在副校长办公室里"听一些愚蠢的故事"，从而远离那些令他觉得困难而又十分令人厌烦的学业。乔在学校的表现十分差劲，而且经常出现违纪行为，这让他的继父威胁道，如果他的行为再不有所改善，就要把他送到一所严格的寄宿制学校读书。乔说那样更好，因为他听说那里的学业会比较容易。继父便威胁要把乔的头发剪短，因为这才是他唯一担心的事情。

乔主要吸食的是大麻，并且在他接受心理咨询的两个月里没有任何改善。我们也不知道乔是否尝试过更烈性的药物，因为他对心理咨询表现出极大的阻抗，并且似乎对改变自己完全不感兴趣，尽管他确实希望他的继父搬出去住。乔是一个十分受挫且易怒的青少年，他非常怨恨他的父母，觉得自己没有从他们那里得到什么指导或一致的要求。他搞不清楚父母到底期望自己怎么做，也十分讨厌学校，他感到与朋友有隔阂，也找不到解决问题的任何办法。他把自己的焦虑和自卑压抑到内心深处，并通过逃学、顶撞老师或与朋友在街上闲逛等行为来表达自己的愤怒。

与其他许多青少年一样，乔在生活中面临着许多困难，也缺乏资源来应对这些困难。他从未学会如何延迟满足，也不知道如何以健康和积极的方式与他人相处。而且，他没有受到稳定且一致的纪律约束，也不曾对自己的行为树立起应有的责任感，并且他感觉受到了学校和父母的虐待和背叛。所以，吸毒只是乔试图逃避这些棘手问题的一种手段而已。

乔的父母看不到他这些真实的困难，或许这正是这个大家庭存在问题的征兆。他们拒绝接受家庭咨询，并且最终让乔也终止了咨询。

是什么原因造成了这种结果呢？也许是因为那些强烈地寻求刺激的青少年往往有较强的工作记忆能力，他们会从过往的经验中学习，特别是与药物滥用相关的负面结果，从而避免自己发展出消极的行为模式（Romer，Duckworth，Sznitman，& Park，2010）。所以，我们的预防性干预措施应该聚焦于青少年执行控制能力较弱这一点。由此可见，强化青少年的执行控制能力，可以有效地帮助他们更好地克制自己，抵制吸毒或酗酒在社会及生理层面的诱惑。

奖励与控制系统的发展变化

药物干预应侧重于个人风险因素中有问题的那些方面（Castellanos-Ryan & Conrod，2011）。其中的一些特征（如高风险行为、不假思索的冲动行为、延迟折扣行为和冒险精神）并不一定就完全是问题，它们其实是可以被用来服务于治疗的。一些预防与治疗项目会采用冒险活动来帮助青少年，将他们寻求刺激的能量向积极、健康的方向上引导，同时帮助他们建立自我效能感及对自我和同伴的适度信任感。

认知失调和个人化归因这两个因素也使青少年更加难以顺利地戒断药物。认知失调（cognitive dissonance）是由内部信息不一致导致的。例如，"我绝不再吸烟了"和"3个月不吸烟后，我又吸了将近一包烟"这两句话其实是前后矛盾的，并且会带来一种内在冲突，给人以内疚感、沮丧感和挫败感。当我们内心的信息协调一致时，这些不好的感觉就会得以缓解，例如，"我吸了将近一包烟"和"我本来就是个烟民"之间就是和谐一致的。个人化归因是指将药物使用的责任完全归咎于个人的弱点和不足。尽管外部的一些情境因素可能会极大地影响人们的戒断行为，如异常强烈的朋辈压力或药物的实际成瘾性，但人们在决定放弃戒断后，还是会再次责怪自己。这两种消极的认知过程会给人们带来失控感、挫败感和愧疚感，让那些药物戒断者再次求助于药物，以缓解他们内心的消极情绪，做出与他们的自我概念相一致的行为。

预防与干预儿童和青少年药物使用的措施要想取得比较好的效果，就必须处理以上所涉及的这些基本因素。干预措施要想发挥最大的效果，就必须涉及不同的层面，如潜在的问题、技能不足的问题及系统性的问题（如家庭经济贫困、缺乏学校干预项目），这些问题都是成功的预防与干预项目的核心。

药物使用带来的负面影响

虽然药物使用的长期不良影响还有待进一步研究，不过它在生理和心理上造成的不良社会影响是显而易见的。在此，我们将简要列举一些内容。

生理上的不良影响

　　药物使用所带来的生理影响会因药物的种类不同而有所差异。大部分药物都会对我们的身体产生相对直接的不良影响，改变我们的现实感、判断力和感官知觉。这是因为药物干扰了中枢神经系统的正常功能。药物所带来的这些影响可能会持续数小时（如喝酒），也可能会持续数天（如吸食大麻）。要让儿童和青少年充分重视药物使用所带来的生理风险其实极其困难，因为并非所有药物都会造成严重或直接的后果。

　　酒精是导致许多青少年死亡的一个重要因素，长期酗酒与肝病、癌症、心脑血管疾病和神经损伤都有高度关联。在墨西哥的一项研究中（Miller et al.，2011），吸烟、酗酒及其他药物使用行为能有效预测青少年今后的自杀意念、自杀企图和自杀行为。吸食大麻最麻烦的影响之一就是它会损害大脑发育。如果个体从青春期就开始吸食大麻，那么毒品通常会影响他们的思维、记忆和学习功能。吸食大麻还可能会影响大脑在这些功能区域之间建立有效的神经连接（National Institute of Drug Abuse，2015）。与吸烟一样，吸食大麻也会对呼吸道产生不良影响，包括慢性咳嗽、反复发作的支气管炎和呼吸道炎症等。

　　长期使用生理上容易成瘾的物质会导致神经系统和内脏器官的严重受损。成瘾通常被定义为一种生理状态，在这种状态下，身体需要更多物质来维持体内平衡（生理平衡）。成瘾者会对药物逐渐产生耐药性，他们需要通过不断增加药物的使用量才能达到想要的效果。戒断是一种十分痛苦的生理体验，当停药或减少药量时，身体就会出现反应。药物滥用或酗酒会增加耐药性和戒断反应，所以，成瘾者通常需要接受住院治疗才能成功戒断。因为在进行有效的行为和心理干预之前，消除对药物的生理依赖才是首要的。

心理上的不良影响

　　一般来说，儿童和青少年的吸毒行为会让他们在成年早期出现更严重的问题。严重的药物使用与青少年过早发生危险性行为、未能追求教育机会、过早就业，以及失业或未充分就业有关（Burrow-Sanchez & Hawken，2013）。此外，酗酒与打架斗殴、学业失败、职业问题及未成年犯罪有密切的关联（Mulvey et al.，2010）。吸毒还会导致艾滋病、婴儿艾滋病毒感染和死亡（Johnston et al.，2011）。那些尚未做好充分准备就匆匆进入成年人角色的青少年，由于缺乏重要的生活技能，会给自身和子女带来诸多不良影响（Gragg & McWhirter，2003）。

青少年的吸烟行为与标准化测验成绩较差有关（Jeynes，2002）。有趣的是，在青春期后期，适度饮酒往往能够增加个体与他人的融合感，带来积极的自我认知和情绪体验；同时，适度饮酒还可以减少青少年的孤独感和自我贬低（Shedler & Block，1990）。不过，在青春期大量使用烈性毒品会增加孤独感、抑郁感和自杀意念，并减少青少年的社会支持（Johnston et al.，2014）。

药物使用问题的针对性干预措施

校园干预项目

因为大部分儿童和青少年并未尝试过药物或酒精，所以预防是对药物使用进行干预的普遍形式。此外，将对烟草和酒精滥用的治疗作为基础干预项，也可以有效预防其他类型的物质滥用行为。因为有一些儿童从很小的时候起就开始使用药物了，所以我们应该在其处于低年级时就实施一般性和针对性的预防项目，这与我们在第 11 章介绍的"预防 - 干预框架"相匹配。预防药物使用的项目一般有两个主要目标：推迟首次使用药物的年龄和减少入门药物的使用量。推迟首次使用药物的年龄与更好的社会、学术和经济成果有关。尽管一些研究（Wiehe，Garrison，Christakis，Ebel，& Rivara，2005）表明，尚缺乏足够的证据支持预防项目对减少儿童和青少年吸烟行为的有效性，但预防项目与入门药物易感性的降低显著相关。无论如何，学校在预防项目中的作用是广泛而多样的。例如，相关证据（Andrews，Hampson，& Peterson，2011）表明，初中生对社交形象的态度及对同龄人饮酒的感知，可以有效预测他们在高中时期的酗酒行为。针对相关认知的初中预防项目是很有必要的。此外，一些研究（Lemstra et al.，2010）表明，一些既包含禁毒知识学习又具有社会技能训练（如毒品拒绝技巧和自我管理技能）的综合干预项目，是减少青少年酗酒和吸毒行为最有效的初级预防项目。

有些学校干预项目会关注物质使用行为背后更广泛的社会功能和健全的人格发展问题，而不仅仅局限于药物本身，并取得了很好的干预效果，也证明了预防物质使用项目可以取得相当积极的成效。其中，良好行为游戏（Good Behavior Game，GBG；Kellam，Reid，& Balster，2008）便是这样的一种预防技术，我们将在第 13 章进行详细描述。在一二年级使用 GBG 技术，可以为多种行为和心理健康带来积极影响。例如，参与调查的学生在 13 岁时开始吸烟的可能性降低了 26%，只有不到一半的人使用过烈性毒品。GBG 技术对成年早期的男性尤其有效，其中有 59% 的参与者吸烟率有所下降，有 35% 的参与者酗酒率有所下降，有 50% 的参与者非法药物滥用率有所下降。

一种有效预防药物滥用的"间接"方式是采取积极行动（Positive Action；Beets et al.，2009），这是另一种涉及发展学生的社会功能和健全人格的综合干预项目。在一项相关的研究中，美国夏威夷 20 所小学的所有 5 ~ 10 岁的学生每天都接受基于这种模式的课堂教学，包括角色扮演活动及针对自我提升、自我管理及与他人合作的相关活动。结果显示，接受该项目训练的儿童，将来发生青春期性行为、暴力行为和吸毒的可能性降低了。学生越积极参与这个项目，他们的行为就会得到越大的改善。这个项目之所以能够取得如此良好的效果，主要是因为以下 4 个因素：（1）该项目鼓励师生之间的积极互动；（2）该项目中的"剂量"比较大，学生每周要花大约 1 小时来学习相关课程；（3）与传统教学方式相比，积极行动倡导更有效的互动教学方式；（4）该项目是在整个学校的所有班级同时开展的。因此，所有的学生及学校教职人员和家长会同时参与进来，这营造了一种支持性的整体校园环境。

有些学校会在干预项目中安排一些替代活动，如冒险娱乐活动和服务类团体项目。另一些学校会提供更优质的药物教育资源，提高教师对药物使用的认识，提供更多的药物使用咨询，并大力支持校园禁止药物使用的执法工作。另外，一些学校还会招募家庭和社区组织。事实上，大多数有效的物质使用干预项目都强调生态系统的作用，注重加强家庭、学校和社区之间的紧密联系（Hawkins et al.，2007，2009，2014）。

家庭干预项目

那些对孩子的行为缺乏必要监管，教养方式前后不一致的父母，同样会使孩子吸毒的风险增加（Dishion & Stormshak，2007）。因此，针对物质使用的父母教养行为和家庭规范方面的工作有望有效预防儿童和青少年的药物滥用行为（Bamatter et al.，2010）。其中，着力于改善父母对子女监管方面的主题教育培训尤为重要。我们将在第 14 章介绍一系列家庭干预措施的具体方法和示例。

社区干预项目

大多数治疗儿童和青少年药物滥用的项目都是参照 20 世纪 60 年代为成年人开发的

传统戒毒治疗模式开展的，而专门针对儿童和青少年日益增长的治疗需求的干预项目是最近这十几年才逐渐发展起来的。尽管仍需要更多的研究加以验证，不过针对青少年的干预项目已经在减少青少年物质使用及其他一些问题上获得了巨大的成功（Hawkins et al.，2015）。如今，大部分社区针对青少年的预防干预项目都极为短缺，这是一个很大的问题，可能这也是为什么我们在第 2 章讨论的社区关怀模式（CtC）会有如此好的发展前景（Hawkins, Oesterle, Brown, Abbott, & Catalano, 2014）。社区干预项目实际上是一个整合了多种独立干预元素的系统性框架，将一系列经过验证的干预方式与社区需求相匹配。相对于从未采用 CtC 的同类社区，那些开展过 CtC 的社区报告新增吸烟者的吸烟量减少了 33%，新增酗酒者的酒精使用量减少了 32%，而且整个社区范围内的不良行为事件也减少了 25%（Hawkins et al.，2014）。干预项目对这些行为带来的积极影响会一直持续到学生高中毕业（Hawkins et al.，2014）。

下面列举了几项具体的儿童和青少年社区干预项目。

- 无药计划：该项目会提供心理咨询门诊服务，而不使用药物治疗。应一些来访者的需求，该项目可以提供上门咨询服务，还可以组织户外活动，如露营旅行或其他一些具有挑战性的活动。
- 治疗团体计划：这是一种基于社区的居家治疗项目。通过结构化的设置、来自朋辈的影响，以及直面问题来改变那些自我破坏的价值观和行为。
- 居家心理治疗计划：该项目由商业机构负责运营，采用心理健康居家康复治疗模式。
- 日常护理计划：该项目每天会提供数小时的替代学校教育、心理咨询服务、社交和娱乐活动，也会更加关注家庭及社区等生态环境因素。
- 康复护理计划：该项目整合了多项治疗元素，如儿童和青少年接受住院治疗后可以定期复诊、与心理专家面谈，还可以参与诸如戒酒互助会或麻醉品互助会的互助团体。

学生援助项目

因为专门针对儿童和青少年的干预项目十分有限，所以校内的学生援助项目（Student Assistance Program，SAP）就体现出了很大的优势。SAP 最初是为了帮助那些有药物滥用问题的儿童和青少年而设计的，如今它已被广泛应用于其他一系列行为问题的干预。在此，我们将重点放在该项目的初衷上，因为有药物使用问题的学生所面临的两个关键问题都得到了直接处理。首先，有酒精和其他药物使用问题的学生在寻求心理咨询的帮助时会犹豫不决。其次，药物使用行为是非法的，这会让很多学生不愿意主动寻求帮助，也会让他们更不愿意承认自己有药物使用的问题。标准的学生援助项目中会有一个小组，由校方管理者代表、教师、心理咨询师和家长，以及一位药物使用方面的专家组成。另外，SAP 不仅拥有一套专业、严格的框架流程，以评估学生是否属于药物滥用问题，还拥有能够提供治疗和康复干预的社区资源关系网，更可以为那些接受治疗后重返校园的学生提供复学支持项目、个案管理及一系列相关的后续服务。

后续服务中一个特别重要的组成部分就是学校康复支持小组。当一个青少年离开治疗中心并重返"现实世界"时，他们会得到什么样的支持对于预防他们的旧病复发起着非常重要的作用。不幸的是，那些因吸毒问题而暂时离校接受治疗的青少年在返校后很快会面临再次吸毒的压力。康复支持小组对这些青少年来说就是一种难得的机会，在小组中，他们能够在健康、清醒的状态下讨论各自的情绪困难。而且，康复支持小组成员还包括一些"协助项目"的学生，所以这的确是一种十分强调亲社会的朋辈群体。事实上，对康复支持小组来说，将那些不积极参与康复治疗的学生纳入小组，是非常不利的。所以，对于那些强烈反对无毒品生活的吸毒青少年，我们应为他们提供其他类型的干预方式。

上述这些干预方式在帮助儿童和青少年做出积极的改变方面都非常重要。不过现实问题是，做出改变确实是非常困难的。要想获得改变，个体必须至少做出一定程度的改变承诺。作为专业助人者，我们需要了解个体在改变过程中所处的具体阶段，这会给干预工作带来极大的帮助。改变阶段模型就是这方面的重要工具。

改变阶段模型

改变阶段（Stages of Change，SOC）模型又被称为跨理论改变模型（Transtheoretical Model of Change），是一种结合了所有相关的理论和方法的整合性框架（Prochaska，2013）。SOC 模型认为，只有个体具有改变的意愿，真正的改变才会发生，而且改变的过程是动态的。人们会沿着一系列相对确定的改变阶段循序渐进地发展，而且会根据情境的多样性和问题的特殊性，在各阶段之间出现反复。因此，干预措施应该帮助人们沿着改变阶段前进，帮助他们树立改变意愿，并提供能够实现和维持改变所需的技能。该模型已被用作指导使用低危行为来代替高危行为的理论行为框架（Ryan，Lynch，

Vansteenkiste，& Deci，2011）。因此，基于该理论模型，我们可以明确地识别某个儿童或青少年位于改变阶段连续体的具体哪个位置，并据此了解他具体的改变动机和意愿。

在朝向积极改变的过程中，个体会经历前思考阶段（完全不考虑改变）、考虑阶段（权衡利弊）、准备阶段（准备做出改变）、行动阶段（做出改变），以及最后的保持阶段（巩固积极改变）。现在，我们以药物使用为例，将各阶段的具体描述列出。

- 前思考阶段：还未考虑停止使用药物或酒精。
- 考虑阶段：考虑在一个具体的时间范围内停止使用药物或酒精，如在下个月内停止。
- 准备阶段：主要表现为制订积极的计划并下定决心停止使用药物或酒精，有时也表现为至少一次尝试停止使用物质。
- 行动阶段：参与治疗并积极配合治疗。
- 保持阶段：在接受治疗后的一个具体的时间段内保持戒断。

以上这些改变阶段描述了在治疗过程中，个体有意识的行为改变过程中的一些非连续步骤。准确地评估人们在这一系列阶段中的具体位置，也有助于监控和指导药物使用的预防和治疗方案的执行（Prochaska，2013；Prochaska & DiClemente，1992；Werch & DiClemente，1994）。此外，任何一种具体的干预措施要想取得好的干预效果，都必须充分考虑儿童和青少年的改变意愿。例如，当青少年处于变化过程的初始阶段（准备阶段）时，他们对戒断复发的临床反应与处于最后阶段（保持阶段）时在性质上有很大不同（Ryan et al.，2011）。从根本上讲，人们在接受其他积极治疗策略并从中获益之前，可能需要先接受能够提高他们改变意愿的干预措施（Prochaska，2013），这样也许会取得更好的干预效果。例如，处于准备阶段的青少年戒烟成功的概率就是处于前思考阶段或考虑阶段的青少年的 25 倍（Dino，Kamal，Horn，Kalsekar，& Fernandes，2004）。

针对性干预策略：动机式访谈

动机式访谈（motivational interviewing，MI）是一种咨询方法，它最初是为了解决吸烟、酗酒及其他一些药物滥用障碍而设计的，其有效性现如今已得到极好的研究支持（Miller & Rollnick，2012）。此外，动机式访谈已经被广泛应用于其他目标行为改变测试研究，而且在促进适应性行为（如锻炼、饮食、服药依从性）、减少消极行

为（如赌博、艾滋病毒高风险性行为、暴饮暴食）及促进心理问题干预方面均十分有效
（Arkowitz，Miller，& Rollnick，2015）。

越来越多的研究表明，动机式访谈对儿童和青少年，以及药物使用和滥用（Hall，Stewart，Arger，Athenour，& Effinger，2014；Naar-King & Suarez，2011）及其他问题情境同样有效。例如，一项针对 15 种研究进行对比的元分析研究发现，与其他治疗方法相比，医疗专业人员使用动机式访谈能够对青少年在饮食、运动、哮喘病管理、糖尿病管理及性行为等健康行为方面产生积极的治疗效果（Cushing，Jensen，Miller，& Leffingwell，2014）。该研究显示，平均在 5 个疗程后，有时甚至在 2 个疗程后就能看到积极的治疗效果。一些证据表明，动机式访谈对儿童也很有效，因为这种治疗模式承认矛盾心理具有正反两面的特点，倡导自我导向及自我激励会带来改变，这些对儿童和青少年十分有吸引力。另一项针对 37 种研究方法的元分析研究对使用动机式访谈治疗儿童哮喘、糖尿病、肥胖症、睡眠和艾滋病毒 / 艾滋病的疗效进行评估，结果发现动机式访谈能够带来微小但显著的变化，并且优于替代治疗（Gayes & Steele，2014）。其中，动机式访谈在治疗哮喘、1 型糖尿病和钙摄入障碍方面最有效。将父母与孩子一起纳入工作框架时，动机式访谈是一种最有效的独立治疗方法。

尽管动机式访谈对儿童和青少年的一系列健康问题的帮助越来越大，但它仍然是应对成瘾问题的主要干预手段。动机式访谈现已被广泛应用于药物使用和酒精使用问题，一些在校内开展的课程也证明动机式访谈可以显著减少吸烟、酒精使用和烈性药物使用的情况（Sussman，Sun，Rohrbach，& Spruijt-Metz，2012）。同样重要的是，动机式访谈的变化机制及它所采用的咨询方式似乎对年轻的来访者具有普遍的积极作用。此外，动机式访谈还可用于帮助青少年强化他们想要避免使用药物的个性化原因，以增强他们抵抗消极朋辈影响的信心，并利用家庭支持帮助他们做出更好的选择（Schwinn & Schinke，2014）。

动机式访谈采用了改变阶段模型（Prochaska，2013），并基于以下核心理念：人们在发生实际改变之前，需要经历一个准备改变的过程。该准备过程的特点是对变化抱有矛盾心理，而动机式访谈有助于解决这种矛盾心理，激发来访者做出改变的期望，并做好相应的准备。动机式访谈的假设是，除非酗酒或吸毒的人（尤其是儿童和青少年）已经做好了准备，否则他们不会真正改变自己的行为（即停止喝酒或使用药物）。动机式访谈干预的重点是，帮助个体认识到药物使用所带来的负面影响远大于它所带来的正面影响，并让他们理解药物使用弊大于利。因此，不同于传统的药物和酒精滥用干预中的对抗性方法，动机式访谈为来访者提供个性化的反馈，并着重指出他们对自我的看法与

其实际行为之间的差异和不一致。心理咨询师在整个过程中要始终提供支持。相关研究（Naar-King & Suarez，2011）表明，与学校烟草教育小组干预相比，动机式访谈可以通过提高青少年改变的动机，增加他们参与戒烟项目的兴趣，从而有效减少他们的吸烟行为。此外，一项随机研究发现，动机式访谈能够有效减少年轻人对香烟、酒精和大麻的使用，对重度成瘾者的效果尤为明显。对在其他方面也存在高风险的青少年而言，动机式访谈同样有效减少了他们对大麻的使用量，而且单次的动机式访谈治疗被证明可以有效减少他们对大麻的使用量（McCambridge，Day，Thomas，& Strang，2011）。

除了贝尔等人（Baer et al.，2008）针对动机式访谈对其他物质滥用的效果研究外，动机式访谈还被应用于儿童、青少年及父母对婴幼儿的教养环境（Erickson，Gerstle，& Feldstein，2005）。此外，动机式访谈也被应用于学校项目。READY 计划就是一项通过校内的 8 次动机式访谈治疗来减少青少年药物滥行为的干预措施。结果表明，动机性的自我效能感与青少年药物使用干预效果之间存在显著正相关。

动机强化疗法（Motivational Enhancement Therapy，MET）是将动机式访谈与认知行为疗法（Cognitive Behavioral Therapy，CBT）相结合的一种干预措施，被证明对患有酗酒问题的抑郁青少年具有长期疗效。事实上，CBT/MET 比其他药物治疗更有效（Cornelius et al.，2011）。基于前面讨论的改变阶段（SOC）模型，动机式访谈的目的是激励人们沿着改变的过程前进，无论他们处于改变过程中的哪个位置（Cushing et al.，2014）。

动机式访谈所包含的若干核心干预元素，可以通过"框架"（FRAMES）这个词来加以描述。FRAMES 中的每个字母代表了咨询中的一个重要方面，但其次序并不是固定不变的。

- 反馈（feedback）：心理咨询师对个体的状态给予反馈，仅仅是把个体的行为呈现给他们，而无须评判或施加改变的压力。有时，如同镜子一般呈现来访者的真实状态，就会产生很大的效果。
- 责任（responsibility）：心理咨询师强调青少年本人对改变的责任，在咨询过程中，重点讨论与改变相关的选择、澄清相应的后果和个人责任、减少青少年对影响自己行为选择的外部因素的过度关注。
- 建议（advice）：心理咨询师可以给予简单的建议，直接告知青少年如果考虑做出行为上的改变，他们的状况可能会好得多。另外，建议总是在与来访者建立了充分的信任关系后才提出的。

- 方案（menu）：心理咨询师向青少年及其家长推荐可选择的治疗方案。这么做不是为了缩小选择范围，恰恰相反，这么做的目的是让青少年和家长可以在任何时候选择他们认为有效的方法。提供可供选择的治疗方案的核心理念在于，允许青少年及其家长为自己的治疗做决定。

- 共情（empathy）：心理咨询师的共情从咨询一开始就会表现出来，它强调对来访者的全然接纳，对他们的行为不加评判，将他们视为努力寻求改变的个体。共情有助于改变的发生，技巧性的反应性倾听可以有效帮助心理咨询师更好地理解来访者，让他们感到被倾听、被理解。

- 自我效能感（self-efficacy）：对改变的自我效能感意味着青少年要获得戒烟或减少物质使用所需的技能，发现并融入更健康的社会交往和支持性环境，以培养他们戒断的信心。

动机式访谈的基本理念是保证其有治疗效果的关键因素。动机式访谈的基本理念是协作而非专制，是充分尊重来访者的自主性，激发他们自身的改变动机，而非将其强加给来访者。研究人员已经在大量研究中初步证实了动机式访谈的基本理念与改变对话及积极成效之间的联系（Miller & Rollnick，2012；Naar-King & Suarez，2011）。动机式访谈的一些基本原则和理念已经被很好地融入 FRAMES 模型。

在动机式访谈中，表达共情是最重要的，它也是动机式访谈的核心元素。心理治疗师的共情、心理咨询师的人际交往技能与来访者对治疗的参与度和戒酒干预效果之间存在着显著正相关（Miller & Rollnick，2012）。

在动机式访谈中，帮助来访者发现矛盾也很关键。这就涉及帮助来访者看到他们自身的行为所带来的后果，以及看到他们行为的后果往往与既定的目标相冲突。通过指出他们身上存在的这些矛盾，来访者就会自发地提出改变的理由，而不是像传统干预那样，由心理咨询师替他们做这部分事情。

此外，心理咨询师切记要避免争论，因为争论只会适得其反。如果我们强硬地让来访者接受某个观点，如告诉来访者"节制是改善你生活的唯一出路"，可能会引起来访者的防御心理，增强他们改变的阻力。

在这种情况下，心理咨询师要跟来访者的阻抗"共舞"，这意味着不要跟来访者"搏击""摔跤"或"打架"。试图让来访者接受心理咨询师的观点，往往会使他们与心理咨询师产生权力斗争。最好是将他们的阻抗视为一种应对策略，有阻抗恰恰说明来访者身上有可以加以利用的重要力量。

最后，心理咨询师要支持来访者的自我效能感。这意味着，心理咨询师要向来访者传达他们有能力做出改变，要为来访者提供希望，也要提供一系列备选的行为方案，让他们在行为改变的过程中可以自由选择并做出不同于过去的反应，这会是一个强大的激励因素。心理咨询师支持来访者的自我效能感，目的是让来访者清晰地认识到，个人改变的责任完全掌握在他们自己手中，他们也完全有能力做出改变。

动机式访谈十分符合最佳干预策略的核心要素。它是多模式共用的，既适合个体咨询，也适合家庭咨询，还可以让同龄人参与治疗过程，同时考虑了文化差异和个体差异。另外，动机式访谈还强调了"有意识的选择"这一概念。青少年要自己做出改变的决定，而心理咨询师要基于青少年在改变的进程中所处的具体位置来进行干预（Naar-King & Suarez，2011）。动机式访谈采用了阶段模型框架（Prochaska，2013），每个阶段的治疗干预都包含与该阶段相匹配的策略技术，以激励青少年并为下一阶段做好准备。这些干预措施可以巩固青少年在整个治疗过程中的内在选择感。动机式访谈也充分考虑了个体、文化和民族差异（Villanueva，Tonigan，& Miller，2007）。这是至关重要的。因为相关研究表明，青少年吸毒的原因会因种族的不同而有所不同。有色人种青少年在接受干预后可能有更高的复吸风险，因为他们面临着更严峻的环境和背景风险因素，例如，他们所处的社区可能更容易触及毒品。动机式访谈充分考虑了这些潜在因素，以及文化和环境上的差异，同时具有足够的灵活性以整合特定的风险因素和保护性因素。

从根本上讲，动机式访谈尊重来访者自身的世界观，帮助他们识别自身优势，并支持他们自己做出改变的决定。我们鼓励大家可以多阅读一些关于动机式访谈的内容，并将其作为针对药物或酒精滥用问题青少年的有效干预方法。

结语

如今，物质使用是一个普遍存在的问题，这一问题已经给个人、社区乃至整个社会造成了巨大的损失，我们在社会层面、经济层面及个人健康层面都为此付出了沉重的代价。而最有效的预防儿童和青少年吸毒和酗酒的应对措施必须将学校和家庭纳入进来，只有家庭、学校和社区共同协作，才能取得最好的预防与干预效果。另外，认识并关注青少年朋辈群体的影响及态度，对于遏制和应对他们因药物使用带来的问题至关重要。同时，只有帮助儿童和青少年更好地了解自己、认识到自己的动机和应对策略，以及对自己的行为及改变自己生活所负有的重要责任，才能减少酗酒和吸毒对他们的消极影响。

第 8 章

未成年怀孕、性传播疾病及危险性行为问题

本是花季的少女，却已为人母；

她们无法继续学业，生活陷入困顿，

她们承受着巨大的压力，情绪也陷入低谷。

她们独自抚养着孩子，

如白杨树一般，被困苦压弯了腰。

温和的夏雨，滋润着这片沃土……

但是，可怜的白杨树啊，

滋润你的甘泉又在何处?

本章要点

- ■ 问题范围界定：未成年怀孕
- ■ 问题范围界定：艾滋病病毒及其他性传播感染
- ■ 危险性行为的预兆因素：背景特征
  - • 青少年发展议题
  - • 预兆特征
  - • 人际影响因素

  小故事：爸爸的女儿
- ■ 危险性行为的预兆因素：媒体的影响
  - • 电视及其他媒体
  - • 网络色情、性引诱和色情短信

  小故事：由发送色情短信引发的悲剧

- • 信息技术的积极作用
- ■ 青少年早育带来的影响
  - • 对社会经济方面的影响
  - • 对教育方面的影响
  - • 对健康方面的影响
  - • 对家庭发展方面的影响
- ■ 聚焦于青少年危险性行为的干预措施
  - • 与性无关因素的预防与干预措施
  - • 与性有关因素的预防与干预措施
- ■ 针对性干预措施：阿德勒模型
  - • 行为目的理论

与青少年婚前性行为有关的问题，涉及个人、家庭及社会的不同层面：未成年怀孕、包括人类免疫缺陷病毒（HIV，即艾滋病病毒）和获得性免疫缺陷综合征（AIDS，即艾滋病）在内的各种性传播疾病（STIs）、堕胎、性别身份认同障碍、性骚扰、乱伦和性暴力行为等。作为本书的一章，我们实在无法将这些问题所涉及的人际、心理及社会等诸多方面逐一进行详尽的探讨，因此，我们将着眼于与未成年人的性发展及性行为相关的两个重要问题：未成年怀孕问题和性传播疾病问题（主要指艾滋病）。具体来讲，我们将探讨以下内容：（1）未成年怀孕的发生率或频率；（2）艾滋病等性传播疾病在青少年群体中的感染率；（3）影响青少年危险性行为的背景因素，如大众媒体；（4）青少年危险性行为的负面影响；（5）对上述问题的一系列预防与干预措施。

问题范围界定：未成年怀孕

20 世纪 80 年代，未成年怀孕率逐渐上升。从那之后，美国在降低未成年怀孕率方面已经取得了明显的进展。截至 2015 年，美国未成年怀孕率已处于历史最低水平：2007—2010 年下降了 18%；2011—2012 年又下降了 6%（CDC，2015b）。另外，在过去的 20 多年里，美国的堕胎率也有所下降。青少年怀孕率和出生率的下降主要得益于以下因素：青少年避孕药具使用的增加；克林顿政府执政期间，美国社会福利制度的改善；在过去的 20 多年里，美国有效实施了针对各种类型的孕期和性传播疾病防治项目。以上这些问题的改善在全美国范围都可以看到，而且在各民族文化群体中也可以看到（Boonstra，2014）。

尽管从研究报告上的数字看来，这些问题有改善的趋势，但美国仍然是青少年怀孕率最高的发达国家之一（CDC，2015b；Guttmacher Institute，2012）。在美国，每天有1200多个新生儿是被未成年女性带到这个世界上的，这一现象在那些经济条件差的城市和农村地区更为严重（CDC，2015）。在全美国的青少年群体中，虽然15岁之前发生过性行为的只占13%，不过在19岁生日之前，高达70%的人都表示发生过性行为（Guttmacher Institute，2012）。2013年，47%的高中生有过性行为；15%的高中生有过4名及以上的性伴侣；40%以上有性生活的学生在最后一次性行为中未使用避孕套，这给他们带来了持续的风险（CDC，2015b）。那些经常发生性行为却不采取任何避孕措施的青少年有90%的概率会怀孕（CDC，2013）。此外，美国青少年的生育率仍然很高，这在非裔美国人、拉丁裔美国人和美国南部各州的青少年群体中尤其突出（CDC，2015b）。非裔和拉丁裔青少年的生育率仍然是欧裔美国青少年的两倍多，占2012年美国青少年生育总数的57%（Federal Interagency Forum on Child and Family Statistics，2015）。

有些十四五岁的孩子经常饮酒、吸烟和吸食大麻，这也跟他们过早发生性行为有关；在发生性行为时，男孩主动饮酒或吸食毒品的可能性比女孩更大。欧裔（28%）和拉丁裔（24%）美国学生在发生性行为时比非裔（18%）美国学生更容易伴有饮酒或吸食毒品的行为（CDC，2013）。在那些有性经验的高中生中，有超过22%的人表示他们在发生性行为之前使用过酒精或药物，而且有近14%的人在使用酒精或药物的同时，未采取任何避孕措施（CDC，2014）。

美国青少年对怀孕的态度和反应在过去的20多年里也发生了很大变化。在全美国所有怀孕的青少年中，有82%的人是计划外怀孕，有59%的人选择将孩子生下来，也有25%以上的人选择堕胎（Guttmacher Institute，2012）。与来自欧裔美国家庭的青少年相比，那些来自拉丁裔、非裔和美洲土著家庭的青少年则不太会选择堕胎，这些由未成年女性所生的孩子通常被大家族中的其他家庭成员收养或非正式领养。在欧裔美国青少年群体中的这一趋势（堕胎率高）表明，许多未成年女性宁愿选择堕胎，也不愿将意外怀上的婴儿生下来，并送去领养（Federal Interagency Forum on Child and Family Statistics，2015）。

当然，除了怀孕以外，青少年从事危险性行为（例如，对身体、性和生殖健康方面的知识不够了解，进行无保护的性行为，第一次性交时年龄太小等）也会将他们自己暴露于感染各种性传播疾病（包括艾滋病）的风险中。

问题范围界定：艾滋病病毒及其他性传播传染

在美国每年 2000 万性传播感染新病例中，15～24 岁的青少年就占了将近一半。2015 年，每 10 名有性行为的少女中就有 4 名患有可导致不孕甚至死亡的性传播疾病。此外，虽然青少年群体中的艾滋病病毒感染率一般来说比较低，但在 13～19 岁的青少年中，男性占艾滋病病毒诊断的四分之三以上（U.S. Department of Health and Human Services；Office of Adolescent Health，2015）。美国青少年怀孕率和青少年性传播感染率仍然比加拿大和西欧高得多（CDC，2013）。像淋病、生殖器疣、生殖器疱疹和梅毒等这些都是常见的性传播疾病。如果与已感染性传播疾病的伴侣发生无任何保护措施的性行为，那么未成年女性感染艾滋病病毒的风险为 1%，感染生殖器疱疹的风险为 30%，感染淋病的风险为 50%。其中，衣原体疾病是青少年群体中最常见的性传播疾病种类（Alan Guttmacher Institute，AGI，2011）。在参加国家职业培训项目的 16～24 岁年轻女性中，有 11.7% 的人患有衣原体感染疾病（CDC，2013）。在 2010 年新确诊的艾滋病病毒感染人群中，有 25% 是青少年群体，其中有 57% 是黑人青少年，而拉丁裔和白人青少年各占 20%（CDC，2013）。

性传播疾病之所以在美国青少年群体中比较流行，部分原因是他们没有获得准确或全面的性健康方面的知识。在推广青少年性健康教育的 177 个性健康网站上，有 46% 关于避孕和 35% 关于堕胎的相关内容都含有不准确的信息（Buhi，2010；Guttmacher Institute，2012）。当父母和青少年一起讨论性健康问题时，父母本身拥有的关于避孕及相关方面的知识也常常是不完整或不准确的。此外，在 13 个常用的禁欲教育项目（abstinence-only program）中，有 11 个项目含有误导、歪曲或不准确的内容（Guttmacher Institute，2012）。事实证明，为青少年提供准确且全面的性健康教育可以有效减少他们的高风险性行为、怀孕的概率，以及艾滋病病毒和其他性传播疾病的感染率，并有效增加有保护措施的性行为（Chin et al.，2012）。

此外，很多青少年会觉得像艾滋病这样的灾难是不会伤害到他们的——"这不会发生在我身上""即使得了艾滋病，我也会在它影响我之前被治好的"。这种不重视的态度再加上危险性行为、同时拥有多名性伙伴，以及无效、随意使用避孕套甚至完全不使用避孕套的性行为，使青少年这一群体非常容易感染艾滋病。另外，那些有性行为的男同性恋青少年是特别容易感染艾滋病病毒的群体。2010 年，13～24 岁的男同性恋者和男双性恋者占该年龄段新感染艾滋病病毒患者的 72%，占所有男同性恋者和双性恋者新感染艾滋病病毒患者的 30%（CDC，2015）。2011 年，在 13～19 岁的男性青少年中，约有 93% 的艾滋病病毒感染者是通过男性之间的性接触而被感染的（CDC，2014）。因此，有很多因素会影响青少年危险性行为及后续的性传播疾病、怀孕、堕胎和分娩问题。接下来，我们会详细探讨这些内容。

危险性行为的预兆因素：背景特征

家庭和社会问题及青少年个体的心理和人际关系特征都会导致未成年怀孕，以及发生有性传播感染风险的危险性行为。在本节，我们将共同探讨：（1）与青少年发展有关的问题；（2）未成年怀孕的一些预兆特征；（3）人际影响因素，如朋辈关系和家庭动力系统。在下一节，我们将探讨影响青少年发生危险性行为的多种媒体因素。

青少年发展议题

考虑到个体在青春期所面临的诸多困难，许多青少年会从事性活动甚至怀孕也就不足为奇了。对青少年这一群体来说，他们试图完成从儿童到成年人的转变的主要方式就是通过性活动来实现的。尽管大多数青少年从未想要孩子，但他们中的许多人会把性行为看作建立成年人身份认同感的一种方式，而且在某些方面，他们会将其视为获得原生家庭之外的人际关系自主性（relational autonomy）的一种方式。而且，青少年会在与他人的关系中获得自我的确认和认可，尽管有时这些人际互动会转向性方面的。同时，青少年的性行为也为他们提供了一条挑战父母、走向独立的道路。

青春期是个体形成性别认同（sexual identity）的重要时期。通常，尝试性的性体验构成了学习经历的一部分。体验同性之间性行为的青少年通常不会认为自己就是同性恋。同性恋身份发展模型将同性恋或双性恋身份的确认过程描述为一系列非线性并有可能反复出现的阶段（Fassinger，2000；E. H. McWhirter，1994）。对于那些认为自己是女同性恋、男同性恋、双性恋、跨性别和酷儿（LGBTQ）的青少年，以及认为自己是有色人种的青少年来说，确凿的种族身份认同的形成过程可能会与其性别身份认同过程产生冲突。LGBTQ 青少年群体面临着一个挑战，即他们所要认同的身份是被污名化的，恰逢此时，与朋辈之间保持一致且合群又是极为重要的。他们可能会远离同龄人，压抑对感受和体验的表达，或者发展出一种与其真实内在不符的身份认同感，以此作为应对这种外界压力的方式。所有这些应对方式都会带来焦虑。那么，在 LGBTQ 青少年群体中，出现吸毒、离家出走、被家庭排斥及危险性行为等严重问题便不足为奇了。例如，那些自述有同性性接触或认为自己是女同性恋、男同性恋、双性恋或不确定性别倾向的青少年更有可能接触各种危害健康的性行为（Kann，O'Malley，Olsen，& McManus，et al.，2011）。那些认为自己是男（或女）同性恋的高中生（67%）比认为自己是异性恋的高中生（44%）更有可能发生性行为。另外，认为自己是双性恋的高中生最有可能发生性行为（69%），而自认为"不确定自己的性别身份"的学生则最不可能发生性行为（43%）（Kann，O'Malley，Olsen，& McManus，et al.，2011）。

为将来的职业、婚姻或伴侣关系及家庭生活做好充分的准备，是青少年的部分发展任务，而性活动是青少年用以检验将来这些角色的一种方式。当发生意外怀孕时，青少年正常发展过程中的某些方面会被延迟，而其他一些更重要的方面则会被加速。这些青少年必须立即适应成年人角色：要为人父母、工作养家，还要处理可能会面临的社会孤立和孤独感问题。在很多情况下，这些青少年为了生存不得不依赖社会公共援助。此外，对未成年妈妈及其子女的部分不利因素会拉高社会公共福利成本（CDC，2011）。

对许多未成年女性来说，怀孕这件事限制了她们的生活选择。然而，倘若她们原本的机会已经很有限，那么怀孕生子便不一定会影响她们对生活选择的理解。

预兆特征

有些个人和人口统计学特征会使青少年面临早孕风险，而有些则是保护性因素。例如，较高的自尊水平会降低拉丁裔和非裔美国青少年怀孕的风险（Berry，Shillington，Peak，& Hohman，2000），但违法犯罪行为和酗酒则通常是未成年女性怀孕至关重要的风险因素及预测因子（Hockaday，Crase，Shelley，& Stockdale，2000）。生活在城市中的黑人女孩身处比较混乱的社区环境，周围人（无论是家庭成员还是教师）对她们的学业成就也不抱什么期待。她们中的很多人都持有反社会的价值观，如成为犯罪帮派成员、参与早期身份犯罪（status offense）[①]等，这些都是危险性行为及其后果的最大风险因素。对许多身处这种环境的女孩来说，怀孕可能是她们获得满足感和独立感的一个途径（Lanctot & Smith，2001）。与那些发生过性行为但未怀孕的同龄人相比，怀孕的非裔美国女孩参与身份犯罪的可能性更大（Berry et al.，2000）。另外，那些怀孕风险较高的青少年往往也更有可能拒绝社会规范，对自身的生理知识缺乏足够的了解，缺少必要的避孕知识，并且在生理上更加早熟。最后，年轻女性的社会经济地位、对自身发展的

---

① 身份犯罪是青少年犯罪的一种特殊形式，是指虽不违反刑法但对青少年来说是被禁止的一些不良行为，如离家出走、违反宵禁规定、逃学逃课、意外怀孕等。——译者注

认识及对教育的预期是其怀孕的关键影响因素（Advocates for Youth，2015；Berry et al.，2000；Hockaday et al.，2000）。

那些家境贫寒、受教育程度低的未成年父母的子女也更有可能在青少年阶段就生育孩子（Advocates for Youth，2015；Berry et al.，2000）。而且，较低的受教育水平与就业机会，来自单亲家庭、有婚姻纠纷的家庭或不稳定的家庭等因素也会增加青少年在这方面的风险。辍学或被迫辍学的学生更有可能较早开始性活动，更有可能不采用避孕措施，继而面临怀孕、未成年生育等问题（Advocates for Youth，2015）。最后，青少年早育问题与品行障碍、较低的智力水平、较低的受教育程度和较低的社会经济地位都密切相关（Jaffee，2002）。

人际影响因素

青少年与父母之间的亲子关系也与未成年怀孕问题密切相关。青少年能否感受到来自父母的温暖、关爱、关怀，能否感受到与父母之间的深度联结，能否明确地感知到父母对青少年性行为的反对态度，都会影响青少年的性活动及他们初次发生性行为的年龄。与男孩相比，女孩更喜欢与她们的父母谈论"如何拒绝性行为"或"如何避孕"的话题（Guttmacher Institute，2012；Martinez，Abma，& Casey，2010）。尤其是亲密的母女关系，更能鼓励女孩向自己的母亲寻求这方面的帮助和支持。如果母女之间可以就性的问题、感受和行为进行交流，那么母亲就能更好地帮助女儿学会并采取负责任的性行为。那些与自己母亲的关系比较密切的女孩，更有可能不从事性活动或更有可能采取有效的避孕措施（Darlington，B. T. McWhirter，& E. H. McWhirter，2012；Dittus & Jaccard，2000）。因此，良好的母女关系可以为女孩提供负责任的性行为模范，以及与未来伴侣保持良好关系的正面榜样。然而，尽管大多数父母都觉得跟孩子谈论性的话题是他们应有的责任，但他们其实并不会跟孩子深入讨论性的话题（Byers，2011）。事实上，许多有过性经历的青少年甚至从未跟父母谈论过性（CDC，2015b）。

假如家庭成员关系不佳、无法有效沟通、无法有效解决问题，那么这类家庭中的孩子就会转而向同龄人寻求帮助和亲密关系，这往往会导致危机行为和不负责任的行为。相关研究显示，未成年女性对怀孕态度的唯一重要预测因素就是她们的男朋友对生孩子这件事的态度（Cowley & Tillman，2001）。朋辈群体可以提供支持、清晰而明确的规范和团体组织，而这些正是大多数青少年所渴望的。另外，与大众媒体一样，朋辈群体也是青少年性信息的主要来源。不幸的是，即便是那些看起来十分自信地与人分享相关信息的青少年，也有可能缺乏足够且正确的性知识，并鼓励过早的和不负责任的性行为。

一旦未成年女性怀孕，她们的母亲往往对她们的影响最大，但也有例外（详见下文的小故事）。通常，母亲会向怀孕的女儿施加压力，逼迫她们留下孩子。在这种情况下，母亲、女儿和新生儿之间的关系往往会变得十分混乱，因为这位新任外祖母承担了抚养婴儿的主要责任。尽管这些十几岁的新手母亲可能也确实得到了家庭的支持，但生养孩子的决定往往限制了她们的教育和职业机会。一般来说，这种选择会使婴儿将来处于类似的处境，即未来的选择受到限制，如此一来，"孩子生养孩子"的恶性循环就很容易延续下去。

📄 小故事：爸爸的女儿

16 岁的苏珊和她的父亲一同前来寻求心理咨询的帮助，以改善父女关系。苏珊看上去有些闷闷不乐、心情沮丧，似乎心有怒气。在初次咨询中，当我单独跟她进行会谈时，她解释说其实她是被父亲骗来的，父亲谎称要带她去买东西。她在咨询中坦白自己怀孕了，但她的父亲还不知道这件事，她已经连续三天没吃什么东西了。苏珊的母亲"多年前就离家出走了"。苏珊说自己已经有过一次堕胎的经历，非常不想再做一次。当我单独跟她的父亲会谈时，他告诉我他其实知道女儿怀孕了，"所以我才会带她来见你"。他一再强调："我百分之百支持她。我由始至终都是支持苏珊的。"当他们一起参加咨询会谈，并且苏珊承认自己怀孕时，父亲也对她说了同样的话。同时，他还对她说："最终的决定权完全掌握在你自己手中。但是，如果你决定把孩子生下来，你就得去别的地方住了。"

苏珊没有按时参加她下一次咨询面谈。接电话时，她失声痛哭。

"你今天不能来做咨询了吗？"我问她。

"不能去了，我生病了。呃……其实，我今天早上已经去堕胎了。"

尽管我一再给她父亲打电话和写信，但他还是不愿意带苏珊来接受后续的心理咨询。因为在苏珊那位"支持"她的父亲眼中，苏珊已经完全没有问题了。

危险性行为的预兆因素：媒体的影响

如今，美国儿童和青少年被来自媒体的性信息和色情图片狂轰滥炸，这些信息和图片反映了过早的、危险的、不负责任的性行为。互联网、社交媒体和社交网络会经常向年轻人灌输色情和露骨的内容，促使青少年从事危险性行为。另外，智能手机让儿童和青少年可以在任何时间、任何地点动一动手指就能立即接触色情内容。虽然媒体资源和信息技术可以带来大量有价值的信息，产生积极的影响，但它们也会带来大量的错误信息和切实的危险，让那些有责任心的成年人措手不及，甚至根本无从知晓。

电视及其他媒体

儿童和青少年会受到商业媒体带来的巨大影响。在美国，有近 40% 的学生在他们上学期间平均每天看电视的时间超过 3 小时，其中非裔和拉丁裔美国男生看电视的时间最多。有超过三分之二的电视节目中会有某种形式的性内容（Brown，Halpern，& L'Engle，2005；The Media Project，2015）。

电视对青少年性行为的影响会随着他们观看更多的性内容而增加。从电视上接触大量的性内容会增加青少年从事性活动的风险并增加未成年女性怀孕的可能性（Chandra，2008）。在美国，与没有接触过限制级电视内容的青少年相比，那些看过 X 级或暴力内容的青少年，强迫他人在网上或当面做出与性相关的行为的可能性高 6 倍之多（Center for Innovative Public Health Research，2015）。

网络色情、性引诱和色情短信

在美国，儿童和青少年可以很轻易地接触互联网上的色情内容。平均每 10 个儿童和青少年中就有 7 个曾在无意中看到网络色情内容（Kaiser Foundation，2006），有 13% 的儿童和青少年互联网用户曾收到令人厌恶的性请求（Wolak，Mitchell，& Finkelhor，2011）。另外，在 27% 的网络侵害事件中，犯罪者会要求儿童和青少年提供他们自己的性照片（Wolak，Finkelhor，Mitchell，& Ybarra，2011）。父母监管孩子的上网情况是至关重要的。不过，即便网络链接上没有任何与性有关的内容，点击链接也可能会进入色情网站。电子媒体的快速发展导致的另一个问题便是色情短信（sexting）。色情短信是指通过手机向其他人（一般是现任或将来的男 / 女朋友）发送性暗示或露骨的短信、照片或短视频。儿童和青少年也会意识到，发送色情短信是一种潜在的危险行为，有 75% 的青少年认为发送带有性暗示的内容"会有严重的后果"。大多数美国青少年（71%）表示，分享性信息或自己的裸体 / 半裸体照片会导致在现实生活中发生更多的性行为。不过，仍有一大部分人这么做了。有 25% 的青少年曾在网上发送或发布自己的裸体或半裸体照片、视频，有近 40% 的青少年发送或发布过带有性暗示的短信（Albert，2010）。

这些色情短信很可能会传播出去，并引发灾难性的后果。例如，这些内容如果被公之于众，很可能会导致令人厌恶的性引诱、霸凌和来自朋友圈的社会孤立。这可能为网络霸凌提供了上好的素材（详见第 11 章）。在某些情况下，由于分享内容的不同动机，发送色情短信也可能会招致暴力。针对分享此类内容的行为，学校会采取纪律处分，美国各州和联邦政府也会采取适当的法律行动。最后，这种行为可能给个人带来严重的情绪和自尊问题。下文的小故事就是一个因发送色情短信而导致严重后果的惨痛案例。

📄 小故事：由发送色情短信引发的悲剧

杰西·洛根是辛辛那提市的一名 18 岁的高中女生，她把自己的裸照发给了男朋友。不过在他们分手后，他的前任男朋友就开始在网上散布这些裸照，把它们发给同一所高中的其他一些女生。那些女生会骚扰杰西——叫她荡妇。大家的嘲笑令她极度痛苦和难受，于是，她开始逃学。而杰西的家人表示，当他们要求学校介入此事并进行干预时，校方几乎没有采取任何有效措施。

后来，杰西同意在一家电视台分享自己的遭遇，希望其他人不再重蹈她的覆辙，也让她们引以为戒，不要向他人发送色情信息和图片，因为这是十分危险的行为。不过，这么做显然还远远不够，因为没过多久，杰西就在自己的卧室上吊自杀了。

信息技术的积极作用

一方面，媒体和信息技术可以促进危险性行为；另一方面，它也有不可否认的积极作用，可以为我们带来大量健康且有益的信息。计算机交互项目是一个前景良好的领域，可以提高人们对性的认识，改善大家对性的态度，虽然这个项目目前仍需要更多的研究支持。独立教学的一个不足之处是缺乏小组互动，但这种方式成本较低、易于复制、更具精确性，并且可以在大多数地方进行教学实践，还可以通过移动设备将教学内容整合到日常管理和网络日志中，如今这些在青少年的世界中几乎无处不在。显然，浏览那些简短、非互动的视频和基于计算机的教学对青少年的行为没有明显影响；而多次观看较长时间的互动视频，对于提高青少年的性知识和更安全的性态度可能会产生一定影响（Kirby，2007）。

青少年早育带来的影响

未成年女性一旦怀孕，无论对其生理层面、社会层面、教育层面，抑或将来职业的发展都会造成巨大的影响。突如其来的孩子会影响年轻母亲的社会经济地位、教育成就、健康及家庭的发展。

对社会经济方面的影响

假如一个十几岁的女孩决定把孩子生下来，她可能会面临各种严重的后果，如不得不依靠社会公共援助、面临失业或就业不充分的困境、提早结束学业、经济收入可能低于那些较晚才生育的女孩，此外，她在第一个孩子出生后两年内生育第二个孩子的可能性也会增加（Schuyler Center for Analysis and Advocacy，SCAA，2008）。在全美国范围内，每年花在青少年生育上的经费至少有 70 亿美元，这些经费主要用于医疗保健、婴儿寄养、刑事司法、社会公共援助及税收上的损失等方面（National Campaign to Prevent Teen Pregnancy，2001；SCAA，2008）。未成年女性生育的孩子更有可能出现早产问题，将来面临生活贫困问题、遭受虐待和被忽视的比例可能更高，将来顺利完成高中学业的可能性更低、标准化测验成绩也更差。此外，未成年母亲所养育的儿子将来因法律问题而被拘捕的可能性会高 13%，而未成年母亲所养育的女儿将来也成为未成年母亲的可能性会高 22%（National Campaign to Prevent Teen Pregnancy，2002；SCAA，2008）。

对教育方面的影响

未成年怀孕与较低的学业成绩、较低的职业或教育期望密切相关。显然，处于过早为人父母的危机中的青少年通常还会面临辍学的风险，而且更有可能在将来人生的大部分时间里处于失业或不充分就业状态。

近年来，美国拥有高中文凭的未成年母亲的比例有所上升，这在很大程度上是因为现在的许多学区可以为未成年母亲提供替代高中或可选择的学校教育项目。然而，未成年母亲能够顺利完成学业的可能性较小，她们更有可能拥有大家庭，进入高校学习的机会也较小，将来也更有可能成为单身母亲（Kirby，2007）。当然，这也极大地增加了她们和孩子将来生活贫困的可能性。

青少年父母所面临的教育困境通常也会延续至下一代。有相当多的未成年父母的孩子在成长过程中会表现出更多的情绪和行为问题。这些孩子的学校出勤情况往往不太稳定、学习成绩较差、上大学的期望也较低。正如我们所预期的那样，未成年父母的孩子在家庭环境中往往缺乏足够的支持和鼓励、健康状况不佳、认知发展状况也不容乐观（Kirby，2007）。

对健康方面的影响

怀孕的未成年女性往往营养不良、健康状况不佳，却又享受不到应有的医疗卫生保健服务。有三分之一的怀孕少女得不到足够的产前护理服务。与年长的普通母亲相比，这些年轻的母亲更容易出现产前、围产期和产后问题。而且，她们的新生儿死亡率更高，这可能是因为年轻的母亲很少会在孕期的头三个月寻求合适的产前护理。此外，怀孕的未成年女性罹患诸如血毒症、严重贫血、早产、妊娠性高血压和胎盘前置等严重疾病的风险也会更高（Medline Plus[①]，2011）。

未成年母亲的子女也可能会有严重的健康问题。与20多岁或更年长的母亲生育的孩子相比，未成年母亲生育的孩子更容易出现儿童健康方面的问题，因此而接受住院治疗的可能性也更大。她们更有可能生下低体重婴儿，这些孩子更有可能在青春期出现发育问题，而且到了20岁多时，他们的智商会比同龄人更低（Federal Interagency Forum on Child and Family Statistics，2010）。

婴儿死亡率在未成年母亲，尤其是非裔未成年母亲群体中所占的比例是最高的（Ventura，Matthews，& Hamilton，2002）。低出生体重、先天性问题和婴儿猝死综合征占美国婴儿死亡数量的近一半（Ventura et al.，2002）。而且，未成年母亲面对的一系

① Medline Plus 是美国国家医学图书馆（隶属于美国国立卫生研究院）创建的一个公众健康网站，面向医疗专业和非医学专业人士，旨在使用通俗易懂的语言为用户提供最新的、最可靠的、免费的健康信息。用户还能使用 Medline Plus 了解最新的治疗方法和最近的临床试验进展，查找与药物或药物补充制剂相关的信息，了解医学名词的含义，或者查看医学视频或插图。世界各地均可免费访问，内容实时更新。——译者注

列困难往往会影响他们孩子的发育情况，这为未成年女性怀孕的持续恶性循环奠定了基础。

对家庭发展方面的影响

通常来说，那些怀孕的未成年女性真正会结婚的并不多。在美国，在那些结婚的女孩中，有近三分之一的人会在 5 年内离婚，而在普通的夫妻中，离婚比例仅为 15%。大多数未成年母亲所生的孩子至少有一段时间会生活在单亲家庭中（Advocates for Youth，2015）。事实上，许多未成年父亲从来都不承认自己为人父的身份。在这些男孩中，有些人自始至终都不知道他们自己就是孩子的父亲，还有一些人即便知道，也不愿意承担为人父的责任（Advocates for Youth，2015）。

当这些未成年母亲试图为自己的孩子营造一个健康、促进性的成长环境时，她们其实是十分无力的。她们经常不得不加班加点地工作，几乎没有时间好好陪孩子。不过，这些问题可能会被她们忽视，因为未成年母亲一般也不太清楚要怎样养育孩子，才能让他们茁壮成长。这些未成年母亲会经历巨大的压力，并且具有明显的虐待儿童的潜在可能性（Senn，Carey，& Coury-Doniger，2011），尽管这也许并非由于她们的年轻或不成熟，而是由于她们年幼时便是儿童虐待的对象。此外，心理社会适应能力是有效预测她们将来面临困境的重要因素。例如，一项纵向研究发现，准母亲产前的社会情绪调节能力（通过其社会功能、自尊、抑郁、焦虑和对母亲的依恋来测量）可以有效预测她们将来的养育压力、虐待儿童的可能性、作为母亲的社会情绪功能，也是预测其子女未来的社会情绪调节能力的最好指标（Whiteman，Borkowski，Keogh，& Weed，2001）。最后，亨特 - 莫尔斯（Hunt-Morse，2002）发现，心理社会发展水平较高的未成年母亲经历的养育压力会较小，她们会较少使用不良的养育方式，对自身的母亲角色更加认同，也更有信心克服养育障碍。

聚焦于青少年危险性行为的干预措施

青少年的执行功能在其冒险性行为中起关键作用，这应该成为预防与干预工作关注的新领域。例如，较强的工作记忆能力（这是执行功能的一项关键性特征）意味着青少年有较少的危险性行为，不过它对危险性行为的缓冲作用主要体现在对冲动的管理上。与冲动性较低的青少年相比，那些倾向于不经思考就立即行动且无法延迟满足（冲动性的两个组成部分）的青少年具有更高的性风险（Khurana et al.，2015）。

柯比（Kirby，2001，2007）在对与预防怀孕相关文献的综述性研究中，将预防青少年怀孕的项目分为不同类别，这些类别在今天仍具有重要价值。其中，有些项目侧重于"与性无关的因素"，如经济贫困、父母关系、学业失败、抑郁等；有些项目则更注重对性相关因素的干预，如性态度、观念、技能，其中最具代表性的便是性教育或艾滋病预防项目。柯比还指出，有些方法则是对这两个方面的整合。

与性无关因素的预防与干预措施

聚焦于青少年怀孕的与性无关因素的项目，致力于解决诸如经济贫困问题、学校疏离问题、缺乏与父母之间的联结问题，以及缺乏职业志向问题。柯比（Kirby，2001，2007）将这种类型的预防项目细分为以下几个子类别：幼儿项目、服务学习项目、职业教育项目及其他儿童和青少年发展项目。值得注意的是，单凭职业教育项目本身无法有效减少青少年的性行为、怀孕或对避孕药具的使用，不过这一发现仍有待进一步的研究支持。从小学直至高中，儿童和青少年都可以从一系列家庭生活教育项目中获得很大的帮助，这些项目会涉及健康、发展、性知识、家庭生活阶段、家庭过渡等丰富的内容。在所有与性没有直接关联的预防项目中，效果最佳的是服务学习项目。也就是说，让青少年参与服务项目可以明显降低未成年怀孕率。另外，在预防青少年怀孕方面，大量在学校开展的相关干预措施也能显著降低青少年再次意外怀孕的可能性（Key，Barbosa，& Owens，2001）。

在本书的其他章，我们也介绍了几种对危险性行为和其他危机有显著效果的一般性干预措施。具体来说，我们在第 2 章介绍了社区关怀模式（CtC），在第 13 章介绍了良好行为游戏（GBG），这些都属于与性无关因素的预防项目。当然，这些预防项目包含一些共同的元素，并不局限于性方面的问题，而是适用于儿童和青少年各种危机行为的干预。另外，针对如何做好项目开发及促进心理咨询师和公众服务从业者的助人实践方面，本书就具体内容、观念、技能和实施过程也给出了大量建议。这些内容能为处于危机中的儿童和青少年带来广泛助益。为了避免冗余，我们在其他章再对相关项目进行具体的探讨（详见第 12 章）。

与性有关因素的预防与干预措施

这类预防项目注重对性行为本身的干预。大多数项目的目标集中在以下两个方面：禁止青少年婚前性行为，避免青少年怀孕或感染性传播疾病；正确并坚持采取避孕措施，以降低青少年怀孕或感染性传播疾病的风险。其中涉及的各种观点、立场截然不同，甚至相互对立：有的人主张要完全禁止未成年人的婚前性行为；有的人则认为应该为那些性活跃的青少年提供免费的避孕药具。此外，还有一些人认为，这样截然相反的立场会减损并削弱对立的观点。这给那些负责性教育项目的学校和卫生机构人员带来了不少困难。解决这一困境的办法就是把它留给青少年的父母来处理。不过，很少有青少年能从他们的父母那里习得足够系统的性知识。许多父母都很害怕谈及与性相关的话题，有些父母自己掌握的性知识都十分有限甚至极为匮乏。2013年的一项研究发现，与宫内节育器和植入避孕环等更有效的避孕方法相比，父母更愿意接受通过口服避孕药（59%）和使用避孕套（约50%）来达到避孕效果（Hartman et al., 2013）。父母对青少年独立自主意识的认可程度与父母对临床医生向青少年提供避孕用品的接受程度高度相关。

在美国，关于性教育政策的不同意识形态之间依然存在差异，尽管现有数据可以也应该推动相关决策的制定，并打破僵局。在21世纪的头10年里，美国联邦政府和各州政府花在对青少年进行禁欲教育上的费用就超过了15亿美元，不过仍有不少人支持青少年的婚前性行为。2014年，美国国会在"禁止婚前性行为"项目上的支出是5500万美元。应奥巴马政府的请求，国会还提供了大约1.85亿美元用于精准医疗及适龄的性教育项目。2014年，美国35个州及哥伦比亚特区纷纷要求公立学校向学生提供各种形式的性教育或性传播疾病/艾滋病防治方面的教育。目前，大多数州虽然未做强制性的要求，但也对学校的课程设置中应该包含禁止青少年性行为或避孕的知识给出了指导意见，截至2014年，指导意见仍然将重心放在如何禁止青少年的婚前性行为上，有19个州要求青少年在发生性行为之前要先接受关于婚姻重要性的相关宣教。相比之下，尽管许多州允许甚至要求学校课程设置中要涵盖必要的避孕知识，但没有任何一个州在这方面做出了特别强调（Boonstra, 2014）。与此同时，截至2010年，美国的公共卫生中心已经服务了近150万名青少年，帮助他们有效预防了36万起意外怀孕事件；如果没有这些服务中心的帮助，这些青少年中将有19万人计划外生育，11万人堕胎。2013年，通过避孕服务，仅生育计划一项就避免了约51.5万次意外怀孕和21.6万次堕胎。在生育计划健康服务中，避孕服务占34%，堕胎服务占3%（Planned Parenthood, 2014）。

奥巴马总统的《平价医疗法案》（Affordable Care Act）加大了对公共卫生中心的拨款（Boonstra，2014）。

虽然性教育在某些团体内尚存争议，但只有不到5%的父母会拒绝让自己的孩子参与性教育课程（Boonstra，2014）。尽管存在反对意见，但艾滋病病毒和性教育项目并未增加性活动的频率，也并不会促使性行为提早发生。创新公共卫生研究中心（Center for Innovative Public Health Research，2015）报告，许多性教育和艾滋病防治教育项目实际上会推迟性行为的发生，减少青少年性行为的发生频率和性伴侣的数量，并增加青少年对避孕措施的使用率。绝大多数美国人都支持在初中和高中设置性教育课程。大多数父母也希望孩子可以掌握保护自己、预防意外怀孕和性传播疾病的知识，同时反对美国联邦法律为禁止婚前性行为教育提供资助（Advocates for Youth，2015）。当然，在美国，假如青少年已经发生过性行为，仅仅向他们宣教避孕知识而又不让他们有机会尝试，这种教育基本是无效的。单纯禁止青少年性行为的教育对预防青少年怀孕根本无效，实际上，这反而可能是导致美国青少年怀孕率居高不下的原因（Stanger-Hall & Hall，2011）。

青少年禁欲教育虽然是预防项目中的一个关键因素，但我们不能将其视为减少青少年意外怀孕率或预防艾滋病等性传播疾病的唯一手段。事实上，既提倡禁欲又倡导持续使用避孕措施的项目已经证实，如果以符合文化习惯的方式来进行宣传教育，可以有效延迟青少年初次发生性行为的年龄。这是一项重要的保护性因素，那些长期干预项目（如中学的长期课程）也会比短期的干预项目（National Campaign to Prevent Teen Pregnancy / Child Trends，2005）具有更持久的效果，尤其是包含激励环节的项目（Pedlow & Carey，2004）。在发生性行为之前，先了解性行为、生殖和避孕方面的知识是负责任的性行为的先决条件。与此同时，如果青少年在年龄上稍晚一些发生性行为，在彼此关怀、双方同意且相互尊重的氛围中履行个人权利（性行为），能够有效避免感染性传播疾病和意外怀孕的发生，这无疑会提升青少年的健康状况和幸福感。

预防危险性行为的项目有许多共同特征（Kirby，2007）。例如，它们的重点极其明确，就是要减少青少年的危险性行为。这些项目会向美国青少年传递并不断强化应避免发生性行为，如果确实要发生，那么避孕套和其他避孕措施则是必不可少的。项目中会提供一些基础、确切的知识，向青少年介绍性活动所带来的风险，以及避免性行为或使用保护措施的方法，也会提供一些处理影响性行为的社会压力的活动。其中的课程会教授青少年沟通、谈判及拒绝的技能，并提供配套的案例和实操，根据学生的年龄、性经历和文化来调整课程的目标、方法和教学材料。用于支撑这些项目的理论方法，已经被证明对其他与健康相关的行为有影响。这些项目能够识别那些具体影响青少年性行为的重要预兆因素，所采用的教学方法会提供个性化的学习内容，并持续足够长的干预时间。这些项目还会选择那些对项目抱有充分信心的教师或青少年领袖来接受专业的培训，并参与其中。总体来说，为了避免危险性行为所带来的负面影响，我们需要掌握各种各样的技能，如怎样做决策和做到自信果断、学习如何维护亲密关系，以及如何按照个人价值观和准则行事（Kirby，2007）。

任何以改变性行为为目标的技能培养项目都需要提供个性化的内容，这样，不同的青少年个体就可以直接将它应用到自己身上。青少年的自我理解（self-understanding）有助于将内容个性化并提高他们改变的动机。能够意识到自己行为的目的和目标是自我理解中一个极其重要的组成元素。我们需要鼓励那些有意外怀孕风险的青少年探索他们发生性行为的原因，特别是他们为什么不愿意使用预防怀孕和感染性传播疾病的措施。这种理解有助于帮助他们做出更好的行为决策。另外，与有怀孕风险的青少年一起工作的那些成年人也需要了解这些潜在的目的和目标，因为他们能够帮助青少年做出更好的决策。在下一节，我们将介绍一些方法，帮助读者更好地理解行为的目的和目标。

针对性干预措施：阿德勒模型

阿尔弗雷德·阿德勒（Alfred Adler，1930，1964；Ferguson，2001）关于社会兴趣、错误目标及有目的的行为的概念体系，是帮助我们更好地理解儿童和青少年行为的绝佳理论模型。鲁道夫·德雷库斯（Rudolf Dreikurs，1964，1967）对阿德勒的理论模型进行了系统诠释，并做出了重要发展，他将阿德勒的理论概念应用到美国社会中，在阿德勒的理论基础上又补充了另一个重要概念：不良行为的目的。这套理论极具价值，有助于我们更好地理解和处理各式各样的儿童和青少年危机。在此，我们将其专门作为青少年性相关议题的干预工具，不过，这些概念其实对年幼的孩子也很有帮助。事实上，阿德勒和德雷库斯都创办了儿童指导诊所，专门为家庭、父母，以及年幼的孩子提供教育和咨询服务。许多学校心理咨询师也会用这些方法来帮助年幼的孩子。

接下来，我们首先会介绍这一理论模型的总体框架，之后再详细阐述它是如何具体应用于青少年性议题的。值得注意的是，这些建议方案作为补充措施，并不能完全取代性健康教育的价值。

阿德勒认为，个体的许多行为都是为了在群体中寻找一个属于自己的位置或地位。所有的年轻人都需要一种归属感和一个可以大显身手的舞台。低危儿童最初会在自己的家庭中找到所需的归属感，然后，在学校与同龄人和成年人在一起时，他们也会获得一定的归属感。他们会在与社会环境的互动中，通过合适的方式来为大众福祉贡献自己的力量。他们所做的贡献，既能提高他们的社会兴趣、建立他们的自我价值感，也能让他们的归属感得以巩固。遗憾的是，有些青少年虽然苦苦挣扎，却找不到所需的归属感，而且在为社会群体做贡献的努力中也屡屡受挫。然而，他们对归属感的需求不会消失，由于他们错误地认为某种具体的行为可以满足自己的社会需要，因此他们常常会做出一些令大众无法接受的行为。这些错误的信念便促成了德雷库斯所说的不良行为的目的。那些消极、反社会及自我挫败的行为背后其实有一个潜在的目的——让个体得以融入群体。我们帮助那些身陷危机的孩子的方法之一就是关注他们行为背后的潜在目的。首先，我们要理解他们的错误目的，并通过适当的方式给予他们反馈；其次，我们要向青少年呈现他们的潜在目标及行为中积极的面向。

行为目的理论

行为的原因和目的是两回事。原因指向过去，而目的面向未来。探求原因，意味着我们需要通过查找历史来确定是什么事情、什么人或什么情况导致了孩子现在的行为。原因也暗示了个体对自己的行为缺少自主性或影响力。而目的则反映了孩子想要实现的目标及他们所预期的结果。从这个意义上讲，青少年的行为是达到目的的一种手段，是基于他们对现实的感知。青少年之所以会做出这些行为，是因为他们认为这样做会得到他们想要的结果，避免他们不想要的结果。目的着眼于当下并展望未来，是指向行为结果的。因此，行为目的对干预也更为开放。有些青少年发生性行为的目的或许与潜在的不遵从传统规范有关。在其他情况下，对女孩来说，她们的目的可能是自我毁灭，尤其是当她们忽视产前检查时，这种可能性更大。

不良行为的目的

根据阿德勒／德雷库斯模型，一个孩子之所以会做出不良行为，可能是因为他想要实现以下四个目的中的至少一个：（1）寻求关注（孩子需要被关注及被注意到）；（2）获得权力（孩子想说了算）；（3）报复他人（孩子想伤害他人）；（4）假装能力不足（孩子不想被人管）。虽然孩子一般不会用这些专业术语来思考自己的行为，但他们确实会觉得他们的行为是合情合理的。无论他们是想寻求关注、试图维护自己的权力、报复他人，还是利用自己能力的不足，与之相对应的不良行为都是为了得到特定的认可。无论他们的目的是什么，他们的行为都源于这样一种信念，即他们认为这是在家庭和同伴群体中发挥作用的最有效方式。

寻求关注

当孩子无法通过为家庭做贡献来获得接纳和所需的归属感时，他们可能就会通过获得关注来寻求融入。起初，他们可能会通过一些社会认可的方式来寻求关注，但如果这些努力都不奏效，他们可能就会尝试各种各样的不良行为，以引起足够的关注。这种关注获取机制（attention-getting mechanism，AGM）的目的就是吸引父母的关注。孩子的根本目的就是引起成年人的关注。而成年人随之而来的各种干预方式则强化了孩子对关注的渴望，因为他们宁可接受惩罚，也不想被完全漠视。

孩子用来吸引关注的行为往往都是不良行为，但有时孩子做出过度配合的行为也可能是为了获得特别的关注。很多时候，我们其实很难区分哪些行为是出于真诚的乐于助人之心，哪些行为是为了获得关注。如果孩子做出某种行为是为了成为最好的那一个或比其他孩子更好（最受老师宠爱），那么这很可能就是出于对关注的需要。儿童和青少年要从积极的合作行为本身获得一定的满足感，而不能仅满足于行为之后的强化。设想有这样一个少女，只有成年人能够关注她的亲社会行为时，她才能从这些行为中获得满足。如果她的那些兄弟姐妹和同学比她更容易获得成年人的关注，那么她很可能就会试图通过变成同伴中最差的那个人来获得想要的关注。许多孩子的行为表现之所以会比较糟糕，是因为他们真正想要成为的正面角色已经被别人"抢占"了。

弄清楚寻求关注在哪些情况下会成为不良行为的目的并非易事。不过，我们可以通过父母对孩子行为的最初反应来做出判断。在通常情况下，父母最初的反应往往都是感到恼火、生气，或者表面愤怒，而孩子对此做出的反应就是暂停恼人的行为。从本质上讲，父母的责骂、哄骗、帮助、提醒等都能提供孩子所需的关注，因此，孩子才会暂停不良行为。然而，要清晰地理解青少年不负责任的性行为的目的就更为复杂了。因为这种行为可能不仅针对成年人，也针对朋辈伙伴。在某些情况下，孩子的寻求关注行为会唤起那些放任纵容型或冷漠型的父母对孩子的关注和关心。在另一些情况下，孩子的寻求关注行为其实是出于对同龄人或特定同伴的关注和情感的渴望。有时，寻求关注行为指向的是理想化的婴儿（idealized infant），孩子寄希望于这个婴儿能填补由拒绝性的父母或亲密伴侣遗留下来的情感空白。在每一种情况下，获得归属感、被需要感、被关爱感，或是提升自尊，都是孩子寻求关注行为的潜在目的。

在一项相关研究项目中，一组八年级学生需要按照要求填写有关压力的调查问卷，研究人员随后要对他们进行面谈。其中一个 12 岁的八年级女生害羞地回答："嗯……我没有男朋友，不过我在商场遇到一个男生，我跟他发生了性关系。我知道那样会怀孕，但他说没事的。我希望可以在那里再遇到他。"在接下来的访谈中，我们很快就了解到她对身体上的快感并不太感兴趣，对生孩子似乎也不抱有什么浪漫的想法，她只是想拥有特别的感觉而已。

男生在性行为中会表现出明显的目的性和错误目标，他们会将性互动作为获得女生爱和关注的一种手段。有时，男生会通过性行为来获得同龄男生的关注，从而在团体中建立自己想要的威望。在某些亚群体中，成为父亲会提升男生在该群体中的地位，令他们进入一个他们所理解的更成熟、更强大的人生发展阶段。

获得权力

如果不良行为的目的是获得权力，那么孩子就是想通过支配、控制和操纵大人及同伴来确立自己在群体中的地位。他们会通过拒绝接受命令和违反规则来展现自己的控制力和权力。许多孩子会利用操纵来向自己和这个世界证明，他们确实拥有凌驾于他人之上的权力。如果成年人对权力斗争的反应是施加更多的控制或权力以迫使对方服从，那么孩子就会更加确信权力所具有的价值。孩子的目的与其说是赢得这场斗争，不如说是让成年人参与其中。只要父母参与到这场权力斗争中，孩子就赢了，结果根本不重要。

如果父母所感受到的愤怒已经远远不只是生气，而且愤怒中夹杂着被挑战和被挑衅的感觉，那么此时孩子做出不良行为的目的很可能就是获得权力。这时，父母的脑海中冒出的想法也能为这场权力斗争的特点提供一些线索（例如，"我会告诉你谁才是这里的老大""我有办法让你这样做""你是逃不掉的"）。当父母按照这种想法来处理时，孩子可能会升级自己的行为，或者表面上顺从，背地里却破坏父母所做出的种种努力。无论采取哪种方式，孩子都是这场权力斗争的获胜者。

在青少年的性行为中，想要获得权力的这一潜在目的可能是针对那些养育行为不一致、过于纵容或过于严格的父母的。从表面上看，孩子似乎在表达独立，但实际上，这种行为是为了与父母针锋相对。通过（无论是否自愿）发生性行为，孩子可能会感觉自己具有凌驾于他人或特定伴侣之上的力量感。女生有意发生无保护措施的性行为可能是错误地认为，怀孕会确保这段关系更稳固。男生可能会用性行为向父母证明他们的独立和权力。对于伴侣甚至不认识的人，男生可能会通过强奸或其他形式的性侵犯将性作为一种支配或控制的身体表达。有时，男生盛气凌人的态度及不愿意在性行为中使用避孕套，其实都是在展示他们的权力。此外，有些男生还会认为，女生应该在性行为中负责防止怀孕，而且即使女生怀孕，男生也会否认自己是孩子的父亲，这是年轻的男性通过性行为来表达对他人的支配和权力的另一种方式。

报复他人

那些以报复为目的孩子往往都是十分心灰意冷的，这是最大的问题。如果孩子不能通过获得关注或力量感来得到并维持自己想要的地位，他们可能就会觉得唯一能获得关注的方法就是伤害他人。他们似乎会得出这样的结论："虽然我无法被人喜欢，也没有什么权力，但最起码我可以让人对我怀恨在心。"这种经常充斥着暴力的对抗行为，会让他们在群体中扮演特殊的角色。

只有在经历了一系列挫败后，孩子才会完全确信自己得不到任何归属感。报复行为往往源于孩子的问题（抑郁、严重的学习困难、行为障碍）没有被周围人充分地理解，也可能是重要他人对孩子抱有不切实际的期望，让他们感到压力过大。成年人没有意识到的问题可能会妨碍孩子完成某项具体的任务。如果认定孩子的动机就是消极的，成年人就会因为孩子不去尝试而惩罚他们。如此一来，孩子就会因为感到受伤害而想要报复还击。而孩子一旦采取报复的立场，很可能就会招致父母的强烈回应，这又会再次激起孩子的报复行为，如此循环往复，不断恶化。

如果成年人对孩子的行为感到强烈的愤怒、被伤害、震惊，这表明孩子的不良行为很可能是出于报复。成年人可能会想："他怎么能这样对我""这孩子真讨厌，一点都不讨人喜欢""她怎么会如此恶毒、残忍"。如果成年人的反应是愤怒，孩子就会试图继续报复；如果成年人的反应是受伤、难过、流泪，孩子可能就会幸灾乐祸（详见下文的小故事）。

青少年过早及不负责任的性行为，有时是报复父母的一种方式。本书的作者之一曾对一个极度愤怒的父亲进行心理咨询，他的儿子身着女装，浓妆艳抹，光天化日之下在自家门廊前拍摄艳照。儿子还留下这些照片，故意让父亲发现，并达到了预期的效果。如果感到不被伴侣接受，性行为可以用来报复对方；性行为也可能是报复前任伴侣的方式。因此，复仇的动机不仅存在于家庭成员之间，也存在于伴侣之间。

📄 *小故事*：报复的谎言

· ·

　　几年前，我们对几名青少年及其家庭进行了心理咨询。我们所采用的工作模式要求家长和青少年共同参与，我们会开展团体咨询小组活动，在团体咨询中与他们一起探讨家庭和学校方面的问题。然后，我们会分成两个小组，一组是家长，另一组是青少年。

　　在经历了每周几次的咨询会谈后，其中一个与自己的母亲关系特别紧张的女孩利用这次团体咨询的机会告诉她的父母，她觉得自己怀孕了。很明显，她的母亲当时十分害怕，感到非常尴尬。后来，在与同龄人和兄弟姐妹这一组的团体会谈中，女孩表示她其实并没有怀孕，甚至没发生过任何性行为。她说，她撒谎就是为了伤害她的母亲。显然，这是一个报复父母的例子。在后来的一次家庭会谈中，这件事成为一个契机，让我们能够帮助这个女孩看待她的行为中自我挫败的部分，并帮助她的家人面对家庭的功能失调问题。

假装能力不足

　　有些儿童和青少年会希望自己失败，或者假装自己能力不行，以逃避参与团体和家庭系统。其实他们想要的只是一个人待着。只要别人对他们不抱有任何期望，他们就可以跟团体相安无事，看起来仍然是团体中的一员。有些儿童和青少年会觉得，只要可以隐藏在实际或想象的自卑背后，他们就能避免遭受更尴尬、更羞辱的经历。不管他们是真的能力不足，还是假装的，只要他们感觉自己能力不行或对事情起不到什么作用，他们就不会去尝试。

　　孩子如果以此作为行为目的，就会给父母、教师和心理咨询师造成巨大的难题。因为这些孩子会发现，让自己不成功和不努力是得到父母和教师关注的最有效方式。因此，即便他们可以努力时，他们也会认为不努力是最便利、最有效的方法。父母往往很难区分孩子究竟是真的能力不足，还是想象自己能力不足。

　　成年人所体验到的绝望感、挫败感和无助感都是可靠的线索，可以帮助我们判断孩子可能正在使用假装自己能力不足这一伎俩。教师和父母应该仔细反思他们被孩子的不良行为引发的内在感受，因为这些感受往往正是孩子想让他们感受到的。在父母的心中引起绝望感和无助感，可能就是孩子想要达到的目的，但是，一旦父母以绝望回应时，孩子的能力不足就会被强化。成年人的这种反应会强化孩子后续的能力不足的表现。

在青少年的性方面，假装能力不足可能会具体表现为对性行为缺乏自信。"假装"一词说明，这些孩子本身是有足够的能力抵御来自伴侣或同龄人的性压力的；而且即便发生了真实的性行为，他们也有能力保护好自己，但他们却不愿意使用这些能力。当然，我们也知道有些青少年的能力不足并不是装出来的，他们很可能确实缺乏足够的能力。在这种情况下，相关人士就可以采用具体的认知和行为策略向青少年传授成功的经验，以减少他们的无能感。在第11章，我们将介绍一种技能培养模型；在第12章，我们将探讨对青少年有帮助的具体的认知和行为策略。

小结

在回顾了孩子通过不良行为想要达到的四个目的之后，我们必须着重强调，孩子其实往往会同时追求多个目的，而且他们也会根据互动对象和情境的不同而变换其目的。有些青少年实际上会同时追求上述四个目的，这就给父母、心理咨询师、教师及其他相关人员带来了巨大的难题。还有些青少年可能会在学校里达成一个目的，在同龄人群体中达成另一个目的，而在家里，青少年要达成的目的又会所有不同。所以，要想充分理解孩子的不良行为，我们就必须把他们的行为看作一个整体，这些行为是整个社会环境的一部分，而不是仅仅由某个情境单独引发的。

另外，性行为对所有青少年来说都并非只具有潜在的消极目的。需要的满足、强化、欢愉，以及对温暖、亲密与认可的渴望，都是性的组成部分。未成年女性怀孕背后的目的是复杂而非单一的。例如，第1章小故事中的阿莉·安德鲁斯似乎想用性来吸引男孩的注意。此外，由于在家里缺少正面的地位，她的观念已经从"性意味着关注"演变为"性意味着力量"，并以此向继父表明自己是很重要的。不幸的是，继父的批评和指责，使阿莉现在只能用性来打击和伤害他。她（对继父）采取了以报复为目的的行为，至少在一定程度上，她利用了自己的性行为作为报复他的一种方式。

要想对以这四个错误的目的行事的青少年进行干预，研究证实以下方法极有成效，它们分别是：行为矫正程序、合理且自然的后果原则，以及鼓励。虽然我们是在本章介绍的这些方法，不过这些方法实际上可以用于干预所有类型的不良行为。

行为矫正程序

行为矫正程序主要包括两个步骤：（1）改变成年人对青少年危险性行为的反应；

（2）帮助青少年诠释其性行为想要达成的目的。要想改变对青少年行为的反应，成年人首先要识别青少年的行为所引起的情绪（如愤怒、厌恶、怨恨、绝望等），然后就不要再以这些情绪作为反应了。接下来，成年人要帮助青少年理解他们的行为所要达成的目的。这是一个比较棘手的问题，如果你问他们当时为什么不使用避孕套，他们可能会如实回答"我不知道"，或者在事后进行合理化解释（例如，"我这个月的例假刚结束，所以我觉得不会怀孕"），而不是说出当时真实的行为动机（例如，"在那一刻，我才不在乎会发生什么，就算染上性病又怎么样，我实在太孤独了"）。比较敏锐的心理咨询师或教师可以通过提出一些可能的行为目的来帮助孩子。这样的面质（confrontation）可能是引导他们走向改变的第一步。然而，面质并不是给行为贴标签（"你太蠢了"），因为贴标签对孩子来说没有任何实际意义，既无法解释他们的行为，也无法改变他们的行为。面质有助于青少年更好地了解自己行为的动机，让他们可以选择继续或停止自己的不良行为。有时，一旦行为的潜在意图被揭露，行为本身就没有那么重要了；有时，青少年能找到一些更有效、危害性更小的方式来满足自己的需求。

最有效的方法是通过一些试探性的问题来展开谈话，如"有没有可能是……""我在想，或许有可能……"。另外，所有问题都必须用非评判性的方式提出来，提问时成年人也不要与孩子争论。然而，仅仅帮助孩子识别他们行为的目的是远远不够的，帮助他们设定可替代的、较少自我挫败的行为目的才是更重要的。总之，所有的行为矫正程序都应该是有助于青少年选择更具建设性的目的和行为的。

针对寻求关注行为的矫正程序

当青少年进行危险性行为的目的是获得关注时，干预中使用以下问题可能会有所帮助："你是不是希望通过跟他发生性关系，让他觉得你比其他女孩更特别呢？""你觉得，当其他人知道你有过性经历时，他们会对你有不同的反应吗，例如，会更尊重或更钦佩你吗？"我们应该明白，对青少年的惩罚、包办、哄骗和责骂，都是孩子获取关注的形式，这样做只会强化孩子的不良行为。虽然在孩子做出寻求关注的行为时，我们要选择忽略，这也是一种行为矫正程序，但这一技术并不适用于对青少年危险性行为的干预。因为一般来说，当孩子发生性行为时，成年人往往并不在场。不过，如果青少年吹嘘自己的不良性行为，我们就应该忽视，冷处理可能是最恰当的回应。

针对获得权力行为的矫正程序

对于那些以获得权力为目的的青少年，我们可以提出一些解释性的问题，例如，"麦克，你想让你的母亲明白，她其实控制不了你，是吗""在我看来，你似乎想让她看到你更强大、更有责任感，这似乎会让她觉得你更像个男子汉"。尽管可能会带来严重的后果，但是看到并承认青少年在这件事上的确拥有真实的权力和选择权，这一点至关重要。在干预中，我们要相对节制，不要跟青少年争论是否应该发生性行为，也不要坚持认为他们必须遵守行为规则。在行为规则已然被打破的时候，我们要着重强调的是他们的行为造成的严重后果。在可能的情况下，我们要尽量就发生的问题进行协商和处理。此外，我们不要仅仅与孩子就问题进行争论，而是帮助他们寻找其他的可行之法，努力寻找恰当的方式，既不给孩子及其他人带来健康方面的危害，又能让孩子建立权力感。例如，我们可以拓展青少年的活动范围，让他们在一些团体活动中发挥其领导才能和承担责任的能力。

除了帮助孩子解释其目的外，我们还要为其设置一些不会带来自我伤害的替代性行为目的。本书的作者之一曾为一名男孩提供心理咨询，他曾经在他父亲的车库里跟一名比他年长的年轻女性发生了没有任何保护措施的性行为。他欣然承认，其实自己的内心会有想要被逮住的愿望，这样他就能向父亲证明，他现在"已经是个男子汉了"。在几次咨询会谈后，他觉得可以暂时放弃这种证明方式，转而采用打耳洞的行为。他的做法使他与父亲发生了激烈的冲突，他也在冲突中直接表达了自己的不满。最后一次见到他的时候，父子二人已经开始协商解决他们之间有关权力和自由的一系列问题，这个过程虽然紧张，却充满希望。

针对报复他人行为的矫正程序

针对这一问题，至关重要的是，成年人不要惩罚和报复孩子，不要把青少年的报复行为看成针对个人的，也不要表现出受到伤害的感觉。如果遭到报复的是孩子的父母，要做到这一点可能十分困难，因为父母其实也需要一些支持和时间来学习如何对孩子的报复行为做出更恰当的反应。以下问题可以帮助青少年识别其行为目的："你是不是在为你母亲男朋友的所作所为而惩罚她？""我想知道，你是不是在有意伤害我，如果是的话，你能告诉我吗？"

针对假装能力不足行为的矫正程序

如果孩子觉得自己一无是处，我们可以这样问他："你觉得自己很可能会被学校劝退，所以你就想还不如生个孩子来抚养它，是这样吗？""我想知道，你是不是觉得自己不值得在性行为中得到保护以免染上性病，是这样吗？"面对孩子的绝望，成年人必须给予鼓励并表现出乐观的态度。给孩子安排一些能够获得成功体验的情境是至关重要的，而这需要教师、心理咨询师、父母和孩子的兄弟姐妹的共同努力。

另外一些矫正青少年危险性行为的一般性干预措施包括：建议孩子参加技能训练小组和相关的活动，以增强他们的自尊心和自信心，巩固他们的自我效能感（详见第12章）；进行个体、团体或家庭咨询；培养孩子的社交人际互动技能；对青少年及其父母进行性教育培训。最为关键的是，所有的干预措施和行为矫正技术都应该促进青少年采用更健康的方式来满足自己所需的归属感、被包容和被认可的需要。

合理且自然的后果原则

让青少年承担行为所带来的合理且自然的后果，也是一种处理青少年不良行为的有效方法（详见第12章、第14章）。传统的做法一般是依靠奖励和惩罚：成年人惩罚孩子的不良行为，同时奖励孩子遵从指令和期待的行为。然而，合理且自然的后果原则跟单纯的奖励和惩罚在很多方面均有所不同，而且具有独特的优势。这种方法的目标是：让青少年富有责任心、学会合作、尊重规则和他人的权利；培养青少年良好的判断力和谨慎的决策能力；赋予青少年一定的自主掌控感和自主选择权。这种方法的目的并不是强迫孩子屈服或顺从，也不是报复孩子（报复往往是惩罚的真正目的）或让他们自作自受。在某种程度上，让孩子学会如何承担后果可以有效去除成年人的奖惩功能，这就弱化了成年人一直以来的权威角色。如果不强调成年人的权威，孩子就会感到更加独立自主，这种感觉本身就会减少孩子的不良行为。

自然后果就是孩子的行为直接造成的结果。例如，危险性行为会导致感染性传播疾病或意外怀孕。不过，由于在这种情况下，后果会威胁到孩子的健康和生命安全，因此我们应当在行为导致自然后果之前，使用行为的合理后果来帮助孩子预测自然后果。在清晰、明确地告知青少年他们的危险性行为的自然后果时，成年人最好可以同时鼓励他们进行更健康的性行为。行为的合理后果是事先推理出来的，它与行为有着逻辑上的直接关联，不良行为一旦发生，必然会出现这些后果。例如，"如果我出门上班期间，你邀请男朋友到家里玩，我就会禁止你在一个月内邀请任何朋友来家里玩"。重要的是，行为的合理后果不是武断的，也不是由激烈争吵引发的，而是以一种客观、实事求是的态度来执行和体验的，其中没有道德评判，也没有过度的情绪卷入。

有时，如果青少年把自己承担自然后果的经历分享给其他孩子，效果往往比成年人说出来更佳。本书的其中一位作者有位学生，她曾做过一次公开演讲，向同龄人分享她在高中时期因怀孕而彻底改变自己的生活的经历。她没有对她的同学"说教"，她的描述也十分朴实，并不夸大。她只是单纯讲述了她自己的故事。她简单、朴实地描述了自己的日常生活，却给她的同学带来了极大影响，还引发了一场关于"这种事情会不会发生在我身上"的主题探讨。尽管无法精确计算她这场演讲所带来的实际效果，但她实事求是、客观、非评判的做法肯定引发了许多发自肺腑的讨论。所以，了解其他人的真实生活经历，可以让学生了解危险性行为导致的自然后果及合理后果，促进他们行为的转变。如此一来，他们就不必亲身体验这些可怕的后果了。

让青少年看到行为的后果是为了帮助他们培养对自己行为的责任感。它绝不是用来表达成年人的不满或愤怒情绪的工具。我们要特别注意，在与青少年的互动中，我们不要通过非言语沟通将这一过程变成隐秘的惩罚，从而破坏整个干预技术所要达到的预期效果。

鼓励

父母的鼓励在很大程度上会改善孩子与父母之间的亲子关系，还能有效减少孩子通过不良行为来满足自身重要感的需要。鼓励要求父母关注孩子身上真实存在的优点和能力，以提升他们的价值感和自尊水平，而不是关注父母所期待的或未来的潜力。通过鼓励，父母可以向孩子表达对他们的信心、信任和尊重。这也是在向孩子表示，无论他们犯了什么错误或有什么不足，父母都会将他们视为独立的个体。

不过，在日常生活中，儿童和青少年经常会体验到一些令他们心灰意冷的经历。有些父母只关注孩子所犯的错误，还会将其归因于孩子的性格缺陷或能力不足（如"他真懒"或"她太笨了"）；有些父母会给孩子设置十分困难或根本不可能达到的标准；还有些父母会将孩子与其他孩子进行比较，这样就总会有落后者出现。上述做法会让儿童和青少年感到灰心丧气，产生自我怀疑，也会引发他们的不良行为，他们不得不想方设法通过一些糟糕的、不恰当的方式来获得认可。

鼓励应该成为所有父母和孩子进行互动的一种常规方法。如果一个孩子体验到极大的挫败感，那么教师或心理咨询师就要完成一项十分艰巨的任务，那就是帮助孩子消化掉他们所经历的大量负面体验。要想鼓励孩子，父母就必须认可孩子做出的努力，认可他们取得的进步和成就，对他们表示赞赏。如果孩子做出让人无法接受的不良行为，父母必须能够将行为与孩子本人区分开来看待。父母还要关注孩子的独特才华和价值，而且要以尊重、谦和的态度来对待他们。当然，非言语交流也十分重要。在与孩子进行交流时，父母要做到充分倾听、不随意打断，使用友好、非评判性的谈话语气，把孩子犯的错误当作他们学习的机会，而不是认定为失败。另外，父母还要懂得如何选择恰当的时机来进行反馈，这与选择恰当的词语同样重要。

切记，一些看似鼓励的词语可能会适得其反，如带有竞争性质的鼓励（"试试看，你能做到什么程度"）、带有父母期望的鼓励（"你得了A，太好了，今后让我们保持这个水平吧"）、对孩子的成功感到惊讶（"你竟然做到了？我从没想过你能做到"）、用别人家孩子当例子（"如果克里斯汀能做到，你当然也能做到"），以及当孩子失败时，责怪其他人（"如果不是因为那个裁判，我相信你会赢的"）。

总的来说，任何影响孩子的自尊心、降低孩子对问题情境的掌控能力的信心，或是让孩子感到无能和无足轻重的举动都会令他们心灰意冷。任何让孩子感到自己是团队中不可或缺的成员，并且让他们觉得自己的参与、贡献和协作很受重视的举动，都会令孩子备受鼓舞。最重要的是，要让孩子知道，他们已经足够好了。

结语

过早发生的和不负责任的性行为、未成年怀孕及包括艾滋病在内的性传播疾病问题，都是重大的社会问题。充分了解儿童和青少年群体所遭遇的环境、家庭和朋辈群体的动力因素，并帮助他们改变不良行为的目的，有助于防止这些问题的发生。由于青少年的危险性行为的长期负面影响，向他们提供准确、全面的性教育是至关重要的，其中包括向他们传授做出与性相关的决定时必备的技能。

此外，在有效预防未成年人怀孕和发生危险性行为的综合干预措施中，让他们对自己树立乐观、积极的信念，使他们能够为自己的未来规划发展方向，也是重要的组成部分。最好的避孕方法之一就是为青少年提供一个有意义的未来，一个培养他们的学业能力、职业技能及生涯规划能力，并为他们提供充足的就业机会的未来。所以，我们始终坚信，应该投入更多的资金来支持和促进相关的预防项目，为他们创造更好的教育和经济条件，这些都是减少与青少年危险性行为相关问题的重要措施。

第 9 章

违法犯罪行为与暴力行为问题

当糟糕的感觉来临时，我却束手无策，甚至毫无觉察。

或许，我可以打人、砸碎挡风玻璃，如同过去那般。

毕竟我那糟糕的感觉情有可原。

但是，假如所有人都如法炮制，又会如何？

当糟糕的感觉来临时，我还能做点别的。

偷走午饭钱、从商店顺手牵羊，或者试试去杰克逊家的院子，甚至从客厅偷点东西。或许这能奏效。

偷窃的刺激，掩盖了糟糕的感觉。

但是，假如我从此无法自拔，又会如何？

当糟糕的感觉来临时，大街上的孩子可以帮助我们。

绚丽的色彩、华丽的外套、翠绿色的鞋带，让人心情舒畅。

融入大千世界，坏事终将过去。

恐惧，也必将烟消云散。

本章要点

■ 儿童和青少年反社会行为与违法犯罪行为的范围和特点
- 家庭中的攻击行为和暴力行为
- 学校中的问题行为
- 蓄意破坏公物与违法犯罪行为

■ 问题的起源
- 整体社会环境
- 武器的使用问题

小故事：战胜规则

- 媒体的影响

  电视与电影

  电子游戏

  音乐：说唱和迷幻摇滚乐

  互联网环境

小故事：成年人黑化的时刻

- 社区和邻里环境
- 家庭环境
- 学校环境

品行障碍

- 朋辈群体环境

  受到普通朋辈群体的排斥

  成为不良朋辈群体的一员

  被低危朋辈排斥

- 初次违法的年龄

- 参与帮派

■ 校园枪击事件

- 识别潜在的校园枪击案的凶手

- 犯罪心理画像与问题清单

- 暴力行为的预测和预防

- 干预的目标

小故事：一名枪击案凶手的自白——基普的日记

痛苦而混乱的情绪

小故事：一名枪击案凶手的自白——基普的忏悔信

对自己和他人的攻击性仇恨

犯罪计划与透露行为

犯罪动机

- 聚焦于儿童和青少年暴力行为的干预措施

■ 针对性干预技术：现实疗法

- 现实疗法的理论假设

- 现实疗法的核心组成部分

  共融的咨访关系

小故事：捣蛋鬼米奇

拒绝不负责任的行为

再学习

- 现实疗法的七大原则

  共融的咨访关系

  关注当前的行为

  评估来访者的行为

  规划负责任的行为

  做出承诺

  不接受任何借口

  不使用惩罚

■ 结语

在本章，我们将一起探讨以下内容：（1）儿童和青少年品行问题、反社会行为、违法犯罪行为及帮派活动的特点和范围；（2）导致儿童和青少年出现上述问题的根源；（3）儿童和青少年行为不良问题的发展及影响；（4）帮派活动；（5）校园枪击事件。我们还会介绍与此相关的"反社会行为的发展与生态环境模型"。另外，由于当今社会上发生的儿童和青少年暴力事件及其危害已然日益严峻，因此我们在本章新增了一节内容，用来专门探讨校园枪击事件这一美国社会问题，而且会重点介绍相关涉案者的一系列个人经历，探讨环境压力因素是如何导致校园枪击事件发生的。最后，我们还会介绍几种聚焦于有效预防儿童和青少年暴力行为的具体干预方式，主要包括由格拉瑟开创的选择理论和现实疗法。

儿童和青少年反社会行为与违法犯罪行为的范围和特点

反社会行为（antisocial behavior）是指任何不符合社会规范的行为。反社会行为包括但不限于各种犯罪活动。违法犯罪行为（delinquency）是指那些不合法或犯法的行为。一般来说，反社会行为和违法犯罪行为涵盖了各种暴力行为。暴力行为（violence）有多种形式，包括有组织的帮派暴力行为、学校和社区枪击行为及自伤的暴力行为等（我们将在下一章探讨自伤行为）。所以，反社会行为、违法犯罪行为及暴力行为有着共同的根源，并会导致相似的后果。一些最常见的反社会行为包括：（1）在家庭和学校中表现出的攻击行为；（2）与破坏公共财物相关的行为；（3）物质滥用、逃跑等非指标犯罪行为；（4）盗窃、抢劫和偷盗等指标犯罪行为[①]；（5）帮派暴力行为；（6）校园枪击行为。虽然这些不同的行为问题是紧密相关的，但我们还是会将它们分类进行探讨，以更加清晰地了解它们各自的特点。

家庭中的攻击行为和暴力行为

家庭中发生的攻击行为和暴力行为的频率实在令人震惊，而且可能会对儿童造成严重的影响。家庭中的攻击行为和暴力行为是家庭中女性受到伤害的主要原因，有74%的谋杀和自杀案件是发生在伴侣之间的，其中有96%是女性一方被其伴侣杀害（APA，2015）。在美国，每年大约有200万至400万名女性被其伴侣殴打，据估算，其中有350万起案件是在家里发生的（P. T. McWhirter，2008）。

长期接触暴力行为会对孩子的发展造成十分有害的影响，如对施暴者认同、道德发展受阻及对暴力行为产生病态的适应等。那些目睹父母使用暴力的孩子不仅会看到暴力行为，还会观察到暴力发生的环境、暴力的情绪触发因素及暴力所带来的严重后果。目睹这些会对孩子的行为造成显著影响。

与家庭相关的另一个问题是，对于那些脾气暴躁、注意力不集中和行为冲动的孩子，父母往往缺乏合适的应对技巧（Feder, Levant, & Dean，2010）。面对这些难以相处的孩子，父母通常会以愤怒和敌意回应，接着又会放任自流，从而导致混乱不一致的教养规范。如果孩子将这个世界视为充满敌意和前后不一致的，那么他们很可能就会忽视社会规则，试图为所欲为。这些孩子在今后的生活中可能就会有暴力倾向。那些

---

① 指标犯罪是美国犯罪统计中的专有名词，指由联邦调查局进行记录统计的八类传统犯罪，包括杀人、强奸、抢劫、严重袭击、夜盗、盗窃、偷汽车及纵火。——译者注

成长于不良的、被忽视的家庭环境，后来被安置到寄养家庭的儿童和青少年，也可能经常会卷入暴力行为中（Reupert，Maybery，Nicholson，Gopfert，& Seeman，2015）。在美国，每天都有成千上万的儿童和青少年离开他们的家庭，被送往寄养中心（Annie E. Casey Foundation，2015）。许多儿童和青少年离开了他们原来的家庭，有些经历了情感和身体上的忽视，有些经受了情感虐待、身体虐待和性虐待。实际上，一些儿童和青少年是被抛弃的，他们被迫离开自己的家，别无他法，沦落到无家可归的境地（Montgomery，Thompson，& Barczyk，2011）。与家人缺乏沟通、逃避家人及被家人排斥可能都会导致儿童和青少年的反社会行为，所有这些因素都跟儿童和青少年日后的暴力行为有密切关联（Mikulincer & Shaver，2014）。

学校中的问题行为

学校中的问题行为往往是更严重的破坏性行为甚至反社会行为的前兆。毫无疑问，个体早期出现的攻击行为是其将来出现违法犯罪行为最有力的预测指标之一。在严重的违法犯罪问题发生之前，个体往往会出现一些不太严重的行为问题，这是一个预测性普遍原理。因此，破坏性行为和违法行为往往是以一种连续而有序的方式，沿着一条行为路径发展起来的：从最初的权力冲突行为（如反抗和不服从），发展到隐匿的犯罪行为（如撒谎和偷窃），最终演变成公开的犯罪行为（如打架、违法行为和暴力行为）。相关研究表明，个体所在班级的整体攻击性会增加个体的攻击行为（Powers，Bierman，& Conduct Problems Prevention Research Group，2013）。在那些整体攻击性水平较高的班级，学生更容易出现较高水平的攻击行为，具有更多的攻击幻想和更多的敌对归因方式。可以说，攻击性水平较高的班级甚至会影响学生将来的行为。一年级男生所在的班级如果表现出较高的攻击性，就会显著增加他们在中学时期的攻击行为。此外，如果那些攻击性本身就较强的一年级男生正好也处于整体攻击性水平较高的班级，那么他们在六七年后的攻击行为极有可能会显著增加（Kellam et al.，2011）。个体早期的攻击行为模式的主要特点是发生频率高，问题也比较严重，而且可以在多种情境下发生。早期攻击行为会有效预测个体以后的诸多违法犯罪行为，包括伤害他人、犯罪和暴力行为等（Farrington，Loeber，& Ttofi，2012）。这些违法犯罪行为会给孩子和教师带来持久的负面影响（Morgan，Kemp，Rathbun，Robers，& Synder，2014）。

蓄意破坏公物与违法犯罪行为

在美国，蓄意破坏公物的行为每年会导致数百万美元的损失，像学校、公园、操场、街道标志牌、广告牌、博物馆、图书馆、公共汽车和火车等公共场所都是蓄意破坏的主要目标。这种蓄意破坏公物的行为往往是迈向真正犯罪的第一步。事实上，随着学生打架、袭击教师、使用武器、青年帮派活动等各种"高水平"（high-level）攻击行为的不断增加，单纯的破坏公物行为反而会有所减少。破坏公物的行为和攻击他人的行为，都是后天习得的。那些特别叛逆的儿童会在青春期早期阶段出现明显的品行障碍，等他们更大一些时，他们很可能就会出现违法犯罪行为。因此，那些从小就有蓄意破坏行为的儿童，长大了往往会做出攻击行为。事实上，蓄意破坏行为背后的动机其实能够反映出他们内在的负面情感和消极态度，如跟学校和同龄人的疏离，为自己的错误行为辩白，生气、愤怒和挫败感，同时也预示着他们将来会面临更严重的问题。

在美国，从 1993 年开始，因为暴力犯罪指数（Violent Crime Index，如抢劫、严重袭击、强奸和谋杀）而被逮捕的未成年人就在持续减少。而 1993 年正是儿童和青少年暴力行为的高峰时期（Office of Juvenile Justice Delinquency Prevention，OJJDP，2010）。不过，具有讽刺意味的是，大多数美国民众仍然觉得未成年人的违法犯罪行为其实一直都在增加。首先，媒体对犯罪案件，尤其是对极端暴力或牵涉儿童和青少年的案件所进行的炒作可能起到了推波助澜的作用。为了顺应"严厉惩戒儿童和青少年犯罪"这一大趋势，美国的许多州都颁布了相应的法律法规，规定对少年犯与成年犯要一视同仁，都要提起法律诉讼。例如，一名 14 岁的杀人犯罪嫌疑人就被当作成年犯一样接受审判。这一事件一时登上了美国各大新闻媒体的头条，有关这一审判的连续报道持续了数周或数月。而随后有关这一案件的法律和判决结果的新闻报道则持续了数月甚至数年之久。其次，公众之所以会认为儿童和青少年犯罪正在增加，还可能是因为近年来，罪犯初犯的平均年龄正在变得越来越小，这也让儿童和青少年犯罪这一问题看起来愈发严重。最后，儿童和青少年群体的药物使用情况越来越严重，使用或持有酒精及其他非法药物也导致许多儿童和青少年被捕。而且，由于吸毒和酗酒与其他违法行为高度相关，因此它们之间的这种关联也极大地影响了美国民众对这方面的认知。

在过去的几十年里，美国儿童和青少年犯罪率的下降着实令人鼓舞，但它仍然是一个重大的社会问题。在美国，每年死于他杀的儿童和青少年人数甚至比那些死于新生儿残疾、癌症、糖尿病、流感、心脏病、肺炎、呼吸系统疾病和中风的总人数还要多（David-Ferdon & Simon，2014）。2008 年，未成年人在所有暴力犯罪人数中占了

16%，在所有财产犯罪人数中占了 26%。有近 1300 名未成年人因谋杀罪被捕；有超过 3300 名未成年人因强奸罪被捕；有 56 000 名未成年人因严重袭击罪被捕（Puzzanchera，2009）。此外，在美国少年司法系统中，未成年女犯占比及人数都在继续增加。例如，在 21 世纪的头 10 年里，在所有被捕的未成年人中，女性少年犯占了 30%（Girls Study Group，2010）。而男性依然是暴力犯罪、财产犯罪和入室盗窃的罪魁祸首。相比之下，未成年女性群体的身份犯罪（即如果由成年人实施，则不会构成犯罪的行为）有所增加，如街头滞留和违反宵禁（未成年男性犯罪率的 1.5 倍）、药物使用（未成年男性犯罪率的近 2 倍）（Girls Study Group，2010）。

问题的起源

儿童和青少年的品行障碍、违法犯罪行为，以及参与帮派等诸多问题，是具有发展和生态环境上的原因的。在此，我们会介绍一种反社会行为模型，它能够帮助大家更好地理解这一复杂、多维的问题。在这个模型中，孩子所生活的社会、社区及邻里环境被视为反社会行为和违法犯罪行为较长远的预测因子（详见第 2 章）。同时，正如图 9-1 所示，家庭、学校、朋辈群体及孩子本身所具有的个体特征也会对这一问题的生态环境产生不同程度的影响（Thompson & Bynum，2016）。

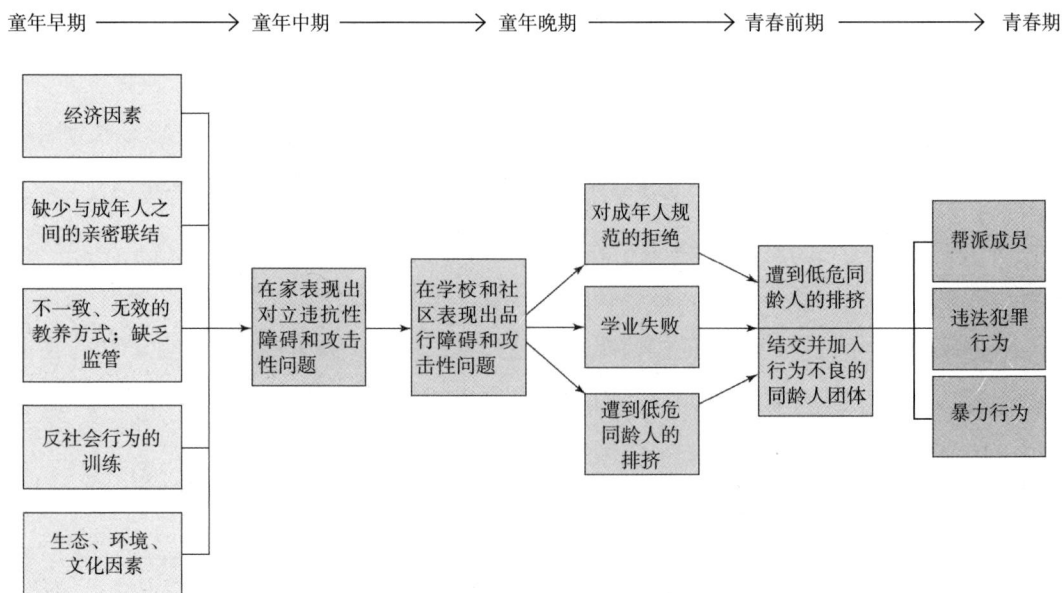

资料来源：Adapted from Patterson，DeBaryshe，& Ramsey，1989.

图 9-1　反社会行为、违法犯罪行为、帮派行为的发展与生态环境模型

整体社会环境

生态环境模型（Bronfenbrenner，1989）强调了社区与邻里等微观系统及其他环境因素在预测和理解反社会行为方面的重要作用。富足度、就业率、家庭收入等都是很重要的经济发展状况，它们有助于预测儿童和青少年反社会行为和罪行的严重程度。事实上，对美国 100 多所城市的调查研究发现，社会失业率和未成年人犯罪率之间有显著关联，在那些经济萧条的城市地区，儿童和青少年犯罪最容易发生（Thompson & Bynum，2016）。环境中的其他一些因素也会影响儿童和青少年的违法犯罪行为（Dinkes，Kemp，& Baum，2009）。其中，社会媒体所带来的影响及武器的使用都是重要的社会环境因素。

武器的使用问题

在美国，武器滥用问题贯穿了整个国家的发展历史，而且这一现象在所有西方工业化国家中都是绝无仅有的。事实上，美国所拥有的枪支数量比世界上任何一个工业化国家都要多。在美国，每 5 天就会有一名警务人员死于枪击案件，每 2 小时就会有一名儿童命丧于枪口之下。1979 年至 1997 年间，被枪杀的美国人比自 1776 年美国建国以来所有在战争中死亡的人还要多。

与枪械相关的儿童和青少年死亡率如此之高，而其中最容易受到武器危害的是 15 ～ 19 岁的青少年，这一群体的涉枪死亡率甚至远胜于年幼的孩子。然而，15 岁以下的美国儿童和青少年死于枪击的可能性是北爱尔兰儿童的 15 倍。15 岁以下美国儿童和青少年的涉枪死亡率几乎是全球 25 个工业化国家儿童死亡率的 12 倍（Prothrow-Stith，2001）。美国民众获得枪支的便利性，加上枪支的泛滥，是造成这一问题的主要原因。能轻易获得枪支使儿童和青少年的暴力行为更具危险性，而这也为校园枪击事件提供了便利。2007 年，美国一年有将近 6000 名儿童和青少年被谋杀（平均每天 16 人被谋杀），其中有 84% 死于枪杀（CDC，2010a）。在那些允许贩卖并普遍持有枪支的地区，儿童和青少年被杀害（也包括用枪自杀和意外枪击致死）的比例会特别高（Miller，Azrael，& Hemenway，2002）。如果将美国枪支使用率最低的 5 个州与枪支使用率最高的 5 个州进行比较，我们就会发现：它们在非枪支谋杀案件上的数量是相近的；但在枪支使用率高的州，儿童和青少年枪击谋杀案的发生率要高出 2.5 倍。美国儿童和青少年的凶杀率比其他发达国家高 17 倍（Miller et al.，2002）。一项针对美国城市儿童和青少年群体的调查发现，有 40% 的人表示他们家里藏有枪支；有 88% 的人觉得儿童和青少年可以持有枪支；有近一半（47%左右）的人表示自己或自己的亲属曾遭受过枪支的伤害（Kahn，Kazimi，& Mulvihill，2001）。儿童和青少年街头帮派会大量使用枪支来保护自己的"地盘"，建立各自的江湖地位，而且会持枪进行一系列犯罪活动（Carlock & Lizotte，2015）。

在过去的几十年里，成年人的一些作为让孩子比以往更容易获得枪支。有不少儿童和青少年开始觉得必须靠枪支才能保护自己。而且，那些军火制造商很快就抓住了这一机会，纷纷让自己的武器更符合年轻人的品位，还向他们推销各种武器。尽管美国也在大力提高民众对武器使用问题的认识，但这方面仍然缺乏更为严格的法律法规。因为这样的法律通常会被认为违背了美国《第二修正案》（Second Amendment）[①]所赋予的公民权利。

在美国，学生持有枪支的现象是很常见的，这对校园枪击案袭击者来说尤其便利。大多数袭击者都有使用枪支的经历，其中有些人甚至会对武器和爆炸物特别着迷。大多数校园枪击案袭击者都能轻易获得作案工具，他们可以从自己家或亲戚朋友那里获得枪支。美国科伦拜恩校园枪击案的凶手埃里克·哈里斯（Eric Harris）和迪伦·克莱伯德（Dylan Klebold）就轻而易举地购买了作案使用的枪支。另外，有些孩子会从父母那里获得枪支作为礼物。美国俄勒冈州斯普林菲尔德市的校园枪击案凶手基普·金克尔（Kip Kinkel）作案时所使用的格洛克手枪就是他父亲送给他的礼物，他的父母似乎还通过这一礼物来展示他们对孩子的关心和疼爱。

企图靠金属探测仪来防止学生携带武器进入校园，简直就是天方夜谭。大多数校园枪击案的凶手甚至都无须刻意隐藏自己的武器。而且，金属探测仪价格十分昂贵，至少同时需要两名操作员才能使用。它的故障发生率较频繁，维护成本也较高。所以，金属探测仪的实际使用效果非常有限，充其量只能给人们营造一种心理上的安全感。

📖 **小故事：战胜规则**

· ·

当我们与一所非传统高中的学生一起探讨使用机器设备进行校园枪支安检这一话题时，接受我们采访的几位青少年对金属探测器嗤之以鼻："有时，我们几个人会进行比赛，看谁能成功地把枪支带进学校。当然，你可能会惹上些小麻烦，但如果

---

① 由美国联邦最高法院通过的《第二修正案》，保障美国公民拥有枪支的权利，不论其是否属于民兵，并且可以基于合法的目的使用类似武器，如在自己家里用于自我防卫等。——译者注

你真的做到了，你就会赢得别人的尊重。"

　　随着访谈的深入，他们还告诉我们："我们一般是从 8∶15 开始上课，保安从 7∶30 开始会在校门口进行安检。所以，我们只要在 7∶15 进校就行了。"我们又问道："如果学校在 7∶30 之后才开门，那该怎么办？"他们回答："那我们就把它（枪支）交给女生，让她们带进来。他们（保安）不喜欢检查女生的包。"

　　我们追问道："那万一检查女生的包怎么办？"他们回答："那我们就都挤在 8∶10 进校门，保安也不会让我们上课迟到。所以，我们一起扎堆冲过安检机器就行了。"紧接着，我们又提出疑问："如果保安不让你们通过安检，就是让你们迟到，那该怎么办？"他们回答："哦，如果是那样的话，我们就让一个人先进校，我们从校外的围墙那里把枪支扔进去，然后再从他那里拿回来就行了。"

媒体的影响

电视与电影

　　近半个世纪以来，有关电影和电视观看情况的研究数据表明，美国儿童和青少年其实会长期接触大量的媒体节目。观看电视节目与暴力行为之间具有一定的关联，这已经得到了充足的实证研究的支持。毫无疑问，电视上的那些暴力内容会明显增加人们的攻击态度和攻击行为（Anderson et al., 2010；Huesmann, 2010）。此外，如果年幼的儿童接触媒体暴力内容，所造成的有害影响可能会持续终身。因此，当代社会中充斥的大量暴力内容，会给后代造成深远的影响。截至小学毕业，一般的美国儿童已经从网络电视上累计观看了超过 10 万起暴力行为（如强奸、袭击）和 8000 多起与凶杀事件有关的内容（Bushman & Anderson, 2001）。而且，如果他们能接触录像机、DVD 或有线电视等资源，这个数字还会更高。暴力内容在美国当下的电影和电视节目中占据了主导地位。甚至连现在的 G 级电影（普通家庭电影）也比以往包含了更多暴力元素。

电子游戏

　　电子游戏也会包含暴力内容。在最受欢迎的那些视频游戏中，有 62%～85% 会包含暴力元素。甚至连年龄很小的儿童也会玩暴力电子游戏。如果儿童平均每周玩 7～9

小时的暴力电子游戏，他们在现实生活中的攻击意念、攻击情绪及攻击行为就会显著增加（Anderson & Dill，2000）。不过，这种敌意和攻击性的增加更有可能发生在那些不顾忌他人感受的儿童身上，这些儿童往往本身就比较缺乏责任心，不太友善，情绪稳定性也较差（Markey & Markey，2010）。

暴力电子游戏误导儿童和青少年以攻击性的方式解决冲突，并且在游戏中练习攻击性的策略，这会使他们更有可能在现实生活中发生冲突时使用这些策略。尽管也有些人认为，视频内容以外的因素可能才是罪魁祸首（Adachi & Willoughby，2011），但反复接触具有暴力内容的电子游戏其实与儿童和青少年的学习困难、攻击性、特质敌意及人际间共情能力的降低相关联（Anderson et al.，2010；Bushman，Rothstein，& Anderson，2010；Huesmann，2010）。有些电子游戏的广告甚至被设计成诸如"让我们开始大屠杀吧""一款比射杀邻居家的猫更刺激的游戏"的样子来吸引儿童和青少年。科伦拜恩校园枪击案的凶手就经常玩一些十分暴力的游戏。虽然在相关家长组织的巨大压力下，电子游戏制造商也开发了一套游戏暴力指数排名系统，但遗憾的是，这样的暴力指数排名恰恰给那些寻求最暴力的游戏体验的儿童和青少年提供了一个绝佳指南。这些宣传似乎就是为了向他们传达："这款游戏充斥着极致的暴力和屠戮的乐趣。"

其中，最糟糕的或许是一款名为"校园杀手：2012 年北美之行"（School Shooter：North American Tour 2012）的游戏，听说该游戏原本差点就要公开发行了。在这款游戏中，玩家会扮演一名愤怒的校园枪击手，以射杀那些手无寸铁的学生，而且在游戏中，所有的学生都是有色人种。连游戏中使用的武器也模仿了科伦拜恩校园枪击案中凶手所使用的武器。在疯狂射杀结束后，玩家还可以选择饮弹自尽以终结游戏。显然，这款游戏是不会问世的，或许是由于这款游戏引起了家长、教师及其他一系列公众组织的广泛关注，以至于游戏行业内部向这款游戏开发者施加了巨大的压力，要求他们立即停止制作，并禁止发行这款暴力游戏。

音乐：说唱和迷幻摇滚乐

音乐是另一种经常充斥着暴力和歧视女性等内容的媒介。美国联邦调查局（Federal Bureau of Investigation，FBI）在其研究结论中宣布，几乎所有学生都曾接触过带有鼓吹暴力行为的歌词（Band & Harpold，1999）。现如今，儿童和青少年能够触及黑帮说唱音乐及迷幻摇滚乐，这些音乐的歌词中含有大量谋杀、暴力和攻击性元素。大多数校园枪击案的凶手每周听迷幻摇滚乐和黑帮说唱音乐的时间都在 40 小时以上（Buchman &

Funk，1996）。所以，各种媒体渠道对暴力铺天盖地式的宣传，激化了社会中的攻击性和反社会行为，也营造出了更加暴力化的社会氛围。此外，青少年往往不愿意成为暴力的受害者，这也为他们的暴力行为制造了"合理的"借口。与此同时，媒体中的暴力内容也会导致美国民众对暴力越来越麻木不仁，对那些暴力行为的受害者越来越失去本该有的人性关怀。

互联网环境

正如前几章提到的，对当代的许多儿童和青少年来说，互联网都是他们建立社会关系、取得学业成功的有效辅助工具。不过，网络空间也会带来非常不利的影响。如今，美国的一些黑帮分子和一部分青少年会使用手机和短信来进行毒品交易。还有一些年轻人在 Facebook 等社交网站上暴露了太多关于个人隐私的信息，将自己置于十分危险的境地。因为这类社交网站，还有个人电子邮件和 Twitter 及相关信息都是网络霸凌和网络骚扰的重要渠道。一旦那些居心不良者利用互联网来吸引并引诱年轻人参与非法性行为或其他有害行为，他们中的很多人就会因此受到伤害（Burrow-Sanchez，Call，Zheng，& Drew，2011）。随着互联网的普及，这个问题很可能会变得愈发严重。

📄 小故事：成年人黑化的时刻

....

梅甘 13 岁时，她的一个邻居在 Myspace 上创建了个人账户，化名为"乔希·埃文斯"的 16 岁男生，他的介绍资料看起来非常吸引人。他通过这个虚假账户和梅甘发展亲密关系，梅甘告诉她的朋友，"乔希·埃文斯"是那种"可以让女孩神魂颠倒、为之疯狂的男孩"。一个多月以来，"乔希"和梅甘就这样一直在网上谈情说爱，二人陷入了"情网"。

一天下午，"乔希"突然变得极其尖酸刻薄。他骂了梅甘，两个人还对吵了 1 小时。"乔希"说他不喜欢她对待朋友的方式。然后，"乔希"在 Myspace 上的网络好友开始蜂拥而至，给梅甘发来满是脏话的信息。再后来，梅甘和"乔希"两个人继续在网上对骂。最终，"乔希"竟然告诉梅甘，"这个世界要是没有你，会变得更好"。梅甘哭着跑回自己的卧室，不到 1 小时，梅甘的母亲就发现女儿用皮带在衣柜里上吊自杀了。事发第二天，梅甘就去世了。

然而，"乔希"其实也是一位母亲，她的真实姓名为洛丽·德鲁。她在 Myspace

上创建了一个虚假的个人账户，用来查看梅甘是不是在散播有关她女儿的谣言。其实这两个女孩之前一直是好朋友，不过自从梅甘转到另一所学校后，她们的关系就恶化了。洛里·德鲁和她 13 岁的女儿及一名 18 岁的雇员，共同捏造了"乔希"这个虚假的人物，她们的这一行径直接导致梅甘自杀身亡。德鲁女士在本案中被判处三项罪名（Castle，2009；Ruedy，2008），然而，这些罪名后来都被推翻了（*U.S. v. Drew*，259 F.R.D. 449）。

社区和邻里环境

尽管对绝大多数儿童和青少年而言，主要的社会环境就是家庭和学校，不过，他们仍不可避免地会与邻居、其他学校的一些同龄人及其他成年人之间产生联结和互动。所以，儿童和青少年会在他们生活的邻里和社区环境中形成一系列关于自己及他人的主观期望，这也会成为滋生反社会行为的土壤。倘若政府提供的公众服务和相关政策无法充分满足民众在社区、经济、家庭（如提供优质的日托服务）、教育上的基本需求，那么社区层面往往也无法完全实现居民的经济和教育期望。如果社区层面无法有效缓解和应对经济边缘化问题，那么破坏社区公物财物行为、违法犯罪行为、帮派活动及暴力事件就有可能频繁发生。此外，假如父母本身在社会、经济、邻里和社区等诸多问题上无力应对，他们就很难为孩子的健康成长营造良好的外部环境。如此一来，许多儿童和青少年就会被反社会行为、违法犯罪行为和帮派活动引入歧途。因为这些行为可以让他们获得某种个人身份认同感、组织结构感（如规则和规范）及他们所需要的群体归属感。

另外，种族歧视等其他社会因素仍然是主要的影响因素。其中，种族歧视仍然具有潜在而深远的负面影响。美国的大量多种族聚居社区中都充斥着各种严重的暴力行为、犯罪行径，同时一直遭受着在经济、社会和教育等层面被排斥和被边缘化的问题。这种被排斥和被边缘化的现象，其实跟父母对孩子的不良教养方式、父母的监护能力差和不完整的家庭结构有密切关系，而所有这些因素都与儿童和青少年的违法犯罪行为高度相关。那些居住在市区的有色人种青少年受到个人伤害的概率尤为突出。他们被社会排斥及遭受种族歧视的频率也会更高，其中包括仇恨团体和仇恨犯罪等现象的存在。

女同性恋、男同性恋、双性恋、跨性别和酷儿（LGBTQ）青少年群体受到的不良影响尤甚。大多数研究均表明，与普通的青少年相比，LGBTQ 青少年与警方（包括监狱）发生冲突的概率更高（Rotheram-Borus & Langabeer，2001）。然而，对这一群体来说，比违法犯罪行为更重要的是他们所遭受的暴力对待。因为 LGBTQ 青少年群体十分特殊，他们会受到来自社会恐同心理的暴力伤害，在学校和社区中，对这一群体的各种暴力行径有辱骂、"同性恋抨击"及直接的身体攻击。在美国，有大量针对 LGBTQ 群体的仇恨犯罪行径（Klein，2012；Langman，2015）。这个问题尤为突出，因为这个特殊的群体在青春期会遇到十分独特的发展困境，所以他们也就更容易受到来自外界的侵扰和影响。

反社会行为是一个持续发展的过程，从个体生命早期开始，持续整个童年期和青春期，直至个体长大成人。其实，长期的违法行为通常可以表现出一系列可预测的行为阶段，并逐渐将儿童和青少年引入越来越危险的长期犯罪的深渊。不幸的是，早在这些儿童和青少年所犯的轻微罪行足以引起相关司法部门的关注之前，他们的不良行径已持续数年之久，并逐步酿成极其严重的行为问题，最终这些行为问题会让儿童和青少年走向犯罪的道路。接下来，我们将介绍促成这一发展过程的一系列危机因素。

家庭环境

家庭环境在儿童和青少年违法犯罪行为的发展中起着关键性的作用。例如，如果父母对孩子管教过于严厉且教养标准前后不一致，如果他们很少花时间积极参与孩子的生活，也不好好监督孩子的行为，那么孩子就很容易滋生早期的攻击行为，而这跟后来的违法犯罪行为有很大关系。如果父母等照顾者的教养方式是消极的、前后不一致的，并且如果父母本身就脾气暴躁，具有反社会人格特质，那么孩子的叛逆和攻击行为就会被强化（Forgatch，Patterson，Degarmo，& Beldav，2009）。其他家庭环境，如家庭暴力、父母婚姻不和、离异，或者家庭中有与文化适应、双重文化适应有关的压力，都会助长儿童和青少年反社会行为的发展。

某些家庭人口特征也与孩子的违法行为密切相关。虽然贫穷本身与犯罪发生率没有直接关系，但孩子的种族、所居住的社区、父母的受教育水平、父母的职业和收入确实会影响孩子，使他们表现出不同类型的违法行为。如果孩子生活在贫穷社区，父母工作技能有限、就业不足或处于失业中，学校和所在社区经济资源相对贫乏，那么他们发展出暴力犯罪行为（Knotester & Haynie，2005）的风险最大。造成这种风险的部分原因是，父母在不良的环境中抚养孩子确实会面临很多困难，他们可能十分缺乏相关的教育和资源，他们本身掌握的解决问题方面的技能可能也非常不足。在这种情况下，父母一般很少监管孩子的行为，很少与孩了进行沟通和互动，对孩子亲社会行为的教育刺激和积极强化也很有限。

父母在孩子年幼时的教养方式会从两个方面影响孩子的反社会行为。首先，父母与孩子消极和敌对的互动方式、父母不一致的要求规范，会使亲子关系恶化。不良的亲子关系会阻碍孩子接受社会价值观并建立内部自我控制机制。其次，（外）祖父母、父母或兄弟姐妹对孩子的胁迫行为和暴力行为会起到示范和强化的作用。通过学会以反抗和攻击行为来对抗其他家庭成员的敌对和负面举动，孩子的攻击行为就会得到强化。在这种负面的家庭环境中，孩子后天习得的攻击行为会逐渐成为他们赖以生存的本领。因此，孩子在年幼时表现出的打人、尖叫及其他攻击行为有时会被认为是正常的（Bor & Sanders，2004）。

那些会强化孩子的攻击性和反社会行为的家庭，无法给孩子提供将来在学校和社会环境中生存所需的必备技能。如果父母能改善他们对孩子的管教和监督方式，使之变得更加稳定、一致、积极，如果父母不仅关注孩子的身体健康，同时更善于观察孩子内在的心理状态，那么孩子的反社会行为一定会显著减少（Kumpfer & Tait，2000）。这一事实充分说明了父母的积极参与、健康的亲子互动和稳定一致的教养方式所带来的巨大作用。相反，如果孩子在家里受到反社会行为训练，那么他们可能就会在校园内外遭遇重大的困难（见下文的小故事）。

学校环境

儿童和青少年在家习得的那些不良行为习惯通常也会导致他们在学校的攻击行为，并因而容易被评估为对立违抗障碍（Oppositional Defiant Disorder，ODD）和品行障碍（Conduct Disorder，CD）。儿童和青少年在学校的攻击行为反过来往往又会导致他们学业上的失败。失控行为对学生集中注意力、专心完成学习任务和家庭作业等各方面的能力都会造成不良影响。而且，学生的反社会行为与糟糕的学业成绩之间也存在显著相关。此外，扰乱课堂秩序既会导致表现出这种行为的学生成绩下降，也会使班级其他学生的成绩下降（Lannie & McCurdy，2007）。

儿童和青少年的攻击性之所以会影响他们的学习成绩，主要有以下几个原因。首先，那些攻击性较强的儿童和青少年往往十分具有破坏性，破坏性本身就会对他们完成学习任务的情况、他们的注意力和学习行为有影响。而且，那些爱捣乱的学生会经常被教师从班级"揪出来"，接受更多的"办公室教育"，花更多数时间待在学生训导室里，当然也会经常被校方暂令停课。所有这些后果都会导致儿童和青少年学习时间减少，进而导致其糟糕的学习表现。2007—2008 年调查数据显示，有 34% 的教师表示，学生的不良行为干扰了他们的正常教学（Dinkes et al.，2009）。于是，这似乎就形成了一种恶性循环，糟糕的学习成绩会让儿童和青少年形成负面的自我认知，而这又会激发他们做出更多不良行为，进一步导致更糟糕的学习成绩。

除了会影响学业外，那些有行为问题的儿童和青少年在学校还会给别人和自己带来各种各样的麻烦。他们行为过激、经常使用不当的手势、对他人使用暴力，还会破坏学校公物，这会对整个学校生态环境造成极大破坏。校园里的这些不良行为，都是他们在校外做出更严重的违法犯罪行为的前兆。

品行障碍

品行障碍及相对较轻微的对立违抗障碍的描述标准基本可以涵盖与违法和暴力行为相关的大部分先决行为和推动行为。品行障碍包含一系列问题行为，包括拒绝服从、蔑视权威、乱发脾气、攻击他人、撒谎及偷窃等明确的问题行为。随着问题的加剧，品行障碍也可能会发展为临床上严重的反社会行为，包括身体攻击、纵火、旷课和逃学（American Psychiatric Association，2013）。学生的品行障碍及相关的一些违法行为模式会带来重大的社会问题，如干扰学校正常的教学和学习秩序。更重要的是，那些私自携带武器的男生更有可能被诊断为品行障碍，而且，如果他们在青春期偷偷携带武器，他们在成年后更容易走上违法犯罪的道路。对患有品行障碍的儿童和青少年来说，他们在成年后出现犯罪、心理健康问题、药物滥用、人际关系和养育问题的风险比没有品行障碍的儿童和青少年要高 1.5 倍到 3 倍（Fergusson，Boden，& Horwood，2009）。

还有一些研究人员（Delligatti，Akin-Little，& Little，2003）认为，女生群体在品行障碍研究中的代表性不足，因为这些诊断和评估主要关注外部行为，忽略了女生群体经常表现出的隐性的关系攻击。另外，男生必经的男性社会化发展历程与品行障碍问题也有一定的相关性，这也会增加他们做出暴力行为的风险（Feder et al.，2010）。

📖 **小故事**：针对暴力行为的训练

· ·

我曾经是汤姆和约翰兄弟俩所在学校的心理咨询师，汤姆那时读一年级，约翰读二年级。在那段时间里，几乎每周兄弟俩中的一个或两个都会在学校打架，有时是他们两个人打架，更多时候是他们和其他学生发生冲突。对此，学校的副校长相应地做出了一些比较合理的处置措施：刚开始是让教师叫他们去谈话，后来更多的是让这对问题兄弟课后留校。随着他们的问题愈发严重，学校便开始让他们留校察看，直至最终完全停课。但这些方法对他们似乎都不太奏效。同时，因为这对兄弟的父母从不参加任何家长会，也不愿意出席家委会的沟通座谈会，而我当时正好是他们的心理咨询师，所以副校长就拜托我去他们家进行家访，跟他们的父母讨论他们在学校出现的这些严重的问题。

我到他们家的时候，正好赶上他们的父亲在家。事情很快就真相大白了，他们的问题归根结底出在他们的父亲身上。父亲说，在这个家中，最重要的家庭价值观是"不要害怕任何人，但凡有人惹恼了你，你就直接揍他"。在这个家庭中，不仅攻击行为和暴力行为会被效仿、强化，家长也会用口头教育的方式积极地鼓励他们的暴力行为。

了解了真实情况后，我便能帮助兄弟俩更好地理解他们身上出现的这种攻击性，帮助他们在学校养成新的行为标准，并学习一些更恰当的解决问题的技巧。

朋辈群体环境

受到普通朋辈群体的排斥

随着年幼的儿童逐渐适应社会行为标准和道德规范，他们的攻击性和不良行为会逐渐减少。不过，那些具有反社会行为模式的大龄儿童表现出的攻击行为会更多。在人际交往中，他们往往不喜欢合作，也不愿意帮助别人。事实上，具有反社会特征的学生似乎特别不喜欢在活动中与同龄人建立合作关系。他们很难融入积极的朋辈群体，因为他们总是会误解朋辈群体的行为规范，也无法恰当地理解同龄人的行为反应。有大量证据表明，即便是其他学生的一些非敌意行为，如在拥挤的走廊上无意发生的肢体碰撞，也会被这些学生理解为敌意的、蓄意的攻击行为。他们的攻击行为、缺乏合作的特点及敌对性的防御最终会导致他们被普通的朋辈群体排斥（Forgatch et al.，2009）。

成为不良朋辈群体的一员

上文所述的那些反社会行为最终会将儿童和青少年推向不良的朋辈群体，因为他们在那里可以获得所需的支持和接纳。儿童和青少年在家里习得的一系列攻击行为和反社会行为，会因为学业上的挫败及被一般的朋辈群体排斥而变本加厉，同时这也是儿童和青少年成为不良团体成员的重要预兆。然而，儿童和青少年的违法犯罪行为或攻击行为与他们在学业上的挫败及被朋辈群体排斥这三者之间很可能是相互影响的。也就是说，遭受学业上的挫败并被朋辈群体排斥，很可能会激发儿童和青少年的行为问题，加剧他们的攻击性，并诱发他们做出违法行为和敌对行为。因此，我们必须仔细考量这层关系。许多研究发现，对儿童进行学业与社交能力的培训十分有效，但最好在其生命早期就介入实施，这样才能有效预防或减少其未来的反社会行为。

正如我们在第 4 章和第 13 章提到的，朋辈群体是青少年态度、信念及行为的主要训练场所。可以说，朋辈群体是滋生反社会行为和违法犯罪行为的温床，它们会在态度、动机、理由和机会等方面影响青少年的行为。也就是说，那些行为不端的伙伴会对青少年的违法犯罪行为加以强化，并对社会赞许行为施以惩罚（Cho，Hallfors，& Sanchez，2005；Kaminer，2005）。因此，那些成为不良群体成员的问题男生，会在青春期甚至成年后身处恶性犯罪的风险中（Forgatch et al.，2009）。来自朋辈群体的压力使青少年一旦涉足反社会行为，就很难改正。所以，许多违法犯罪的青少年对于改变自己的行为十分抗拒。因为他们一旦做出比较积极的社会行为，就可能会被同伴疏远，失去友谊和情感的源泉。

被低危朋辈排斥

参与不良团伙，再加上之前被低危朋辈排斥，使这些青少年可选择的发展道路越来越有限。当然，这也会促使他们主动排斥那些低危朋辈伙伴，从而让问题变得更棘手，并进一步升级为犯罪和暴力行为。

初次违法的年龄

儿童和青少年最早出现攻击行为和违法行为的年龄是影响这一问题严重性的一个重要因素。儿童和青少年初犯时的年龄越小，将来成为惯犯的可能性就越大。例如，与年龄大一些才出现违法行为或直到快成年才尝试第一次违法犯罪行为的男生相比，那些在

14 岁之前就曾因违法犯罪被捕的男生更有可能在长大后成为罪犯并锒铛入狱（Forgatch et al.，2009）。在品行障碍儿童中，大约有一半的人将来会成为少年犯；而在所有这些少年犯中，约有一半至四分之三的人在长大成人后会沦为违法乱纪的惯犯。以上这些数据充分说明了我们对儿童进行早期评估并提供干预的重要性。

另外，有很多研究者从发展的视角（Patterson，Crosby，& Vuchinich，1992；Patterson，DeBarsyshe，& Ramsey，1989）及生态学理论视角（Bronfenbrenner，1979）对儿童和青少年的违法犯罪行为进行了探讨。他们充分揭示了各种生态因素、文化因素和经济因素是如何对孩子、家庭和学校产生外部影响的。随着孩子的成长，他们与家庭、学校和朋辈群体的互动状况也会发生显著变化。其中，孩子对不良朋辈群体的认同会引发更多的违法犯罪行为，而其中一部分人最终会沦为帮派成员。

参与帮派

青年帮派或团伙是指由那些彼此影响的青少年和年轻的成年人组成的犯罪团伙。他们一般会通过团伙名称及共同的标志或符号来彰显共同的身份认同。另外，他们会宣称自己掌控着某一势力范围，还会蓄意参与一系列违法犯罪活动。相关研究者已经从个体、朋辈群体、学校、家庭和社区等不同维度对影响美国青年帮派成员的危机因素进行了分析（Howell & Griffiths，2015），并发现了如下因素：他们往往缺乏优秀的父母榜样，在学业上经历过严重的挫败，所在社区毒品买卖猖獗等。

尽管相比于 1998 年，2008 年美国帮派已有所减少，但当时全美国仍然活跃着 21 500 个帮派。就目前来讲，美国各阶层民众都表示黑帮团伙活动有增加的趋势。一项调查显示，有 45% 的高中生和 35% 的初中生表示他们的学校里有帮派活动（Arciaga，Sakamoto，& Jones，2010；Egley，Howell，& Moore，2010）。帮派中的青少年会卷入街头犯罪、毒品交易及恐吓证人等一系列违法犯罪活动，而且他们很可能会在违法犯罪中使用武器。2007 年至 2008 年间，有 20% 的公立学校表示校内出现过青年帮派活动，有 23% 的学生表示自己所在的校园内有帮派活动。其中，非裔和西班牙裔学生所占比重最大（分别为 38% 和 36%）（Dinkes et al.，2009）。

一旦某个帮派占据了某势力范围或在这一地区拥有了绝对优势，其敌对帮派往往会转移到其他地区甚至其他城市。虽然近年来一种新型的混合型帮派（hybrid gang）出现了，但其实在帮派活动中，权力和势力范围的划分往往都与种族有关。混合型帮派的特点就是同一个帮派中会混杂不同的种族和民族成员，并且会受到毒品销售利润的驱使（Starbuck，Howell，& Lindquist，2001）。所以，经济利益因素（如为了抢占新的毒品利润市场）也会影响帮派势力范围的迁移或扩张。此外，美国近年来出现的一些高级形式的犯罪团伙让越来越多的帮派组织拥有了自己的网站，他们可以在线发布视频并进行线上成员招募（Moule，Pyrooz，& Decker，2014）。这样一来，很多原本未曾被组织暴力行为波及的社区现在也受到了帮派活动的威胁。另外，近几十年来，青少年犯罪团伙数量激增，这一现象也十分令人担忧。尤其是老城区青年帮派正呈现出向郊区蔓延的危险趋势。以上这些研究发现足以充分说明，持续、系统的干预措施对于有效应对青少年犯罪团伙这一问题具有重大价值。帮派不仅会对社会，更会对参与其中的青少年成员造成十分严重的负面影响。然而，犯罪团伙可能是许多青少年获得归属感和认可的唯一途径（Howell & Griffiths，2015）。参与帮派活动还为青少年制造了获得不义之财的机遇，营造了某种世俗成功的光辉形象，这些可能很难从其他途径获得。更重要的是，帮派还会给青少年提供安全、受保护、友谊及娱乐的机会。因此，从某种程度上讲，成为犯罪团伙中的一员，有助于青少年提升自我价值感及对自我的认可水平（Sharkey，Shekhtmeyster，Chavez-Lopez，Norris，& Sass，2011）。

一项研究（Herrmann，McWhirter，& Sipsas-Herrmann，1997）发现，高水平的帮派卷入度与青少年的低水平自我概念有关。也就是说，那些高水平帮派卷入（成员）或渴望卷入帮派的中学生，很可能会觉得自己对周围的环境、成年人或同龄人的影响力是微乎其微的。显然，如果青少年觉得自己一无是处，成为帮派成员就会被他们当作提高能力和力量的一种方式。

如果青少年卷入帮派，我们的干预措施就会变得错综复杂且困难重重。即便如此，仍然有很多干预措施可以有效应对青年帮派问题，例如，充分动员社区的广大力量，进行一系列社会干预，为青少年创造更优质的教育、社会和经济条件，进行相关的组织协调工作及对帮派活动采取压制手段（Decker & Pyrooz，2015；Howell & Griffiths，2015）。当然，对这一问题尽早防范是至关重要的。青年帮派是一个特别严重的问题，因为它给社会带来了大量的违法犯罪行为，其中有相当一部分还极为严重。而且，青年帮派问题也跟药物使用和药物滥用问题、贩毒问题及孩子的品行障碍问题有密切关联（Castellanos-Ryan & Conrod，2011；Decker & Pyrooz，2015；Howell & Griffiths，2015）。此外，卷入帮派依然是青少年当前和将来暴力行为的有效预测因素（National Gang Center，2013）。

学校可以在缓解帮派对儿童和青少年的负面影响方面发挥积极作用。积极的学校氛围与学生的违法犯罪行为呈负相关，而与平安校园呈正相关（Crone，Hawken，&

Horner，2015；Decker & Pyrooz，2015）。然而，学校干预的效果也有赖于学校相关工作人员之间的沟通情况，以及他们对潜在危机或暴力行为的反应速度。所以，学校全体教职人员需要密切沟通，当在校园中发现青年帮派活动的苗头时，每位教职人员都要有自己明确、指定的应对角色。需要注意的是，青少年往往在加入帮派之前就会表现出一些违法犯罪行为，因此，我们对于帮派问题的干预或压制手段不应仅仅局限于学校内部。

学校还可以在与社区深化沟通、交流，以及与社区组织和相关执法部门之间建立协同联动机制方面发挥关键作用。在重大事件发生前后，学校与当地政府之间的良性工作关系是非常重要的（Daniels et al.，2010；Howell & Griffiths，2015），这对于处理青年帮派问题也很有帮助。而且，由学校进行招募和培训的社区团体有助于减少暴力和帮派活动。像青少年服务中心、文娱中心这些都可以有效满足青少年对归属感、被认可和被接纳的心理需求，因为它们可以通过提供一些更为健康的替代方案来防止青少年参与帮派活动。对预防包括帮派活动在内的青少年暴力行为而言，发展并深化学校、社区及家庭之间的关系（中间系统层面）非常重要。此外，有些社区其实已经成立了很多活跃的市民团体组织来应对青少年团伙问题。这对那些想要脱离帮派的青少年成员来说尤其重要，尽管他们会在社交和情感上仍然与其他那些帮派成员有所纠缠（Pyrooz，Decker，& Webb，2014）。因此，这些社区团体在这一问题上可以发挥十分积极的作用，特别是它们会与学校、教会、青少年机构和警方协调并密切配合，共同营造一个更好的整体环境以管理社区中出现的青少年暴力行为。然而，即使是帮派问题，也无法完全涵盖以下这种特别暴力的儿童和青少年犯罪形式：校园枪击事件。

校园枪击事件

近年来，美国发生了一系列令人悲痛欲绝的校园枪击惨案，尤其是发生在康涅狄格州纽敦镇桑迪胡克小学的那场震惊世界的校园惨案，该事件中有数名六七岁的小学生和多名校方工作人员惨遭凶手枪杀。这也不禁让我们回想起了著名的科伦拜恩校园枪击案及其前后所发生的一系列校园枪击事件（Langman，2015）。值得我们关注的是，与之前的枪击案不同，近年来发生的惨案的凶手大多是年轻人（而非学生），而且大多数惨案都并非发生在公立学校的校园里，而是在教堂、大学校园和停车场等地方。事实上，近年来发生的枪击事件似乎更多地出现在大学校园里，如 2015 年发生在俄勒冈州罗斯堡乌姆普夸社区学院的大规模枪击事件。在过去的十余年里，针对频发的校园枪击事件，美国的一大批公立学校实施了诸多新的预防手段和干预项目，同时也提高了警惕。以上这些因素很可能转移了大家对这期间发生的多起学校枪击惨案的注意（Daniels & Page，2013）。如今，针对校园枪击案这一现象的新闻报道有很多。不过这些报道一般都登在报纸的背面，并以一两段文字的篇幅呈现：在某地某校，一名或一伙蓄谋制造校园枪击案的学生最终被警方成功逮捕。这充分说明了美国许多学校大力改善校园安保措施的明显成效。

美国众多学校之所以会大力推进改善举措，是因为 20 世纪 90 年代中期至 21 世纪的头 10 年间，美国校园发生了一系列前所未有的校园枪击事件。其中，阿肯色州、密西西比州、肯塔基州、加利福尼亚州、俄勒冈州、科罗拉多州、明尼苏达州的许多师生都命丧于枪口之下。与此同时，这些枪击事件也引起了人们对校园安全问题的广泛关注。这些看似随机和非理性的犯罪行径，其实恰恰说明了校园暴力所波及的范围已经远远超出了其原本局限的市中心贫困校区。美国校园枪击事件的分水岭是 1999 年发生在科罗拉多州科伦拜恩高中的校园枪击惨案。案件发生后，美国大部分学区都设置了一系列校园安保措施，如定时关闭校门、配备金属探测仪、安装校园视频监控、安保人员巡逻学校大厅和走廊、实行学生与教职人员的身份认证、加大校园安保力度等。校方对学校政策也进行了相应调整，如开始实施零容忍项目、危机管理项目、反霸凌方案及愤怒管理项目等（Daniels & Page，2013）。

虽然过去大多数青少年凶杀案主要发生在市中心区域远离校园的地方，不过像科罗拉多州科伦拜恩高中枪击事件这类人间惨案还是引起了公众的广泛关注。一般来说，大部分青少年凶杀案涉及单一受害者，而且明显与争夺势力范围、打击报复或由经济利益引发的人际纠纷有关。相比之下，校园枪击案的凶手大多成长于富裕的中产阶级社区，并且来自完整的家庭。其中，很多学生的学业成绩都还不错，也有不少是欧裔美国学生。尽管美国大规模校园枪击事件已经得到了有效控制，但是这些发生在公共场所尤其是高等院校的骇人听闻的惨案，确实不断提醒着美国民众对此保持足够的警惕性和安全意识。

很多学生在学校十分缺乏安全感。在美国的少数族裔学生中，一般至少会有 20% 的人表示，他们因受到犯罪和暴力行为的威胁而无法正常上学读书，这种现象在女同性恋、男同性恋、双性恋、跨性别和酷儿（LGBTQ）学生群体中就更加严重了（Klein，2012；Langman，2015）。而且，有些儿童和青少年表示，他们会因学校暴力事件而备受煎熬。更为严重的是，焦虑和恐惧带来的连锁反应已经波及那些远离枪击惨案发生地的环境了。如此多的美国民众（包括儿童和青少年）都觉得校园不够安全，这其实不足为奇，因为他们的生活中充斥着大量相关的新闻报道。"在电视上，我们会反复看到学生枪杀同学的画面；媒体广播和报纸也会经常报道教师在教室里解除了一名学生武装的相关新闻；有时，我们还会看到通过电话、短信或 Facebook 发布的武器或炸弹恐吓，然后校方不得不将学校关闭并进行彻底搜查的场景。"这一幕幕令人震撼的画面刺激着美国民众的内心，让他们不由自主地认为：不管现实情况如何，校园已不再是一片安全的净土了。

尽管校园枪击案的凶手往往都是那些具有严重行为问题的青少年，或者具有反社会的某些典型特征，但这类特殊的凶手却代表了反社会行为障碍这个大类别下的一个独特的子类别（Klein，2012；Langman，2015）。因此，在惨案发生之前，能否有效识别可能的作案者，依然是一个主要问题。

识别潜在的校园枪击案的凶手

在校园枪击事件发生后，相关专业人士会采取更多措施来防止暴力事件的再次发生。一般来说，他们往往会着力于向学校提供更多的资源支持，如为校方提供资金、雇用校园安保人员、安装金属探测仪和监控系统以加强学校物理层面的安全措施。此外，校方也会在惨案发生后迅速制定相应的突发应急方案。尽管部分措施确实会有一定的帮助，但它们并未触及校园安全问题的根源。另外两种常被用来预防校园枪击事件的措施分别为犯罪心理画像技术和问题清单技术。

犯罪心理画像与问题清单

犯罪心理画像技术是指通过仔细研究犯罪现场，并在相关物证的基础上对最有可能实施犯罪行为的人群提出一整套严密假设，其中包括他们的人口统计学特征、体貌特征、性格及其他方面的特征。犯罪心理画像技术对有效识别犯罪嫌疑人和侦查破案具有非常大的帮助。而且近年来，这一技术已经被广泛应用于在案发前识别可能的犯罪嫌疑人，这是基于对以往校园枪击案凶手的特点进行大量研究和分析提出的。预测性的犯罪心理画像主要包括"教室复仇者"特征及 FBI 犯罪侧写，相关专业人士可以通过这两者来预测学生的潜在暴力行为。遗憾的是，对潜在的犯罪凶手进行心理画像并不是一门精确的科学。因为精准的预测需要非常高的一致性，而大多数符合行凶者分析特征的学生也并不会真的成为校园枪击案的凶手。例如，校园枪击案的凶手往往都会被描述为喜怒无常、脾气暴躁、易激惹、自尊水平低等，然而，你会发现几乎每一个处于青春期的学生都符合这样的特征描述。因此，毫无疑问，使用犯罪心理画像技术不单单无法有效识别那些与先前的行凶者仅有少数共同特征的危险分子，还会将很多实际上并不会对他人构成威胁的学生判定为危险分子。

另外，预警信号清单技术有时会被用来代替犯罪心理画像技术，但它其实更缺乏科学性。与犯罪心理画像技术不同的是，它并不会将所有符合特征描述的青少年都假定为可能的行凶者，这一技术旨在识别那些可能的暴力青少年。包括美国教育部、联邦调查局及国家学校安全中心在内的机构和组织，已经提供了大量预警信号和风险因素的清单。因为预警清单中的许多具体描述十分符合在校青少年的特征，所以这些清单的最佳用途是敦促校方制定相应的预防与早期干预方案，制订安全校园计划。而且，大部分清单的研发人员都明确表示，设计这一方法并不是为了预测学生未来的暴力或非暴力倾向。美国国家教育部对其所发布的预警信号清单做了明确说明，强调它并不是一种犯罪心理画像，也不能作为暴力行为的预测工具来使用。然而，人们却常常无视这些明确的警告（Sewell & Mendelsohn，2000），许多清单恰恰被用作犯罪心理画像。这就很可能会导致那些并没有对学校安全构成威胁的学生被贴上不公平的标签。尤其是那些在性取向、种族和性格特征方面与大多数人不同的学生更容易受到不公正的对待。那些孤僻、不合群、行为相对怪异、衣着"滑稽"及性格举止乖张的年轻人往往不太符合朋辈群体的一般标准，因此他们很可能会遭到更多的骚扰、拒绝和排斥。实际上，预警清单在一定程度上可能会进一步强化犯罪心理画像的概念，从而营造一种相互不信任且虚假安全的环境。

暴力行为的预测和预防

对校园暴力事件进行预测，其实在方法论和实际操作层面都充满了诸多难题。在预测低频事件或罕见行为时，即便是预测方法本身十分精准，每得出一个真实的预测结果也都会伴有若干错误的预测。尽管如今的社会科学家已经能以一定的准确性预测某一特定群体中发生某种行为的个体数量，但他们仍旧难以预测某一个体究竟会在何时何地出现这一行为。因此，从科研角度来看，我们虽然对人群整体的了解颇多，但对特定的个体却知之甚少。

其实，预测暴力和预防暴力之间存在极其重要的差别（Reddy et al.，2001）。因为预测暴力旨在最大限度地准确判断哪些人有暴力倾向，在什么情况下暴力事件发生的概率最大。一些学校已经成功组建了校园安全威胁评估专家小组，该小组由一名高级管理人员、一名资源官或执法官，以及一名学校心理学家/心理咨询师/社会工作者组成（Cornell & Williams，2006）。美国曾经有一所学校在一年中报告了近200起暴力威胁事件，在零容忍（zero-tolerance）政策背景下，相关学生都要被开除学籍。然而，经过校园安全威胁评估专家小组的一致评估，他们确定其中仅有三起威胁事件会构成严重的危机（Cornell，2004）。尽管确定可能发生具体暴力行为的人物和时间至关重要，但最好的预防暴力措施却不是出于这一目的，而是要确定暴力事件的共同基础因子，并及时进行相应的干预，以便在儿童和青少年群体中最大限度地发挥保护性因素的作用，减少风险因素（Daniels et al.，2010）。

1974—2000年，美国国家特勤局（Secret Service）和美国教育部（Reddy et al.，2001）合作干预了37起美国校园枪击事件，其中涉及41名行凶者，后来双方就这一合作项目发布了一份研究报告。然而，枪击事件究竟是与毒品、黑帮团伙有关，还是碰巧由校内财物纠纷引发，该报告并未对此进行研究和分析。美国国家特勤局不是根据一系列人格特征和人口统计学特征来形成行凶者的心理画像的，而是将重点放在案犯的行为和动机上，他们对从案发之日起到行凶者首次冒出作案想法时的一系列念头和行为进行回溯跟踪。此外，该报告还对来自调查部门、教育部门、司法部门、心理健康领域及其他方面的相关资料进行了系统的分析研究，同时结合了一些案犯的采访记录。从这个意义上讲，该报告提供了关于枪击案行凶者成长环境中的人际关系、情绪和态度模式等十分有价值的信息。

与此同时，本德、舒伯特及其同事（Bender，Shubert，& McLaughlin，2001；Shubert，Bressette，Deeken，& Bender，1999）虽然使用了不同的数据资料，却得出了与美国国家特勤局的报告极其相似的结论。这一研究团队利用全国媒体报道的资料，构建了一系列行凶者的心理和社会环境因素清单。他们使用"隐形的孩子"（invisible kid）一词来描述校园枪击案的案犯，并强调如下发现：这些学生其实并不一定存在明显的行为问题或攻击性，事实上，他们平时很可能是默默无闻的。不过，他们也并非毫不起眼，遭受霸凌后的报复是他们策划和实施校园枪击事件的最常见动机之一（Daniels et al.，2007；Klein，2012）。

干预的目标

将这些研究者（Reddy et al.，2001；Shubert et al.，1999）的研究报告进行综合分

析后，我们得出了四个情绪和行为方面的核心因素，它们很可能成为暴力事件行凶者的主要预测指标。这四个核心因素分别是痛苦而混乱的情绪、对自己和他人的攻击性仇恨、犯罪计划与透露行为，以及犯罪动机。每一个因素都是重要的干预目标，而且以上这四个因素也可以作为有效干预儿童和青少年反社会行为的基础因素。

下文的两个小故事都是从校园枪击犯的角度来呈现其本人的内心独白的。这些内容均摘自臭名昭著的案犯基普·金克尔的日记和信件资料，这些资料是在俄勒冈州斯普林菲尔德市举行的审讯听证会上被提交的。我们会通过表格的方式来展示我们所介绍的四个干预维度。值得注意的是，这四个干预维度所描述的内容并不涉及人格特征、家庭背景或人口统计学特征，而是聚焦于案犯本人具体的犯罪想法、行为及作案计划，因为这些代表了校园枪击犯的共同生态学特征。

📖 小故事：一名枪击案凶手的自白——基普的日记

以下这些内容皆摘自一本藏在基普·金克尔家阁楼里的私人日记。调查人员在一个箱子里发现了这本黑色硬皮日记。庭审时所呈现的内容充斥着极为暴力的画面：金克尔暗自希望自己死去，同时看到了同学死亡的幻象。日记中的内容让我们得以一窥金克尔在俄勒冈州斯普林菲尔德市瑟斯顿高中枪击案发生前的一些内在心理状态。此外，以下内容也更鲜活地呈现了本章所讨论的一些重要概念。

攻击性仇恨

我独自一人坐在这里。我总是孤零零一个人。我甚至不知道自己到底是谁。我想成为一个我永远无法成为的人。虽然我每天都很努力，不过到最后，我痛恨自己变成现在这副德性。

我认识的每个人对我来说都毫无意义。我痛恨这个世界上的每个人。我真希望他们都消失，因为他们让我恶心。真希望我死了算了。

我活着的唯一理由就是希望。尽管我很让人嫌弃，没有人了解我，但我还是觉得事情可能会好起来，也许，哪怕只有一点点。

我根本不了解这个世界上的任何一个人。他们有些人简直太弱了，甚至连一个4岁的孩子都能把他们撂倒。不过我可强壮得很，就是大脑没那么灵活而已。我知道我应该对我所拥有的一切感到快乐，但我就是讨厌活着。

犯罪动机

每次和她说话，我都心存一丝希望。但她会直接把它击得粉碎。我觉得自己的心都碎了。但那有可能吗？我心中每时每刻都充满了仇恨。难道我还会爱上谁吗？我也有感情，但我有一颗善良的、没有仇恨的心吗？

犯罪计划与透露行为

我也知道每个人都会有这样的时刻，但我就是有这么多的愤怒，我觉得自己随时都有可能崩溃。我每天都在想一件事，那就是把学校炸上天，也可能简单一些，那就是拿着一把枪走进人群。不管怎样，它都能让那些活人停止呼吸。这就是我对你们所有人（省略若干脏话）让我经历这一切的回报。

犯罪动机

我需要帮助。有一个人能帮上忙，但她不肯。所以我得去找别人。我想我是爱她的，但她永远都不会爱我。我不知道自己为什么还要尝试。

结束。新的一天。就像以前一样，今天我请求她帮助我。我又一次被无情地拒绝了。我感觉自己的心被她撕得粉碎。现在，我喝醉了，不知道自己到底怎么了。

我把一切都给了她，她却根本不屑一顾。这到底是为什么？为什么上天要让我在无尽的痛苦中煎熬？

攻击性仇恨

哦，（省略若干脏话），我听上去太可怜了。如果被人知道，他们一定会嘲笑我。我讨厌被人嘲笑。不过，当他们在我的仇恨之墙下拼凑着父母、姐妹、兄弟和朋友的断臂残肢时，他们就笑不出来了。

拜托，谁来帮帮我。我要的其实很少，一点儿也不多。我只想快乐起来而已。

显然，没有人会帮我。天啊，我快要杀人了。就差一点儿了。

每次看到她那美丽的脸庞，我都像被爱情的箭射中了一样。我觉得她会答应我的，但她没有，不是吗？她说："我不知道。"这是我最（省略若干脏话）讨厌的三个单词了（即对应的英文"I don't know"——编者注）。

我要找到更多武器。可父母却想没收我的枪。我的枪是唯一不会妨碍我的东西了，它不会从背后捅我一刀。

痛苦而混乱的情绪

我要你也试试我的感受，变成我，尝尝我的滋味，杀掉我。杀了我。天啊，我不想活了。

我能挺得过去吗？我会成为一个什么样的父亲？所有人都是邪恶的。我只想了结这邪恶的世界。

我不想看，不想听，不想说，也不想感到邪恶，但我就是忍不住。我就是个恶魔。我想杀人，让他们痛苦，可我又不想付出代价。不过，世界上哪有这种好事。我们杀了他，我们很久以前就杀了他。

那些相信上帝的人都是（省略若干脏话）"羔羊"。

如果真的有上帝，他就不会让我变成现在这副德性。压根就没有爱，只有恨。只有仇恨。

痛苦而混乱的情绪

几乎很少有校园枪击犯会在作案前被诊断出患有精神疾病。在枪击案的凶手中，有酗酒或吸毒史的人也相对较少，但绝大多数都会表现出一些令人难以置信的情绪冲突，而且每个校园枪击案的凶手都表现出了某种类型的情绪问题。在这些人中，有超过一半的人经历过重度抑郁甚至崩溃的体验。而且很多人都说过要自杀、有自杀倾向，或者在作案前曾试图自杀。其中一部分凶手的确在枪击案中自杀身亡了。

校园枪击案的凶手往往都是内心充满愤怒的年轻人。但在他们愤怒和狂怒情绪的掩盖之下，其实是更复杂的情绪体验，包括痛苦、恐惧、羞耻和沮丧。这些相互冲突的情绪干扰了合理的问题解决方式。所以，许多枪击案的凶手其实是将行凶作案视为解决各种个人问题的途径，如父母要分居、正在经历痛苦的失恋或单恋、被留校察看。此外，这些情绪体验十分混乱的枪击案凶手会感到自己所经历的问题似乎是毁灭性的，并且他们找不到任何解决办法。其中，那些在作案后没有自杀身亡的凶手大多会在之后体验到强烈的悔恨、懊恼和内疚。所以，为他们提供一些与其发展情况相匹配的生活技能训练可以有效地帮助他们学会调节自己的消极情绪，更好地处理自己的沮丧感和失落感。此外，他们还能学会建立和维持深度人际关系的技能。

📖 小故事：一名枪击案凶手的自白——基普的忏悔信

基普·金克尔在杀害了自己的父母后写下一封信，他把信放在了客厅的咖啡桌上。下面的资料便摘自信中的部分内容。我们把这封信分成几个部分，以便更直接地展示其中的关键点。

痛苦而混乱的情绪

我刚杀死了我的父母。我也不知道发生了什么。我其实很爱他们。可我已经犯了两个很严重的错误。他们一定接受不了，那会毁了他们。对他们来说，那太羞耻了。他们肯定受不了。我十分抱歉。

攻击性的仇恨

我是个很差劲的儿子。我真希望自己不曾来到这个世界上。我会毁掉我碰过的一切。我吃不下，也睡不着，我觉得自己罪有应得。他们都是很棒的人。这不是他们的错，也不是任何个体、组织或电视节目的错。我的脑子转不动了。都怪我脑子里这些该死的声音！

痛苦而混乱的情绪

我想死。我不想活了。但我得杀人。我也不知道为什么。我也很抱歉。

上帝为什么要这样对我？我从来不曾感受过快乐。我真希望自己能快乐起来。我真希望自己能让母亲为我骄傲，但我简直一无是处。我努力寻找幸福，但你了解我的：我恨这一切。我别无选择。我现在成什么样了？我真的很抱歉。

对自己和他人的攻击性仇恨

校园枪击案的凶手往往对自己十分满意甚至很自恋，但与此同时，他们的自尊水平也非常低。他们一方面觉得自己跟别人不一样，另一方面又很反感跟自己不一样的人。除了自恋，他们的内心还充满了自我厌恶。很明显，这些内心脆弱、自恋、不稳定的年轻人一旦自尊心受到伤害，就会爆发暴力行为。

几乎所有的枪击犯都会因为他们那些扰乱秩序的行为而引起别人的注意，通常首先发现的会是他们的同学。他们这种令人厌烦的行为背后，其实是一种对他人和自己生命的漠视。有些凶手也会写下一些关于谋杀或自杀的诗句。曾经有一名学生就常常谈到他想在当地一家比萨餐厅的奶酪摇壶里投放老鼠药。一名凶手还声称，他其实并不讨厌被他枪杀的那名英语老师。他的目标就是杀死两个人，因为不管死的是谁，只要随便凑够两个人，他就能被判处死刑了。那名英语老师只是碰巧成了他的攻击目标。他们的同龄人可能会有处理潜在问题的方法，因此，朋辈支持项目会有助于营造一种支持性的、具有归属感的积极外在环境。而且，支持性的、具有共情能力的成年人也是营造这一有利环境的重要组成部分。

犯罪计划与透露行为

在几乎所有的校园枪击事件中，犯罪凶手都在作案前就萌生了伤害目标的念头，很多念头甚至在案发前至少两周就有了。这些校园暴力案件既不是偶发的，也不是凶手的一时冲动。他们的犯罪是有预谋的，他们会事先准备好作案工具，而且大多数凶手都会至少提前两天制订犯罪计划。因此，我们可以说这些年轻人经历了一种漫长、蓄谋的暴力犯罪历程。

而且，在大多数校园枪击案发生之前，凶手都会将他们的犯罪计划透露给一些人。FBI 称这为"泄密"（leakage）。在一半以上的枪击案中，凶手会将他们的作案计划透露给多个人。另外，在几乎所有已发生的枪击案中，那些被告知犯罪计划的都是凶手的兄弟姐妹、同学或朋友等同龄人。有时，凶手甚至还会把犯罪计划和作案目标的详细信息都直接透露给他们的朋友。在另外一些枪击案中，凶手则是比较隐晦地透露自己的犯罪信息，他们的同学只知道，在某个特定的日子里，学校会发生一些不寻常的大事。在近一半的枪击案中，凶手会受到其他学生的怂恿或影响。

尽管很多校园枪击案的凶手会在作案前把自己的犯罪想法透露给自己的兄弟姐妹、同学或朋友，但这些情况几乎很少会被成年人得知。所以，由于凶手的透露，学校里的一些同龄青少年往往知道会发生什么事情，不过这些旁观者却没有事先警告任何人。极具讽刺意味的是，这种令人苦恼的行为模式其实给了我们一些希望：只要凶手提前准备作案计划，我们就有提前干预的时间；如果凶手会向他们的伙伴泄密，那么成年人也许就能知道他们的作案计划。事实上，在致力于预防这类惨案发生的相关研究中（Daniels et al.，2010），学校工作人员需要积极、努力地破译沉默密码，并对提供潜在枪击事件信息的学生做出及时的反应。

犯罪动机

一般来说，校园枪击案的凶手会有不止一个作案动机，其中最常见的动机就是复仇。众所周知，大多数凶手对他们的作案目标报有真实或想象中的不满情绪。在实施犯罪计划之前，他们往往在处理重要人际关系的显著变化或应对个人挫折方面面临着巨大困境。这些青少年可能已经在内心积攒了大量的痛苦、怨恨、敌意、愤怒和狂暴。最终，暴力报复行为迫在眉睫。

如果仅仅是一起突发事件，其实并不会使凶手在校园里持枪行凶。相反，大多数凶手在作案前都曾一度受到过迫害、威胁、攻击、伤害或霸凌。在枪击案凶手的描述中，他们所遭受的霸凌行为如同折磨一般。而这些遭遇如果发生在职场上完全符合法律对骚扰的界定。事实上，在有关如何避免校园暴力的研究报告中，有研究者发现（Daniels et al.，2007），最常见的动机就是被霸凌后的报复心理。

因此，曾经遭受霸凌似乎是导致校园暴力案件发生的主要原因。也许更重要的是，大多数校园枪击犯都有一个共同的信念：学校是十分不安全的。他们还逐渐确信，成年人不会或无法保护他们。有的校园枪击犯还会就此认为：那些成年人根本不在乎。

我们试着将美国莱恩县巡回法庭对犯罪嫌疑人基普·金克尔的审判听证会作为个案进行分析研究。案发时，基普·金克尔还是俄勒冈州斯普林菲尔德市的一名15岁的高中生。1998年5月20日，金克尔因将一把偷来的手枪藏在学校的储物柜里而被留校察看。当天晚上，他就在家中杀死了自己的父母。第二天早上，他带了好几把枪和数百发子弹到学校，企图蓄意枪杀26名高中同学，其中两名最终不治身亡。在审判听证会之前，金克尔就在法庭上认罪，承认自己杀害了自己的父母和两名同学。他因此被判处有期徒刑25年。但鉴于他在案件中曾蓄意谋杀26人未遂，并在被捕后企图刺伤警察。所以，那次审判听证会就是为了裁决是否要对其加刑。金克尔最终得到的审判结果是被判处有期徒刑112年，不得假释。

不过，由于美国第九巡回上诉法院和美国最高法院的判例法已经裁定，未成年人不得假释的强制性终身监禁是违宪的，因此在2013年9月，当时已经31岁的金克尔请求重新举行量刑听证会。马里昂县的一名法官以他错过了上诉期限为由，裁定法院的原判决并没有违反美国第八修正案，即"禁止施与残酷且不寻常的惩罚"这一法律条款。这样一来，罪行累累的案犯金克尔最终要在监狱一直待到102岁（Bernstein，2013）。

聚焦于儿童和青少年暴力行为的干预措施

要想有效预防包括校园枪击在内的暴力行为，相应的干预方案就要聚焦于上文所述的四个维度。另外，那些性格内向、孤僻或比较"古怪"的儿童和青少年个体很可能经常遭到同学的排斥、侮辱、戏弄，甚至霸凌。因此，他们尤其需要成年人给予适度的关注。如果他们跟自己父母的关系也比较疏远的话，他们就更需要外部力量的有效支持了。真正关心学生且愿意给予支持的成年人，或许是校园里最有效的安全措施了。教师与学生建立积极的联系、营造安全的校园环境、充分了解学校的现实条件、让学生在学校的任何一个角落都可以找到学校教职人员，这些都是有效预防校园暴力行为的重要因素（Daniels et al.，2007b）。而且，学校的教师、行政管理人员，甚至车队、食堂等后勤人员，其实都可以学习一些相关技能，以便更好地倾听和识别那些遇到麻烦的学生。

在几乎每一起校园枪击案中，相关的成年人都不太关注甚至完全不了解枪击案发生前凶手的行为和感受的特点，但有些学生却早就发现了一些不对劲的地方。所以，学校可以创造性地利用枪击犯的朋辈群体作为辅助工具，识别并帮助那些有暴力风险的青少年。例如，朋辈支持网络、跨龄和同龄辅导、协调和领导力项目，都可以帮助那些富有爱心的成年人与青少年亚文化群体之间建立沟通合作的桥梁。将陷入困境的青少年与他们积极向上的同龄人联系起来，本身就会有很大的帮助。除此之外，那些负有责任心的成年人能以更有效的方式触及处于危机边缘的青少年。同样显而易见的是，我们必须让学生明白以下两点：首先，将那些危险信号告知成年人是一种适当且积极的行为；其次，这样做很可能会带来积极的效果。如果学生不明白这两点，他们就不太可能真正信任成年人。

失控后的愤怒、敌意和狂暴情绪是引发枪击事件的主要因素。而愤怒感往往与被排斥、被孤立和被迫害的经历有关，而且愤怒背后其实是隐藏着伤害和恐惧的。虽然表达方式有所不同，但是这些感受往往也是其他一些反社会行为的组成部分。

除了学会如何调节情绪以外，儿童和青少年还应该学会怎样更负责任地做事。学校对学生有明确的行为规则和要求，这有利于培养学生遵守纪律的能力。例如，积极行为支持作为一种主动管理问题行为的全校性干预措施（详见第4章），就非常有利于促进学生遵守纪律。只有对学生的不良行为及其后果做出一致、清晰、明确的规定和等级划分，并对学生表现出的积极行为给予认可，才能有效减少学生的反社会行为和品行障碍问题（Crone，Hawken，& Horner，2015）。

一些研究人员针对如何有效预防校园枪击事件进行了系统的研究和分析，在此基础上，他们得出了一套前沿的理论框架，即安全校园社区模型（Daniels & Bradley，2011；Page，Daniels，Craig，2015），可以用于指导我们进行有效的干预。该模型包含让学校变得更安全的五个主要因素。第一，建立和强化学生的预期行为。第二，鼓励成年人与学生进行积极的互动。以上两点反映了我们曾在前文介绍过的积极行为支持模型。第三，提高学生的自我意识和他人意识。第四，指导学生的社交和人际技能的发展，这为学生提供了具体的工具。第五，加强校方与当地社区之间的沟通，在努力将校园变成更美好、更安全的一方净土的过程中，将其他一些重要的相关人士也纳入同盟。此外，为了对某个问题儿童或青少年提供更有效的帮助，我们需要采用一些针对性的干预技术，如现实疗法。

针对性干预技术：现实疗法

现实疗法（Reality Therapy）最初是由美国精神病学家威廉·格拉瑟（William Glasser）和 G. L. 哈林顿（G. L. Harrington）共同开创的一套心理疗法，这种方法对于预防与干预儿童和青少年的违法犯罪行为十分有效。20 世纪 50 年代，当时的格拉瑟还在加州西洛杉矶的退伍军人管理局下属的一所神经精神病医院担任精神科住院医师，他和他的导师哈林顿都对传统的心理疗法感到极为失望，因为这些方法难以有效治疗许多病人的问题。当时，哈林顿在这家医院负责的病房被人们称为"返院病房"，因为这些病人的治愈率非常低。例如，当时的病房中有 210 名病人，他们的平均住院时间长达 17 年之久。最近一次有病人出院还是在 2 年前，而且病人出院后很快就再次返院接受治疗了。尽管当时病房里的医护工作人员都很体恤病人，工作态度也挺好，但病人的情况就是没有好转。后来，哈林顿开始直接面质那些病人，指责他们的不良行为，而当他们的行为有所改善时，哈林顿就给予支持。渐渐地，护士和助手也开始效仿哈林顿的做法。他们越来越多地参与到与病人的互动中，而不是像之前那样过度包容病人的那些"疯狂"的症状。

与其同时，格拉瑟恰巧在美国加州青少年管理局下属的文图拉女子学校（Ventura School for Girls）[①] 对一些女性少年犯采用类似的治疗方法。考虑到二人所面对群体的特殊性，他们其实都在各自的实践领域取得了显著的成果。在哈林顿负责的病房里，有 45 名病人在接受新的疗法的第一年就出院了，第二年有 85 人出院，第三年出院人数达

---

① 文图拉女子学校是美国加州的一所关押女性少年犯并对她们进行干预治疗的公立机构。——译者注

到 90 人。当然，后来也有一些病人又被送回医院，哈林顿也鼓励他们回来。但大部分病人都在返院后一个月内就痊愈出院了，而且很快就能融入现实社会。在文图拉女子学校，格拉瑟也取得了类似的成果。大约有 400 名女性少年犯因长期行为不良或谋杀等罪名被拘押在那里，她们需要接受为期 6 ～ 8 个月的康复治疗。格拉瑟表示，在应用新的疗法后，有高达 80% 的女性少年犯都痊愈并被释放了，而且再也没有回来过。

现实疗法其实源于格拉瑟和哈林顿的临床经历和学术探讨。格拉瑟教授在他的专著《现实疗法》（*Reality Therapy*，1965）中首次介绍了这一疗法。在此基础上，他跟同事之后又对这一疗法进行了更为系统的阐述和发展（Glasser，1972；Wubbolding，2006）。后来，格拉瑟还提出了选择理论（Glasser，1998，2001，2002），并将其有机地整合到现实疗法中。格拉瑟（Glasser，1990）还提出了"优质学校模式"（Quality School Model）理论，它在美国学校改革实践中发挥出了巨大的作用［详见 2006 年伍尔伯丁（Wubbolding）对该项目的详细介绍］。

现实疗法的理论假设

现实疗法和选择理论都基于以下核心理论假设：人类必须通过相互的沟通和联系才能健康成长。这一观点与第 5 章介绍的 5C 胜任力中的"联结感"十分相似。在这种沟通和联系的环境中，我们要平衡内在的五种基本驱力：（1）归属感；（2）力量感；（3）快乐或享受；（4）自由；（5）生存（Wubbolding，2007）。也就是说，人类既有与他人在一起、关心并照顾他人的需求，也有得到他人关心的基本需求。无论是主动寻求帮助还是被动寻求帮助，人类都有一个基本的缺陷，即无法成功地实现这种人与人之间的连接。

寻求与其他个体之间的沟通和连接，反映了个体的两种基本需求：（1）爱和被爱的需求；（2）作为一个有价值的人的需求。那些比较正常、健康的儿童和青少年之所以危机程度相对较低，是因为他们能以恰当的方式满足自己的需求。他们形成了一种比较成功的身份认同感，这使他们能够顺利融入那些关心他们并被他们关心、尊敬的人。而且，他们既有能力爱，也有能力被爱。他们至少有一个关心他们的人和一个他们愿意关心的人。在这个过程中，他们还获得了个人的自我价值感。因此，他们相信自己有权利生活在这个世界上，能够以对社会负责的方式为人处世。

而相比之下，高危儿童和青少年则无法满足自己的这两项基本需求。他们要么忽视现实，要么否认现实。在这个过程中，他们形成了一种失败的身份认同感。忽视现实的儿童和青少年对待生活的方式就是假装社会规则是将自己排除在外的（见下文的下故事）。如此一来，他们会被人们当成反社会、心理病态、行为不良或违法犯罪的人。而那些否认现实的儿童和青少年则是通过滥用药物或罹患精神疾病来面对生活。这些儿童和青少年会成天抱怨"这个世界太糟糕了，我必须改变它"，并试图通过"亢奋"或"浪费"来改变世界，这本质上就是在否认现实、逃避现实。另外，通过妄想及其他一些类似的精神疾病症状来逃避世界也是否认现实的一种方式。

使用现实疗法的心理治疗师相信，所有问题都源于个体的上述基本需求无法得到满足（Brown & Swenson，2005）。心理问题是由缺乏责任感、行为选择失误或不良的关系引发的（Glasser，2001）。我们必须在不妨碍他人满足其需求的情况下满足自己的需求。那些做不到这一点的人是不负责任的，而不是精神病或坏人。现实疗法与其他方法的不同之处或许在于，现实疗法认为个体想要在无责任感的生活中维持自尊是完全不可能的。因此，现实疗法的临床实践就是教导那些高危个体如何遵守行为标准，对适当的行为给予鼓励，对不当的行为进行纠正。通过自我训练及与他人的亲密联结，个体自然就会获得自尊。在学习如何面对现实的过程中，儿童和青少年自然也能学会满足自己的需求。这样一来，他们就可以成长为有社会责任感的人，并获得真诚的人际关系。

现实疗法的核心组成部分

现实疗法治疗体系主要由三个核心部分组成，分别是共融的咨访关系、拒绝不负责任的行为，以及再学习。接下来，我们将详细介绍每个部分，它们可以被用来帮助第2章案例中所介绍的蒂龙·贝克。

共融的咨访关系

建立共融的咨访关系是咨询的初始阶段，也是最困难的阶段，它需要十分精湛的咨询技术。共融及其发展过程是其他治疗环节的先决条件，也是形成贯穿整个助人关系一致主题的必要基础。心理咨询师在与儿童和青少年建立共融关系的过程中，最重要的是把握好节奏，不要轻易放弃，更不要过分推动。在选择理论（Glasser，2001）中，如果蒂龙是内控型的，那么外控型的成年人就很难对其开展咨询干预工作；只有跟他合作，成年人才能起到帮助作用。所以，与他人合作首先需要良好的关系作为基础。

像蒂龙这样的情况，心理咨询师必须首先能够从情感上真正与蒂龙建立共融的关系，而且要在一开始就不带任何评判地接纳他。成年人不能因为蒂龙的行为、想法或态度而感到害怕或被激怒。另外，心理咨询师在跟蒂龙一起探讨他的价值观、兴趣爱好、愿望和恐惧时，要表现出足够的兴趣、热情，要十分敏感，这样才能帮助他解决问题。心理咨询师必须真正了解并理解蒂龙，同时将他看作一个具有巨大发展潜力的孩子。

心理咨询师要具备开放的心态，将自己作为真实而正直的榜样呈现在来访者面前。格拉瑟说，心理咨询师必须愿意让自己的价值观接受考验。同时，心理咨询师还要足够坚定，要能承受得住来自蒂龙的猛烈抨击和排山倒海般的愤怒。此外，心理咨询师必须能够承认自己的不足，同时向蒂龙证明他其实有能力做出负责任的行为。实际上，心理咨询师是通过展示自己的诚实、关心和个人真实性来有效地支持和强化蒂龙的良知的。

心理咨询师需要同来访者建立一种"我-你"的互动模式。格拉瑟认为，应该使用个人化的"我"，而不应该使用非个人化的"我们""学校"和"他们"之类的概念。例如，成年人应该说，"我希望你能帮我一起完成家庭作业""你每天都能到这里来，这对我来说真的很重要""我很关心你，而且对你很感兴趣""我很想告诉你，你的生活怎样才能变得更美好"。这样的表述方式明确强调个体，能够使心理咨询师与来访者之间的共融关系不仅仅停留在咨访关系的层面，双方是在一种人与人之间的关系的基础上进行交流的。这样的表述所传达出的信息是：这位成年人的关心是发自肺腑的，他会甘愿冒着巨大的风险跟来访者建立情感和个人层面的共融关系。这就会帮助蒂龙更好地反思自己的不良行为，学会一些更好的方式来指导自己的生活。通过责任心、坚定及足够敏感，心理咨询师可以让出蒂龙树立起改变不负责任的行为的信心。因此，心理咨询师也为蒂龙带来了他所需的归属感（Wubbording，2000）。

📑 小故事：捣蛋鬼米奇

每天早上，只要米奇一来到教室门口，整个教室的气氛就会变得不太对劲。当他走进教室，大声喊着"嗨，大家好"时，其他孩子的内心就会产生一种微妙的紧张感。不出几分钟，就会有人哭喊、抱怨，要不就是被米奇那尴尬的问好和快速挥舞的拳头吓得连连退缩。这时，我会让他先在教室的"暂停-冷静"（time-out）①椅子上独自待一会儿。而他往往就会坐在椅子上冲着我微笑。"好的老师，我会好好表现

---

① 1958年，美国心理学家阿瑟·斯塔茨（Arthur Staats）在教育自己儿女的过程中提出了"暂停-冷静"技术。具体而言，就是当孩子出现问题或不良行为时，先暂时把孩子带到一个安静的地方让他们自己平复情绪，反思自己的错误，随后再对其进行教育和引导。——译者注

的。"他确实这样试过。

米奇是家里七个兄弟姐妹中的老幺。他的父亲因贩毒被捕入狱，他的母亲形容自己现在的男朋友是一个"可恶又胆小的酒鬼"。当地的儿童保护中心一直密切关注着这个家庭的情况，还要把年幼的孩子从他们母亲身边带走。在一次对米奇的家访中，我发现他的母亲粗暴地抓住米奇，扯他的头发，还打他的头。而所有这些都不过是因为米奇做了些想要吸引注意力的行为罢了。每当受到惩罚，米奇都会哭丧着脸，然后很快会恢复最灿烂的笑容。不过每一次，他的母亲都丝毫没有留意到。

有一天晚上，天色比较晚了，我还在教室上课。突然，我很震惊地听到米奇大喊："嗨，大家好啊……同学们都在哪儿呢？"米奇站在门口，一如既往地兴高采烈。他刚刚只身一人走过了七条长长的街区，穿过犯罪猖獗的黑暗街道来到学校。那些地方是教室监管员都警告说"永远不要去"的场所。米奇得知"同学们"已经回家了，他非常失望。他不顾一切地想要得到别人的喜爱和关注，可这是一个 4 岁的孩子才会做的。而米奇现在应该差不多 19 岁了。但他学到什么新方法了吗？

拒绝不负责任的行为

在咨询干预的第二阶段，来访者原本那些不负责任的行为首先要被心理咨询师拒绝，之后再被来访者本人拒绝。现实疗法取向的咨询师不重视来访者的过往经历，而是着眼于未来，活在当下。问题的焦点要放在蒂龙的具体行为上，而不是他的情绪感受和态度上。也就是说，在咨询中，心理咨询师要弱化来访者身上那些与不良行为相关的感觉和情绪。

要想为蒂龙提供有效的帮助，心理咨询师必须相信，蒂龙完全有能力意识到并表现出对自己行为的责任感。心理咨询师要帮助蒂龙评价、判断自己的行为是否违反了既定的社会责任标准。心理咨询师不能接受任何借口，更不能帮蒂龙为不负责任的行为辩护。心理咨询师的工作应该是帮助来访者"掌控"自己的行为，使他们能够综合考量自身及社会的价值观和需要，并以此来看待自己的行为（Glasser，2001）。"治疗的关键技巧在于让来访者获得责任感；在建立共融关系以后，如果来访者对自身的行为并没有感到任何不满意，那心理咨询师还要试着去询问是什么原因让他继续接受治疗（Glasser，1965）。"

当然，如果来访者尚未准备好，那么心理咨询师单方面强调责任感就是徒劳的。对于那些比较偏执的来访者而言，只有当他们真正准备好做出改变时，心理咨询师才能跟他们讨论不负责任的行为问题。即便如此，心理咨询师的工作也只能是探讨来访者身上的那些不负责任的行为，而只有来访者本人才能采取行动。一旦蒂龙意识到自己目前的行为是不负责任的或错误的，因而无法有效地满足自身的需求，就能为主动改变提供强大的动力。于是，心理咨询师就可以提出下列问题，如"你的行为是负责任的吗""你做得对还是错"，这类问题能够凸显消极行为的非现实感，并为下一阶段的互动打下良好的基础。

再学习

在现实疗法中，咨询过程的第三阶段是帮助来访者学习如何使用更现实的方式满足自己的需求。通过稳定一致地示范如何做出负责任的行为，心理咨询师可以引导蒂龙逐渐理解：快乐其实源于责任感。

在这一阶段，心理咨询师要指导来访者如何更加"建设性"地反思自己的现在和将来，换句话说，就是评估自己摆脱现状、达到理想状态的行动方案。通过与蒂龙一起制定这些行动方案，心理咨询师可以帮助他找到方法以替代原来那些消极的、自我挫败的行为。基于蒂龙先前就明确表达的价值观，心理咨询师可以和他共同制定一个符合现实的行动方案，这也是心理咨询师传授责任感的一种手段。

当咨访双方共同商定一个行动方案后，他们就要为解决这一问题共同做出承诺。举例来说，蒂龙的行动方案必须能指导他的行为，使他能够满足被别人接纳及与他人建立联结的需求。行动方案和承诺是咨访双方一起制定并做出的，需要双方共同遵守。这表明，心理咨询师虽然不接受蒂龙以往的那些消极行为，但仍然很关心他，也十分愿意帮助他做一些具体、明确的事情，从而满足他的需求。在咨询中制定的行动方案和做出的承诺总是对蒂龙负责任的行为进行积极的强化，并拒绝为不负责任、自我挫败的行为找借口。

即使蒂龙表现得不负责任，心理咨询师也不能惩罚他，只能表示自己不能赞同他的做法。与此同时，如果蒂龙的行为表现具有责任心，那么心理咨询师就要慷慨地表达自己对他的鼓励。总之，心理咨询师需要使用各种方式来教导蒂龙如何通过更现实的方法来满足自己的需求。

现实疗法的七大原则

格拉瑟提出了现实疗法的七大原则，以详细阐述他的三阶段理论框架。这七大原则构成了现实疗法的基本技巧。接下来，我们将呈现咨访双方的真实互动案例，以简要介绍这些原则。

其实，并非每次咨询会谈都要包含这七大原则。不过，在每次咨询会谈中，共融的咨访关系都是必不可少的。而其他原则是否会被用到，需要根据来访者的具体情况、咨询环境和咨询过程的进展来灵活选择。咨询的初期阶段一般会更侧重于识别和评估来访者当前的行为，而后续的咨询阶段往往会涉及行动方案和承诺这些议题。

共融的咨访关系

共融的咨访关系意味着来访者和心理咨询师之间要建立并维持一种亲密的情感关系。共融的咨访关系意味着一种积极、关心他人的态度，既有温度又不乏个人特征。共融关系贯穿整个咨询过程的始终，与其他所有原则交织在一起。（来访者："我快要疯了！我想马上找个人帮我。"心理咨询师："我是真的非常愿意帮助你。"）

大量研究证明，要想儿童和青少年咨询取得良好的效果，共融的咨访关系必须在其中起重要作用。对那些叛逆的青少年来说，这一点至关重要。而建立在相互尊重和相互信任基础上的牢固关系也是预防项目能发挥效用的一个主要特点。

关注当前的行为

现实疗法聚焦于来访者当前的行为。心理咨询师会帮助来访者意识到他当下的行为及其后果。在咨询中，来访者还会发现这种行为其实是自己选择的，因此行为的后果也是自己一手造成的。（来访者："母亲总是生我的气，一直都是这样。我做什么都是错的。"心理咨询师："我很好奇，针对这一情况，你目前在做些什么呢？"）

评估来访者的行为

在现实疗法中，心理咨询师会让来访者批判性地反思自己的行为，并评估该行为是否符合自己的最佳利益。心理咨询师会帮助来访者做出价值判断，判断是什么导致了他无法成功。在这个阶段，来访者会更加现实地考虑哪些行为对自己有利，哪些行为对自己所关心或想关心的人有利。（来访者："为了不见到她，我很少回家。"心理咨询师：

"这样做管用吗？"）

规划负责任的行为

在咨询过程中，心理咨询师会帮助来访者制定一套现实的行动方案，以贯彻来访者探索出的价值判断。在这一阶段，心理咨询师要积极地教导来访者如何负责任地行事。因此，为了改善行为，咨访双方共同制定出一套切实可行的行动方案是极为重要的一步。（来访者："这样做根本不管用，因为每次回家，她都会抱怨更多。"心理咨询师："我们是不是可以一起制定一个方案，让你母亲不要总是抱怨你。"）

做出承诺

咨访双方如果就行动方案达成一致，就需要做出承诺，并按照这一行动方案来执行。承诺可以是书面形式的，但更常见的是口头协议。像"我会试试的""也许吧""我觉得我应该能做到"等这些模棱两可的表述是不合适的。（来访者："是的，我想也许我一周能在家待几个晚上。"心理咨询师："你愿意承诺下周会在家待两个晚上吗？"）

现实疗法的原则就是帮助来访者学会以负责任的方式跟别人交往，并在适当的时候表示接受和拒绝。同时，它也鼓励来访者尝试一些新的行为模式来满足自己的需求，而无需担心这些行为是否无效。从本质上讲，来访者不仅要学会如何面对现实，还要学会怎样更好地满足自己的需求。在咨询过程中，来访者要承诺完成一套理想的行动方案。而且在这个过程中，他们还要学会评估自己当前的行为，并规划未来。

现实可能是痛苦的，不过一旦危机中的儿童和青少年能够承认自己的行为是不负责任的，他们就能启动咨询的最后一个阶段——再学习过程。继而，他们就能获得关于成长、成就感和自我价值的潜力。当儿童和青少年能够为自己的行为负责时，他们就会逐渐找到更好的方式来满足自己的需求，改变原本那些不恰当的行为模式。危机中的儿童和青少年其实是能够学会如何管控自己的。

不接受任何借口

心理咨询师要帮助来访者获得足够的体验，使他们能够履行自己所做出的承诺。另外，新的行为也需要些时间才会变得令人满意，继而自我强化。因此，心理咨询师不能接受任何不兑现承诺的借口。格拉瑟明确表示，心理咨询师、教师、家长及其他关心儿童和青少年的成年人不应该帮他们制造任何借口，也不能接受他们给出的借口。（来访者："是的，除非有什么很重要的事情，否则我会待在家里。"心理咨询师："既然你已经承诺过了，我们就不要接受任何借口。所以你现在必须决定是否履行承诺。"）

不使用惩罚

即使双方在承诺过程中无法达成一致意见，心理咨询师也不能对来访者采取任何强制性的手段。因为惩罚不仅会改变有效治疗所必需的关系基础，还会让来访者感到更加孤独和无助。（来访者："如果我两天晚上没回家，会怎么样呢？"心理咨询师："我们就得重新回顾行动方案和承诺了。而且我会十分失望，因为你的做法对于当前的处境没有任何帮助。制订一个能执行下去的计划总比不履行承诺要好得多。"）

在对儿童和青少年进行咨询干预的过程中，遵守以上这些理论假设和操作原则，对心理咨询师、教师和参与者来说会有非常大的帮助。成年人可以通过这一方法来有效处理儿童和青少年身上潜在或已经出现的不良行为问题。此外，虽然现实疗法的核心原理是在一种相对结构化和严格控制的环境中发展起来的，但是在一些控制较少的环境中，它们也能被成功应用。

结语

在现实中，许多在应对人际关系、个人问题和环境压力方面有困难的儿童和青少年会选择使用各种攻击行为来应对，这是极其遗憾的事情。因而，我们必须帮助他们更好地识别和管理他们的行为，通过一系列的干预措施来帮助他们改善学校和家庭环境，发展积极和亲社会的行为。否则，那些有行为问题的儿童和青少年很可能会发展出反社会行为，参与更严重的违法犯罪活动，或者卷入帮派，实施暴力犯罪。此外，在美国过去的十几年里，尽管儿童和青少年犯罪及校园暴力事件确实有所减少，但轰动性的校园枪击事件（虽然近来大部分都发生在高校）仍然会引起大众的广泛关注，给社会带来极大的恐慌。而且，虽然校园枪击犯与其他儿童和青少年暴力犯罪者具有不同的特征，但是能轻易获得武器、深陷于痛苦和狂乱的情绪体验，并且带有攻击性仇恨和报复性的作案动机等，都能说明他们正处于高度危机中。

儿童和青少年违法犯罪这一社会问题是多方面因素共同影响的结果。因此，要想全面理解这一问题，并做出有效的预防与干预措施，我们不仅要关注儿童和青少年的个体层面，还要综合考虑他们的家庭、学校、朋辈群体及社区环境的影响，将这些因素作为一个有机整体来进行综合考量。此外，相关专业人士及父母都要参与进来，采取一系列有效措施，更好地了解儿童和青少年在其成长环境中的真实经历，以更加亲社会的方式对待他们的朋辈群体。与此同时，我们还要致力于减少校园霸凌事件的发生，并在愤怒管理和其他社交技能方面为他们提供更好的培训和指导。最后，我们也更进一步认识到如何有效地应用现实疗法的指导原则和技术来帮助儿童和青少年更好地理解自身行为的后果，以及制定行之有效的方案以改善原本自我挫败的、破坏性的行为模式。

第 10 章

自杀问题

把玻璃杯的边缘弄湿，
指尖在杯口来回游走。
听，那玻璃的声音，
就是我微弱的嘶吼。

把花瓶扔到地上，
听它破碎的声音。
听，那玻璃的声音，
就是我刺耳的破碎声。

把镜子打碎，
看着镜中的自己四分五裂。
听，那玻璃的声音，
就是我破裂和粉碎的声音。

我已然所剩无几了，
何不安静地离去？
多希望我能找到自己生命的意义，
那些死神也无法带走的意义。

本章要点

- 儿童和青少年自杀问题概况
  小故事：意外死亡
- 自杀行为的常见误解：自杀的谜团
- 影响儿童和青少年自杀的风险因素及特征
  - 人际关系、家庭及心理社会特征
    物质使用、误用与滥用
    学业成绩过高或过低
    灾难化的世界观

  集体自杀
  女同性恋、男同性恋、双性恋、跨性别和酷儿青少年
  家庭破裂和家庭暴力
  人际互动和沟通能力不足
  丧失与分离
  - 内在心理特征
    自我意象问题
    小故事：她并不想死
    愤怒感
    行为冲动

孤独感

负担感或累赘感

失望感与绝望感

抑郁

不良思维模式

■ 自杀的预警信号

- 自杀动机

- 言语信息

小故事：拥有一切的女孩

- 行为异常

- 一般风险因素

- 非自杀性自伤行为

■ 自杀的识别与风险评估技术

- 自杀风险程度访谈

- 自我评估量表

■ 自杀危机的针对性干预措施

- 自杀的预防、早期干预与事后干预措施

- 自杀危机管理与应对

  自杀危机事发后的应急干预

  家庭干预措施

- 事后干预与后续治疗措施

  学校层面

  家庭层面

■ 结语

为了有效预防儿童和青少年自杀，我们需要充分了解那些导致自杀行为的因素。这些因素可能是孩子混乱的家庭生活，可能是孩子不知道如何处理人际关系，可能是孩子相信自己将来会遭受厄运，也可能是孩子对现实已经失去希望。近年来，媒体和互联网环境极大地影响了儿童和青少年的自杀行为，让解决这一问题变得更加困难（Whitlock，Purington，& Gershkovich，2009）。有效预防自杀包括关注自杀意念（即思考和计划）和减少自杀行为，这始于了解关键的预警信号和可用的干预策略。

本章主要从以下几个方面来探讨儿童和青少年的自杀问题：（1）儿童和青少年自杀的发生率；（2）自杀的先兆，以及有自杀倾向的儿童和青少年的一些主要特征；（3）自杀的预警信号和预警行为；（4）对自杀，包括非自杀性自伤行为的常见误解；（5）如何识别和评估自杀意念；（6）有效的预防与干预措施，包括早期干预、危机管理和后续治疗。此外，大家需要特别注意的是儿童和青少年抑郁症及早发性双相情感障碍等问题。最后，对于每种具体的干预方法，我们都十分关注教师、心理咨询师、心理学家和其他公众服务专业人士的潜在作用，以及学校、家庭和临床机构在影响儿童和青少年的转变上所起的重要作用。

儿童和青少年自杀问题概况

自杀是继意外伤害和谋杀之后，美国青少年的第三大致死原因。据统计，每年有16%的青少年有自杀意念，有13%的青少年制订了自杀计划，有8%的青少年甚至尝试过实际的自杀行为。显然，青少年自杀行为的评估和预防工作非常重要。美国青少年的自杀率在20世纪中后期的几十年间上升了3倍，不过从20世纪90年代中期到21世纪的头10年，青少年的自杀率有下降趋势（Moskos，Achilles，& Gray，2004）。2013年的数据显示，自杀是15岁至24岁人群的第二大致死原因，也是10岁至24岁儿童和青少年的第三大致死原因。每天都会有5名20岁以下的年轻人选择自杀，而且每6小时就会有1名年轻人自杀身亡（CDC，2015）。

几乎所有的儿童和青少年都会受到自杀的影响，但女生和男生之间存在普遍的行为差异。在美国，有自杀企图的女生似乎比男生多（CDC，2015），而且女生似乎比男生更有可能从现行的这些预防项目中得到有效的帮助（Hamilvton & Klimes-Dougan，2015）。不过，男生比女生更有可能死于自杀。年龄在10岁至24岁的自杀人群中，男生占比为81%，女生占比为19%。更为严峻的是，有更多的儿童和青少年，特别是女生，会制订自杀计划。这一现象在问题青少年和残障学生群体中占比更高，在少年犯群体中则更普遍。每年有将近16万儿童和青少年会因各种自伤行为而接受医疗救治。在过去的几年里，平均一个高中班级里就有三名学生（一男两女）试图自杀（CDC，2015）。

而且，实际情况很可能比这些估算数据更严重。孩子的家人可能会为此而感到羞耻，有些家庭甚至根本就不愿意承认，也有的学校和社区害怕在告知人们发生儿童和青少年自杀事件时会引发不安和恐慌（详见下文的小故事）。所以，还有很多自杀事件并没有被公开报道。另一个使准确统计自杀数据十分困难的重要因素是，自杀意念（suicide ideation）其实包括两种类型：被动自杀和主动自杀。那些由服药过量、意外事故和冲动行为导致的死亡其实属于"被动自杀"的范围。其中，意外事故是儿童和青少年的主要致死原因，而且往往与儿童和青少年的冲动、鲁莽的行为及包括酒精在内的其他物质滥用有关，这两者都与自杀意念和自杀企图有密切关系。事实上，许多意外死亡事件的当事人可能也会抱着寻死或不想再活下去的想法。同样，很多服药过量致死的事件，虽然表面上是意外死亡，但也可能是未被识别的或未报告的自杀事件。那些抱有被动自杀想法的人（如"我死了会更好"）一般不会马上产生甚至永远都不会有主动自杀的想法。所以，相关研究人员很难准确统计每年被动自杀的实际人数。

另外，自杀尝试在发生率和致死率方面也存在明显的性别差异。男性倾向于选择更为暴力的自杀方式，而女性一般会采用服药或服毒的自杀方式。总的来说，在美国，使用枪支仍然是最常用的自杀方式，尤其是对男性而言。使用枪支自杀的人数占年轻人自杀总人数的近一半之多。2013 年，有近 900 名儿童和青少年持枪自杀，这一数据已经持续增长了 3 年（Brady Center to Prevent Gun Violence，2015）。家里是否藏有枪支是区分男性青少年仅仅是有自杀想法还是尝试自杀，或者自杀成功的唯一重要因素（Bearman & Moody，2004）。2013 年，美国持枪自杀人数创下近十几年来的最高纪录，大部分死亡都与家庭成员持有枪支有关。显然，更容易获得并使用枪支是美国儿童和青少年自杀率上升的一个重要因素。事实上，14 岁至 17 岁的美国青少年自杀率有小幅下降的趋势，这可以归功于美国一些州的儿童接触预防法所起的作用。在美国的一些州，地方法律要求持枪者妥善保管枪支，以防止未成年人接触枪支，这些州的儿童和青少年自杀率相对较低（Grossman et al.，2005）。

📖 小故事：意外死亡

贾罗德是一名高中四年级的学生，他喜欢弹吉他和作曲。从记事起，他就梦想自己有一天能成为一名音乐家。但是父母并不支持他的这一想法。贾罗德在家里排行老大，他想在大学主修音乐专业。但是，他的父母坚持让他读商学院，因为他们不想把供儿子读大学的学费都打了水漂。贾罗德对自己的期望甚高，他明白父母也是如此。贾罗德虽然朋友不多，但也有几个挚友。而且他的挚友都很尊敬他，对他将来的音乐之路也抱有很高的期望。他们都对贾罗德的父母打算送他去商学院而备感失望，并一直鼓励贾罗德争取自己的权利。不过，贾罗德觉得自己会让朋友失望，于是就开始躲着他们。那年春天，贾罗德失眠很严重，每晚只有三四个小时的睡眠时间。他愈发回避自己的朋友和父母，觉得难以让身边他所爱的那些人满意，他感到越来越焦躁不安。在他高中毕业后的第四天，当地一家报纸刊登了一则新闻：死者，贾罗德，18 岁，车祸意外死亡。事故调查人员对这场车祸十分不解，因为事发当时，交通和天气状况都完全正常，而他却突然驾车冲出公路，以很高的速度撞到一个十分显眼的水泥墩上。

来自不同文化背景的儿童和青少年之间的自杀率也存在差异。拉丁裔儿童和青少年

的自杀率及自杀未遂率显著高于欧美儿童和青少年（CDC，2015）。例如，在 9～12 年级的拉丁裔美国青少年群体中，有近 15% 的人表示他们曾尝试过自杀。这个比例比欧裔、非裔或其他大部分种族文化群体要高得多。

以前，非裔美国青少年的自杀率曾经比欧裔青少年要低得多。但近几十年来，非裔美国青少年的自杀率大幅攀升（CDC，2010）。近年来，美国黑人和西班牙裔青少年的自杀企图几乎是白人青少年的两倍。其中，年龄稍大些的黑人女孩问题最严重，这一群体有极高的自杀风险（Joe，Baser，Neighbors，Caldwell，& Jackson，2009）。

尽管在不同的种族之间，青少年自杀率存在很大的差异，但美洲土著 / 阿拉斯加原住民青少年自杀率是美国所有种族群体中最高的（CDC，2015；Dorgan，2010）。青少年群体的高自杀率与药物滥用和酗酒问题、儿童虐待和忽视问题、失业问题、枪支过度使用问题及由经济条件受限导致的绝望等因素有密切关联（Grossman et al.，2005）。除此之外，另一个导致美洲土著青少年自杀率居高不下的因素是代际创伤问题（Duran & Duran，1995）。部落之间的差异可能主要来自不同部落成员的归属感和文化自豪感。一项研究发现（Albright & Fromboise，2010），比起具有白人文化身份认同的同学，保持印第安文化身份认同的美洲土著中学生的绝望感水平显著较低。显然，民族文化认同因素对自杀这一特殊的行为具有一定的保护作用。虽然鲜有关于亚裔美国青少年的相关数据，但应该也是由于文化价值观，这一群体的自杀率才比较低。

女同性恋、男同性恋、双性恋、跨性别和酷儿（LGBTQ）青少年是自杀和自杀未遂的高危人群。虽然我们在此使用 LGBT 这个术语来指代这一特殊群体，但在性身份认同发展的连续谱上，除了以上这些性少数群体分类，还有一些年轻人会认为自己可能是"中性别"（intergender）者、"性角色不确定"（questioning）者或"无性恋"（asexual）者。我们只有充分了解这些身份认同和发展历程，才能有效预防 LGBTQ 青少年的自杀问题。另外，LGBTQ 青少年的自杀未遂率远高于异性恋儿童和青少年，这一群体尝试自杀的可能性是异性恋同龄人的四倍，占所有儿童和青少年自杀死亡人数的 30%（Trevor Project[①]，2015）。

相关研究发现，LGBTQ 青少年的自杀企图在他们公开"出柜"后最为频繁。当他们开始严肃地质疑自己原本的异性恋身份认同感或开始发生同性性行为时，他们最有可能尝试自杀。这是新身份与行为的过渡时期，LGBTQ 青少年会体验到社会孤立感、自我厌恶感、权利被剥夺感，还可能会遭受来自家人和同龄人的排斥（Commission on

---

① Trevor Project，即特雷弗计划，是美国 LGBTQ 青少年心理危机干预热线。——译者注

Adolescent Suicide Prevention，CASP，2005）。

在美国，除了更容易产生自杀意念及具有较长的自杀未遂史以外，LGBTQ 青少年还经常伴有其他问题，如他们的静脉注射吸毒率和抑郁症患病率也会比较高（Noell & Ochs，2001）。如果他们还面临无家可归或家庭暴力这些负面影响，那么他们自杀的风险又会进一步增加。与男异性恋者相比，男同性恋者更容易出现自我身体意象紊乱、暴饮暴食和催吐等行为问题。此外，那些有自杀企图的男同性恋者往往在年龄较小的时候就认同了自己的同性恋身份，表现出更多女性特质，并更多地来自功能失调的家庭环境。来自高度拒绝型家庭的 LGBTQ 青少年尝试自杀的概率是那些没有或很少出现家庭排斥的 LGBTQ 同龄人的 8.4 倍（Trevor Project，2015）。

残障可能是另一个引发儿童和青少年自杀的因素。残障儿童和青少年往往会觉得自己被孤立，而且他们往往是家庭中唯一的残障人士。这种孤独感和"异于常人"的感受会给他们带来更多的压力，导致他们产生孤独感、抑郁感和自杀的想法。

自杀行为的常见误解：自杀的谜团

对心理咨询师来说，在与儿童和青少年相关的所有议题中，自杀或潜在自杀问题是最让人焦虑和难受的。大众对自杀有许多误解或荒诞的看法，这往往会让自杀者面临更大的压力（Joiner et al.，2009；Moskos et al.，2004）。以下是一些司空见惯的错误观点。

- **考虑过或尝试过自杀的人会总想着自杀**。其实，大部分儿童和青少年都会在人生的某个时刻想过自杀。大多数自杀尝试都是一种绝望的求救方式。如果他们所面临的危机能得到有效的缓解，很多人就不会再次选择自杀，而那些并未真正尝试过自杀的人，将来尝试自杀的风险会更低。
- **自杀危机过后，孩子便不会再有自杀的风险**。虽然孩子很可能会在尝试过一次自杀后便不会再想着自杀，但他们并没有永远脱离危险。在试图自杀的青少年中，大约有 40% 的人会在两年内再次尝试自杀（Miranda，Dejaegere，Restifo，& Shaffer，2014）。因为那些尝试过自杀的人已经通过自杀行为打破了社会禁忌。因此，对他们来说，再次尝试自杀就容易多了。如果父母、心理咨询师、心理学家和学校工作人员没有充分关注孩子及其自杀未遂的原因，那么他们很可能会再次尝试自杀。其实，自杀行为需要耗费个体大量的情感能量。有些儿童和青少年在初次尝试自杀后之所以表现得出奇的平静，或许正是在为下一次尝试自杀积攒能量。

他们将来再次尝试自杀时往往会采用更加致命的方法。与那些不曾尝试自杀的人相比，有自杀史的人更有可能再次选择自杀。

- **讨论自杀议题会增加自杀的概率。**与儿童和青少年谈论自杀这件事，不仅可以帮助他们表达自己的真实感受和问题，还可以提升他们的支持和应对能力。所以，成年人不应该回避自杀的话题，因为并没有证据说明这样做会增加儿童和青少年自杀的风险。

- **自杀者都会留下遗书。**事实上，虽然自杀的儿童和青少年可能会留下许多线索或暗示，但是只有很少的人会留下遗书。很多人会想当然地认为自杀者肯定会留下遗书，这种误解会让一个家庭在经历自杀事件后长期处于困惑中。因为他们不仅无法改变悲剧的发生，甚至连孩子自杀的真正原因都找不出来。由于没有发现死者留下遗书，死因无法被判定为自杀，因此很多自杀就会被归类为意外事故。

- **自杀发生前不会有任何预警信号。**虽然自杀者很少会明确、直接地说出他们想要轻生的意图，但大多数自杀者确实会在实施自杀前留下大量足以说明他们已经彻底绝望，几近产生自杀想法的线索和提示。在儿童和青少年自杀后，朋友和家人往往都能回忆起许多预警信号。

- **谈论自杀的人从来都不会真正自杀。**几乎每起自杀事件发生之前都会有预警信号。即便这些威胁似乎只是为了引起别人的注意，我们也要对孩子的潜在危机及时做出反应，以免悲剧发生后再追悔莫及。请一定要重视孩子发出的信号。

- **经济条件差的孩子更有可能自杀。**社会经济条件较差的群体的自杀发生率并不比较富裕的群体高。虽然自杀现象在年龄和性别上的差异持续存在（儿童和青少年的自杀率正在上升），不同种族之间的差异也依然存在（美洲土著的自杀率最高），不过，就像我们在前文讨论过的，自杀是一个会普遍发生在所有社会经济阶层及所有种族群体中的问题。

- **有自杀倾向的人肯定患有精神疾病或重度抑郁症。**自杀行为是个体对看似无法解决的问题的无效、不恰当的应对方式。一般来说，选择轻生的个体也不一定就有精神疾病，自杀发生率的遗传因素也无法脱离个体在成长环境中习得的无效应对机制而单独起作用。虽然很多自杀的儿童和青少年确实患有抑郁症，但并非所有轻生的个体都是如此。一些没有患抑郁症的儿童和青少年在缺乏足够的问题解决办法时也会选择自杀。

了解这些有关自杀的误解有助于父母、教师和心理咨询师识别儿童和青少年真实的自杀态度、想法和行为。此外，充分认识影响儿童和青少年自杀的危险因素也极为重要。

影响儿童和青少年自杀的风险因素及特征

识别那些在个体发展过程中被视为"正常"的行为，有助于我们更好地了解儿童和青少年自杀的原因。在所有的文化背景中，几乎每个儿童和青少年都会享受生活，在大部分时间里都能快乐地成长，发展良好的友谊。他们会积极地看待自己的发展和前途，会经历身体上的变化，进入新的社会角色。尽管他们通常在一些特定的发展阶段会体验到些许焦虑不安，但是只要不是过度创伤的体验，他们基本上都能灵活应对生活中的变化。

然而，对一部分儿童和青少年而言，转变和成长的阶段充满了压力事件和适应上的挑战。郁郁寡欢、攻击好斗及异想天开的想法在过渡时期十分常见。正如前文所述，他们的这些特征会因为社会经济条件差、缺乏父母的有效支持、缺乏教育和经济机会而加剧。其中，以同性恋为代表的 LGBTQ 青少年生活在一种负面且不太友善的社会环境下（Baams, Grossman, & Russel, 2011; Hatzenbuehler, 2011）。与男孩相比，女孩往往会对自己表达更多的负面情绪，并且更容易感到孤独、悲伤和脆弱（Tang & Cook, 2001），这些消极体验可能会成为滋生自杀意念和自杀企图的温床。

对父母、教师和心理健康专业人士而言，区分孩子所经历的混乱感，如哪些在童年期和青春期是属于正常范围内的，哪些是会危及生命的，其实并不容易。许多有自杀风险的儿童和青少年被错误地认为只是正在"经历正常的成长阶段"而已。

大多数与自杀相关的理论研究主要关注老年群体。然而，自杀行为的人际关系理论（Joiner et al., 2010; Van Orden et al., 2010）不仅是一种涵盖所有年龄发展阶段的通用理论，还具有特别适合年轻人的理论元素。人际关系理论认为，最危险的自杀意念是由两种人际关系因素引发的，即受挫的归属感（thwarted belongingness）和感知到的累赘感（perceived burdensomeness）。当两者同时发生时，个体就会体验到无能为力的绝望（Joiner et al., 2009），问题就会越来越糟糕。如果这些信念持续足够长的时间，个体就会产生轻生的想法。

另外，该理论还认为，自杀不是一种容易或舒适的行为，而是一件可怕而痛苦的事情。因此，儿童和青少年在反复经历痛苦事件的过程中，对痛苦和死亡的恐惧感会逐渐减少。频繁的肢体冲突、反复的意外受伤、过往的自我伤害行为及其他类似经历，都会使个体为尝试自杀或自杀身亡做好准备。因此，接下来，我们将讨论与儿童和青少年有关的非自杀性自伤体验。

人际关系、家庭及心理社会特征

儿童和青少年的自杀想法和自杀尝试与一系列人际关系、家庭和心理社会特征有关。在此，我们会先从一些关系较远的因素入手，依次向大家介绍 14 项相关的因素。而且，相关研究表明，关系较远的因素对儿童和青少年自杀行为的影响更为长远，而关系较近的因素的影响则更为直接。在图 10-1 中，这些因素之间的关系通过一个螺旋状的图形呈现出来：由外向内，逐渐迈向更关键、更致命的因素。当然，每个儿童或青少年可能都具有不同的人格特质、成长环境和行为特点，所以这种螺旋排序规律并不一定完全适用于每个儿童或青少年，也无法穷尽每种具体情况。不过，对大多数陷入困境的儿童和青少年来说，以下这些因素都至关重要。

物质使用、误用与滥用

一般来说，青少年的自杀风险与酗酒和吸毒行为有着密切关联（Hull-Blanks，Kerr，& Kurpius，2004）。有化学药物依赖的青少年的自杀风险会更高。对女孩来说更是如此，因为相较于其他方式，女孩更倾向于选择通过服用药物自杀（Brady Center to Prevent Gun Violence，2015）。然而，另一些相关因素，如无家可归、社会孤立，以及其他与问题行为有关的因素都会增加青少年尝试自杀的可能性（Ramey，Busseri，Khanna，& Rose-Krasnor，2010）。药物滥用问题会从多个方面增加青少年自杀的风险（Substance Abuse and Mental Health Services Administration，2012）。一方面，酗酒和吸毒的人不太可能主动接受帮助；另一方面，由于他们往往缺乏冲动控制和维持治疗效果的能力，因此即便他们寻求医疗帮助，干预治疗的效果也会较差。所以，药物使用是预测自杀意念转变为自杀企图的一项重要因素（Van Orden et al.，2010）。在第 7 章，我们已经详细讨论了与药物使用风险有关的内容。

学习成绩过高或过低

首先，儿童和青少年的自杀行为与学习成绩不良也有关系。相关研究显示，有些孩子的学习能力差，可能是受自杀意念或自杀企图的不良影响：在美国那些经常得 D 和 F 的高中生中，有 20% 的人尝试过自杀；而经常得 A 的学生曾经有过自杀行为的比例则为 4%（Substance Abuse and Mental Health Services Administration，2012）。有些孩子虽然学习成绩优异，但同样具有自杀风险，他们往往是会在学业上追求完美、成绩优异且对自己期望过高的儿童和青少年。另外，有些学业优异的女孩做事较冲动、攻击性较强，但自我保护意识不足，这样的女孩就会特别容易选择轻生（Robinson Kurpius，Kerr，& Harkins，2005）。总之，儿童和青少年的学习成绩过高或过低都是自杀的预警信号。

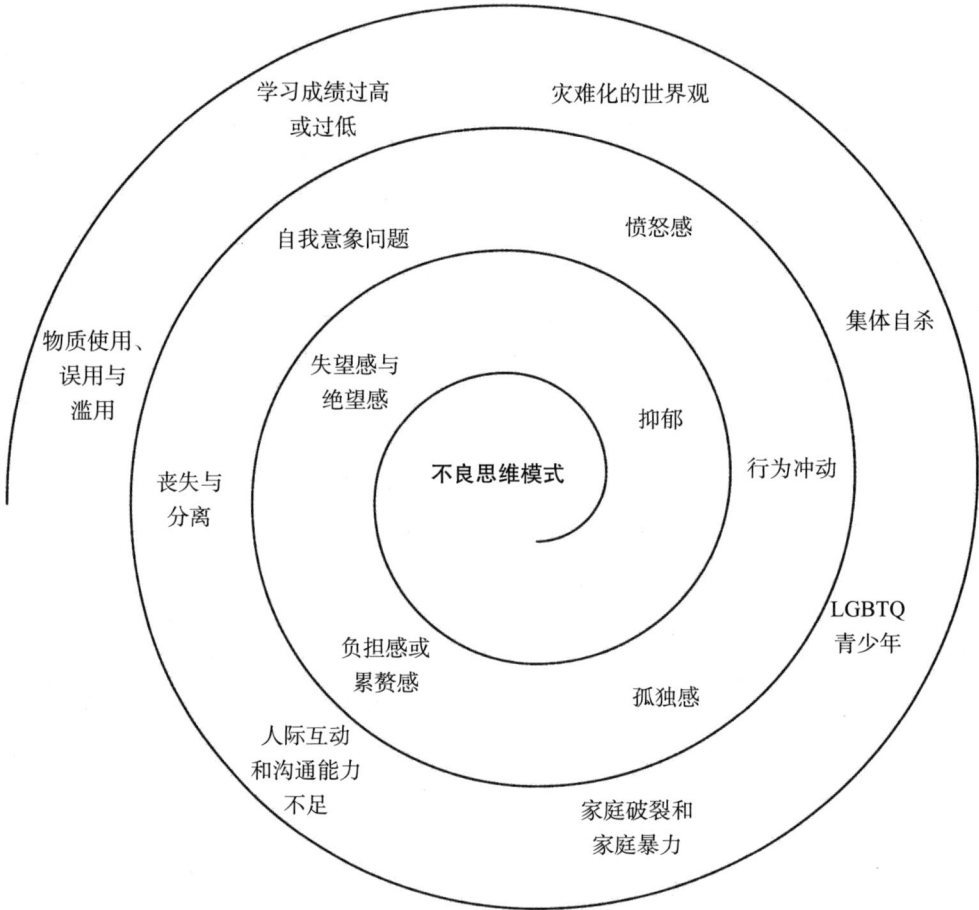

图 10-1　自杀可能性螺旋图

灾难化的世界观

儿童和青少年的自杀风险还会受到他们对自我的负面想法和感受，以及对世界和将来的负面或灾难化的世界观的影响。一些儿童和青少年会将世界视为变幻莫测的、充斥着危险和敌意的。另外，核武器威胁、艾滋病危机、种族歧视、贫困、自然灾害及暴力事件，都加剧了孩子对灾难的负面印象。因此，一些儿童和青少年会感到十分绝望和无助，成为自杀危机的潜在受害者。更加不幸的是，音乐、电子游戏、电影和电视媒体还会对暴力和死亡进行艺术加工和美化，进而对灾难性的情感造成影响（详见第9章）。

集体自杀

集体自杀是一种效仿自杀或跟风自杀（copycat suicide）的行为。跟风自杀主要有两种：集体跟风自杀和个体跟风自杀。而且，集体跟风自杀与媒体的影响有很大关系。例如，集体跟风自杀很容易发生在与青少年自杀相关的电视节目或电影播出之后。相比之下，个体跟风自杀则更具地域特点。一旦有儿童或青少年轻生，就会有人将这种行为看作正常的。在一次集体自杀之后，那些已经体验过绝望的人可能会开始将轻生视为应对压力和绝望情绪的方式。具有自我伤害倾向的青少年在得知他们认识或知道的人自杀后，会更容易做出自我伤害的选择（Cerel, Roberts, & Nilsen, 2005）。媒体上关于自杀的新闻报道主要会影响青少年和年轻的成年人，对年龄较小的儿童影响较小。在美国印第安人保留地，集体自杀现象是一个很特殊的问题。因此，在自杀危机发生后进行适当的事后干预与后续治疗是至关重要的。

女同性恋、男同性恋、双性恋、跨性别和酷儿青少年

自杀是女同性恋、男同性恋、双性恋、跨性别和酷儿（LGBTQ）青少年死亡的主要原因，这主要是因为，成长于一个恐同社会会让LGBTQ青少年受到很多不良影响（Hatzenbueehler, 2011）。这一群体的自杀尝试往往与性议题的发展有关，如同性恋身份认同、公开出柜，或是因同性恋问题而被好友和家人排斥。在这个过程中，LGBTQ青少年会面临诸多额外的压力，他们会体验到社会孤立感、自我厌恶感、无力感，还可能会遭受来自家人和朋辈的排斥（Martin-Storey & Crosnoe, 2012）。因此，对于这个高危群体，我们必须给予特殊关注，以减少他们的自杀尝试。

家庭破裂和家庭暴力

有自杀倾向的儿童和青少年往往来自功能失调、破裂或暴力的家庭环境，尤其是有性虐待或身体虐待史的家庭（Gould, Greenberg, Velting, & Shaffer, 2003）。儿童和青少年的自我伤害行为与以愤怒、情绪冲突及相互排斥为主要特征的家庭互动关系之间也

有密切关联。此外，单亲家庭的增多及父母缺乏足够的育儿、亲子沟通和行为规范方面的技能与经验（详见第3章），也会增加儿童和青少年自杀的风险。如果单亲父母的工作和经济负担过重，而来自他人的支持也十分有限，那么他们就没有多少时间和精力好好照顾孩子了。"混合"家庭或再婚家庭也可能会有一系列不确定、不一致、混乱的家庭互动关系。

患有抑郁症的父母，尤其是患有抑郁症的父亲，对孩子的影响特别大。相关研究表明，如果患有抑郁症的男孩的父亲也是抑郁症患者，那么男孩在小时候尝试自杀的可能性要比其他患抑郁症的男孩高7倍之多（Rohde，Lewinsohn，Klein，& Seeley，2005）。

如果父母很少与孩子交流、互动，那么孩子更有可能萌生自杀的念头（Bearman & Moody，2004）。父母的支持和一致性是有效预防孩子自杀的重要保护性因素，缺乏家庭稳定的孩子的自杀风险会越来越高（Mazza & Eggert，2001；Randell，Eggert，& Pike，2001）。对孩子来说，有人关心和在乎自己是十分重要的。一旦孩子觉得自己在家人心中无足轻重，他们就很有可能考虑结束自己的生命。"无足轻重感"很容易就会变成"感觉自己是个累赘"（Joiner et al.，2009；Van Orden et al.，2010）。

在有自杀史的家庭中，孩子轻生的现象也会更普遍（Gould & Kramer，2001；Gould et al.，2003）。如果家人尝试过自杀，那么孩子的自杀想法也会大幅增加（Bearman & Moody，2004）；如果家人在孩子年幼时自杀，那么孩子更有可能在青春期尝试自杀。

人际互动和沟通能力不足

在功能失调的家庭系统中长大的孩子往往缺乏足够的沟通技巧，无法安全交流内心的想法和感受。在这种环境下成长的孩子往往不太懂得如何向他人表达自己的痛苦。随着负面情绪和想法的累积，烦恼越来越多，这些孩子可能会变得退缩和回避，这让别人也难以了解他们逐渐加深的痛苦、抑郁和可能的自杀情绪，更没有办法给予相应的支持和帮助。由沟通能力不足而逐渐导致的孤立感可能是人际关系不良和归属感不足的预警信号，同时也是儿童和青少年自杀企图的预警信号（Joiner et al.，2009）。

丧失与分离

那些经历父母离异、离婚或去世等丧失与分离事件的儿童和青少年萌生自杀想法的可能性会更大。即便没有经历父母或其他重要亲人的去世，失去朋友或与恋人分手也可能会让儿童和青少年产生自杀的想法。与父母分离并走向个体化是青少年的一项重要发展任务，但死亡和离婚是他们无法控制的人生转折事件。随之而来的哀伤感、被遗弃感及愤怒感等自然的情绪和感受需要一些适当的调试技巧，而这些技巧并不是所有孩子都具备的。父母本身也可能正在经历巨大的情绪波动，无法给予孩子所需的指导和支持。痛失父母中的任何一方，可能都会在孩子尚未准备好形成独立自主的能力之前，就迅速将他们推向成年人的角色。

内在心理特征

自杀意念、自杀企图及自杀行为还与个体的一些内在心理特征有很大的关联。这些因素不属于人口统计学特征，而是更具个人化的特点。因此，它们在图 10-1 所示的螺旋图中位于更靠近中心的位置，需要引起我们的关注。

自我意象问题

低自尊、低自我概念和无价值感是自杀儿童和青少年的典型特征，可能使其萌生自杀的想法。低自尊和低自我概念往往会导致绝望和抑郁的感觉。扭曲的自我认知也会导致个体对他人、世界和未来产生非理性和不切实际的期望。例如，真实体重过轻或过重的青少年表达自己有自杀倾向的可能性会更高。不过，与那些自认为"体重正常"的青少年相比，那些自认为体重过轻或过重的青少年报告了更多自杀想法和自杀企图（CDC，2005）。这或许就是自我概念或自尊的一种表现形式。不喜欢自己或不能积极地看待自己的儿童和青少年需要心理咨询师、教师和父母给予特别的关注。女孩，尤其是中学阶段的女孩，出现自尊问题的风险会更高（Tang & Cook，2001）。那些在身体上比较早熟、较早恋爱的女孩可能会对自己的身体和外貌有特别消极的看法（详见下文的小故事）。

📄 **小故事：她并不想死**

· ·

珍妮弗是一名 12 岁的女孩，刚刚读完小学六年级。与同龄的其他女孩不同，在小学期间，她在生理和情感上就逐渐发育成熟了。虽然珍妮弗有一个亲密的朋友圈，但她经常担心其他女孩会在背后取笑她，说她的闲话。她感觉自己和其他女孩不太

一样，在体育课后也不好意思去学校的淋浴房洗澡，她对自己快速发育的身体感到有些不知所措。而且，珍妮弗经常喜欢和比她大几岁的男孩一起玩，享受他们的陪伴。她觉得和闺密一起咯咯大笑和闲聊已经没什么意思了。她内心的真实感受羞于对父母启齿，觉得闺密也无法理解她。慢慢地，珍妮弗开始疏远原来的那些闺密，跟年长的男孩在一起的时间越来越长。

一天放学后，珍妮弗回到家，像往常一样打开电视。在新闻中，她看到一名高中女孩在上周自杀了。那则新闻报道非常详细，去世女孩的追悼会、悲痛不已的同学，以及学校为她准备的鲜花都出现在了电视画面中。就在那一刻，珍妮弗用手抓起一瓶药，一口气吞了 30 多粒，希望借此重获一些重要感和归属感。后来，在急诊室里，珍妮弗告诉母亲她并不想死，她只是想摆脱难以忍受的孤独感。

愤怒感

愤怒、攻击性水平过高及愤怒管理问题也是自杀行为的重要预测因素（Randell et al.，2001）。正如我们在第 9 章所讨论的，无法适当地表达自己的愤怒是主要问题，有自杀倾向的青少年往往表现出更强的敌意。在落基山脉地区（在美国，该地区的青少年自杀率最高）进行的一项研究中，研究人员发现，自杀风险与打架、威胁其他人，以及使用武器攻击之间存在密切的关联（Evans，Marte，Betts，& Silliman，2001）。那些会攻击同龄人的孩子不是暴力的受害者，就是曾经目睹过类似的暴力行径的人，他们更有可能出现自杀行为。

行为冲动

儿童和青少年的自杀反应往往与冲动行为有关。举例来说，受朋辈群体的影响，未成年人可能会因为对他人的自伤行为的冲动性反应而尝试自杀。那些行为比较冲动的孩子很容易受到外在因素的影响，如其他人对自杀的反应及他人自杀行为的影响效应。当然，在美国，严格管制武器对这一问题至关重要。如前文所述，尝试自杀的最常见方法就是使用武器（Brady Center to Prevent Gun Violence，2015）。家里藏有枪支是一项重要的自杀风险因素，特别是对男孩来说。那些尝试轻生的女孩往往会采用过量服药或服毒的方式。

　　冲动行为也与爱冒险的性格特点有关。虽然儿童和青少年内心可能对结束生命感到矛盾，但对压力源的冲动或鲁莽反应往往会导致他们自杀。换句话说，青少年可能本来并没有打算真的自杀，但他们想通过冒险行为来获得他人的关注或认可。高危行为和冲动行为在个体步入青春期后会相当普遍，青少年会借此来体验自己对死亡的恐惧及对永生的感觉。如果活下去的理由模糊不清或不够充分，这一点便尤为突出（Salami，Brooks，& Lamis，2015）。冲动控制能力是自杀危机结果的关键预测指标，那些尝试自杀的冲动的儿童和青少年可能还没思考过其他途径就选择了自杀。

孤独感

　　显然，自杀与孤独感和被孤立感有着密切的关联（Gallagher，Prinstein，Simon，& Spirito，2014）。大多数有自杀倾向的儿童和青少年在与同伴交往方面都存在一定的问题，他们对排斥和拒绝也十分敏感。通常来说，孤独感始于童年，并一直持续到青春期。青春期以发展社会关系为主要特征，青少年很容易在这一特殊的发展阶段感到孤独和被孤立，无法体验到来自朋友足够的支持。如果没有这些支持和依恋关系，青少年会觉得自己是多余的、被忽视的，这往往会导致他们萌生自杀的想法。特别是对女孩来说，社会孤立和同伴间的冲突意味着她们更有可能考虑轻生（Bearman & Moody，2004）。然而，参与一些志愿者服务和同伴支持项目等亲社会活动可以有效降低青少年的自杀风险，这或许是因为这些活动可以消除他们的孤独感，加拿大的一项研究证实了这一观点（Ramey et al.，2010）。前文所介绍的关于自杀的人际关系理论将"孤独感"这一因素称为"受挫的归属感"，并认为在所有的群体中，社会孤立感可能都是自杀意念、自杀企图及实际的自杀行为最有效、最有力的预测因子。

负担感或累赘感

　　儿童和青少年自杀的另一个内在心理特征就是觉得自己是别人的负担（Opperman，Czyz，Gipson，& King，2015）。显然，觉得自己是"别人生活中"的负担，是有效解释严重的抑郁感和自杀意念的关键机制，也是降低生活意义感的风险因素。

　　虽然在那些自杀身亡的人群中，累赘感（负担感）这一因素可能与更致命的自杀方式有高度关联，但是现在大部分的社区和社会支持团体的预防与干预工作都聚焦于如何减少社会孤立感这一方面，并未致力于有效处理儿童和青少年内在的负担感。

失望感与绝望感

失望感与绝望感是指失去希望的内在感受。经历过绝望的孩子会悲观地看待未来（Sargalska，Miranda，& Marroquin，2011）。绝望感是有效识别自杀企图和自杀行为的重要指标。它是导致部分儿童和青少年做出自伤行为的情绪或状态的可靠预测因素（Gallagher et al.，2014）。正如前文所述，当一个人因为没有归属感而感到绝望，并将自己视为他人的负担时，他自杀的可能性就会特别大。

焦虑症、强迫行为、敌意和精神病等心理障碍也会影响儿童和青少年的自杀企图和自杀行为。而识别儿童和青少年的抑郁迹象，对有效避免自杀危机会有特别大的帮助。

抑郁

抑郁症等相关精神疾病显然是导致儿童和青少年自杀的一项重要因素（Gallagher et al.，2014）。相关研究表明，在 12 ～ 17 岁的青少年群体中，有 14% 的人曾经历过至少一次重度抑郁发作，其中大约有一半的人曾考虑过自杀（Bridge，Goldstein，& Bren，2006）。无论在临床环境还是非临床环境中，抑郁症都与儿童和青少年的自杀想法及自杀行为有密切关联（Gould & Kramer，2001；Mazza & Eggert，2001）。值得注意的是，使用抗抑郁药物可以显著降低那些来自社会经济环境较差的青春期男孩（15 ～ 19 岁）的自杀率（Olfson，Shaffer，Marcus，& Greenberg，2003）。这表明，抑郁症确实是导致一部分青少年自杀的重要因素。正如我们在其他地方所讨论的（B. T. McWhirter & Burrow-Sanchez，2004），抑郁症可能并不存在于所有的儿童和青少年自杀案例中，但它仍然是自杀行为的一项重要且主要的风险因素（Vitiello et al.，2009）。

患有抑郁症的青少年在以后的生活中出现各种不良结果的风险会更高（Fergusson & Woodward，2002），包括抑郁、焦虑、自杀行为、尼古丁依赖、学业问题和就业困难，以及意外怀孕等。在 14 ～ 16 岁的抑郁症患者中，有高达三分之二的人会在 21 岁前再次经历抑郁发作（Fergusson & Woodward，2002）。

不良思维模式

认知僵化和认知扭曲等不良思维模式及非理性信念总是会与抑郁和低自尊同时出现，这在自杀儿童和青少年群体中十分普遍。有自杀风险的孩子往往掌握较少的积极应对策略，而且很少会为自己的问题寻求帮助（Labouliere，Kleinman，& Gould，2015）。及时、尽早修正那些不良思维模式可以有效预防很多自杀危机。下面是一些自杀儿童和青少年常见的不良思维模式。

- 认知局限（cognitive constriction）：个体看不到解决问题的方法，而且坚信当前的不良情绪永远不会结束。认知局限会导致二分法思维。
- 极端思维（dichotomous thinking）：个体只能看到两种极端的问题解决方法：（1）继续生活在地狱中；（2）借由死亡来寻求解脱（例如，"除非我自杀，否则我将永远无法摆脱这种感受"）。有自杀倾向的儿童和青少年会有许多不良思维模式，但其中最重要的就是极端思维，这在自杀意念的关键阶段十分常见。
- 认知僵化（cognitive rigidity）：个体对环境进行刻板和僵化的感知与应对方式。认知僵化限制了对问题提出切合实际的解决方案的能力。陷入认知僵化的个体会认为其所面临的问题、解决问题的能力及未来都是悲观无望的（例如，"我没有地方住，也没有人会帮助我，我对此无能为力"）。
- 认知扭曲（cognitive distortion）：个体不仅高估问题的严重性和难度，而且认为困难会泛化到所有情况。认知扭曲者会认为自己才是问题的根源（例如，"我那次考试没有得 A，所以我一定很笨，我生活中的所有事情都是一团糟"）。

如果儿童和青少年对自我、问题的难度及未来等诸多方面都普遍抱有负面信念，那么他们极有可能会做出自伤行为（Sargalska et al., 2011）。这些想法会使个体退缩，无力改变现状，并最终导致个体自杀。另外，不良的思维模式还具有自我挫败的螺旋效应，即一旦儿童和青少年开始认为自己的问题无法解决，问题本身就会变得越来越糟糕，他们能够想出解决方案的能力也会越来越受限（见图 10-1）。

自杀的预警信号

自杀动机

儿童和青少年企图自杀的原因如果能被发现的话，本身就是初步的预警信号。自杀可以是用来应对罪恶感或羞耻感的一种自我惩罚的方法。对于发现自己意外怀孕的未成年女性、经历性骚扰的青少年，或者对自身性取向有着强烈冲突的青少年来说，自我惩罚行为并不罕见。自杀似乎也可以作为对曾经的所做所为的一种宽恕，这种轻生动机在酗酒者中比较常见。而且，自杀动机也可能是一种扭曲的报复行为，常被当作对那些带来痛苦的人（如离婚的父母）进行报复的方式。报复性抛弃是另一种自杀动机。一个被女朋友抛弃的男孩可以借此实施"报复"，以他自己的死亡来展示她这么做会带来多么严重的后果。他宁愿选择去死也不愿意被人抛弃。在下文的小故事中，扭曲的报复和报复性抛弃这两种动机可能都起到了一定作用。无所不能的幻想是一种对自我和他人的绝对控制、对完全掌控自己的生和死，以及对完全自主的渴望。最后，很多儿童和青少年企图自杀并不是为了结束自己的生命，而是在声嘶力竭地寻求帮助。当然，这些尝试行为同样是致命的。减少自杀意念对于减少实际的自杀尝试至关重要，充分了解自杀动机有助于发现、预防儿童和青少年的自杀问题。

言语信息

大部分想要自伤的孩子都会有一些言语暗示，如表达他们的生活太艰难了，他们不值得活下去，等等。儿童和青少年可能会说类似下面的话。

- "我不知道该怎么办。"
- "我真希望死了算了。"
- "解决我的问题只有一种方法。"
- "我不会活太久。"
- "我活够了。"
- "你会后悔这样对待我的。"
- "我的麻烦很快就会过去。"

这些儿童和青少年会暗示或直接表达他们正在考虑自杀。

📖 **小故事：拥有一切的女孩**

· ·

谢莉是一名聪明、美丽的女高中生，颇受大家的欢迎。她曾经与校友返校节国王①约会，各科成绩都是 A，还是女子垒球队的明星队员，人见人爱。她似乎不费吹灰之力就得到了她的闺密想要的一切。然而，谢莉的父母却意外地愤然离婚了，而

---

① 校友返校节国王（homecoming king），即在校友返校节当天，全校师生一致评选出的国王，一般都是由大家公认的、节日当天最帅气且最有魅力的男性校友当选。——译者注

谢莉仍然还是以前那个开朗、喜欢开玩笑的女孩。闺密觉得，谢莉的这种"勇气"正是她们这位才华横溢的朋友所拥有的另一种力量。

某个周末，就在谢莉的母亲和兄弟准备去朋友家过夜之前，谢莉和母亲大吵了一架。也许是为了报复，谢莉召集了一大帮朋友，在母亲家举办了一场派对。在豪饮数小时后，谢莉又和她的男朋友吵了起来，于是男朋友和谢莉提出了分手。她的闺密说，那天晚上，谢莉似乎一直是"正常、说说笑笑"的样子。而且当时，她们都以为她觉得分手只是暂时的。但是，第二天早上，当谢莉的家人回到家时，他们发现谢莉的车还发动着，并且锁在封闭的车库里。而谢莉已经死了好几个小时了。

谢莉没有留下任何遗言。她没有对她的朋友说任何暗示她第二天不会出现的话。这似乎是在仓促之间做出的冲动决定。显然，她开朗的心态和虚张声势其实都是在掩饰内心的绝望和愤怒。也许它们还掩盖了一个事实：这个"拥有一切"的女孩从未真正学会如何应对失望和痛苦。

有自杀倾向的孩子也可能会直接谈及死亡，说想知道死亡是什么样子，还可能会提到一些其他已经去世的人曾经有的想法。他们也可能会拿自杀来开玩笑。许多被当作玩笑来说的内容其实能够暗示自杀危机已迫在眉睫，因此我们要足够重视这些玩笑。为了获得他人的帮助或试探他人的反应，一些孩子甚至会直接威胁说他们要自杀。所以，成年人一定要认真对待孩子发出的言语方面的预警信号，而不是仅仅将其看作孩子正在经历"正常的发展阶段"。如果我们对孩子发出的言语预警信号或直接的自杀威胁不做出任何回应，那么孩子很可能会觉得自己毫无价值、多余、没人关心。这些糟糕的感觉只会增加他们尝试自杀的风险。另外，一些能够反映被动自杀倾向的言语也需要引起大家的足够重视。被动的自伤观念如何转变为主动的自伤想法，其中的心理机制尚不清楚。不过从预防的角度来看，我们必须对这两种自杀观念进行及时干预。

行为异常

父母、教师和心理咨询师可以了解或学习一些有可能暗示自杀风险的异常行为，这样有助于预防儿童和青少年尝试做出自杀行为。行为上的异常包括如下几个方面：

- 情绪上出现较大波动；
- 与他人的沟通和互动从愉快、积极的转变为退缩、消极的；

- 变得十分冷漠或缺乏正常的活力，如对曾经很重要的一些爱好也不感兴趣了；
- 睡眠或饮食方面的改变——失眠或嗜睡，缺乏食欲或特别贪吃；
- 赠送别人特别珍贵的礼物。

教师尤其可能会识别学生的以下异常行为：

- 学习效率和表现下降；
- 旷课次数增加；
- 课堂上的小动作增多；
- 有可能吸毒或酗酒，在学校或放学后与"不良团伙"混在一起；
- 如果学生同时有辍学的风险，那么他们的社交活跃度会比一般的学生高一些。

一般风险因素

正如前文所介绍的，自杀儿童和青少年通常会持有一种僵化刻板且不现实的思维方式（Sargalska et al.，2011）。他们思考的内容也可能是一种自杀预警信号。如果孩子想逃离某种环境，跟那些已经死去的朋友或家人团聚，为自己的所作所为接受惩罚，报复或伤害他人，控制自己的死亡，或者解决一个他们觉得无法忍受或无法解决的问题，那么他们很可能会做出自伤行为。消极的人生观和不良的自我意象也是自杀的预警信号。大多数孩子都会以某种方式来表达自己的这些想法。所以，了解孩子的心理状态及解决问题的方式是预防他们自杀的第一步。我们会在第 12 章和第 13 章介绍一些与此相关的认知改变策略。

正如第 1 章所介绍的，我们会从保罗·安德鲁斯身上看到许多自杀的预警信号。他与父母之间有冲突，虽然不如和姐姐阿莉之间的冲突那么明显，但这仍是自杀企图的前兆，因为亲子之间的冲突往往是自杀的序曲。保罗的继父杰克要么直接批评他，要么完全无视他。而保罗的母亲还劝说保罗不要去惹继父。同时，保罗在学校行为不检点，会攻击其他孩子，有时又很孤僻。他还会通过反复讲述一些关于死亡和人类痛苦的血腥新闻来引起其他孩子的关注（但随后又被拒绝）。保罗与小伙伴之间的这种互动既激发了他的攻击性，也增加了他对自己和社会的罪疚感、无价值感，同时点燃了他心中的怒火。保罗在言语信息、行为改变和思维模式等多个方面都发出了自杀的预警信号。不幸的是，他想要以此来获得关注和支持的方式实际上并不奏效。

非自杀性自伤行为

非自杀性自伤（non-suicidal self-injury，NSSI）行为是指儿童或青少年在无自杀意念的情况下，故意做出一系列伤害自己身体组织的行为（Hyldahl & Richardson，2011）。一个常见的例子就是有的孩子会故意割伤自己的手臂或腿。另外，像烧伤、骨折、拔头发及其他一些自伤行为也都属于非自杀性自伤行为。通常来说，身体穿孔和文身不属于自伤行为，因为它们主要是为了装饰和美观，或者引起别人的注意。有时，在帮派或监狱中，人们身上带有"刺青"是为了宣告身份或表明自己的地位。

在处理边缘型人格障碍（borderline personality disorder，BPD）患者的精神科临床环境中，自伤行为相对会比较常见。然而，近年来，在那些既没有住院也没有任何精神病诊断的儿童和青少年群体中，自伤行为有逐渐增加的趋势。研究人员在社区和学校的调查样本中发现，约有 7% 的儿童及 12%～40% 的青少年曾有过非自杀性自伤行为（Lloyd-Richardson，2010），而且相关人士预估这一数值还会持续增长（Whisenhunt et al.，2014）。在过去的几十年里，各种非自杀性自伤行为就像自杀现象在年轻人群体中增长的趋势一样也在普遍增加，这也许是因为互联网和社交媒体给各种非自杀性自伤及自杀行为带来了相当大的负面影响（Whitlock et al.，2009）。

因此，公众服务专业人士被要求越来越频繁地与非自杀性自伤来访者进行工作。很多心理咨询师已经反馈了他们对那些具有非自杀性自伤行为的来访者的反应，他们会通过关注相关的外部因素、潜在的伤害、治疗条件及儿童和青少年对治疗的反应来更好地理解他们（Whisenhunt et al.，2014）。由于非自杀性自伤行为会导致自残、感染、旁观者的心理恐慌等严重的后果，因此及时对儿童和青少年出现的自伤行为进行必要的干预十分重要。此外，自伤作为一种普遍的问题表现，会出现在儿童和青少年及其家庭需要处理的任何一种潜在的危机问题中。

自伤与自杀是截然不同的行为。虽然许多实施自伤行为的人确实会抱有自杀的想法，而且其中有 55%～85% 的人曾经至少有过一次自杀行为（Trepal，2010），但是自伤行为主要是个体用来缓解巨大的负面和紧张情绪、应对压力及减少隔离感和空虚感的一种方式。而极具讽刺意味的是，从这个角度来看，非自杀性自伤行为并非一种逃避策略，反而是一种想要活下去的行为。所以，非自杀性自伤行为其实是一种救生工具，一种试图调节情绪混乱的手段，至少最初是这样的（Hyldahl & Richardson，2011）。

然而，非自杀性自伤行为除了会直接导致现实层面的消极结果外，还会导致之后的自杀想法和自杀行为（Whitlock et al.，2013）。非自杀性自伤行为可能满足了自杀的人际间理论中关于自杀的最后一个必要的预测性因素。非自杀性自伤行为让个体可以逐渐通过对恐惧和疼痛的习惯化来减少抑制。因此，自杀行为之前的非自杀性自伤行为很可能是通向自杀的"初级"行为。

自杀的识别与风险评估技术

相关科研人员已经设计出几种有效的策略来识别儿童和青少年的自杀想法。首先，充分认识抑郁症的主要症状并熟悉其各种形式及具体表现会非常有帮助。另外两种比较有效的方法是临床访谈和自我评估量表，它们可以用来评估自杀意念的严重程度和危险程度。

自杀风险程度访谈

对评估自杀风险来说，临床访谈可能是最有效、获得信息最全面的一种方法了（J. J. McWhirter，2002）。访谈对象主要包括有自杀风险的儿童或青少年本人、他的父母及教师（Bryan，Corso，Neal-Walden，& Rudd，2009）。因为有自杀倾向的孩子通常会对自己感到愤怒、对世界感到不安，并陷入情绪混乱中，所以与他们建立一种可以传达出自信、有益且值得信任的专业关系是至关重要的。

访谈者要尝试评估以下几个方面：（1）孩子当前主诉的问题史（如抑郁、焦虑、孤独）；（2）家庭结构和家庭关系；（3）主要成长经历、临床疾病史及学习经历；（4）人际关系状况；（5）自杀的言语和行为预警线索；（6）当前任何可能诱发自杀的压力。此外，访谈者还要注意孩子在行为、睡眠和饮食模式、情绪状态等方面发生的变化，以及以往发生过的自杀尝试。而且，父母和孩子所表述内容之间的明显差异可能会说明一些问题，所以对父母的访谈工作是至关重要的（Bryan et al.，2009）。另外，访谈者还要特别关注以下高危因素（Substance Abuse and Mental Health Services Administration，2012）：

- 抑郁和绝望方面的临床症状；
- 近期重要关系或人生目标的丧失；
- 严重的家庭问题，如父母离婚、酗酒、身体虐待或乱伦；
- 身体残障，酒精、药物滥用或精神疾病的个人治疗史；

- 人际关系贫乏，或者缺少朋友、家人或其他在危机中能够提供情感支持的人。

如果接受访谈的孩子有自杀意念，那么访谈者必须评估其自杀风险的严重程度。而自杀风险的严重程度取决于孩子自杀所选取的具体方法及致命程度。仅仅出现自杀想法本身（特别是被动自杀想法）并不会构成特别大的风险。事实上，每次自杀身亡的背后通常会有 100 ～ 200 次的自杀尝试（CDC，2010）。不过，如果出现以下这些情况，就说明问题变得越来越严重了：（1）有计划的自杀意念，包括时间、地点和自杀方式；（2）采用高致死性的自杀方法（如用枪或跳楼）；（3）自杀工具（如家里装有子弹的枪支）的可获得性；（4）既往自杀史。关于自杀企图的具体研究（Miranda et al., 2014）能充分证实这一点。研究报告显示，那些自杀欲望特别强烈、规划自杀的时间超过 1 小时，而且最初是独自一人尝试自杀的儿童和青少年，将来尝试自杀的可能性比一般人至少高 5 倍。

自我评估量表

研究人员已经设计出各种专业的自我评估量表，这些工具可以有效识别有自杀倾向的儿童和青少年（Thompson & Eggert，1999）。格拉内洛（Granello，2010）提出了自杀风险评估的 12 项核心原则。

《自杀风险筛查量表》（The Suicide Risk Screen）是一项有效识别有自杀风险学生的实用工具（Thompson & Eggert，1999）。除了测评抑郁的量表外，贝克及其同事还编制了包括《贝克绝望量表》（Beck Hopelessness Scale，BHS；Beck, Weissman, Lester, & Trexler，1974）和《自杀意念量表》（Scale for Suicide Ideation；Beck, Kovacs, & Weissman，1979）在内的一系列自我评估量表。其中，《自杀意念量表》涵盖了一系列问题，其中包括当事人对生或死的态度、自杀意念的特点和特性，以及既往自杀企图等相关背景因素。上述量表均有助于识别儿童和青少年的自杀风险程度。另外，《哥伦比亚自杀严重程度评定量表》（The Columbia-Suicide Severity Rating Scale）也是一个可以帮助心理咨询师评估儿童和青少年自杀风险的工具。

在预防自杀方面，学校范围内的筛查策略已经取得了令人欣喜的成果（Gould & Kramer，2001）。通过使用访谈技术和自我评估量表，学校的预防性筛查工作可以获得有关学生的自杀意念、药物滥用、抑郁及既往自杀史等多方面的综合信息。这对于有效识别那些危机中的儿童和青少年有着至关重要的作用。

自杀危机的针对性干预措施

要想帮助一位正在认真考虑自杀的儿童或青少年，那么采取不同于一般心理咨询师的工作立场是极其重要的。自杀是很难纠正的，所以心理咨询师应该变得更加积极主动和权威，并让相关重要人士也参与到干预中。这里有两点需要特别注意：首先，在接受干预前就持有自杀想法及患有重度抑郁症的儿童和青少年，在接受治疗时发生自杀事件的风险会更高（Vitiello et al.，2009）；其次，与男孩相比，女孩更有可能从现有的预防干预项目中获益（Hamilton & Klimes-Dougan，2015）。

自杀治疗（suicide treatment）是针对自杀危机采取的一种干预措施，主要通过以下步骤来化解自杀危机。

1. 认真倾听并尊重自杀儿童和青少年表达的情绪和感受。有自杀倾向的儿童和青少年会觉得他们自己的问题十分严重，所以他们的感受不应该被置之不理。校方应该实施相应的朋辈支持项目，以有效促进危机干预，并减少儿童和青少年的自杀行为。

2. 鼓励儿童和青少年寻求帮助。承认自己的自杀意念或自杀企图会引发当事人强烈的羞耻感。这些感受应该得到应有的认可。心理咨询师还可以帮助儿童和青少年意识到并表达其内心想要继续活下去的愿望。这有助于预防儿童和青少年进一步的自杀尝试。

3. 评估具体的自杀危险程度。心理咨询师可以直接这样问当事人："你有想过轻生吗？"心理咨询师也要具体评估当事人自杀计划的具体程度，如问当事人："你打算怎样自杀？""你已经准备好自杀用的工具了吗？""你以前尝试过自杀吗？"心理咨询师其实不需要担心问这样的问题会增加当事人自杀的风险。

4. 果断做出决策。对于那些有明显自杀迹象或表明会在数小时内尝试自杀的儿童和青少年，心理咨询师必须立即安排他们住院接受持续的照顾和监护。

5. 与儿童和青少年签署书面治疗协议。口头协议也可能会很有效，但书面形式的治疗协议更有效。有时，建议住院治疗足以说服儿童和青少年签署书面治疗协议。不过，心理咨询师要谨慎地使用这一策略。如果让儿童和青少年感觉自己是被迫签署协议的，他们可能就不太会遵守协议条款。

6. 充分利用现有资源。通常来讲，社区心理健康服务机构及个人执业心理咨询师是可以帮助具有自杀行为或急性自杀意念的儿童和青少年及其家庭的主要支持资源。

7. 对儿童和青少年的心理咨询或治疗干预是十分必要的。不过，目前只有极少数研究会专门探讨对青少年自杀想法及行为的干预效果，而且几乎没有专门针对儿童的相关研究。一些研究人员在整理和分析这些研究后发现（Glenn，Franklin，& Nock，2015；

Whitlock et al.，2013），其中有六七种治疗技术可能具有比较好的治疗效果。由于缺乏对这些有效治疗方法的相关实证研究，我们建议相关从业者在对儿童和青少年的自杀危机进行干预时尽量参考以下治疗技术。

（1）在开始阶段进行强化治疗，以处理当前的紧急问题，而且要营造一种安全的治疗环境。

（2）自杀危机干预需要以家庭为治疗重点，了解当事人家庭的具体情况并建立积极的治疗关系。

（3）治疗干预中应包含相关的生活技能训练，以改善当事人的人际功能。

（4）共同探索认知重构的可行性，以增强当事人对生活的目的感和意义感。

（5）治疗需整合对其他不良行为的干预，如物质滥用问题。

在第 12 章，我们会详细阐述这些治疗技术，特别是生活技能训练与认知重构技术。

自杀的预防、早期干预与事后干预措施

早期预防干预主要涉及消除或改变与自杀有关的一系列环境和人际间影响因素。自杀早期干预项目旨在尽早发现儿童和青少年表现出的抑郁、焦虑、孤独感，以及压力及其相关的家庭问题，并进行相应的治疗干预。父母和教师是最容易触及儿童和青少年的成年人，他们在自杀早期干预中发挥着关键作用，同时，其他学校工作人员和社区专业人员也会起到非常重要的作用。校方实施的一系列早期干预项目能最大限度地降低高危儿童和青少年自杀意念出现的频率和严重程度（Daniel & Goldston，2009）。例如，学校可以采用群体筛查手段，以更方便、经济地进行早期检测，也可以通过对学校安保人员进行培训来有效检测学生的自杀危机。由于儿童和青少年的自杀问题往往具有很高的隐蔽性，因此在这些早期干预项目中，在学校经常与儿童和青少年打交道的成年人都应该接受相应的培训，以更好地识别那些有自杀倾向的学生。如果保罗所在的学校实施了这样的早期干预项目，他可能就会被尽早发现，学校也就会在自杀危机出现之前就采取适当的干预措施。然而，相关调查显示，很多学校其实并不太愿意实施学生筛查项目，而是倾向于采用培训教职人员的方式（Whitney et al.，2011）。

学校危机应对小组可以起到有效预防学生自杀的作用，而且在发生自杀或其他事故时能提供及时的支持作用（Substance Abuse and Mental Health Services Administration，2012）。当然，学校危机应对小组也会处理其他在校园内发生的事故，如校园枪击事件或局部恐怖袭击事件。学校危机应对小组由一些训练有素的教师、行政管理人员、学校

心理咨询师、学校护士、社会工作者和教育辅助专业人员（Allen & Ashbaker，2004），以及家长和社区成员组成（Maples et al.，2005）。虽然学校危机应对小组的主要任务是干预相关的危机事件，但它也能在出现真正的危机之前提供一系列教育和干预措施。

学校危机应对小组干预措施的核心就是进行一些早期干预工作（Brock，Sandoval，& Lewis，2001）。校方需要制订一系列预防与早期干预计划、准备好充足的转诊资源并建立相应的工作流程和规范，以便小组成员能够在必要时立即采取行动。另外，学校还需要将孩子的家庭和父母充分纳入早期干预项目。而且，学校还要考虑一些特殊人群的个性化经历，并将其整合到早期干预项目中。

- 学校危机应对小组应与精神卫生机构进行合作，还要跟其他为社区、家庭、儿童和青少年提供服务的组织机构进行协调配合。同时，学校危机应对小组还可以与相关的执法机构、个人执业心理咨询师、医疗专业人员、教会和医护人员等进行联合工作。因为对预防与干预儿童和青少年的自杀行为而言，构建一种社会网络协作联动机制能够起到十分重要的作用。

- 学校危机应对小组还可以参与相关的教育和培训项目。小组成员应向教师、其他教职人员及父母提供有关自杀风险和应对措施的继续教育培训项目（Daniel & Goldston，2009）。学校危机应对小组还可以保存一些视频资料和有关自杀和干预资源的信息库。在一项研究中，研究人员发现，父母在观看一些与自杀相关的视频后，对自杀预警信号会更加敏感，对有自杀倾向的儿童和青少年的反应及适当的求助和预防策略的认识也会有所提升（Maine，Shute，& Martin，2001）。因为在儿童和青少年自杀危机干预方面，基于家庭和社区的一系列干预项目具有积极的保护作用，所以做到这一点尤为重要（Brutsch，2015）。

- 学校危机应对小组还要对干预项目进行相应的监督和管理，以确保转诊资源定期更新，工作流程有效，以及预防措施和早期干预工作适合学生。

最后，学校危机应对小组在考虑制定相关的自杀预防与早期干预工作流程时应考虑以下建议。

1. 在真实危机发生之前提前制订相应的应对计划。

2. 公开、坦诚地处理自杀问题。不要回避谈论自杀议题。

3. 先让重要的成年人，特别是教师和其他教职人员充分做好应对自杀危机的准备。这将有助于学生做好应对自杀危机的准备工作。

4.在向学生放映自杀教育宣传影片之前，成年人一定要先充分了解自杀问题，并事先对教育片的相关内容进行交流和探讨。此外，在放映完自杀教育宣传影片后，成年人一定要留出足够的时间来讨论其中的主要内容，要让学生相互分享他们对自杀的想法和感受，对父母而言也是如此。

自杀危机管理与应对

与其他紧急事件一样，儿童和青少年自杀危机也需要同样的关注和优先处理。作为学校危机应对小组成员的心理咨询师、教师和行政管理人员，除了自己的日常工作外，他们还应为应对突发紧急情况留有足够的时间和精力。心理健康专业人士，如学校心理咨询师，在应对自杀危机时要发挥主要作用。

首先，心理咨询师需要评估自杀危机的危险程度（J. J. McWhirter，2002）。如果自杀计划已经比较具体，致死率比较高，或者当事人具有自杀史的话，心理咨询师就必须评估儿童或青少年的情况是否稳定，以及是否需要启用转诊流程。心理咨询师还要评估当事人是否需要接受住院治疗。

其次，心理咨询师需要和具有自杀倾向的学生签订书面咨询协议。协议中需要明确规定，学生不会在下一次咨询前尝试任何自杀行为。大部分签署书面协议的学生都会遵守协议内容。另外，给学生提供一些应对危机事件的支持资源也很重要。近几十年来，心理危机干预热线一直被用来预防自杀行为（Gould & Kramer，2001）。自杀行为通常与危机有关，各种心理危机干预中心会配有训练有素的工作人员来处理儿童和青少年的"求救"信号。尽管心理危机干预热线对高危儿童和青少年可能特别重要，但很少有相关研究检验其在现实中的干预效果。

再次，细致的观察至关重要。在危机干预期间，成年人必须对儿童和青少年进行至少24～72小时的全天候密切监护。这可能包括安排住院治疗或配备"自杀观察人员"：在此期间，当事人的家庭成员和朋友要时刻关注其情绪和行为状态。危机干预中的心理咨询应该以行动为导向，具有明确的指导，要优先处理儿童和青少年的自杀危机。一旦当事人的状态稳定下来，产生自杀危机的潜在原因才可能成为干预的焦点。

最后，当心理咨询师发现儿童或青少年产生自杀意念时，需要将自杀的风险告知其父母。父母和心理咨询师之间的沟通、接触通常是应对孩子自杀危机的第一步。尽管这样的交流很可能会泄露孩子的个人隐私，但对一个有自杀危机的孩子来说，这样做无论在法律还是伦理道德上都是最恰当的处理方式。早在咨询关系建立之初，心理咨询师就必须向所有未成年来访者及相关成年人明确保密原则的限定和保密例外。心理咨询师及时将自杀风险告知他人，是真正关心儿童和青少年福祉的行为。

自杀危机事发后的应急干预

在发生尝试自杀事件后，学校教职人员或危机应对小组应立即关注一些相关问题。由于大多数儿童和青少年尝试自杀事件都不是在学校发生的，因此学校危机应对小组的成员应该打电话给当事人的父母，与他们核实相关情况。而且这通电话也是向学生的家庭成员提供帮助的机会。通话结束后，学校危机应对小组应立即通知教师和校方行政管理人员，强调自杀事件的保密原则，同时密切关注尝试自杀者的那些好友，跟进其他同样可能面临自杀风险的学生，对可能因自杀而受到创伤的学生提供一些支持性干预。在自杀未遂的学生康复期间，学校危机应对小组需要让他们了解学校近期的一些情况，并鼓励父母报告学生所取得的进展。

这种合作关系要一直持续到学生返校后。在当事学生的返校过程中，学校危机应对小组的成员要尽力营造一种比较舒适的氛围。在学生返回学校时，教师也应注意采取一些必要的措施。在帮助当事人处理自杀未遂后的影响方面，个体心理咨询和团体心理咨询都是很有效的。不过团体咨询应该推迟几个月再进行，因为这样可以让当事人不至于成为团体中的焦点。另外，抗抑郁和焦虑的药物对自杀未遂者也比较有效，可以配合心理咨询和治疗共同使用。很重要的一点是，开处方的医生要了解他们的自杀企图。

家庭干预措施

在儿童和青少年发生自杀未遂事件后，专业人士通常会建议当事人最好接受家庭咨询，或者将其与个体干预相结合。家庭中任何一位成员的自杀行为都会给其他成员带来巨大的压力，尤其是如果家庭本身已经陷入困境的话。即使当事人的家庭相对健康且功能良好，一般的养育和家庭照顾此时可能也不足以有效应对孩子所面临的压力、焦虑、抑郁及自杀意念等问题。

在与家庭开展工作时，心理咨询师一定要强调一些关键问题（Daniel & Goldston，2009）。首先，心理咨询师必须让当事人认识到自杀问题的严重性。虽然父母可能将孩子在意的问题视为微不足道的，但这些事情对孩子来说可能是毁灭性的。父母必须明白，如果一个家庭出现了想要自杀的孩子，那么这就是整个家庭的问题。举例来说，将保罗的父母纳入治疗是十分重要的，因为保罗的绝望感大部分都来自家庭中出现的问题及混乱的家庭动力。

其次，心理咨询师还需要处理父母在孩子自杀时经常会体验到的羞愧、内疚和愤怒，同时对家庭内部可能存在的否认情绪进行工作。在通常情况下，当家庭发生自杀事件后，与每位家庭成员进行单独会谈会有很大帮助。

再次，家庭必须认识到，导致自杀危机的问题其实已经存在很长一段时间了，而且这些问题在很大程度上反映了家庭的关系动力问题。心理咨询师要鼓励家庭了解并理解这些动力关系，进而努力做出改善，并将其作为管理儿童和青少年自杀危机并实现长期影响的一种手段。

最后，心理咨询师还需要评估每位家庭成员的自杀意念情况。家庭咨询可能是处理儿童和青少年自伤行为主要起因的最有效方法。例如，心理咨询师可以改善、调整家庭成员之间的沟通方式，帮助每位家庭成员澄清和修正其所承担的家庭角色，使不正常的家庭重归平衡，这对保罗和他的家庭是十分有价值的。不幸的是，许多有自杀倾向的儿童和青少年并不是跟他们的原生家庭生活在一起的，所以干预措施就要将那些看护者纳入其中。我们会在第 14 章详细探讨如何通过家庭咨询来进行有效的干预。

事后干预与后续治疗措施

一旦儿童或青少年自杀身亡，我们就会将干预的重点转移到如何控制这一事件所造成的伤害上。儿童或青少年自杀身亡会给周围人带来极大的痛苦。自杀身亡者的家人、朋友和同学往往会需要后续的治疗或事后干预支持。他们可能需要个体咨询、团体咨询及家庭咨询来帮助他们应对这一创伤事件。分享有关自杀事件的信息并与同社区成员和同学交流，会有助于防止进一步的集体自杀事件。事实上，心理健康专业人士及学校教职人员在自杀身亡事件发生后负有十分重要的干预责任。大部分事后干预工作都涉及学校和家庭这两个层面。

学校层面

学校不仅是预防儿童和青少年自杀及进行早期干预的主要场所，也是应对学生自杀身亡所造成影响的主要阵地。学校教职人员可以提供自杀事件的相关信息，帮助周围人处理他们的丧失感，并为特殊关注的学生提供必要的心理咨询支持。自杀事件应该被大家讨论，因为不敢讨论自杀事件实际上只会增加其他学生自杀的风险。在关于自杀的讨论中，专业人士不需要将死去的学生美化或浪漫化，而是应该允许其他学生充分体验哀伤的过程。举例来说，学校不要为自杀的学生举行悼念活动，也不要为他们栽种纪念树。不过，如果有必要的话，学校可以允许其他学生参加死者的葬礼。如果忽视了这些重要因素，发生集体自杀事件的风险很可能会增加，其他学生的哀伤过程也会更加复杂，变得难以干预。

与危机干预工作一样，事后干预也是学校危机应对小组的工作职责之一。在学生自杀身亡后，学校危机应对小组应采取以下措施来进行及时的干预（Substance Abuse and Mental Health Services Administration，2012）。

- 管理人员应召开紧急教职人员会议，传达事件的情况，并提出教师组织班级讨论的"谈话要点"。

- 学校危机应对小组的成员要致电当事人父母，提供必要的帮助，并联系当地的心理咨询机构，还要准备好给父母的相关书面材料，其中包括自杀事件报告、学校的应对措施、如何支持孩子及如何获得外部支持等具体内容。

- 学校不要召开大会宣布自杀事件或发表公开声明。因为这样可能会让一些学生误以为这是自杀所带来的积极效果。另外，学校还要为自杀事件的媒体报道做好必要的准备。

- 学校不要举行追悼会，也不要在学校报纸上发表追悼声明。因为这些活动都可能使学生误以为自杀是一种可接受的死亡方式。

- 学校要为死者的朋友和同学提供见面分享哀伤的机会，还要向学生公布紧急电话或心理危机热线电话。学校还可能需要招募当地社区资源以帮助这些处于哀伤中的学生，也可以为他们提供一些必要的应急和信息服务。

- 针对事件的具体性质，学校要举行教职人员危机事件应激晤谈会（critical incident stress debriefing，CISD）（Juhnke，1997；E. H. McWhirter，1994）。在晤谈会中，学校需要对危机事件进行结构化复盘，并允许相关教职人员表达自己内心的感受、恐惧和哀伤。尽管 CISD 的有效性仍然受到一些专业人士的质疑（Mayou，Ehlers，& Hobbs，2000；Rose，Bisson，& Wessely，2001），但是它在自杀事件发生后很快被采用并被持续使用，或许也充分说明了它在预防后续问题方面具有一定的价值（Campfield & Hills，2001）。

- 学校还要了解与自杀者关系密切的朋友的身心健康状况，并对其进行密切关注。

家庭层面

在儿童和青少年尝试自杀后，与其家庭工作时使用的一些措施对于事后干预也是有效的。自杀事件发生后，当事人的家庭成员除了感到极度内疚、羞愧和尴尬外，可能还会感到悲伤、失落和无助。因此，处理儿童和青少年自杀事件的相关人士必须密切关注自杀者家庭的各种需求。

结语

无论是尝试自杀还是自杀身亡，都会给儿童和青少年及他们周围的人带来灾难性的影响。所以，利用对自杀意念的早期干预来有效预防儿童和青少年自杀是非常重要的。由于教师、学校心理咨询师和其他教职人员在儿童和青少年的生活中起着十分重要的作用，因此他们掌握关于儿童和青少年自杀的症状、诱因、误解、预警信号及一些相关问题的知识就显得尤为重要。此外，充分了解儿童和青少年的危机因素，有助于预防他们自杀。实施有效的预防与早期干预策略不仅有助于减少一系列自伤行为发生的可能性，还可以有效降低其带来的长期负面影响。

第四部分

预防、干预与治疗措施

第四部分涵盖了大量经过实践验证、有循证依据、针对儿童和青少年的预防与干预措施。在第 11 章，我们会介绍对危机中的儿童和青少年进行预防、早期干预与治疗的系统性概念框架和模型，并详细说明两个通用的预防方案。在第 12 章，我们会再次讨论第 5 章列出的心理韧性和 5C 胜任力，并介绍减少消极行为、增加亲社会行为的有效干预措施，包括社会技能、认知行为策略和其他方法。在第 13 章，我们会介绍一些干预方案，这些方案主要利用亲社会朋辈群体的影响来帮助儿童和青少年。在第 14 章，我们将重点关注基于家庭的干预措施。因此，我们将以这些干预措施作为全书的结束部分，而且这些干预措施已经被证明非常有助于与儿童、青少年、家庭进行有效的工作。

第 11 章

预防、早期干预、治疗框架和其他环境因素

10 个老头约好晚上一起聊天喝酒。他们约定每个人带瓶白酒并将它们全部兑在一起，温了之后再一起分着喝。

其中有个人想："我为什么要带酒？他们 9 个人都带酒了，那我带瓶水不就行了！"他照做了。

不幸的是，其他 9 个人也都是这么想的。于是，那天晚上，这些老头喝着温水，度过了一个沉默而悲伤的夜晚。

这则小故事来自一个古老的民间寓言。家庭、学校或社区的意义不仅仅是成员人数的总和。而作为父母、心理咨询师、公众服务专业人士，以及作为一个社会，我们究竟有多少次仅仅带了水，而不是酒呢？

——摘自 J. 杰弗里斯·麦克沃特和贝内迪克特·T. 麦克沃特的《寻找智慧》（*Seek Wisdom*）

本章要点

- ■ 预防、早期干预、治疗的综合框架
- ■ 预防项目的发展历史
- ■ 预防的定义
- ■ 预防 – 干预框架概述
  - • 危机连续体
  - • 预防 - 干预措施连续体
    一般性预防措施
    选择性预防措施

强化环节
针对性干预措施
"二次机会"干预措施
- ■ 预防 – 治疗连续体
- ■ 环境因素
  - • 社会 - 社区 - 邻里
  - • 家庭
  - • 学校
- ■ 现实的考量

- 两例一般性预防与干预项目
  - 反霸凌干预项目

    网络霸凌

    小故事：恶毒的同学

    全校性计划

    受害者

    霸凌者

    施暴的受害者

    旁观者

    怂恿者

    父母
  - 团体取向心理教育预防项目

    愤怒平息计划

    希望、乐观、抑郁

    关系

    焦虑
- 结语

在本章，我们将介绍一种多维度的干预与治疗框架，并将本书所提及的各个概念贯穿起来，希望读者可以借此对这些干预措施有一个全面的理解。要想更好地理解这个框架，我们首先要弄清楚干预、治疗及风险之间的关系，然后要简单了解干预计划的发展历史，并对干预的定义进行界定。在详细阐释了干预与治疗框架后，我们将介绍两个可以有效降低儿童和青少年危机水平的通用项目。

预防、早期干预、治疗的综合框架

对一个问题的治疗干预往往是对更为严重的问题的预防措施。问题行为是一个连续体。例如，如果我们让蒂龙·贝克（见第 2 章）参加戒烟团体，我们就是在为他的吸烟行为提供治疗；而由于吸烟会使他面临使用甚至滥用酒精、大麻和其他药物的风险，因此我们的戒烟治疗也就成了针对这些更为严重的行为的一种预防措施。如果我们让卡特一家（见第 3 章）接受针对不良家庭系统的治疗，我们就是在为他们持续的负面互动提供治疗。与此同时，我们帮助贾森·卡特更有效地处理他的适应不良和自我挫败行为，也是在防止贾森陷入其他危机。

危机也是一个连续体，从较长远的危机到迫在眉睫的危机。导致风险的因素包括人口统计学特征，如社会阶层和经济条件，家庭、社区和学校的压力源，个体特征、态度和行为等。正如我们在第 5 章所讨论的，即使一些儿童和青少年身处的环境和氛围会带来风险，他们依然有足够的心理韧性健康发展，另一些儿童和青少年则有足够的保护性因素以抵御危机。不幸的是，有些儿童和青少年会发展出特定的个体行为，与糟糕的家庭和社会环境相互作用，这不但增加了问题出现的可能性，甚至会让他们置身于更严重的危机中。随着风险因素不断增加，而保护性因素却并未随之增加，儿童和青少年越来越有可能处于迫在眉睫的危机中。我们的连续体框架既适用于呈现预防与治疗之间的关系，也适用于从较长远的危机到迫在眉睫的危机这一连续体。

在理解危机时，将保护性因素纳入考虑范围是至关重要的。顾名思义，保护性因素的作用就是为那些可能面临更严重风险的年轻人提供缓冲或保护。正如风险因素可能与个体特征、家庭、社区和其他背景特征有关一样，保护性因素也可能存在于各个层面。个体层面的保护性因素包括但不限于社交技能和智力；家庭层面的保护性因素包括权威型的教养方式、父母与孩子之间稳固的依恋关系；社区层面的保护性因素包括可获得的资源，如社会、医疗服务和公园，以及家庭和社区之间的紧密联系。在减少风险因素的同时，维持并最大限度地促进保护性因素，更有可能使预防工作取得成功（APA，2014；Hawkins et al.，2015）。

任何一个将预防、早期干预、治疗整合在一起的模型都会涉及一些复杂的问题。学校/政府机构/门诊的作用、儿童和青少年的问题和预防措施之间的关联、治疗和预防之间的相互影响，都是在制定此类模型时需要重点考虑的因素（Conyne，2015）。为了提高目前的干预水平，了解以往预防方面的成功和失败经验也尤为重要。

预防项目的发展历史

20 世纪 60 年代，美国毒品预防项目就出现了，其重点在于普及相关知识。早期的一些操作方式主要基于恐吓和道德说教，而且提供的信息往往缺乏足够的准确性，许多项目宣教的内容都是关于吸毒给社会和健康带来的严重后果，目的是唤起人们内心的恐惧。然而，早先的干预项目关注的是毒品本身，而不是人们染上毒品的原因。更重要的是，年轻人认为这些信息缺乏可信度。在此期间，青少年毒品使用率实际上是有所上升的。因此，人们业已达成共识：仅仅通过宣传毒品的负面信息来改变问题行为是徒劳的。

20 世纪 70 年代，美国毒品预防项目开始解决与毒品滥用相关的个人因素和社会因素，并提供更为准确的信息。情感教育成为主要的预防方法。在这一阶段，教育工作的重点不聚焦于物质滥用行为本身，而是引发吸毒的原因，并试图消除这些与毒品使用相关的原因。情感教育项目以自尊为目标，其假设是，如果儿童和青少年能够理解自己吸毒的动机并有了更高的自尊水平，他们就不会想要吸毒。

然而，这种方法也未能有效降低毒品的滥用率。事实上，仅仅通过关注自尊来消除大多数问题行为的尝试也是无效的。

20世纪80年代，美国的预防工作开始强调行为措施。这些项目侧重于发展社交能力和亲社会应对措施，而它们通常属于"生活技能"的范畴。受行为主义传统的影响，研究人员在强有力的实证研究的基础上，在危机预防与干预领域进行了相关的研究，以检验预防与早期干预项目的效果。该项研究的结果是令人鼓舞的，生活技能教育和社会情感学习开始作为一种重要的预防工具被世界各地采用（Durlak，Domitrovich，Weissberg，& Gullotta，2015）。

20世纪90年代，美国的预防与干预项目是建立在先前努力的基础上的。在20世纪90年代发展起来的模型开始系统地结合情感、认知和行为领域，并强调技能和亲社会态度的发展。项目更加全面而广泛。少数项目在提高保护性因素方面做了一些努力和尝试，但主要的焦点仍然是消除危机。这种情况在21世纪的头15年里开始有所转变。风险因素仍然是研究重点，但情绪教育（Goleman，1995）和积极心理学（McKown，Gumbiner，Russo，& Lipton，2010；Seligman，Schulman，DeRubeis，& Hollon，2010）促使人们更加关注保护性因素的发展。

对项目效果的担忧从20世纪90年代就开始出现，并一直持续到21世纪。遗憾的是，目前我们对美国各地的社区和学校中使用的数百个商业性质的儿童和青少年预防与干预项目的实际效果仍知之甚少。我们在对这些项目进行了严谨的效果评估后发现，许多预防项目的出发点很好，却收效甚微，甚至反而给一些参与项目的儿童和青少年带来了负面影响。

为了解决这一问题，一些大学机构（如科罗拉多大学的蓝图计划）和一些联邦机构（如美国国家心理健康研究所、药物滥用和心理健康服务管理局，以及青少年司法和犯罪预防办公室）已经成立专家小组，对那些有实践支撑的项目进行适当分类。

美国各州和联邦机构规定，从业者只能将公共资金用于有效的项目。目前，美国大部分州都在进行改革，制定法律政策强制要求临床环境中使用的大多数（尽管并非全部）干预措施都必须是有循证基础的方法。对外公布且经过鉴定的科学计划清单有助于推动这些有效项目的使用。实证的最高标准通常来自昌布勒和霍伦（Chambless & Hollon，1998），而这些标准又基于美国心理学会心理干预指南特别工作组（American Psychological Association Task Force on Psychological Intervention Guidelines，1995），即定义循证疗法的黄金标准——至少有两个独立的研究团队进行的随机对照试验支持这种疗法。遗憾的是，与自主开发的项目或商业化销售的项目相比，从业者日常几乎很少实施这些循证干预措施，而前两者往往并未经过对照试验。造成这种局面的原因有很多，其中最重要的是，研究人员与学校和社区从业者之间存在鸿沟。有些项目非常昂贵，因为除了材料、工作簿、录音带和录像带这些必要工具以外，它们还需要从业者接受大量的培训。而在学校和社区经费预算有限的情况下，从业者自然会把目光投向别处。有些项目不是很方便开展，而且大多数项目必须进行调整，以适应当地社区和学校的一些具体规定和环境。

让这种混乱局面更雪上加霜的是，美国联邦机构使用了不同的标准，因而产生了互不相容的清单及不同的资格术语，如示范性、典范、有前景、最具实践性、循证等，这些清单和术语在如何定义有效性证据的水平上也存在差异。

然而，那些经研究证实存在有效性的项目对儿童和青少年会更有帮助。了解项目的有效性是如何确定的，应该会有所助益。通常，这个过程基本上都会包括建立一套可供选择的评估标准，即在大多数情况下要包含实验设计、在统计上有显著效果的证据，并且应该是可以通过实验设计对该原始研究进行复制的，有时还包括治疗效果至少持续一年的证据。达到标准之后，预防与干预项目会根据评估类别进行认定。例如，美国教育部的安全与无毒品学校和社区（Safe and Drug Free Schools and Communities，SDFSC）计划虽然目前没有得到政府资金的资助，但它有一套严格的程序来鉴别预防与干预项目是否有效，并委托专业领域的评审员，根据标准提交、评审和评估程序。项目有效性的证据是评估的核心维度，其他标准包括项目质量、教育意义及对他人的实用性。在一系列现场审查后，整个专家小组将开会审议所有审查，并向教育部长推荐那些符合标准的项目。接下来，有些项目会被认定为最佳实践项目或有前景的项目。在本章，我们所介绍的许多项目都已通过这类评估流程且被认为是合规、有效的。

预防的定义

与预防项目短暂的历史相对应，预防的定义也是随着时间的推移和学科的跨越而变化的（Caplan，1964；Conyne，2004；Gordon，1987；Mrazek & Haggerty，1994；O'Connell，Boat，& Warner，2009；Romano & Hage，2000）。从字面上看，预防意味着在事情发生之前对其加以阻止（Romano，2014）。1964年，卡普兰（Caplan）将预防分为初级预防、次级预防和三级预防。它们分别指降低某种疾病的新发病率（初级预防）、降低发病高危人群的患病率（次级预防）、降低疾病发病期的危害性（三级预防）。

1987 年，戈登（Gordon）提出了一套不同的分类系统，并将预防分为一般性预防措施、选择性预防措施和针对性干预措施。该分类系统将目标人群分为一般公众或整体人群（一般性预防措施），特定群体 / 亚群体或个体（选择性预防措施），以及高危群体或个体（针对性干预措施）。当前美国采用的正是这套系统，在预防研究、拨款申请、可用项目和研究文献中，对目标人群的描述大多使用这些概念。

这些定义和分类系统在预防精神障碍方面的适用性仍然存在争议。例如，卡普兰和戈登对预防概念的界定，最初是为了对躯体障碍的预防工作进行分类。然而，与大多数躯体障碍不同的是，心理障碍的原因或来源很难被界定，复杂的精神障碍预防工作也很难被划分到单一的类别中，如初级预防或一般性预防措施。同样，美国卫生研究所对预防的定义（Mrazek & Haggerty，1994）也由于使用基于疾病的预防模式，将社会和政治变革及促进健康的干预措施排除在外而受到批评。研究人员很重视这些批评，并重新对精神障碍的预防进行了界定（Romano，2014；Conyne，2015）。

目前，在心理咨询和心理学领域，预防工作至少包含以下五个维度中的一个或多个：（1）阻止（预防）问题行为的发生；（2）延迟问题行为的发生；（3）减少现有问题行为的影响；（4）加强促进身心健康发展的知识、态度和行为；（5）支持促进身心健康的机构、社区和政府的政策。这一预防的定义既涵盖了初级预防、次级预防和三级预防的目标，也包括了降低风险因素、促进保护性因素的策略。此外，这一定义还涉及在更大的社会系统中进行的预防工作，同时认可心理咨询师及其他公众服务专业人士作为社会变革推动者的作用（Conyne & Horne，2012）。然而，临床工作者无论从事上述任何层面的预防工作，都将面临挑战，他们必须了解，要在何时采用哪种预防措施和实施战略，以及这些措施和战略会对哪些个体和群体最有效。这就需要他们在制定和实施干预措施的过程中，充分考虑个体、特定的环境因素及这些因素之间的相互作用［Bronfenbrenner，1979，1989；相关因素的应用，参见《预防实践合辑》（*Prevention Practice kit*，Conyne & Horned，2012）］。接下来，我们将介绍的预防 - 干预框架就是依据这一目标设计的。

预防 - 干预框架概述

这个综合性框架被概念化为几个连续体，并提供了包括社会、社区、家庭、学校等在内的干预组成部分。该框架包括一般性的初级预防、次级预防和治疗方案（即早期干预和选择性预防措施），以及"二次机会"干预策略。图 11-1 显示了组成该框架的几个连续体。

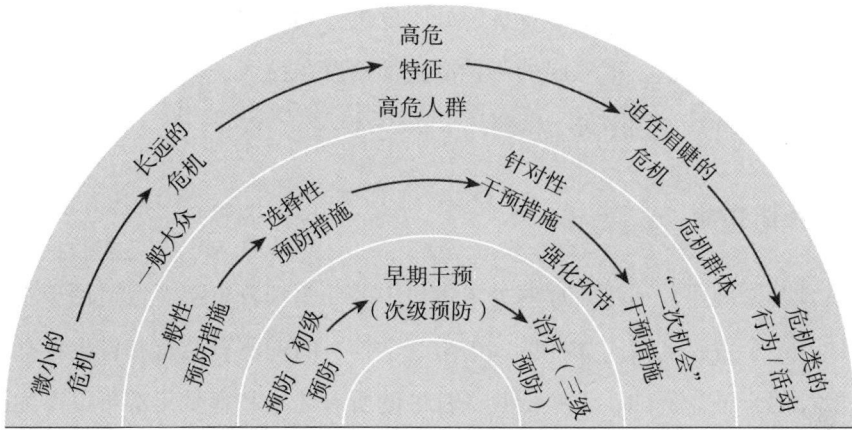

图 11-1　危机、方法和预防连续体

危机连续体

第 1 章介绍的危机连续体位于图 11-1 的最顶层。儿童和青少年所面临的问题可以被概念化为一个连续体，从微小的危机一直发展到实际参与任意一类危机活动。长远的危机可能与某些人口统计学特征相关。随着儿童和青少年不断成长，那些会带来高水平危机的个体特征可能会变得越来越明显。如果不对这些个体特征进行修正，儿童和青少年可能很快就会跨过长远的危机与高危特征的区域，到达迫在眉睫的危机区域。这个连续体的末端是指那些已经处于一个或多个危机行为类型中的儿童或青少年，具体的危机类型在前面的内容中已经被详细讨论过了。

预防 - 干预措施连续体

图 11-1 的第二层展示了针对不同危机水平可能出现的问题的预防与干预措施：一般性预防措施、选择性预防措施、针对性干预措施、鼓励与强化环节、"二次机会"干预措施。我们使用"一般性""选择性"和"针对性"这些术语的目的是便于读者对适用于危机中的儿童和青少年的各种干预措施形成连续体的概念。每种措施所在的位置对应于危机连续体所在的位置，这样我们就能看出某一干预措施与相应的危机水平之间的关系。也就是说，当儿童处于微小的危机或长远的危机区域时，一般性预防措施是最合

适的干预手段；当儿童从长远的危机区域发展到高危特征区域时，选择性预防措施就更为合适了；当儿童和青少年从高危特征区域发展到迫在眉睫的危机区域时，针对性干预措施显然更为匹配；而如果儿童和青少年处于危机连续体的最后一个区域，那么"二次机会"干预措施就是首选。第二层的每种措施都可以在社区、家庭或学校中应用，不过我们会主要以学校背景为例来进行阐释。

一般性预防措施

一般性预防措施不仅适用于那些处于危机中的儿童和青少年，也适用于所有儿童和青少年群体。一个特定区域（如社区、街道、学校）内的所有儿童和青少年都可以接受共同或一般性的干预。例如，那些低收入社区的所有儿童和青少年都可以参加同一个项目，尽管有些儿童和青少年的危机水平极低，而有些家庭相对比较富裕（Goodnight et al.，2012）；同一个班级的所有学生，而不仅仅是那些学习不好的学生，都要参加互动和合作学习小组；所有儿童和青少年都要参加全校范围内的品格教育或预防霸凌计划。

学校一般性预防的目标是维持或提高大多数学生的学业表现、亲社会应对技能和心理健康水平。最佳方式是将一般性预防的内容融合到以健康为导向的学校课程中。基本生活技能（后续两章会详细讨论）、解决问题和决策技能、沟通及其他社交技能、冲动控制能力，都可以帮助儿童和青少年有效应对各种社会情境。与发展阶段相适应的个人技能、社会技能和认知技能是这类生活技能的重要内容。一般性预防措施在任何时候对儿童和青少年都是有帮助的，不过越早进行，其影响就会越大。在理想情况下，一般性预防课程应该是学前、小学和中学课程中不可或缺的一部分。

选择性预防措施

选择性预防措施的目标对象是那些身处共同环境或拥有共同经历的儿童和青少年群体，这些共同的环境或经历增加了他们在未来出现问题的可能性。人口统计学特征、特定的环境压力源及技能缺陷均表明专业人士有必要针对该群体采取选择性预防措施。那些来自低收入家庭的孩子会入选"启智项目"，这可能是根据人口统计学因素选择目标群体的最佳例子。由于他们的经济条件相对较差（假设这会带来其他压力环境），向他们提供更多的学前教育机会，就可以增加他们今后在学业上取得成功的可能性。

特定的环境压力源也是一种挑选目标群体的方式，这种环境压力源可能是当前所处的不利环境，也可能是某个特定的发展阶段。例如，来自因激烈争吵而离异的家庭、有精神健康问题的家庭、吸毒或酗酒家庭的儿童和青少年便属于易感人群。个体心理咨询、团体心理咨询或学校支持项目对这些孩子来说都是非常有效的预防措施。从小学到初中和从初中到高中，都属于过渡性的发展阶段，会给儿童和青少年带来较大的压力。如果在这些过渡阶段，儿童和青少年的缺勤率显著增加，吸毒或犯罪的易感性增加，或者心理健康水平急剧下降，我们就有必要采取选择性预防措施。第三类适合选择性预防措施的群体是那些在行为上表现出技能缺陷的孩子。有时，我们会采用心理学的概念来界定这些孩子，如孤独的、抑郁的、焦虑的，或者有攻击性的；有时，我们会根据教育类别来界定这些孩子，如学习障碍或行为障碍；有时，我们会根据他们在 5C 胜任力（详见第 5 章）上的不足来界定他们。在大多数情况下，这些孩子会因为行为异常而被发现并被转诊。遗憾的是，许多为这些孩子设计的课堂干预更加侧重于减少扰乱课堂的行为，而不是提高读写能力，而这些能力对孩子在学校取得长期成功是至关重要的。正如我们在前几章提到的，增加保护性因素与减少风险因素同等重要。通常，在一般性预防措施中的社交和认知技能也同样适用于选择性预防措施。有时，有些学生需要更多的注意力、更直接的学习重点、更多的应用实践以掌握这些极为重要的能力。在设计并实施适当的干预措施前，我们必须确定目标群体的危机类型、问题和需求。这对所有的学习情境都是通用的，不过，学校教职人员要尤为关注那些接受特殊教育的学生。针对情绪和行为障碍儿童的社会技能干预需要解决以下几个方面的问题：技能习得、技能表现、消除或减少竞争性的问题行为、技能的迁移和维持（Durlak et al.，2015）。那些被确认为接受特殊教育的儿童大多存在情绪、行为和学习方面的问题，因此，选择性预防措施会更适合他们。

强化环节

预防工作应该是密集、连续、全面的，并且应该在很长一段时间内持续进行。一次性的预防措施不是很有效，因为其效果会在相对较短的时间内消失。短期的预防措施充其量只能取得短期的效果。因此，我们的框架包含了定期、连续的强化环节，以使效果得以维持。我们已经证实（Bundy, P. T. McWhirter, & J. J. McWhirter, 2011），在由学生创建的攻击性替代教育项目和学生的乐观态度和心理韧性项目（Bundy, 2004；我们将在本章的后续内容中具体介绍）最初的预防措施实施近一年后，对随机分配的参与者所进行的五次强化环节对两个项目效果的维持和强化有显著的积极作用。通常，强化环节会促进和支持最初的预防效果，并且更能取得长期的效果（Tolan, Gorman-Smith, Henry, & Schoeny, 2010）。关于强化环节的作用还需要更多的研究。例如，在一项研究中（Sussman，Sun，Rohrbach，& Spruijt-Metz，2012），研究人员使用动机式访谈作为强化手段，却未能在初始结果之上取得显著的增量效应。

针对性干预措施

位于图 11-1 第二层右侧的干预措施，针对的群体是那些处于危机行为边缘或已经开始从事危险行为的个体。针对那些潜在的特征、问题和行为与高危活动直接相关的年轻人，我们必须制定相应的干预措施。例如，愤怒平息小组是对敌对青少年的针对性干预措施，也是对打架斗殴或其他暴力行为的预防措施。在针对性干预措施中，与每一个危机类型有特殊关联的态度和技能都会得到处理，针对问题的替代行为和应对技能也会被传授给参与者。这不像看起来的那么受局限。最初针对某个问题的干预措施往往会对其他领域产生积极影响（Hale，Fitzgerald-Yau，& Viner，2014）。

"二次机会"干预措施

"二次机会"干预措施针对的是那些已陷入药物滥用、辍学、怀孕危机的儿童和青少年，或者已经出现暴力和攻击行为的儿童和青少年。做出这类糟糕选择的未成年人需要一个机会来修正自己的错误。在本书的第三部分，我们列举了很多具体的例子来说明如何针对特定的危机类型进行特定的治疗。

一般性预防措施、选择性预防措施、针对性干预措施及"二次机会"干预措施依次强调了与儿童和青少年的问题关系最密切的风险因素。如果这些措施是综合性的，并且涵盖广泛的风险因素与保护性因素，那么它们最有可能取得成效。使儿童和青少年深陷危机的原因有很多，预防与干预措施要想奏效，就必须关注诸多因素的影响。这些预防与干预措施的目的就是让个体尽早踏上全新的发展历程，重塑生活环境，并致力于长期的改变。

预防 - 治疗连续体

预防、早期干预与治疗也形成了一个连续体，这呈现在图 11-1 的底部。从概念上讲，这三个术语与卡普兰在精神病学领域所定义的初级预防、二级预防和三级预防体系密切相关。正如我们在前文提到的，卡普兰使用这些术语来描述降低某种疾病的新发病率（一级预防）、降低发病高危人群的患病率（二级预防），以及降低疾病发病期的危害性（三级预防）。图中的连续体也包含了卡普兰所使用的术语。不过，我们认为预防、早期干预与治疗这些术语会更适用于我们的理论框架。

环境因素

在这个综合性框架内，我们关注包括社会/社区、家庭和学校在内的环境，并且认可这些组成部分之间的关系。每种背景下的措施也被设想为如下连续体：从早期的广泛预防到结合支持与训练的早期干预，并最终到达治疗方法。图 11-2 中的三个矩形代表这三个环境背景，每个矩形都被一条对角线分成两半，以表示一些措施和程序最好在危机出现的早期执行，另一些则更适合在后期进行。研究表明，干预的时机（Tolan et al., 2010）和环境（Goodnight et al., 2012）都很重要。这三条对角线还表明，预防的某些方面必须在整个模型中得到维护和支持。在某些情况下，治疗很早就开始了，同时可能伴随一定的预防措施。位于图 11-2 中间的是早期干预，兼具预防和治疗的成分。

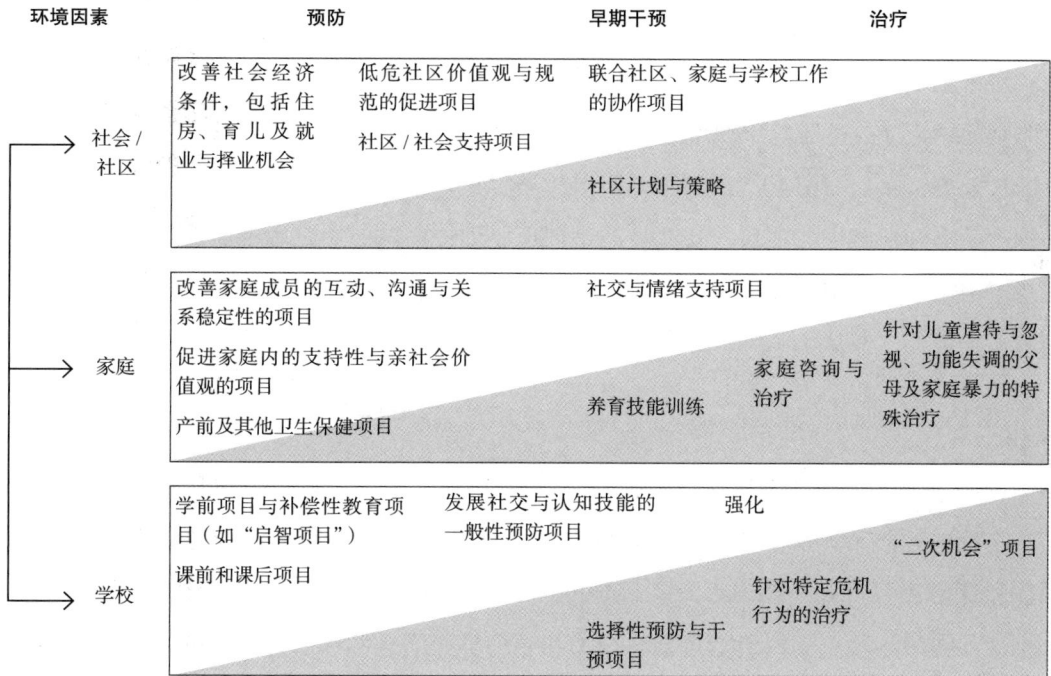

环境因素	预防		早期干预	治疗
社会/社区	改善社会经济条件，包括住房、育儿及就业与择业机会	低危社区价值观与规范的促进项目 社区/社会支持项目	联合社区、家庭与学校工作的协作项目 社区计划与策略	
家庭	改善家庭成员的互动、沟通与关系稳定性的项目 促进家庭内的支持性与亲社会价值观的项目 产前及其他卫生保健项目		社交与情绪支持项目 家庭咨询与治疗 养育技能训练	针对儿童虐待与忽视、功能失调的父母及家庭暴力的特殊治疗
学校	学前项目与补偿性教育项目（如"启智项目"） 课前和课后项目	发展社交与认知技能的一般性预防项目 选择性预防与干预项目	强化 针对特定危机行为的治疗	"二次机会"项目

图 11-2　针对危机中的儿童和青少年的预防、早期干预与治疗的环境因素

社会 - 社区 - 邻里

社会 - 社区 - 邻里连续体既与家庭和学校连续体相互作用，又包括邻里、社区及更

大的社会。在这些领域开展的预防工作包括改善社会经济条件，增加廉价住房、儿童保育、就业机会和职业选择的机会，提供社区/社会资助项目，发展健康的社区规范和价值观。

该连续体的早期干预部分是由家庭成员和学校教职人员共同参与的社区项目。也就是说，我们有必要提供社会支持和协调项目，使社区成员和邻里能够为儿童和青少年提供帮助（Goodnight et al.，2012）。在学校和社区组织中加强对家庭的现有支持，以及加强学校与社区之间的合作是很有必要的。在图11-2中，对角线的下方是一系列治疗策略，包括系统的干预措施，如赋权和社会行动计划。赋予儿童和青少年权力并帮助他们制订社会行动计划对个体而言是一种预防措施，但在社会/社区层面则属于治疗手段。这里的目标不是个体，甚至不是由个体组成的群体，而是组织、社区、社会，甚至国家的规范、结构和实践。

家庭

对家庭的预防、早期干预与治疗也形成了一个连续体，加强家庭成员之间的关系的策略是起始点，这些策略鼓励互动、一致性、沟通、稳定、支持，以及亲社会的价值观（Healy & Sanders，2014）。产前和卫生保健项目也包括在该连续体内。随着家庭问题的加剧，社会和情感支持项目、育儿技能培训也要加以实施。心理咨询对功能失调的家庭来说至关重要。在极端情况下，旨在解决儿童虐待和忽视、父母功能障碍和家庭暴力的项目尤为重要（详见第14章）。

学校

学校的预防工作从充分的、综合性的学前教育，补偿性项目（如"启智项目"）及课前和课后项目开始（Durlak，Weissberg，& Pachan，2010），并且预防工作应贯穿整个小学和初中阶段。学校仍然是预防行为和心理健康问题的核心环境，这是一个不争的事实（Bradshaw et al.，2012；Weist，Lever，Bradshaw，& Owens，2014）。

如果学校和家庭之间有很强的合作，那么所有在学校开展的工作都会更加有效，效果也会更加持久。这样的协作之所以很难开展，是因为家长会有一些先入为主的假设，如自己的文化背景无法被理解、校方工作人员会高高在上、学校会把孩子的问题归咎于家长。此外，教师可能会认为家长不会尊重他们的专业知识、不愿意参与或将孩子的问题归咎于教师。的确，这些担忧往往都是真实存在的，而为孩子服务这种想象中的共同目标又通常不足以克服这些障碍。更何况要达成这种协作，多元文化胜任力、沟通技巧、时间、资源、共情和耐心都是必需的。家长与教师之间如果能建立并保持合作关系，对那些面临行为和情绪障碍风险的孩子会非常有帮助，并且能有效阻止问题恶化。家长联络人对一个优秀的项目而言是不可或缺的，一般由当地社区的辅助专职人员担任，他们为家长和教师之间的互动提供支持，推进并指导双方的面谈。

在这个模型中，向所有孩子教授社会和生活技能的一般性学校干预措施很早就开始进行了，尽管图 11-2 中的对角线表明它们在任何阶段实施都是可以的。我们会在第 12章详细介绍如何教授这些技能。学校对选择性预防与干预项目的需求正在逐年增长。特定的早期干预对于那些处于特定问题情境下的儿童、已表现出问题行为的儿童来说则是必不可少的。

图 11-3 展示了针对五种危机类型的早期干预与治疗措施。图 11-3 中各框左侧所列的一般性项目代表了针对所有儿童的预防措施。伴随着儿童的发展，预防工作也从一般性项目转向针对有特定问题或经历的群体或个体的项目。

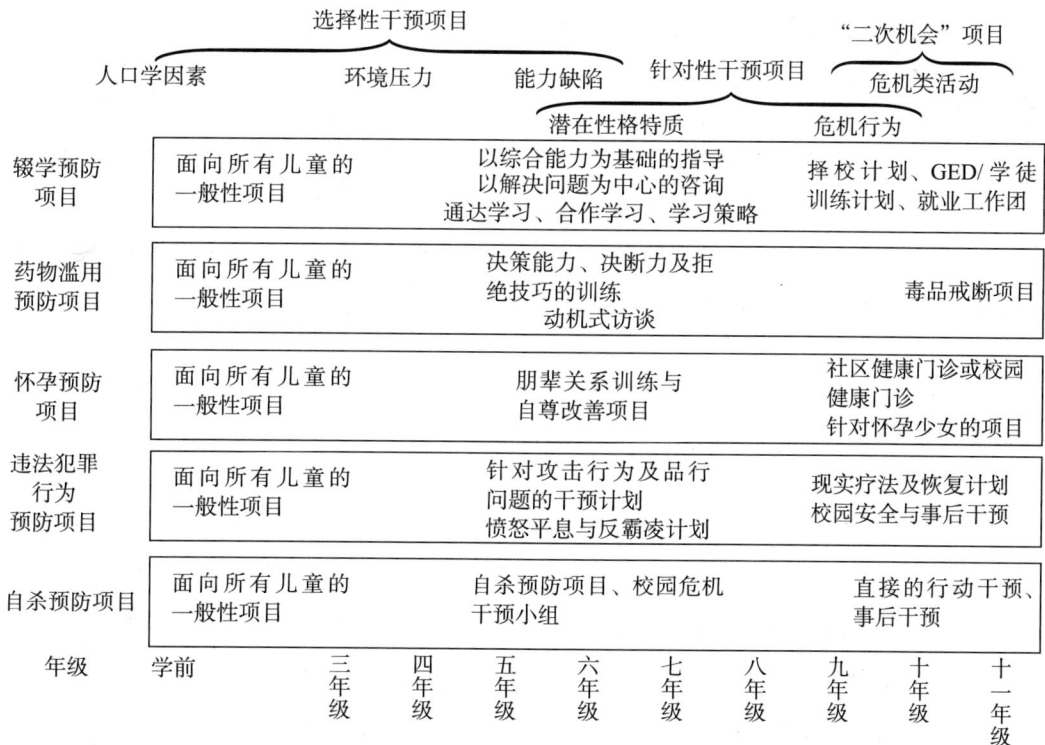

图 11-3 针对五种危机类型的早期干预与治疗措施

对于那些有危机行为（如好斗或退缩）或表现出抑郁、焦虑或敌意等负面情绪的孩子，我们应该在其三年级或更早时进行选择性干预。这样，当孩子进入三年级时，我们便可以相当准确地预测哪些孩子会在毕业前辍学。还有证据表明，早期的行为模式可以预测一个人在青春期时的不良行为。五年级之前形成的反社会行为模式通常以高度冲动和缺乏自我控制为特征，是随后反社会行为的一个强有力的预测因素，也是青春期和成年期犯罪行为的最佳单一预测因素（Hirschi，2004；Hirschi & Gottfredson，2004）。如果青少年的反社会行为在不同的情境中都会出现，并且涉及多种类型的问题，情况尤其如此。

随着青少年在学校里继续发展，我们需要对那些面临更具体、更严重问题的人实施特定的治疗项目。图 11-3 还强调了针对已经从事危机类活动的青少年的"二次机会"项目。

在所有学生在校学习期间，学校应该向他们提供一套根据发展技能水平、文化适宜性及社会阶级变量修改和调整的通用生活技能课程。该课程应该包括学习技能和时间管理的知识，例如，如何准备考试，如何交朋友，独自在家时如何处理紧急情况，如何避免并及时报告虐待事件。随着青少年日渐成熟，课程还应该包括如何为建立亲密关系做好准备，如何防止怀孕和性传播疾病，如何避免药物滥用，如何抵挡来自朋辈和媒体的压力，不从事会带来负面结果的行为，以及如何处理其他生活事件。为了保证效果，这些内容应该在一套课程体系中持续进行，而不应该相互孤立地开展。问题解决、决策、共情、沟通、自信和应对技能方面的培训也应该持续进行。在学校心理咨询师、心理学家和社会工作者的支持下，教师要向学生传授认知与生活技能、避免药物滥用、犯罪及性教育方面的知识。这样的教育模式将对未成年人和整个社会产生深远的影响。

现实的考量

这样一个综合性项目的经费会很昂贵吗？当然。但是，如果它可以有效预防某些行为，那么考虑一下社会成本还是很有用的。在权衡综合预防与干预项目的成本时，我们必须与未来的住院治疗项目、医疗费用、长期监禁、财产损失和福利项目的成本放在一起进行比较。假如我们把所有这些都计入成本，那么综合预防与早期干预的花费就会很少了（Jones，Greenberg，& Crowley，2015）。举例来说，美国联邦政府在 1996 年花费了 380 多亿美元向那些新生儿和未成年人的家庭提供服务和支持。同年，政府投入了 1.381 亿美元用于预防青少年怀孕问题，比 10 亿美元的七分之一还少（Bess，Leos-

Urbel，& Green，2001）。这还不足美国联邦政府向有新生儿和未成年人的家庭投入的二百七十五分之一。当然，这里计算的未成年母亲的长期成本并不包括有限的教育所带来的收入损失（及税收损失），也不包括未成年母亲所生的孩子可能会因入狱一段时间而造成的相应成本。我们在第 4 章分别描述了监狱和教育机构资金的并行增减情况。美国城市研究所的一项关于保护弱势和受虐儿童的成本研究发现，国家在"其他服务"（包括预防、儿童保护服务和案例管理活动）上每花费 1 美元，就有超过 3 美元用于诸如离家安置、收养和行政成本等干预措施（Green，Waters Boots，& Tumlin，1999）。几年后，美国城市研究所的一份后续报告表明，预防资金仍然大大低于干预资金。至少有 15 亿美元用于其他服务，其中预防服务仅占一小部分。与此同时，用于离家出走的儿童和青少年的安置费用和服务的资金却高达 94 亿美元（Bess et al.，2001）。当然，简单地将干预措施的预算挪到预防项目上并不能解决问题。美国需要继续帮助那些已经在危机中挣扎的人，同时大幅增加在预防方面的资金投入。不幸的是，当经济不景气时，用于公众服务的资金往往会受到最严重的打击。在经济困难时期，资源明显更加有限，人们总是希望花更少的钱办更多的事（Domitrovich，Gest，Jones，Gill，& DeRousie，2010）。然而，正如我们在第 1 章和第 2 章特别指出的，贫困会给儿童和青少年及其家庭的心理、情感和行为健康产生持续性的负面影响（Yoshikawa，Aber，& Beardslee，2012）。

两例一般性预防与干预项目

一般性预防项目适用于整个群体的所有成员，对所有的儿童和青少年都有帮助。无论这些儿童和青少年处于危机连续体的哪个位置上。也就是说，服务对象的覆盖范围从表现良好的群体到高危群体，再到已经遭受某种程度危害的群体。在本节，我们将讨论两个广泛的、对所有儿童和青少年都有帮助的预防项目。这两个预防项目的范围都是从一般性干预项目（即促进所有人的积极发展）到针对危机群体的针对性干预项目。第一个项目是以学校为基础的反霸凌项目，第二个项目是以班级为基础的心理教育小组项目。项目的预期效果包括提高社会能力、减少问题和风险因素。之所以使用"以学校为基础"和"以班级为基础"这两个术语，仅仅是因为这样比较方便。实际上，除了学校外，这类项目也可以在课外机构、少管所、休闲娱乐场所和日托机构等场所开展。

反霸凌干预项目

如今，学生、家长和教育工作者所面临的霸凌行为与以往有很大不同，这部分原因是儿童和青少年会触及更致命的攻击形式。即使霸凌事件并未涉及武器的使用，其所造成的威胁及心理上的影响也极为深远。有证据表明，霸凌与被霸凌的高中生具有更高的犯罪思维，而与控制组和被霸凌的学生相比，霸凌者表现出更多的攻击性（Ragatz，Anderson，Fremouw，& Schwartz，2011）。

霸凌是敌对攻击的一个特定子集：（1）其中存在权力不平衡，涉及更强大的个体或团体攻击较弱的对象；（2）霸凌行为的目标是造成干扰或伤害；（3）随着时间的推移，这种行为会反复发生。攻击行为可以是言语上的（如威胁、辱骂），可以是心理上的（如排挤、造谣），也可以是身体上的（如打、踢）。霸凌既可以直接在教室、走廊或操场上进行，也可以通过电子邮件、短信或其他社交网络和社交媒体间接进行，有时甚至可以匿名进行。权力的差异可能是心理上的，也可能是身体上的。因此，霸凌的形式是多种多样的，但其核心却是一致的。霸凌者的特点是需要通过充满敌意的方式来支配他人，他们对受害者极少或根本没有丝毫同情。事实上，霸凌者和受害者（稍后讨论）的神经质和外部归因程度都较高，而亲和力和责任心水平则较低。霸凌行为与较低的情感及认知共情能力有关（Mitsopoulou & Giovazolias，2015）。因此，减少霸凌的一种重要方法是教授共情和其他社会情感技能（McKown et al.，2010）。

我们要特别关注那些频繁发生的霸凌行为（通常是指每周一次或一次以上的霸凌行为）。霸凌的发生频率其实相当高，而且初中高于高中。与女性相比，男性更有可能成为霸凌的受害者和施暴者。然而，关系攻击在过去的几年里已经成为一个严重的问题（Low，Frey，& Brockman，2010）。许多关于霸凌行为的研究并没有捕捉到女性的攻击行为。女性经常使用关系攻击来欺负受害者，这种攻击的特点是频率高，教师很难觉察，而且女性往往不愿意承认这种情况的发生。互联网上各种各样的社交媒体，是关系攻击的完美媒介。

网络霸凌

科技为儿童和青少年提供了一种崭新且极为险恶的霸凌方式。电子霸凌或网络霸凌是一种使用聊天室、短信、Facebook 等社交网站和电子邮件的霸凌方式。互联网用户在与受害者交流时可以匿名。对这类霸凌的研究屈指可数，尽管在过去的十余年里，这类研究已经不断增加，任何熟悉电子邮件的人都很容易看到这个问题。受害者会收到几十条信息，这些信息可能来自同一个人，但受害者却误以为学校里几乎每个人都认为他是一个混蛋、失败者，或者霸凌者选择的任何一种羞辱性的称呼。然而，对那些直接与儿童和青少年打交道的从业者来说，他们的选择却极为受限，尽管他们可以通过一种"多维的方法"来处理这类行为（Hinduja & Patchin，2015a）。

第一，考虑到网络世界的力量，尤其是其在未成年群体中的影响力，对于线上行为，从业者既要设限，也要努力树立良好的榜样。这一点尤为重要，因为教师甚至心理咨询师通过互联网与学生交流比以往任何时候都更常见。

第二，为父母和监护人开展教育活动是很重要的（Hinduja & Patchin，2015b，2015c）。照料者必须了解孩子所面对的是什么。在从业者的帮助下，父母和监护人要学会鉴别危险的互联网行为，不时巡查孩子的在线空间，并对孩子设定限制。父母和监护人可以创建他们自己的社交账户并与孩子互加好友，这样就可以在网上照顾他们了。照料者还应该知道孩子的各种网络账户的密码。上述方法会带来很大的帮助，但遗憾的是，这并不能拯救每一个孩子。

第三，为学生开展相关的教育活动，教导他们如何发现、应对网络霸凌，并教导他们不要成为网络霸凌者，其中应该包括制定学生反霸凌公约。查芬（Chaffin，2008）提出了一个公约模板，包含以下内容：教师必须在所有计算机课程中讨论网络霸凌，鼓励网络霸凌的受害者将受到侵犯的相关证据和材料呈报给学校和从业者。从业者必须全面调查所有的报告。制裁可能包括剥夺霸凌者的计算机使用权限、留校、停学、隔离或开除。学校还可以在学校设备上屏蔽社交网站，并禁止学生在校园内访问这些网站。没有骚扰的环境必须被当作学生的群体规范（Chaffin，2008；Hinduja，& Patchin，2015a）。这一点在网络世界和非网络世界中同样重要。

第四，建立联盟以管理网络空间的"大厅"。从业者和家长要联合监管网站，并创建一个类似于邻里监督组织的互联网监督系统，以识别那些恶意信息并屏蔽违规用户。从业者和家长可以点击社交网站上的"举报"按钮，让运营商对恶意信息进行标识以待删除。学校和家长应该让网络提供商负责删除网络霸凌的内容（Chaffin，2008）。

研究人员对牵涉霸凌事件的儿童和青少年的性格特征的研究发现，与同龄人相比，受害者和霸凌者表现出更低的心理功能和更差的学业能力（Ma et al.，2009）。

霸凌者通常更不喜欢学校，行为问题更严重，成年后犯罪的风险也更高。大多数研究都表明，霸凌者在学校感觉更舒适，他们通常是比较受欢迎的，并且在同龄人中拥有相对高的地位（Juvonen，Graham，& Shuster，2003；Pelligrini，2002）。此外，他们的共情能力很低，而且很冲动（Farrington & Baldry，2010；Mitsopoulou & Giovazolias，2015）。

📖 小故事：恶毒的同学

· ·

瑞安 13 岁时，也就是读七年级的时候得到了计算机，他的父母给了他一份详细的家庭规则清单。清单上写明了"不要与陌生人聊天，不要泄露个人信息，不要使用父母不知道的密码"。但是，瑞安的父母却不曾预料到，瑞安的同学才是最危险的捕食者。瑞安第一次在校园里遇到的一个网络恶霸，断章取义地编造了一个滑稽的故事，散布瑞安是同性恋的谣言。瑞安的父亲后来称之为"校园版的大鱼吃小鱼"。一个受欢迎的女孩假装喜欢他，然后通过传播他们在网上聊天的细节来羞辱他。她后来告诉他，她永远也不想和他这样的一个失败者有任何关系。尽管瑞安的父母已经尽力保护他不受到网络攻击，瑞安最终还是自杀了（Chaffin，2008）。

大多数受欺负的儿童和青少年认为，受害经历给他们带来了重大问题，包括失去友谊、被孤立、感到绝望和想要结束生命（Rivers & Noret，2010）。被欺负的儿童和青少年通常会表现出更多的焦虑、抑郁和痛苦，而且在被欺负多年后会表现出明显的行为困难。霸凌会加剧抑郁，霸凌事件的受害者比其他人更容易自伤（Claes，Luyckx，Baetens，Van de Ven，& Witteman，2015）。

有些儿童和青少年原本是霸凌事件的受害者，却转而对其他人实施霸凌，这类儿童和青少年似乎比单纯的霸凌者和受害者遭遇了更严重的社会和心理问题（Jimerson，Swearer，& Espelage，2009）。幸运的是，如果学校教职人员和其他人关注这类问题并采取行动，就可以显著减少霸凌事件的发生（Newman-Carlson & Horne，2004）。平均而言，反霸凌项目可以有效降低 20% ~ 23% 的霸凌行为和 17% ~ 20% 的受害行为（Farrington & Ttofi，2010）。不幸的是，学校教职人员低估了霸凌行为的普遍程度，在呈现在他们面前的霸凌事件中，他们出手干预的仅有其中的三分之一（Rodkin & Hodges，2003）。

全校性计划

虽然个人的努力是有用的，但要想显著遏制霸凌事件的发生，制订一个系统性的计划是必要的。首先，要对霸凌进行清晰、明确、一致认可的界定，然后要制订一个行动计划。该行动计划应该包括对以下问题的解答。

- 该计划是否发展出有效的方法以消除或减少学生之间的羞辱和贬低？
- 学生的亲社会行为和反社会行为被认可的机会是否一样多？学生会如何回答这个问题？
- 该计划是否包括认可并促进学生的亲社会行为，以及他们不经意间的善举？
- 该计划是否制定了认可并提倡教职人员的积极、善意行为的方法？

教职人员识别和制止霸凌的努力必须得到支持。如果计划在应用过程中无法贯彻一致，或者在实施过程中缺乏行政管理上的支持，那么学生的信心和项目的有效性就会大打折扣。

全校性计划的目的是改变霸凌事件发生的背景（Bradshaw，2015；Gendron，Williams，& Guerra，2011）。学校必须改变睁一只眼闭一只眼、间歇性惩罚和班级里的弱肉强食等规则，转而建立新的规范，如关注霸凌行为、赏罚分明、培养班级强烈的集体意识（Newman-Carlson & Horne，2004）。除了在系统范围内做出回应外，全校性计划还要考虑对霸凌所牵涉的特定人群进行干预，其中包括受害者、霸凌者、施暴的受害者、旁观者、怂恿者和父母。

受害者

相关成年人需要考虑霸凌事件的受害者在特定的情况下所能做出的现实选择。受害者的应对技能和支持系统可能需要加强，特别是对于那些安静、不引人注目、不具备社交技能的儿童和青少年，直到他们可以更果断地捍卫自己的权利。受害者经常会感到非常羞耻、不信任他人，这可能会使他们更难尝试使用他们所拥有的技能。识别能够降低进一步被霸凌风险的行为和策略，有时会对学生有所帮助。第 12 章介绍的自信训练计划所涉及的维度对被霸凌的学生而言很重要。

还有一种类型的受害者被称为"挑衅型受害者"，他们会用攻击性的评论和敌对的挑战行为来激怒霸凌者。虽然这类儿童和青少年也可以从自信训练中获益，但他们还要学习更合适的方法以满足自己对重要性、认可和尊重的需要。

霸凌者

霸凌事件不应该被忽视，但不同的霸凌事件在严肃性和严重程度方面确实存在很大差异。不考虑他人感受的戏弄可以通过非正式的讨论来处理，而带有威胁的群体骚扰则可能要启动正式的程序，包括与霸凌者及其父母面谈，并进行相应的纪律处分。一种较好的方式是"共同关切法"（Rigby，2011），该方法包括两个阶段。第一阶段是确定霸凌者并与之单独交谈。成年人要与霸凌者分享自己对受害者的关心，并邀请霸凌者采取建设性的、负责任的补救方式。成年人不能使用威胁，但要仔细监管霸凌者随后的行为。在少数情况下，这种方法并不奏效。如果霸凌行为继续发生，成年人就要实施第二阶段，即进行处罚并落实相应的后果。

施暴的受害者

更为棘手的是那些既是受害者又是霸凌者的儿童和青少年。这些施暴的受害者（Cook，Williams，Guerra，Kim，& Sadek，2010）在学业上表现不佳，既有外化的问题，又有内化的问题，对自我和他人持有明显的消极态度和信念。他们的社交能力和解决问题的能力较弱，不仅被大多数同龄人拒绝，还受到与他们交往的朋辈的负面影响。

旁观者

霸凌事件的旁观者往往很少受到关注。这是不幸的，因为他们助长了霸凌问题，自己也受到了负面影响。许多人想要出手相助，却缺乏安全感，担心自己会成为下一个目标。保持沉默会导致内疚和焦虑，那些在霸凌事件中有多重身份（受害者、霸凌者和旁观者）的学生更有可能产生结束生命的想法（Rivers & Noret，2010）。鼓励旁观者讨论他们的感受，同时提供自信技巧并探索各种应对方法，可以鼓励他们更积极地参与阻止霸凌的活动。旁观者可以为受害者提供个人支持，展现他们的关心，肯定受害者的努力和成就，并拒绝通过口头鼓励或笑声对霸凌者进行强化。他们甚至可以选择更直接的干预方式，如在霸凌事件中保护受害者并面质霸凌者。

怂恿者

还有一种类型的旁观者更喜欢鼓励霸凌行为及霸凌者。事实上，霸凌者有时会因为"被动霸凌者"的存在而受到鼓舞。这些霸凌行为的参与者通过表达赞同和鼓励来支持、强化主要攻击者。我们应该对这些被动霸凌者和公然发起挑衅的霸凌者采取相同的处置方式。

父母

父母 / 监护人是实施全校性反霸凌计划的重要盟友。理解霸凌行为的问题、预防项目和学校对霸凌行为的定义，对于父母接受和支持该项目至关重要（Bradshaw，2014）。在学习该项目的过程中，父母可能会意识到以更集中的方式与孩子一起探索霸凌行为的重要性，这可能会让受害者和霸凌者的父母都深感意外。许多孩子在默默地忍受痛苦或制造痛苦。受害者的父母需要获得信息和支持以帮助他们的孩子，而霸凌者的父母可能会以多种方式回应孩子的行为，包括否认，指责受害者、学校或社会，或者向失控的孩子寻求帮助。指责霸凌者或其父母于事无补。

以发展性和综合性的方式减少霸凌是至关重要的。最积极的计划是采取全校性的方式、加强纪律和班级管理、改善操场监管，并为家长提供有关霸凌和被霸凌的信息（Bradshaw，2014）。因此，在整个学校体系中获得支持的预防项目，其中包括对个人行为的一致反应，以及霸凌所牵涉的社会背景的诸多方面，才最有可能减少遭受霸凌的儿童和青少年的数量。接下来，我们将介绍这样一个项目。

团体取向心理教育预防项目

第二个一般性项目的主题和相关建议是由美国亚利桑那州凤凰城的高中生提出的，他们被要求回答如下问题："我们如何减少学校的暴力？"这些学生参加了由凤凰城和培基证券公司举办的一场全市范围的论文竞赛。来自14所高中的学生提交了论文，每所学校都选出了一名优胜者。每名优胜者都将获得现金奖励，而全市范围内的总冠军将获得额外的现金奖励。除了提供奖金，培基证券公司还向凤凰城提供了一笔小额赠款，随后又向亚利桑那州立大学提供了一笔赠款用以分析这些论文，并根据获奖建议制订了减少暴力的计划。尽管学生提出的一些解决方案在心理、政治或经济上并不适用，但这些建议是具体且有趣的，而且总是发人深省。

我们（J. J. McWhirter，B. T. McWhirter，A. M. McWhirter，& E. H. McWhirter，1995）使用了一个内容分析程序来分析这些获奖论文，并对随机选择的一所学校提交的所有论文进行了类似的分析，以确认和验证这一过程。内容分析确定了关于预防或减少学校暴力的策略和项目的共同主题。以下是四个基本主题。

1. 通过建设性的朋辈模式（如冲突解决和朋辈调解项目）来增加支持和鼓励。

2. 改变学校环境的结构。

3. 增加正面的成年人榜样，并在学校和家庭之间进行更好的沟通。

4. 开发特定的课程，帮助学生处理那些导致暴力的潜在情绪问题（如压力、混乱及儿童和青少年面临的困难）。

学生强调了另一个促进团体取向心理教育预防（GOPEP）项目被开发的因素。几乎所有的学生都提到了预防的必要性。这群年轻人认为有必要尽早开始实施减少暴力项目，并将其延续至高中。

我们完成了对预防项目的广泛分析和研究，并发现了大量关于解决冲突和朋辈调解的培训资源和材料。这一事实使主题 1 显得多余。在这个主题已经有丰富资料的情况下，开发这样一个程序似乎是多余的。主题 2 和主题 3 一直是许多预防工作的重点，也是重要的考虑因素，但它们超出了这个具体项目的范围。我们强烈建议学校教职人员采取措施来实施这些项目。

因为相当多的获奖论文都提出使用班级结构来处理潜在暴力问题的可能性，也因为相当多的人相信潜在的情绪问题往往是暴力的原因，所以我们决定集中精力开发一个能够帮助儿童和青少年理解并管理其消极情绪与行为、增加其积极情绪与行为的项目。因此，学生的第 4 条建议（主题 4）促成了愤怒管理计划的开发和验证。

由学生创建的攻击性替代教育（Student Created Aggression Replacement Education，SCARE；Herrmann & McWhirter，2001）项目旨在帮助青少年管理敌意、攻击性及愤怒的情绪。SCARE 项目教导年轻人控制冲动情绪的方法，鼓励他们在面对挑衅时做出更好的决定，并为他们提供除暴力行为以外的选择。通过参与该项目，学生可以认识到社会中的愤怒和暴力问题，学习必要的技能来应对自己的愤怒和攻击性，并学习防止他人的暴力和攻击性升级的策略。因为 SCARE 项目是其他心理教育项目的原型，所以我们稍后将进行进一步的讨论。

其他 GOPEP 项目包括学生的乐观态度和心理韧性项目（Students' Optimistic Attitudes and Resiliency Program，SOAR；Gilboy，McWhirter，& Wallace，2002）、焦虑缓解训练（Anxiety Reduction Training，ART；Boewe & McWhirter，2002/11）、在同伴的知识技能上建立生活（Building Lives on Companion Knowledge Skills，BLOCKS；Fair & McWhirter，2002/08）项目。这些项目均是有实际经验支撑的，即各种社会能力可以被直接且有意地教授，以减少风险因素，增加保护性因素，而在心理基础上教育儿童和青少年将有助于预防负面事件的发生。该项目的团体取向基于心理教育群体方法论。心理教育小组工作是综合预防项目中常用的一种方法，旨在最大限度地发挥学生健康发展和成功的潜力。因此，GOPEP 项目使用小组形式来传授技能，尽管有时小组指的是一个班级大小的小组。

在这些 GOPEP 项目中，我们以儿童和青少年为目标，主要采用认知行为的方法。如前所述，危机中的儿童和青少年对消极的人际互动过于敏感。他们往往对他人的意图有更多的消极信念，并尽量减少自己对问题的责任。他们还经常误解并错误地给自己的情感唤起（情绪）贴上标签，从而导致受伤、恐惧、沮丧和愤怒等感受变得混乱。高危儿童和青少年随后会对被自己误解的情绪做出反应，而且通常是以攻击性的方式。他们解决问题的方式往往过于注重行动和非言语，这通常会使他们的问题恶化。GOPEP 项目提供的认知行为训练旨在改善自我认识，改变对事件的感知及情绪的歪曲，并提高解决问题的能力。

GOPEP 项目是非常便于使用的预防与干预课程，为带领者提供了易于遵循、循序渐进的指导。目前，这四种干预措施的重点在于减少愤怒、抑郁和焦虑，增加希望、乐观、共情和积极的人际关系。每套课程包含 15 次小组课程，每次课程持续约 1 小时。我们设计的课程适用于教师、心理咨询师、社会工作者、心理学家、执法人员、拘留中心工作人员、童子军领袖、老年志愿者，以及其他关心儿童和青少年、致力于为儿童和青少年的生活带来积极改变的成年人。这四套干预措施针对的分别是愤怒和共情（SCARE），乐观、希望、抑郁（SOAR），建立和处理关系（BLOCKS），以及焦虑（ART）。

愤怒平息计划

学会处理愤怒和其他情绪是反霸凌项目的重要组成部分，并且在预防未成年犯罪方面起重要作用（Sigfusdottir, Gudjonsson, & Sigurdsson, 2010）。不幸的是，大多数愤怒平息计划都尚未得到经验的验证。这样，从业者就不知道他们的干预措施是否有效了。更重要的是，干预可能弊大于利。大多数干预措施的目的是把年轻人聚集在一起，以帮助他们减少愤怒和攻击性，但如果给年轻人一段缺乏正式组织的时间，他们可能会强化彼此的攻击性，这是相当危险的。很少有愤怒管理项目能解决这个问题，也很少有项目会针对初中生这一群体的攻击性和暴力行为。

攻击性替代教育（SCARE）项目是个例外（Herrmann & J. J. McWhirter, 2001），美国教育部的安全和无毒品学校及社区机构认为该项目"大有前景"。SCARE 项目是为了对青少年早期的愤怒进行适当管理以防止暴力和攻击行为而专门开发的。越来越多的文献表明，这段时间对青少年的社会发展至关重要，而在此期间为危机中的青少年提供预防项目或许是最佳时机。由于教师、心理咨询师和青少年工作者缺乏针对该年龄组的攻击性替代方案和愤怒管理方案（J. J. McWhirter et al., 1995），因此这套课程就是为这些专业人士大规模实施这些项目而设计的。

SCARE 项目的一个前提假设是，被视为蓄意的负面行为会引发愤怒，而愤怒反过来又会引发敌对行为。因此，SCARE 项目的重点是对感知到的冒犯行为进行重新归因，进而控制和管理由此产生的愤怒。高水平的愤怒会导致负面的社会结果，如增加对自己和他人造成身体伤害的倾向，以及与心理和学校相关的问题。愤怒可以通过治疗干预有效地减少，这一点在 SCARE 项目中得到了证实（Bundy et al.，2011；P. T. McWhirter & J. J. McWhirter，2011）。SCARE 项目是一套元理论的治疗方案，侧重于青少年和成年人早期的愤怒管理和应对技能。SCARE 项目的主要目标包括：（1）让年轻人了解攻击性和愤怒；（2）帮助年轻人认识暴力行为和攻击性反应的替代方案；（3）鼓励年轻人在面对挑衅时做出正确的决定。这 15 次课程集中在如下不同但相关的领域：（1）认识群体中的愤怒和暴力；（2）管理并减少愤怒的自我表达；（3）化解他人的愤怒和暴力。

认识群体中的愤怒和暴力的主要目标包括：（1）提供愤怒和暴力的明确定义；（2）以一种可以激发好奇心和兴趣的方式介绍有关愤怒和暴力的主题，让年轻人学会愤怒管理和应对技巧。我们知道，如果年轻人对某一特定学科产生兴趣，并且认为提供的材料与他们的生活有关，他们学习起来就会更容易。通过将国家统计数据与从流行媒体资源中获得的描述性图像相结合，这部分课程可以激发学习愤怒平息技能的动机，并树立这些技能对所有青少年都至关重要的意识。

管理并减少愤怒的自我表达，是为了让年轻人了解有效的亲社会策略，并管理自己的攻击性冲动和愤怒。这部分基于诺瓦科（Novaco，1975，1979）对米钦鲍姆（Michenbaum，1972）的压力预防模型的改编，包括三个独立的阶段：（1）教育和认知准备；（2）技能习得；（3）应用训练。教育和认知准备让青少年了解关于愤怒唤起的认知、生理和行为相互作用的知识。青少年可以借此了解引发愤怒的内部触发因素，以及可以采取的有效管理愤怒表达的步骤。技能习得是指训练青少年的认知-行为应对技能，以有效地管理涉及愤怒和攻击性的情况。应用训练则是通过体验式学习小组讨论或角色扮演来练习新获得的技能，直至掌握这些技能。在评估该模型有效性的研究中，诺瓦科（Novaco，1975，1979）报告了压力预防训练可以减少愤怒的支持性证据，而其他人则报告了该模型在青少年群体中的有效性（Hains & Ellmann，1994；Wilcox & Dowrick，1992）。

化解他人的愤怒和暴力，采用了一个折中的模型，其中包括：（1）防止发生愤怒和暴力的情况；（2）促进和平解决已形成的敌对局势。为了以尽可能多的方式推进这些目标，这部分并不拘泥于任何一种理论取向，而是结合了不同流派的技术。在对治疗文献的回顾中，多维度方法结合了几种治疗模式（如认知技能、放松技能和社会技能训练），这通常比单维的方法更有效。此外，多维度方法在治疗行为障碍及行动化的青少年方面具有特殊的价值。关于化解愤怒和暴力的其他部分的课程采用了不同但互补的理论技术，包括言语和非言语技巧、肢体语言训练（人际空间理论和举止神态理论）、找出攻击性的创造性替代方案、多样性欣赏训练、无暴力契约。

希望、乐观、抑郁

学生的乐观态度和心理韧性项目（SOAR；Gilboy，McWhirter，& Wallace，2002）是一个多理论基础、多维度的前瞻性项目，使用人本、认知和行为干预技术。该项目解决了学习风格的多样性，并努力使学生全身心地参与学习过程。人本主义为 SOAR 奠定了基调。该项目主要建立在积极学生的基础上，强调自我发展、理解，以及对支持性群体中的每个学生的积极关注。该项目通过故事、隐喻和活动来增加希望和乐观，减少抑郁。SOAR 的目的是建立每个孩子的优势，增加孩子对自己的想法、态度和归因的控制感，促进孩子心理韧性的发展，并增强幸福感。SOAR 力图追求的良好功能并非完美无瑕之物，而是一个积极和可定义的实体本身。认知 - 行为主义在 SOAR 中也起着至关重要的作用，因为其中的许多课程都能让学生参与学习新概念、认知重构和强化学习的活动。

SOAR 是为了突显积极心理学的原则而开设的，其理论基础是习得性乐观主义（Seligman，1990）和希望理论（Snyder，1994）。从最简单的意义上讲，乐观是一个过程，即人们把杯中的水看作半满的（正面的），而不是半空的（负面的）。是我们为生活事件赋予的意义让它们变成积极的或消极的。习得性乐观主义理论认为，我们的归因取决于我们思想的持久性、普遍性和个性化。乐观主义者将失败视为一种独特的事件，不会让其泛化到或损害个人能力的其他领域。个体会从情境中（外部）找到原因，而不是归因于个人缺陷（内部）。悲观者则将失败视为一个永久的缺陷，它普遍存在于生活的所有领域，并且认为它是一些内部缺陷的结果。大量的研究表明，儿童和成年人的乐观主义与身心健康之间呈正相关（Buchanan & Seligman，1995）。习得性乐观这一干预措施的有效性已在研究中得到证实，干预组的抑郁症状明显少于对照组。这项研究的一个极其重要的发现是，在减少抑郁方面，预防效果实际上在项目结束后有所增加（Gillham，Reivich，Jaycox，& Seligman，1995）。

SOAR 的第二个理论支柱是希望理论（Snyder，1994）。希望通常被定义为对未来有积极预期或没有消极预期（Snyder et al.，1996）。具体而言，希望经由三个部分实现：（1）持续的内部目标设定过程；（2）生成多条目标路径的能力；（3）实现目标的毅力

（Snyder et al.，1996）。充满希望的人会看到可选择的路径，以及可实现的手段。该理论认为，希望是可以通过对未来有更好的预期及相关技能的获取（如乐观思考的技术）来培养的。

项目实施的顺序涉及三个广泛的领域。首先，课程要被放在一个有意义的环境中，以吸引学生参与其中。其次，所有学生要被教导如何让自己乐观地思考，如何改变其他的想法和行为以适应希望和乐观的新技能。最后，学生要意识到他们新学到的乐观策略之间的相关性。学生将这些概念内化，并将它们应用到人际互动中，会给自己作为班级及更大群体的一员的身份认同带来积极影响。这三个领域融入项目的各个阶段，关键性的内容贯穿始终。实施该项目意味着抑郁症状的发生率会降低，与此同时，希望会增多。

关系

在同伴的知识技能上建立生活（BLOCKS；Fair & McWhirter，2002）项目的目的是提高学生与他人成功沟通的能力。发展社交技能以建立成功的人际关系是童年期最重要的一项成就（Durlak et al.，2015）。这对于在社交技能的功能水平上存在差异的学生来说尤其重要。BLOCKS强调技能的提升，如合作、坚持、责任、共情和自我控制。该项目是多理论的，采用多维度的干预措施模式。BLOCKS可以促进人际关系和交友方面的技能，进而带来更好的社会适应。

BLOCKS的理论框架来自多元智能理论（Gardner，1983）和社会学习理论（Bandura，1993）。多元智能理论本质上是通过多元的方式来看待智力。根据戈尔曼（Goleman，1995）的研究，智商并不是衡量成功的唯一标准，它只决定了20%的差异，其余部分则由情商和社交智能决定。研究表明，社交智能和学业成绩之间呈正相关（Elias，Gara，Schuyler，Branden-Muller，& Sayette，1991）。更重要的是，研究表明，在教学期间及从长远来看，社交技能的获得可以对学业成绩产生积极的影响。

社会学习理论（Bandura，1973，1993）是BLOCKS的第二个理论基础。社会学习理论认为，新技能是通过环境与个人的行为和认知能力之间的复杂互动获得的。

焦虑

焦虑缓解训练（ART；Boewe & McWhirter，2002）旨在缓解参与者的恐惧和焦虑。焦虑和恐惧既可以针对特定的对象，也可以是普遍的、消极的、担忧的感受。焦虑会抑制认知能力、情感发展和社会发展。焦虑不一定会被发现，因为它有时会在一个较低的水平上运作，但它仍然会影响日常功能的诸多领域。

在 ART 中，儿童和青少年可以通过一系列与艺术创作相关的活动来缓解焦虑。学生可以利用几种不同的媒介创造一个艺术作品，并讨论与该作品相关的想法和感受。每项课程活动都有具体的指导，带领学生对特定内容进行反思，如身份认同、感受、环境、应对技能和恐惧。该项目所用到的艺术技能是相当基础的，作品可以根据学生当前的视觉艺术技能水平来完成，如简单的人物画、抽象绘画、用照片或杂志插图制作的拼贴画。

每个主题结束之后，学生可以讨论他们各自的作品及其代表的东西。这些练习在鼓励自我表露、与小组成员建立联结、培养反馈和支持的同时，不会对学生造成威胁。当学生识别并面对某些恐惧时，他们可以从同伴那里寻求支持和安慰。

结语

本章介绍的综合预防、早期干预、治疗框架强调了干预措施如何与儿童和青少年的发展阶段相匹配，并根据儿童和青少年问题的不断发展而进行相应的调整。预防工作既包括面向所有儿童的一般性措施，也包括针对早期发现的特定问题制定的选择性措施。随着儿童面临越来越多的危机，我们需要采用针对特定问题领域的针对性干预或治疗。对于那些已经从事不同危机类型活动的青少年，我们有必要采用包括"二次机会"项目在内的干预措施。为特定危机水平的儿童和青少年提供的每一种干预措施，都可以在社区和学校的社会服务环境中实施，并为家庭、社区及儿童和青少年个体提供服务。反霸凌项目和团体取向心理教育项目是两个有效的预防与干预措施的例子。

第 12 章

预防与早期干预项目的核心要素

又是凌晨三点，她在恐惧中醒来。

新的一天到来了，

新一轮的耐力考验即将开启。

一个女孩究竟能默默忍受多少奚落、冷落、凝视？

时钟无情地滴答作响，

伴着这个节奏，有个声音在她耳边响起：

"我相信我能行，我相信我能行。"

她微笑着，想起过往那些令人欣慰的片刻。

她笑了，为了自己那愚蠢的乐观，

她笑了，想起了自己的老师——

费尽心思地推动"积极思考"，

却根本没有人会用……

她进入了梦乡，

脸上仍挂着微笑。

本章要点

- **核心学业胜任力**

  小故事：生日派对

  - 生活／社会技能训练

    生活／社会技能模型

    训练模型

  - 儿童预防干预策略：人际认知

    问题解决

    项目介绍

    前问题解决技能

    问题解决技能

- **自我概念**

- 抑郁预防训练

- 乐观

  内部或外部：个体性

  偶尔或总是：持久性

  特定或整体：普遍性

- 有关乐观的基础技能

  想法追踪

  评估

  准确归因

  去灾难化

- 有关问题预防的应用

- 认知重构

  理性情绪行为疗法

  认知疗法

■ 联结感

- 人际沟通训练

- 决断力训练

  一般性决断力训练

  抵制和拒绝训练

■ 压力应对能力

- 放松

- 渐进式深层肌肉放松

- 本森放松反应训练

- 视觉意象引导法

  意象引导的流程

  安全之地

- 肯定

■ 控制：认知改变策略

- 决策控制

- 自我管理和自我控制

  自我评价

  自我监管

  自我强化

- 学习方面的控制力

■ 结语

在取得个人成就与社会成就的过程中，儿童和青少年特定的认知技能、行为技能，以及情感反应和情感觉察都发挥着重要作用。心理韧性强的儿童和青少年会发展出社会技能，以帮助自己应对生活的变迁，并促使自己成长为健康、坚强、对社会有贡献的个体。而未能发展出这些社会技能的高危群体则往往会陷入恶性循环，他们对自己的期待越来越低，频频出现不良行为，遭受社会排斥，认为未来毫无希望。这些儿童和青少年尚未掌握那些在社会中生存、成长所必需的基本生活技能。

我们曾在第 5 章讨论过心理韧性，也探讨过有些儿童和青少年虽身处高危环境，但仍可以苗壮成长。我们说一个孩子的"心理韧性强"，指的是以下两个方面：一方面，这个孩子要经历过巨大的负面生活事件，这个事件使他处于高危状况中；另一方面，即使身处于这样的危机中，这个孩子依然能展现出成功且积极的适应力。我们在前文也强调了对儿童和青少年的心理韧性极为重要的五个主要领域，即 5C 胜任力。5C 胜任力通常可以用来很好地区分高危与低危儿童和青少年。

事实上，提高 5C 胜任力是一种十分有效的方法，它至少可以帮助儿童和青少年建立"40 种发展性资源"中的一部分（Search Institute，2006）。发展性资源是指儿童和青少年从自身、家庭、学校中体验到的支持、优势与非认知技能。他们需要这些积极且正向的机会、人际关系、体验和个人品质，才能成长为充满关爱、健康、有责任心的个体。40 种发展性资源分为 20 种外在资源和 20 种内在资源，外在资源包括家庭支持、积极的家庭沟通、积极的朋辈影响等因素；内在资源包括计划与决策能力、人际交往能力、自尊、使命感及类似的品质等。对 8900 名美国中学生的一项调查（Search Institute，2006，2013）显示，发展性资源对青少年的行为有重大影响——促进积极的态度与行为，有效阻止问题行为。儿童和青少年所拥有的发展性资源越多，他们就越有可能取得成功，也越不可能出现高危行为，反之亦然。有证据显示，无论儿童和青少年来自何种社会经济、文化和种族背景，发展性资源所起的作用都是一样的（Search Institute，2006，2013）。

在本章，我们列出了一系列预防与早期干预措施，它们对于提高儿童和青少年的心理韧性、增加儿童和青少年的发展性资源至关重要。我们以 5C 胜任力作为框架来组织并呈现这些不同的项目。这种方式有助于引导我们思考，但是，我们仍要强调的是，提高某种特定能力的干预措施其实也有利于促进其他能力的发展。

大多数预防与早期干预项目都是为了在儿童求学早期实施而设计的，有些甚至是为了在学前阶段就开始实施而设计的。之所以这么做，是因为大部分严重的问题行为都是从轻微的问题逐步发展起来的。当然，如果儿童没有在早期形成相应的能力，那么后期我们更应该推进这些项目的实施。尽管一些能力似乎与第 6～10 章提到的具体问题行为直接相关，但是这些特定问题并不是孤立于其他问题而单独存在的。例如，有违法犯罪行为的青少年很可能存在阅读障碍、吸毒、不安全性行为、加入帮派等问题，也就是所谓的存在"问题行为"（Donovan，2005；Jessor，1993）。此外，特定的问题行为往往会削弱保护性因素，如对学校的投入、对父母等重要成年人的依恋。下文介绍的项目可以提高 5C 胜任力，有助于巩固并增加保护性因素。当然，发展 5C 胜任力并不仅仅是为了减少危机，也是为了增加保护性因素和提高技能（APA，2014；Hawkins et al.，2014a）。

核心学业胜任力

核心学业胜任力包括基础的学习技能和学业生存技能。良好的学习技能至关重要，包括核心阅读技能、写作技能、数学技能、认知问题解决技能等。接受高质量的教育对儿童和青少年基础学习技能的发展极为关键。除非学校有充足的资金来实现这一点，否则我们只能原地踏步。学业生存技能也包括社会技能，它对学生在校期间及毕业后的生存至关重要。

社会技能可以被理解为利用个人资源影响环境并最终取得积极结果的能力。社会技能由各种不同的技能组成，可以使个体有效地与他人相处。这些技能包括在课堂上表现得体、与他人建立关系并发展友谊、以非暴力的方式解决问题、具有决断力和拒绝能力以应对朋辈压力、协调与成年人之间的关系。缺乏这些核心技能，儿童和青少年就很容易出现高危问题行为。个人技能、社会技能和认知技能的匮乏也是造成社会功能缺失的潜在因素（Durlak，Domitrovich，Weissberg，& Gullotta，2015；Monastra，2015；Social and Character Development Research Consortium，SCDRC，2010）。因此，儿童和青少年，尤其是高危群体，需要特殊的帮助来获得必要的社会能力，以更好地应对学业、为人生选择做出正确的决定、做出有利于健康的行为、形成稳定的人际关系、对未来始终充满希望（McKown，Gumbiner，Russo，& Lipton，2010）。

📖 **小故事**：生日派对

....

当我们沿着人行道走到前廊时，前门开了，玛丽欢呼道："奶奶，爸爸…… 谢谢你们来参加我的生日聚会！"她的声音甜美、清晰，带着 3 岁孩子特有的奶声奶气，话的内容听起是经过精心演练的。

虽然玛丽年仅 3 岁，但她的社交能力和人际交往能力与那天下午我教的那些比她年纪大一些的孩子形成了鲜明对比。令人惋惜的是，并非所有父母都会教孩子该在什么时候说什么话。如果父母没有做到，那么教师就应该承担起这项任务。

生活 / 社会技能训练

生活技能训练，也被称作社会技能训练，注重通用的社会和认知技能的获得。根据问题行为理论的观点，不良行为是社会习得的、功能性的行为，是个体和环境因素相互作用的结果。社会情绪学习（Social and Emotional Learning，SEL）所涉及的多学科领域在过去的 10 年里得到了极大扩展，涵盖了生活 / 社交技能及 5C 胜任力中的诸多方面（Durlak et al.，2015）。技能训练项目通常会结合人际沟通和社交技能、认知改变策略和应对机制。

生活/社会技能模型

生活/社会技能训练不是一门特定的课程，而是一系列实践，通过行为主义的方法来教授与儿童和青少年的年龄相适应的社会技能，包括沟通、问题解决、决策、自我管理和朋辈关系（Monastra，2015）。它强调教育和培训，而不是心理咨询和治疗，因此，生活/社会技能模型对小学、初中、高中尤为适用。包含核心元素的项目可以有所帮助，但综合性项目的效果更为显著（SCDRC，2010；Simon，2016）。SEL模型需要体育、家政和健康教育等不同领域人员的共同努力，包括心理咨询师、心理学家、社会工作者、学校护士、学校护理人员及教师。其中，心理咨询师、心理学家和特殊教育教师是这项计划的重要参与者。生活/社会技能模型可以被纳入从幼儿园到高中各个发展阶段的课程，并与各种课程内容相结合（Monastra，2015）。生活/社会技能训练也可以用于由学校系统、社区学院和社区服务机构提供的成人和继续教育项目及家长培训项目。

训练模型

对生活技能的训练程序类似于对其他任何技能的训练程序。在训练过程中，整体目标会被拆解成小步骤或不同的组成部分，从简单到复杂，一步步被系统地教授。遵循SAFE［有序（sequenced）、生动（active）、聚焦（focused）、明确（explicit）］模式，每部分训练都包括5个步骤：（1）指导（教学）；（2）示范（展示）；（3）角色扮演（实践）；（4）反馈（巩固）；（5）作业（应用）。教师要按顺序呈现具体任务，一旦出现了期望行为，就要及时给予奖励。在这个模式中，指导下的实践和对榜样的重视二者缺一不可。尽管具体的训练顺序可能略有差别，但这5个训练步骤在所有具体技能的教授过程中都极为重要。

1.教学。提供解释和指导，即向学生传授技能的基本原理，对操作过程进行口头指导。

2.展示。为学生示范具体的技能。该过程可以通过视频来展示，也可以由培训师或掌握该技能的儿童演示。

3.实践。在训练环节，鼓励学生通过角色扮演来模仿和运用所学的技能。在评价学生的表现时，重点肯定学生模仿行为的正确方面。

4.巩固。在附加的问题情境中，对学生的角色扮演给予反馈和鼓励。根据需要提供进一步的指导，塑造、改善学生的表现。

5. 应用。要求学生在各种现实生活的情况下运用新掌握的技能。让他们记录自己的经验，并在下一次课程上汇报。对成功和失败经验的特征进行回顾和总结，必要时提供改进措施。

生活技能训练的相关内容既可以被纳入常规或特殊教育课程，也可以用于全校性或地区性的项目。要想取得最佳效果，这些技能训练应该在个体童年早期开展，如在学龄前开展，并在其青春期的学习生涯中持续进行，不断巩固。大多数孩子可以从家校互动中学到相关内容，但仍有一些孩子无法掌握。在理想情况下，SEL 项目应该得到普及，以使儿童和青少年不再因技能欠缺而蒙羞。如果孩子已经从与家庭和父母的互动中自然习得了这些技能，那么这类项目会进一步提高他们的能力，而不会给他们造成伤害。当然，对于那些错过或尚未获得这些技能的孩子，为他们提供针对性的指导或重新训练是必要的（Monastra，2015；Simon，2016）。这就是针对性项目被需要的原因。

儿童预防干预策略：人际认知问题解决

有几种关于学业生存技能、生活技能和社会问题技能的有效模式，包括"出声思考"（Camp & Bash，1985a，1985b，1985c）、"技能流"项目（McGinnis，2011，2012a，2012b）、"塑造性格和社交情绪学习的活动"（Petersen，2012a，2012b，2012c，2012d），以及"我能解决问题"（I can problem solve，ICPS；Shure，1992a，1992b，1992c）。最后这个项目包括人际认知问题解决或"我能解决问题"手册，适用于学前期、幼儿园、小学中低年级。该认知解决方案是哈内曼大学的斯皮瓦克（Spivack）、舒尔（Shure）及其同事 30 多年来研究成果的结晶（Shure，2006）。ICPS 旨在提高人际思维能力，减少或预防高危行为。该项目的潜在目标是帮助孩子学会如何思考，而不是思考什么。该项目得到了最新研究的支持，有证据表明它对神经心理功能有积极影响（Pokhrel et al.，2013）。

叛逆、攻击行为和反社会行为、不良的朋辈关系和较差的学业成绩是预测学生日后犯罪、酗酒和滥用药物、罹患精神疾病及辍学的重要指标（Shure，2006，2007；Shure & Aberson，2005）。通常到了三年级，学业生存技能和生活技能较差的学生就会出现一定的行为表现，它们通常是后续高危行为的征兆，这些高危行为包括行为适应不良、特殊学校表现、学业问题、留级等。有相当多的证据表明，一些孩子的确缺乏足够的问题解决能力。现有证据显示，问题的解决有赖于（或受限于）个体的社会行为和社会认知能力（如角色承担和决断力），以及社会知识储备（如对社会角色和规范的熟悉程度），在此基础上，个体会产生、评估并应用潜在的解决方案以应对所面临的社会和人际困境。

舒尔等人（Shure et al.，2006）进行了一项研究，调查了这些认知人际交往技能是如何被传授的，以及多大的儿童可以成功习得这些技能。他们假设，越早习得这些技能，积累的益处就越多，在面对生活的挑战时，它们所发挥的功效也就越大。他们的研究对象主要是美国老城区托儿所的非裔美国儿童，他们发现，4 岁大的儿童就可以从该项目中获益。ICPS 之所以被孩子称为"我能解决问题"，也是由此而来。

研究人员也调查了问题解决的有效性水平与智商水平是否存在相关关系，这个问题的本质其实是：是否聪明的孩子更擅长解决问题。结果显示，一般的语言能力和智商分数与有效的问题解决能力并不相关（Spivack，Platt，& Shure，1976）。另一项调查则针对过度冲动（如缺乏耐心、快速行动）或过度抑制（如被动、极为害羞）的孩子对问题解决训练所做的反应。这两种极端都说明了儿童在预见行为后果方面的能力不足，以及在识别人际关系问题的潜在解决办法方面的局限性。结果发现，这两类儿童对问题解决训练都做出了良好的反应。甚至在培训父母陪子女解决问题的训练中，ICPS 仍然可以成功实施（Shure，1996a，1996b）。该项目适用于不同年龄、社会阶层、民族文化背景的儿童。较新的研究使用了与 ICPS 类似的程序，并支持了该项目。CIPP［情境（Context）、输入（Input）、过程（Process）、结果（Product）］评价模型是一种解决问题的方法。学习了该模型的母亲的自尊水平得到了提升，关于儿童成长和发展的知识和功能也得到了持续的增长（Shams，Golshiri，& Najimi，2013）。

项目介绍

ICPS 将学前教育方案作为脚本，如果在幼儿园和小学低年级实施，该项目就要在复杂程度上进行升级（Shure，1992a，1992b），到了小学中年级，该项目就要进一步升级。该项目的一个强大优势在于，作为干预措施，它非常简单易行。在一个标准的班级里，教师可以把安静的学生和健谈的学生安排在同一个小组。在理想状态下，教师每天要跟由 6 ～ 10 人组成的小组进行 20 分钟的工作。

作为一个校本项目，ICPS 适用于班级里的所有学生，因为即便是已经拥有较强的问题解决能力的学生，也可以变得更好。这种基于班级开展的一般性干预项目有以下几点优势：首先，它不会落下任何人，因为原本具备问题解决能力的学生可以带动小组里的其他学生，避免集体沉默；其次，那些被误以为处于低危机水平，而实际上需要帮助的学生可以通过这种方法被识别出来；最后，它可以在很短的时间内覆盖很多学生。

作为正式的班级课程，ICPS 应该每天开展一次，为期 4 个月。而作为非正式的干预措施，ICPS 应该在儿童在校期间持续进行。ICPS 手册（Shure，1992a，1992b，1992c）包括正式课程及将解决问题的途径纳入当前的班级课程和课堂互动的具体建议。每节课都有明确的目标、推荐材料及教师的指导语。教师的指导语可以提供灵活的操作指导，方便教师更好地实施课程的基本步骤。课程可以分成两大类：前问题解决技能和问题解决技能。

前问题解决技能

该课程通过讲解 ICPS 词汇、分析因果关系、鼓励倾听与专注能力、帮助儿童识别情绪等训练，为儿童获得问题解决技能奠定基础。

课程的前两周集中在基本的词语概念上，为问题解决打下基础。例如，"不同的"和"相同的"这两个词可以帮助孩子养成一种习惯，即在思考解决方案时寻找各种各样的替代方案。"踢"和"打"是相同的，因为它们都会带来伤害；而"询问"则不同于"伤害"。"所有"和"一些"这两个词则可以帮助孩子认识到，某些解决方案也许并非对所有人都奏效，但对一些人来说可能有用。"或者（或）"这个词能让孩子学会用更多的方式解决问题，如"我能这样做"或"我能那样做"。

同样，让孩子理解因果关系也很重要。例如，"莉迪亚打了蕾切尔"是因为"蕾切尔先打了莉迪亚"。孩子不仅要学会理解原因和结果，还要认识到行为与结果之间的因果关系，并以这样的方式思考。这类词语还有很多，如"因为"和"为什么"、"可能"和"或许"、"现在"和"以后"、"之前"和"之后"等。这些词语为下一阶段的问题解决奠定了基础。

大约有 20 节课是用来教孩子有关情绪的概念及人们的感受的。共情的发展是后续所有社交技能的核心。因此，我们要鼓励孩子学会识别他人在问题情境中的感受，让他们对情绪更加敏感。显然，他们也需要学会表达情绪的语言。因此，我们要鼓励他们使用"如果……那么……"的逻辑。例如，一个孩子在学着识别和标记情绪："如果他在哭，那么他一定很伤心。"关于感受的教学是至关重要的。如果要在做决定时考虑人们的感受，孩子就有必要识别、理解这些感受，并用语言将其表达出来。

问题解决技能

问题解决技能是通过"替代性方案""结果"及"解决方案 - 结果配对"这几类课

程习得的。中高年级的课程还包括对"方法 - 目标"的思考，但对低年级的孩子来说，这个内容过于超前了。

"替代性方案"这门课程旨在帮助孩子认识问题并找出可能的解决方案。这样做的目的是刺激孩子在面对日常生活中的人际关系问题时，尽可能多地想出不同的解决办法。所有的解决办法都会得到公平的采纳。该课程不以"好"为标准来评价解决方案，而是鼓励"不同"。之后，孩子要自己判断这个想法是好还是坏，并给出理由。

"结果"这门课程的目标是帮助孩子学会按顺序进行思考，学会考虑后果。该课程会引导孩子思考一种特定的解决方案会产生什么样的结果，并鼓励孩子设想自己的解决方案会产生的结果，之后再判断这个想法是好还是坏。

"解决方案 - 结果配对"这门课程是为了让孩子练习将解决方案与结果联系起来。该课程鼓励孩子对问题提出解决方案，并思考其会产生的结果。接着，他们会回到同一个问题，寻找第二种解决方案，并设想该解决方案会产生的结果，以此类推。这些练习可以让孩子亲身体验不同的解决方案和结果是如何联系在一起的。例如，当孩子被要求让一位朋友离开房间时，孩子可能会说"如果他不走，我就推他（解决方案），但他可能会打我（结果）"，或者"如果我请他离开（解决方案），他可能会走（目标）"。

针对年龄较大的孩子进行的课程涉及"方法 - 目标"思维。这一思维方式是孩子直到童年中期才发展起来的更高水平的技能。在这部分课程中，教师会教导孩子阐述或制订一系列行动计划以达成某个既定目标，鼓励他们发现并设法绕开潜在的障碍，帮助他们制定一个现实的时间框架，以构建达到目标的方法。

在正式的课程之外，我们还提倡教师不仅要采用这种方式来帮助孩子思考假定的情景和可能的问题，还要帮助孩子将所学技能应用到日常发生的实际问题上，包括课堂上发生的问题。这种非正式的问题解决对话技术聚焦于儿童的现实世界，有利于被广泛应用，作为 ICPS 的一个组成部分，它也正是该项目的又一优势所在。

除了在学前和小学阶段开展以外，ICPS 经过发展，已经适用于高中甚至处于成年早期的个体。总体来说，现有的研究结果表明，ICPS 不仅提高了青少年在认知测验上的成绩（Shure，2006，2007），在改变社会行为方面的成效也是引人注目的，如攻击和冲动行为的减少、合作和亲社会行为的增加。无论是早期表现出行为适应不良迹象的学龄前儿童，还是接受住院治疗的焦虑的学生，甚至是少年犯，这些相差甚远的儿童和青少年在接受项目干预后，行为都有所改善。长期随访数据还比较有限，但初步的研究表明，至少在早期，项目对行为治疗的效果是很显著的。ICPS 有助于逐步培养学生的学业生存技能，并且对于预防日后严重的行为问题也有一定帮助（Pokhrel et al.，2013）。

自我概念

在第 5 章，我们将自我概念、自尊和自我效能感定义为 5C 胜任力中的第二个 C。我们认为，在一般情况下，高危儿童和青少年更容易受到消极自我概念、低自尊和低自我效能感的困扰。我们知道，高危儿童和青少年通常有归因偏见，这些归因偏见影响了他们的认知，包括自我认知。因此，以修正归因偏见的训练作为预防与干预措施是可行的。这一点尤其重要，因为人们往往更关注对心理健康问题的治疗，而忽略对心理健康问题的预防。最有效的早期预防与干预项目之一是由宾夕法尼亚大学的塞利格曼教授及其同事开发的（Peterson，Maier，& Seligman，1993；Seligman，1990，1993，1994，1995）。

抑郁预防训练

在长达 30 多年的时间里，塞利格曼一直致力于抑郁综合领域的研究，他的首要贡献在于发现、澄清并确立了习得性无助（learned helplessness）的概念。他还将大量的时间和精力用于研究这一概念的反面，即习得性乐观（learned optimism），并确认了悲观与抑郁之间强有力的联系（Seligman，Schulman，DeRubeis，& Hollon，1999）。宾夕法尼亚预防计划（Penn Prevention Program，PPP）力图让儿童对悲观情绪免疫，并取得了极为显著的成果。参与该项目的儿童总共花了 24 小时进行认知行为技能的学习和实践。此外，他们还要完成相应的课后练习。由于 PPP 在学校向学生实施时，在预防抑郁方面取得了显著的效果，因此塞利格曼开发了一种方法，并将其传授给父母。该项目主要用于预防抑郁症，但由于自我概念与抑郁之间有着密切关联，因此参与该项目的儿童的自我概念也得到了广泛提升。

在这项干预中，报告父母冲突、抑郁症状或两者同时存在的儿童成为目标对象，因为这些因素会增加儿童未来患抑郁症的风险（Catalano，Berglund，Ryan，Lonczak，& Hawkins，2004；Weissberg，Kumpfer，& Seligman，2003）。在项目完成时及结束 6 个月后的随访研究中，研究人员发现，与控制组的儿童相比，参与该项目的儿童报告的抑郁症状更少。后续的一项研究则调查了该项目两年之后的效果（Gillham，Reivich，Jaycox，& Seligman，1995）。预防与干预项目的效果实际上在项目结束后还会继续增强，这表明，通过向儿童传授社交和认知乐观技能，可以实现对抑郁症的心理免疫。这些发现与多年后的一项元分析研究结论一致，该研究对 17 项独立进行的、通过至少一年的干预显著减少了抑郁症状的研究进行了元分析（Brunwasser，Gillham，& Kim，2009）。

　　PPP 由两部分组成：社会问题解决部分与认知部分。社会问题解决部分聚焦于人际关系和行为问题，它们通常与抑郁儿童有关。儿童会被教导在行动前思考自己的目标，列出各种可能的问题解决方案，并被鼓励通过权衡所有选项的利弊来做出决定。认知部分则是基于埃利斯（Ellis & Ellis，2011）、贝克（Beck，2014）及塞利格曼（Seligman，1990）的理论发展而来的。简而言之，就是教孩子识别消极信念，并通过检查支持和反对这些信念的证据来评估这些信念。孩子会被教授归因方式，学会识别消极的归因，并提出更切实、更乐观的替代归因。最后，孩子会被传授行为技巧，以提高决断力、谈判能力、放松能力，以及应对父母冲突的技巧。PPP 还很注重乐观这一概念，我们在第 11 章已经介绍过将乐观作为 GOPEP 项目的一个组成部分。

乐观

　　乐观是一种即便面对困境，依然能对自己的处境和未来怀有积极信念的能力。乐观的人相信他们可以实现自己的目标，并且可以为了实现目标在生活中做出必要的改变。乐观包含积极的自我对话技能，这样一来，当一个人遭遇挫折时，他就能理智地面对，不会小题大做。当人们没做好时，他们通常会问自己"为什么"。对这个问题的解答一般包括三个部分：谁该为此负责？它会给生活带来多少负面影响？这种状况会持续多久？第一部分涉及个体将责任归咎于自我或外在世界。第二部分和第三部分，即事件所造成影响的范围和持久性，决定了个体将如何面对失败。自我感觉糟糕并不会直接导致失败。然而，如果认为问题会破坏生活的全部，或者认为问题会永远存在，那么这样的信念就会使人们放弃尝试和努力。放弃会造成更多的失败，而更多的失败则会带来更悲观的归因。因此，在面对一件糟糕的事情时，悲观者会认为问题是无处不在、永久存在的，他本人应该为此负责。例如，一个孩子可能会把自己在学校的糟糕表现归咎于个人的失败或无能，并开始相信自己在学校的所有努力都会以失败告终。这种归因方式会导致破坏性的行为，并成为一种自我实现的消极预言。悲观者认为积极的事件是短暂而有限的，并且不由他们自己的行为控制。

　　与此相反，乐观者通常会采用这样的归因方式：他们认为糟糕的事情只是暂时的，仅仅局限于特定的事件，造成这种状况的原因有很多，而不是他们自己的错。这种认知倾向使人们从压力中解脱出来，并调动精力朝着建设性的目标前进。当一件积极的事情发生时，乐观者通常会认为是自己促成了这件事情的结果，并且认为这种良好的状况是普遍且持久的。因此，用于解释任何特定的好事或坏事发生的原因有三个关键维度，即个体性、永久性和普遍性。

内部或外部：个体性

当糟糕的事情发生时，孩子要么责备自己（内部），要么责备周围的环境或他人（外部）。悲观的孩子有一种习惯，即当不好的事情发生时，他们会责备自己，当好的事情发生时，他们却归功于他人或环境。要想将悲观的归因转变为乐观的归因，使孩子将来免受抑郁之苦，我们必须让孩子学会为生活中发生的事情承担适当的责任，而不是在事情变得糟糕时一味地责备自己。因为大多数事情都是由一系列错综复杂的原因引起的。然而，有些孩子会承担所有责任，用非黑即白的方式来思考问题，这会带来巨大的无价值感和内疚感，引发退缩行为，甚至增加日后罹患抑郁症的风险。

偶尔或总是：持久性

悲观和抑郁的孩子会认为引发糟糕事件的原因及自己失败的原因都是永久不变的，因为这些原因会持续存在，糟糕的事情也会不断出现。乐观的孩子相信引发糟糕事件的原因是暂时的，这让他们获得了抵御抑郁的力量。对悲观的孩子来说，错误、拒绝、失败等都被认为是一直存在的，而乐观的孩子则会用"有时""近来"或其他有时间限制的词语来解释糟糕的事件。

悲观和乐观的孩子对生活中积极事件的反应也不同。与那些认为好事发生的原因是持久性的孩子相比，认为好事发生的原因是暂时性的孩子会更悲观。这与对坏事的归因正好相反。

特定或整体：普遍性

如果引发事件的原因是整体性的，它就会影响生活的不同面向，并且这种影响是全方位的。假如孩子把注意力集中在对糟糕事件的全局解释上，一旦他们在某个领域遭遇挫折，他们就会完全放弃。悲观的孩子往往会将某个不好的情况扩展到生活的各个方面，这会阻碍他们找到积极的出路，最终让事情变得一团糟。

倾向于对坏事做出整体性归因的孩子要学会更加具体的归因方式。当孩子考试失利时，他们不应该认为"我很笨"，而是要学会说"这次我准备得不够充分"。那些对好事做出整体性归因的孩子,在生活中的各个领域都会表现得更好。当积极事件发生时,乐观者会认为这些原因也会给他们所做的一切事情带来帮助。悲观者则认为积极事件是由特定原因引起的,如"事情会发生,不过是因为她可怜我罢了"。整体性的负面归因则无处不在,并导致绝望和被动。塞利格曼(Seligman,1995)认为,虽然普遍性维度通常可以被教给成年人,对初中生可能也有所帮助,但是儿童很难学会。

有关乐观的基础技能

宾夕法尼亚预防计划(PPP)将抑郁的认知疗法(cognitive therapy,CT)的主要技术整合到一项针对非抑郁人群的预防与干预项目中。它可以帮助个体发展有关乐观思维的新技能。以下是四项有关乐观的基础技能。

想法追踪

第一项技能是人们要学会捕捉他们对自己、对事件的负面想法。这些让人难以察觉的想法会影响行为和情绪。学会辨别想法,就能改变这些想法。

评估

第二项技能是评估那些被识别的自动化的、习惯性的想法和信念。将它们看作有待验证的假设,而非"真理",通过收集并考量相应的证据来确认它们的准确性。

准确归因

第三项技能是,当发生不好的事情时,树立更加准确的归因来调整自动化思维,并通过截断消极归因链来改善态度和情绪。

去灾难化

第四项技能是去灾难化。灾难化,或者总是设想最糟糕的结果,只会适得其反。在大多数情况下,最坏的情况是不太可能发生的。反复思考潜在的不利影响和最坏的结果会产生挫败感,消耗精力,并妨碍问题的解决。

识别自动化思维、寻找证据、找到替代方案、去灾难化,对于帮助儿童建立乐观的心态、减少悲观和抑郁至关重要。

有关问题预防的应用

早期的初级预防项目对儿童非常有帮助。乐观的技能可以作为预防问题的方法。那些辍学的孩子及那些仍在上学却对自己不抱任何希望的孩子，都不认为上学会对他们的将来有所帮助，也不认为自己能在学校取得成功。

或许他们会把失败归因于自己的错误或个人特质（如"我永远不会阅读，我太笨了"），或者将其归咎于普遍性的全局因素（如"教师都不在乎""上学没用"）。教师和心理咨询师可以在课堂上发起讨论，以识别学生在面对消极的在校经历时会产生的想法（想法追踪）。班级成员可以共同对示例想法进行评估，并针对示例想法提出替代性的准确归因，也可以举例说明去灾难化的应用。在与学生单独工作时，教师和心理咨询师也可以采用类似的步骤，巩固乐观技能，并使之更加个人化。经过练习，学生就会开始利用这些技能来互相鼓励。

把这些技能教给孩子很重要，但帮助成年人学习并练习这些技能同样重要。使用这些技能可以帮助助人者改善其心理健康——考虑到工作性质、个人资源和精力的持续消耗、预算削减和资源受限带来的持续压力，这是相当必要的。不断提升的乐观水平也会给助人者带来更大的能量和影响力。

乐观技能同样可以被教给父母。父母（和其他成年人）的批评往往反映了成年人自身的不良习惯和偏见，并加重孩子的悲观情绪。父母如果意识到孩子的归因，就能给孩子提供更有帮助的反馈和批评。因为孩子把能力视为持久性的，所以把失败归咎于能力的缺乏会导致悲观情绪。相比之下，将失败归咎于行为、努力或注意力，伤害性就没那么大了，因为这些都是暂时的、可以改变的。父母可以鼓励或刺激孩子努力改善行为、更加用功、集中注意力。如果孩子认为自己缺乏能力，那么其辍学及出现其他问题的风险就会更高（详见第 11 章关于学生的乐观态度和心理韧性项目的介绍；Gilboy，McWhirter，& Wallace，2002）。

认知重构

这里使用的认知重构这个术语仅仅是指修正、改变、重构一个人的信念。信念是一个人在所有情境下所应用的规则，与其当下的处境无关。当信念不具有适应性时，它可以被舍弃，并被建立为新的、更具适应性的信念。当更多的适应性信念取代不完整或错误的信念时，行为也会随之改变。例如，认知行为技能培训项目被推荐用于增加共情和减少霸凌的冲动（Farrington & Baldry，2010）。

改变不具适应性的信念或认知模式最知名的方法是理性情绪行为疗法（rational-emotive behavioral therapy，REBT；David，2013；DiGiuseppe，Doyle，Dryden，& Backx，2013；Ellis & Ellis，2011）和认知疗法（CT；Beck，1976，1991）。这两种方法都基于如下假设：错误的认知会导致有害的自我评价和情绪痛苦，而这些体验会引发行为问题。治疗目标是帮助人们发展认知能力以识别错误的自我陈述，并以积极的自我陈述取而代之。儿童和青少年可以理解理性情绪行为疗法和认知疗法的原则。

理性情绪行为疗法

埃利斯的理性情绪行为疗法是最古老的，可能也是最著名的认知疗法。其基本假设是：人们需要改变其错误的思维并纠正其非理性的信念，才能过上更健康、更幸福的生活。情绪困扰是非理性思维的结果，以内化信念的形式出现，由围绕激活事件的认知或思维过程引起。然而，情绪是错综复杂的，与各种感觉、反应过程和状态相关联（Ellis & Ellis，2011）。

理性情绪行为疗法的主要假设是，思维会带来感受。换句话说，让人感到不安或不适的并非外在的事件或人本身，而是人们对它们的信念。例如，一个因足球运动失利而感到沮丧的小男孩，可能会认为是自己糟糕的表现导致了这种抑郁的感觉。然而，理性情绪行为疗法却认为，不是事件本身，而是对事件或失败的假设，即对它的想法，导致了抑郁的感觉。

埃利斯（Ellis & Ellis，2011）提出了 A-B-C-D-E 模型作为认知干预策略。儿童和青少年首先要学会识别激活事件（A）、对事件的信念（B），以及情绪与行为结果（C），之后，心理咨询师会帮助儿童和青少年与旧的信念体系进行辩论（D），并通过更多的理性思考获得新的情绪与行为效果（E）。

危机中的儿童和青少年发展出了许多非理性的思维方式。非理性的想法会导致适应不良的行为。认知重构致力于帮助儿童和青少年认识到这些不合理的信念，并将其转变为更加理性的信念。要想达成这一目标，能够提供支持的心理咨询师必须积极地参与进来，适时地面质来访者（David，2013）。

认知疗法

贝克提供了一个循证认知模型，以及一套治疗心理问题的通用原则（Beck，2014；

Clark & Beck，2011）。和埃利斯一样，他认为个体对事件的认知决定了其对事件的情绪反应。如果认知歪曲或不准确，那么个体将出现不恰当的情绪反应。

贝克的认知治疗模型由三个核心元素组成：认知三角、认知图式和认知错误。认知三角包括对生活中三个方面的认识：世界观、自我观和未来观。如果认知三角是消极的，那么个体对世界、自我和未来的看法就都是消极的，结果就是导致抑郁和绝望。

认知图式犹如人格特质，它是个体从认知三角中衍生出来的一种稳定的认知模式。认知图式是帮助个体组织和评估信息、事件、经历的底层认知结构。危机中的儿童和青少年会发展出以消极的方式扭曲环境刺激的认知图式，他们的认知图式通常包括贬损的自我形象。这些认知图式是一个人的"核心信念"，因此，它们影响着个体对事件的行为和情绪反应。

错误的信息处理过程、持续的逻辑错误往往会支持或加强功能不良或消极的认知图式，这就是认知错误。危机中的儿童和青少年在评估事件时，会自动化地产生这些认知错误。这些消极、绝对化、评判性的错误会让人即使面对好的经历，也会不断产生错误的看法和理解。

贝克的治疗和训练策略直接源自其认知治疗模型。他的认知疗法包含了行为和认知两个部分，目的是减少自动化的负面认知，使来访者学会质疑那些维持错误认知的假设。心理咨询师首先要在治疗或训练过程中采用行为策略，通过角色扮演、分阶段的任务分配、活动安排、决断力训练和行为演练来建立并强化来访者积极的行动。在这些策略成功实施之后，心理咨询师要引入认知干预来识别、验证并修正认知歪曲（Weersing & Brent，2010）。心理咨询师要向来访者教授以下技能：（1）认识认知、情感和行为之间的联系；（2）对消极的自动化思维进行监测；（3）对与自动化的歪曲认知相关的证据进行检验；（4）用更现实的归因来代替歪曲的认知；（5）学会识别并修正功能失调的信念。

认知疗法致力于帮助来访者发现适应不良的思维，认识其负面影响，并以更具适应性、更积极的思维模式取而代之（Weersing & Brent，2010）。认知重构技术在临床上的应用已经相当有成效，并被越来越多地应用在培训模块中，以帮助危机中的儿童和青少年改变认知，使他们过上更有成效的生活。

蒂龙·贝克（第2章的案例）就能从认知改变策略中获益。人际问题解决技能可以帮助他做出更好的决策；自我评估、自我监管、自我强化可以帮助他延迟满足；认知重构可以修正他的非理性思维、负面的认知三角和消极的认知图式；纠正认知错误可以转变、改善他的消极行为。

联结感

与他人建立联结对人们的生活至关重要（Lieberman，2013；Smith & Sandhu，2004；Townsend & McWhirter，2005），因此，它也是更有效、更全面的生活技能培训项目的主要目标。研究已经证实，外部环境可以支持亲社会行为的发展，反之，外部环境也会促进反社会行为的发展（Catalano，Berglund，Ryan，Lonczak，& Hawkins，2004；Hawkins et al. 2000；Lonczak，Abbott，Hawkins，Kosterman，& Catalano，2002；Walton，& Cohen，2011；Walton，Cohen，Cwir，& Spencer，2012）。

联结感有赖于个体拥有良好的行为所必要的技能、机会及认可。联结感包括对自身的觉知和人际交往技能，两者都关系到对自己和对他人的理解。人际交往技能是获得联结感的核心要素，有时也被称作社交技能、社会胜任力或人际关系技能。这些人际间的交往技巧对于人们拥有健康、有效的人际关系是不可或缺的。正如我们在第 5 章提到的，人际交往技能有助于建立彼此回应、自信且互惠的关系。缺乏良好的沟通技能往往会遭到社会的孤立和排斥，进而导致心理适应不良和联结感的缺失（Mikulincer & Shaver，2014）。来自成年人的积极回应和同伴的接纳，有利于友好、积极的人际交往，由此产生的联结感对人们在生活中持续的幸福感至关重要（Townsend & McWhirter，2005）。

人际沟通训练

基础沟通技能的习得始于幼儿期。到了青春期，青少年已经掌握了一套复杂的社交技能。大多数提高沟通技能的项目都会提供以下培训：言语与非言语沟通、建立健康的友谊、避免误会、发展长期的友爱关系。

促进人际沟通的项目应该与儿童和青少年的发展相适应。对 1 ~ 3 岁的儿童而言，发展和维持人际互动涉及以下重要变量：对听者、说话者，或者感兴趣的对象的注意力；亲近他人，懂得轮换；对话内容的相关性；接受听者的反馈。针对 3 ~ 5 岁的儿童，可纳入训练的行为包括：会使用吸引注意力的线索；会使用听者的反应；进一步加强轮换和彼此关注；养成保持注意力的习惯等。对 6 ~ 8 岁的儿童来说，彼此关注和反馈依然是相当重要的技能。此外，这个年龄段的儿童开始发展出一定的角色承担意识。对 9 ~ 12 岁的儿童来说，使用积极、合作、有益的方式（而非消极的方式）进行沟通是更重要的。显然，任何强调情绪识别、对决策负责、换位思考和其他有效的人

际技巧的社交 / 情绪项目，都涵盖人际沟通技能的训练（Brown，Corrigan，& Higgins-D'Alessandro，2012；SCDRC，2010）。人际沟通技能是许多预防与干预项目的主要组成部分。其中有一个特别有用的沟通技能综合培训项目适用于青少年（McGinnis，2011）、小学生（McGinnis，2012a）和幼儿（McGinnis，2012b）。另外，还有一些针对小学以上的儿童所开发的项目也很有效。例如，斯蒂芬斯（Stephens，1992）的社交技能项目既适合儿童，也适合青少年。预防与干预措施中采用的沟通技能培训包括卡明斯和哈格蒂（Cummings & Haggerty，1997）、杜普尔和埃克特（Dupaul & Eckert，1994），以及琼斯、谢里登和宾斯（Jones，Sheridan，& Binns，1993）的研究成果。

贾森·卡特（第 3 章的案例）就可以从沟通技能的训练中获益。如前所述，他与绝大多数孩子和成年人都缺乏联结，他在功能失调的家庭中遭遇的困难已经影响了他在班级里的人际互动。尽管家长培训和家庭咨询也许对这个家庭的功能失调有所帮助，但是贾森本人无效的人际互动造成了他对学校生活的反感。因此，更有效的人际沟通技能或许能让贾森在学校更积极地与同学和教师互动，这种改善可以让同龄人更容易接受他，并提升他的自尊水平。

决断力训练

一些危机中的儿童和青少年之所以会陷入麻烦，是因为他们胆小、孤僻，似乎无法有效地与同学、教师和家庭成员相处；另一些危机中的儿童和青少年会通过充满敌意、愤怒和攻击性的方式来表达自己，给周围人带来麻烦，最终也自食其果；还有一些危机中的儿童和青少年则过于随波逐流，因为他们太容易受到同龄人的影响。这些人不曾意识到来自同伴的压力，或者不具备抵抗这种压力的能力。许多危机中的儿童和青少年需要接受决断力训练，并学会抵御朋辈压力的具体方式。

一般性决断力训练

决断力训练是一种心理教育培训，目的是减少个体特定的社交技能缺陷，并帮助个体更有效地与他人互动。决断力训练还能有效减少不具有适应性的焦虑，使个体更加直接、诚实、自如地表达自己。

决断力训练通常包括表达积极感受和消极感受，以及发起、继续和终止对话的能力等模块。除了这些基本的人际沟通技巧外，决断力训练还很注重设定界限和自我驱动。懂得设定界限的人可以拒绝不合理的要求；自我驱动的人有能力提出自己的需求，并能积极寻求乐趣、进步和亲密感。

非言语交流也是决断力训练的一个重要组成部分。信息表达的方式与信息本身一样受到关注。声音的响亮度、谈吐的流畅度、面部表情、肢体动作、人际距离及眼神交流的方式，无一不在传递信息。无论在积极的还是消极的社会对抗中，学生都要学会直视他人的眼睛。在美国主流文化中，直视他人的眼睛意味着个体对自己的地位、才识和魅力的确信。我们要让学生明白，被动的行为可以被果断的技巧取代，而且在处理冲突和愤怒时，果决的反应会比攻击性更管用。不过，所有的决断力训练都要考虑不同文化背景的学生，因为在一些文化中，直接的眼神接触被视为不尊重或具有攻击性。在这种情况下，我们不应该简单地把眼神交流排除在外，实际上，不单是这个模块，整个项目都应该承认文化差异并提供指导，共同探索究竟在什么时候使用果决的行为更有效。

一项在学校开展的决断力训练呈现出了十分显著的效果（Smith，1986）。在决断力方面接受过训练的学生比未接受过训练的学生有更高的出勤率、更少生病、阅读和数学成绩更好、有更好的自我形象，并且在那些与日后药物滥用相关的消极态度上显示出积极的变化。在项目结束三年后，接受过训练的学生更能抵挡住朋辈压力，而不参与吸烟、酗酒、吸毒等活动。接受过决断力训练的学生的成绩也比未接受该训练的学生的成绩更优异。这项社交思维和推理项目被称作 STAR（Benn，1981），它为 3～5 年级的儿童提供训练技巧和方法，帮助他们在社会冲突的情境中做出更有效的反应。另一个名为 PLUS（Benn，1982）的促进学习和理解自我的项目是对 STAR 的改编，该项目适用于高中生，并同样取得了类似的成效。

抵制和拒绝训练

特定的抵制和拒绝技巧可以帮助危机中的儿童和青少年抵挡消极的社会影响（Herrmann & McWhirter，1997）。抵制和拒绝训练的重点是帮助儿童和青少年识别并标识社会影响和压力情境，并发展出可以抵制这些影响的行为技能。从大众传媒到朋辈群体，儿童和青少年需要具备一定的技巧才能抵挡住各种各样的压力。举例来说，朋辈压力有各种形式，如戏弄、友好压力、恶作剧、胆大妄为、谎言、身体威胁、社会威胁或沉默。在培训中，心理咨询师或教师会向学生呈现每种压力的典型案例。

接着，心理咨询师或教师会向学生传授抵制压力和拒绝屈服的策略，对特定技术进行描述、演示、示范。学生要练习每种抵制和拒绝策略，并观察其他人的练习过程。他们可以通过角色扮演来练习每种策略。每个人都有机会演练并完善自己的表现，这样在现实生活中，他们就可以应对自如。接受过决断力训练的学生能够拒绝烟草、酒精和大麻（Herrmann & McWhirter，1997，2000）。通过训练，这些学生对毒品使用表现出更低的意愿，他们获得了相关技能，可以识别并抵制毒品使用的外部压力。然而，仅仅培养拒绝技能，如"直接说'不'"活动，是没有效果的。儿童和青少年要加强人际交往技能，培养更好的自我意识，远离吸毒的同龄人。此外，心理咨询师或教师还要帮助他们与低危同龄人建立社交网络和友谊，只有这样，干预措施才能取得长期成效。

阿莉·安德鲁斯（第1章的案例）或许会受益于抵制和拒绝训练。她与继父的互动表明，她几乎没有办法应对压力，她的大多数反应都是发泄和自我挫败的。她与同龄人之间的互动也透露出她很可能会从朋友那里寻求在家中无法得到的认可。因此，她抵制毒品使用的可能性很低。抵制和拒绝训练可以帮助她发展必要的技能，改变自我挫败的模式，防止自己吸毒。

压力应对能力

第5章界定的第4个C是压力应对能力。许多危机中的儿童和青少年都受到压力和焦虑的困扰（Durlak et al.，2015）。焦虑与许多不良的个体特征和人际关系特征有关，如反应迟钝、无法独立处事、过度从众、过度在意评价，以及自我批评和自我挫败的态度。由此产生的焦虑会引发长期的压力。由于教育过程的许多方面都受到焦虑和压力的影响，因此提供应对方法就特别有益。越来越多的证据表明，以学校为基础的预防与早期干预项目有助于减少未来严重焦虑障碍的发生。我们在第5章提出了"正念"作为预防与干预措施（Cook-Cottone，Tribole，Tylka，& Tracy，2013；Goyal et al.，2015；Kuyken et al.，2013；Simkin & Black，2014）。正念确实提供了一种重要的压力和焦虑的应对方法。在这里，我们主要指的是正念所包含的一些技术，这些技术在西方心理学中也有，只不过是通过不同的传统发展而来的，并且这些技术可以单独实施，无需完全遵从严格的正念方法。

放松、想象和肯定是消除焦虑和压力的负面影响的有效方法，这些方法被结合在一种名为放松与意象训练（relaxation and imagery training，RIT）的训练模式中。这种方法有望帮助危机中的儿童和青少年更好地发挥潜力、改善考试焦虑、提高学习技能，以及提升学业自尊水平。RIT还可以帮助年轻人解决心理困扰并促进情绪健康。

放松

放松技巧本身就能减少压力及其带来的心理和生理上的负面影响。研究证明，放松可以帮助来访者缓解疲劳、避免对压力的负面反应、减少焦虑、提高社交技能、改善人际关系、增强自信心。放松也有助于减少抑郁、提升自尊水平（Tavousi，2015）。放松能有效帮助学生改善在校的行为表现、更积极地看待自己、更主动地与同学互动。放松也能减少焦虑，这一点尤为重要，因为焦虑与依赖、敌对、在同伴中的低地位、跟教师关系不好，以及攻击行为都有关（McReynolds，Morris，& Kratochwill，1989）。

放松技巧对学习和社交都很有帮助。压力会给学习造成干扰并影响学业表现。研究表明，放松技巧可以有效抵消压力的消极影响，对各种科目的学习都会产生积极影响。除了改善社交和学业表现外，放松还被成功地应用于对多动症的干预治疗。放松能有效增加对任务的注意力并减少冲动。通过放松训练，儿童和青少年将学会在焦虑和恐惧出现时，以放松的方式来应对。

放松训练通过教会个体减少肌肉紧张来减缓焦虑，并实现两个基本目标。首先，它是一种对抗与压力情境相关的焦虑的手段；其次，它是一种自我管理工具。通过放松的自我调节训练，儿童和青少年可以增加对生活的掌控、对自己的行为负责、提高学习成绩。这种方法还有附加效果，当儿童和青少年在学习和社交场合中变得冷静并由此获得自信时，他们就会获得成年人和同龄人的赞许、增加注意持续时间、不易分心、学得更多。这一训练可以改善儿童和青少年的自我调节能力，继而促进其心理韧性的发展（Dishion & Connell，2006）。

渐进式深层肌肉放松

放松训练中的不少技巧都是很有用的，其中包括生物反馈、自我暗示、冥想、缓和反应及渐进式放松。大多数放松训练所使用的方法最早都起源于雅各布森（Jacobson，1938）提出的渐进式（深层肌肉）放松。仅仅告诉一个人要放松是不够的。辛苦了一天后，你是否曾感到头痛，然后突然发现肩膀的肌肉又紧又硬？放松与意象训练（RIT）可以帮助个体确定身体的哪个部位有何种疼痛的感觉，并帮助个体发现身体究竟在什么情况下承受了压力。雅各布森开发了一个更结构化、更具体的程序，以帮助个体达到深层肌肉放松的状态。为了达到某一特定肌肉或肌肉群的放松，心理咨询师要让个体舒适地躺下，交替收紧和放松主要肌肉群，注意肌肉的不同紧张程度。这个过程要持续数次，直到个体发展出对肌肉的觉察力，并能有目的、有意识地释放肌肉紧张（Tavousi，2015）。

在 RIT 所适用的放松技巧中，学生或来访者要学会按顺序收紧再放松肌肉群。这个过程一直持续到个体可以对紧张和放松的不同状态有清晰的觉察。在放松训练的早期，个体有必要在几次训练中多次重复紧张和放松的状态。最终，个体不再需要体验紧张的部分就能很快地进入放松状态。一旦掌握了这种技巧，儿童和青少年就可以在没有成年人指导的情况下自行放松，并由此体验到更多的自我掌控感。通过练习，大多数人都能在几分钟内达到身心放松的状态。这个过程会帮助个体认识到全身上下所有肌肉的紧张，并对其有更好的觉察。一旦个体意识到身体在压力中所起的作用，他们就更容易采用其他放松技巧，本森放松反应训练就是其中之一。

本森放松反应训练

"放松反应"一词是由哈佛大学心脏病学教授赫伯特·本森（Herbert Benson）博士开创的，用以描述让肌肉和脏腑放慢速度，同时使脑部血流量增加的过程。在他的第一本著作中，他强调作为与各种压力相关疾病的有效治疗手段，放松所带来的好处是有科学依据的（Benson，2000）。脱胎于禅定冥想的雏形，最近的研究（Benson & Proctor，2010）对该技术进行了修改并加以扩展，以涵盖大量的心身问题，并提供了更坚实的科学和研究基础。与渐进式深层肌肉放松一样，这一技术也与第 6 章提到的正念密切相关。要达到放松反应，个体需要进行一系列步骤。

- 以舒适的姿势坐下，闭上双眼，背部挺直，双脚平放在地上。轻松、自在地呼吸，几秒后，进入一个舒服的节奏。
- 放松你的身体，从脚底开始，逐渐向上，直到头部。接着（也可以只做其中一部分），想象一大片温暖的云从头顶向身体移动，带你进入一个更深的放松状态。
- 关注你的呼吸。然后，当你吐气时，在心里默念"1"（本森最早在哈佛大学的研究中用了"1"这个数字，但实际上，任何悦耳、舒缓的词都是可以的）。有些人会使用"平静"这个词；有些人更喜欢数数，如在吸气时从 1 数到 4，呼气时从 1 数到 8。
- 吸气，吐气。重复你所选的词。默念几遍之后，停下来，"归于寂静"。
- 轻松、自然地呼吸 10 ～ 20 分钟。你可能会睁开双眼看时间，但铃声或闹钟不利于放松。

- 你开始走神，内心出现各种嘈杂的声音，这很正常。重复念"1"这个数字或"平静"这个词，或者再从 1 数到 4 或从 1 数到 8，之后，再次归于寂静。
- 不要刻意追求深度放松，也不要为此而担忧。保持松弛的状态，允许放松按自己的节奏出现。
- 结束时，静静地坐几分钟，双眼依然闭着，之后再慢慢睁开双眼。

和所有技术一样，这项技术必须每天练习，不过个体基本上不需要费力就会出现放松反应，尤其是在个体已经能觉察肌肉紧张之后。有些人会在早上起床就开始练习这项技术（饭后两小时之内不宜进行练习，因为消化会干扰反应）。

保罗·安德鲁斯（第 1 章的案例）所面临的问题至少有一部分可以归咎于他所处的充满压力的环境。家庭成员之间的紧张关系，加上他对学校强烈的厌恶，导致了愤怒、敌对和攻击行为。成年人对其行为的反应给他造成了进一步的压力。攻击性和愤怒似乎是他应对潜在焦虑的方法。放松训练能使他更好地应付自己对处境的情绪反应。深层肌肉放松及放松反应可以让他有能力转变攻击性，帮助他缓解内在的恐惧和焦虑。

视觉意象引导法

视觉意象引导法是一种放松技术，也是放松训练的一项重要辅助手段。它被用来舒缓紧张感、增加舒适感、动员各种肌肉群，并可以引发放松反应。视觉意象引导法通过视觉化的过程有意识地对各种想法进行转变，以达到积极的、预期的结果，如减压、改善睡眠质量和行为表现等。因为视觉意象引导法是白日梦的一种活跃形式，所以儿童和青少年对它的接受度很高。

视觉意象引导法可以帮助儿童和青少年更好地面对困难的情境、学习新任务、发展自我掌控力。在想象中，儿童和青少年会在引导下经历某个事件，仿佛亲临其境一般。儿童和青少年会透过其"心灵之眼"进入一个丰富的内在体验世界，在这个世界里，他们可以运用想象力来促进特定的心理与生理上的改变，从而实现行为表现的改善。另外，意象还应该包括积极的建议，尤其是当个体对结果和环境存在负面预期时。对于像保罗·安德鲁斯这样的青少年来说，他们已经开始习惯失败和他人的消极反应，显然，积极的意象就尤为重要。

意象引导的流程

针对儿童和青少年的意象的引导语包含几个关键因素。引导语要贴近现实，突出重点，并融入符合当事人情况的用词、语句和情境。保罗·安德鲁斯的心理咨询师或许需要其他帮手，保罗的母亲可以担任技术顾问，为心理咨询师推荐合适的用词、想象的场景、关键性事件及相关细节，这些都有助于让想象的体验变得更真实、更丰富。要为保罗建构一个想象的情境，我们应该遵循以下准则。

1. 帮助保罗运用他所有的感官——触觉、嗅觉、味觉、听觉和视觉。在场景出现之前和出现时体验到的内在情绪和肌肉感觉也不容忽视。

2. 尽量清晰地描述场景，越生动越好。可以的话，尽量提供更多细节，若缺少相关信息，可以请保罗补充。

3. 想象由外部环境（如教室、家庭）入手，再慢慢过渡到内部环境或情绪状态。

4. 以保罗的视角陈述想象的场景，让其身临其境。保罗并不是单纯地以旁观者的身份观察自己，而是实际地参与到事件中——感受它所引发的情绪、体会这些想法、观察情境中的其他人等。

5. 利用积极陈述和自我暗示，帮助保罗建立自我强化的表述方式。确保以一个积极的意象结束想象。

视觉意象引导法有助于改善学生对学科的学习和记忆。它可以营造适当的心理状态，让学生为学习做好准备，因此，它几乎对所有课程都有帮助。在科学和数学领域，意象有助于创造性地解决问题和记忆；在语言艺术领域，意象为诗歌和散文增添了活力。在教学情境中，意象可以让学生为学习做好准备、帮助学生理解、促进学生对知识的记忆和再认，并促进学生对问题的解决和创造性思维。学习过程可能与教学本身同等重要。对心理事件的预期和开放的心态创造了一种随时准备学习任何东西的状态。

有许多优秀的脚本和录音可以被用作想象场景的引导语（Davis，Robbins-Eshelman，& McKay，2008）。商业录音会伴有音乐、叙事和独特的背景音乐（如鸟鸣、流水声、树叶沙沙声）。当然，脚本和录音的主题必须与目标对象的年龄和处境相匹配。例如，海洋的场景也许就超出了一些学生的经验范围。我们必须给学生充足的时间和练习来发展意象技能。

安全之地

视觉意象中的一项重要练习是想象一个特殊、快乐的安全之地。引导者要帮助学生设定并想象一个令其感到安全和平静的场景。这里可以成为一个特殊之地，让学生更加平静、安全、放松。场景的设定可以是一个想象中的地方，但在大多数情况下，会是学生曾亲身体验过的安全而宁静的真实场所。引导者通常会营造出景象和声音，如"夜晚，海浪轻拍海岸""坐在公园里，微风拂面""坐在温暖的壁炉前""听着微风吹过树叶的沙沙声"。最重要的是，引导者要让学生在这个情境中体验到一种满足感。

引导学生想象这个安全之地后，引导者会鼓励他们通过这个场所来调节自己的情绪，并关注积极情绪。

肯定

考虑到危机中的儿童和青少年普遍存在消极认知，所以运用积极肯定来强化他们的力量感也是至关重要的。肯定会给学生的学业成绩和动机带来积极影响（Sherman et al., 2013）。教师和心理咨询师可以通过放松与意象训练（RIT）给予学生积极肯定，以鼓励他们。在 RIT 中，教师和心理咨询师应该持续不断地提供积极肯定。大多数美国学生都知道《勇敢的小火车头》（*The Little Engine that Could*）这个故事，故事的主题是"我相信我能行"。这句话可以作为课堂讨论及其他积极话语的基础（见本章开篇的小文）。学生可以通过重复这些话来减缓压力，树立自信心。以下几句话似乎特别有效："我能行""我已经为这次考试努力复习了，我一定可以考好""我是特别的，因为……""我可以放松下来，并记住正确答案""我有很多优势"。认为自己不值得、不够好、总离失败一步之遥，这类想法会破坏儿童和青少年的身体健康、心理稳定和幸福感。

儿童和青少年要找到适合自己的语句来抵消自己的消极想法。肯定是一系列广泛而有效的认知策略中的一项技术。接下来，我们将讨论一些对儿童和青少年行之有效的认知重构策略。通过 RIT，以及类似的项目和干预措施，儿童和青少年将开始认识到他们有能力克服压力和焦虑的影响，并对生活和学习进行自我控制。心理咨询师和其他成年人可以促进这种力量和自我控制的发展。

控制：认知改变策略

第 5 章提到的 5C 胜任力的第 5 个 C，也是最后一个因素——控制，是指对决定的控制、对自我的控制和对未来的控制。现有的各种认知行为技术可以帮助儿童和青少年有效控制他们的内在反应和外在行为（Weersing & Brent, 2010）。在这方面，认知行为理论有三点尤为重要：（1）认知事件可以调节行为；（2）儿童和青少年是学习的主动参与者，可以锻炼自己对它的掌控；（3）认知、行为和环境是相互关联的，三者之间相互影响。在众多认知行为策略中，改善决策的干预措施已经被证实对控制的处理是有效的。

决策控制

危机中的儿童和青少年更容易陷入僵化思维，在问题出现时能想到的替代方案也比较有限。因此，我们要提高他们的能力，尽可能地让他们想出更多替代性的行动方案，并让他们从中做出最佳选择。

好的决策必须对行为结果的利弊有清晰而准确的了解，遗憾的是，如果是与吸毒有关的问题，那么我们可能就无法了解其所有后果。即便如此，决策策略依然可以帮助使用者定义其选择的性质、增加可行性备选方案的数量、确定每种备选方案的好处和后果，以及执行选中的替代方案。这些步骤对解决许多根本问题都极为有效，因此，它们是危机中的儿童和青少年的宝贵资源，接下来要介绍的 DECIDE 模型便是如此。

问题解决和决策的早期模型基于这样一个假设：充分而精确的信息会通向更好的选择。其隐含的意思是，谨慎的选择来自对诸多备选方案的理性权衡。如今，我们已经了解到，精确的信息固然重要，但它不足以使个体做出有效的决策。即便是拥有丰富的生活经验和成熟的认知技能和能力的成年人，他们解决问题和做出决策的过程也远不如他们设想的那样理性（Krieshok，Black，& McKay，2009）。在问题解决和决策方面，儿童和青少年不可能比成年人更理性。

与此同时，儿童和青少年具备做出明智决策的潜力。感知精确、能有效解决人际问题的儿童和青少年，通常采用五个步骤进行问题解决和决策。第一步，他们会关注相关的环境线索；第二步，他们会对这些线索进行精确编码和解释；第三步，他们会形成多种问题解决方案；第四步，他们会准确评估每种方案并选择最佳方案；第五步，他们会综合考量首选方案的执行步骤并加以实施。对高危儿童和青少年来说，他们在解决问题和做出决策的过程中，往往会遇到以下几种障碍：大多数问题涉及情绪因素；评估状况时以自我为中心的倾向性；替代方案的局限性；无法采用系统性的决策过程。例如，具有攻击性的儿童和青少年的社会认知缺陷会干扰其社会性关注和回忆（第一步）、关于人际问题的多种解决方案的形成（第三步），以及对首选应对方案的执行（第五步）；反社会儿童的社会认知歪曲表现在对社会刺激的理解错误（第二步）和对敌对行为后果的错误判断（第四步）。

成年人在儿童和青少年解决问题和做出决策的过程中进行明确的指导，有助于避免问题的产生并克服局限性。问题解决过程中所必需的技能都要经过学习和实践。我们借用克朗伯兹和哈默尔（Krumboltz & Hamel，1977）的 DECIDES 决策模型[①]，并在此基础上加以改编，将其用于一般性问题解决训练，这个新模型被我们称为 DECIDE 模型。DECIDE 模型可用于提升危机中的儿童和青少年解决一般问题的技能。DECIDE 这六个字母代表要采取的步骤：（1）界定问题；（2）考察变量；（3）考虑替代方案；（4）制订计划；（5）采取行动；（6）评估效果。让危机中的儿童和青少年学习这六个问题解决步骤，将有助于提高他们的内控性。也就是说，学生会觉得自己的行为在自己的掌控中，这有利于矫正他们冲动的、自我挫败的行为。内控性反过来又能提升自尊水平和自我效能感、增强对问题行为的抵制能力。让我们一起来看看这六个步骤。

1. 界定问题。尽量清晰地界定问题，并以可实现的目标对其加以阐述。评估该目标：它能解决问题吗？如果目标实现了，这是否有利于提升个体的满足感？

2. 考察变量。考察整体情况的具体细节。有必要收集并评价额外的信息，以便对背景事件和环境因素进行综合考量。最重要的是，儿童和青少年要识别自己在这个过程中的感受和想法。在前两个步骤中，来自班级或小组其他同学的问题和建议都很有帮助。

3. 考虑替代方案。考虑该问题的各种解决方案。评估每种方案的利弊。同样，教师或心理咨询师可能会要求学生进行头脑风暴，从其他学生那里获得关于替代方案和策略的想法。

4. 制订计划。逐步排除不同的备选方案，直到找到最佳方案。制订执行替代方案的计划，并对其潜在影响和后果进行全面的考量。

5. 采取行动。制订完计划后，接下来就要采取行动来落实计划。鼓励儿童和青少年遵循适当的步骤来执行计划。落实构成解决方案的行动。

6. 评估效果。评估解决方案的有效性。教导他们关注自身的感受和想法所受到的影响，这一点尤为重要。对结果进行分析和评估，重新回顾决策，必要时，制订另一个计划以实现目标。

---

① 克朗伯兹将班杜拉的社会学习理论引入职业生涯发展与规划，用以了解个人职业决策历程，以及社会、遗传和个人因素对决策的影响。克朗伯兹和哈默尔于 1973 年提出进行职业决策的模型，认为在进行个人职业决策时应采取八个步骤。1977 年，他们对该模型进行了修正，修正后的职业决策模型共分为七个步骤，这七个步骤的首字母缩写为"DECIDES"，即英文的"决策"。——译者注

自我管理和自我控制

自我管理和自我控制是相互关联的。自我管理是在不依赖外界力量的情况下，维持或改变目标导向行为的能力。具有良好自我管理技能的儿童和青少年能够根据自己的内在标准来应对各种情况。自我控制是自我管理的重要组成部分，是指个体对自己的情绪、认知和行为反应的控制。自我控制能够帮助高危儿童和青少年避免问题情境、限制负面情绪反应、抵制问题行为、延迟满足，因此，它对高危儿童和青少年尤其重要。相反，正如我们在第 11 章提到的，缺乏自制力和自律是儿童和青少年犯罪的主要原因（Buker，2011；Hirschi，2004；Hirschi & Gottfredson，2004）。缺乏自我控制与无法延迟满足密切相关，后者是诸多问题的重大风险因素。

40 多年前，时任斯坦福大学心理学教授（现为哈佛大学心理学教授）的沃尔特·米歇尔（Walter Mischel），因他所作的一系列研究被普罗克斯迈尔（Proxmire）参议员认为是浪费美国联邦政府研究经费而获得金羊毛奖。米歇尔针对延迟满足这一概念进行了实验，该实验被称为"棉花糖实验"。研究人员会给每个孩子发放一颗棉花糖，他们可以马上吃掉，但如果孩子可以等待 15 ～ 20 分钟，那么他们就能得到两颗棉花糖。一些孩子会立即吃掉手里的棉花糖，另一些孩子则可以坚持一小会儿，不过最终仍会屈从于诱惑。有些孩子却能坚持等完整个过程，并得到两颗棉花糖作为奖励。

在随后的 40 年里，包括米歇尔和他的研究生皮克（Peake）、肖达（Shoda）在内的研究人员对这些实验参与者进行了定期跟踪调查。他们发现，从长远来看，那些无法为了享受两颗棉花糖而等待或阻止自己吃掉第一颗棉花糖的孩子，成年后也明显更难延迟满足。他们更难找到或保住工作，药物滥用的可能性也更大。相比之下，那些在童年期就表现出更强的自制力且能够延迟满足的孩子的 SAT 分数更高，体质指标（Body Mass Index）也普遍较低。那些在孩提时代就迫不及待地想要得到两颗棉花糖的人在成年后的大脑成像数据显示，他们在青春期对奖励做出反应的那部分大脑区域与那些为了获得更多的奖励而延迟满足的人是不同的（Casey，2015；Casey et al.，2011）。

延迟满足能力对个体在生活中的成就具有很大的影响。在此研究基础上，米歇尔于 2015 年获得金鹅奖（Jaffe，2015），该奖项颁发的对象是建立在实证基础上且取得惊人成果的特别研究。（该奖项的命名也是为了讽刺由普罗克斯迈尔参议员创立的金羊毛奖对该研究的讥讽。）

自我管理和自我控制训练都可以被纳入自我调控这个大类（McKown et al.，2010；Simon，2016），具体包括以下技能：（1）自我评价（能够以内在标准对照当前的表现，并评价表现与标准之间的显著差异）；（2）自我监管（能够对当前的表现保持同调和觉察）；（3）自我强化（当表现达到标准时提供正向反馈，当表现未达到标准时提供负向反馈）。

自我评价

自我评价是个体对自身行为是否达到要求的系统性评估。儿童和青少年必须有能力评估并评价自己的行为，这样才能改进自己的行为。大多数儿童和青少年会根据成长环境中重要他人的标准来评价自己。父母和教师都为儿童和青少年提供了标准，以评估他们在各种情况下的行为。由于种种原因，许多危机中的儿童和青少年无法获得清晰的自我评价标准。

自我评分可被用来帮助儿童和青少年评价自己的行为。首先，儿童和青少年要与成年人共同决定哪些具体的行为需要加以改正。在确定目标行为之后，下一步就是建立评分系统，如从 0 分到 10 分，或者从 0 分到 100 分，并根据这个评分系统对具体行为进行评估和评价。例如，我们或许可以要求保罗·安德鲁斯（第 1 章的案例）对自己在课堂上的情绪失控进行情绪和行为的评分：从 0 分（没有攻击或爆发的欲望）到 10 分（多次爆发）。5 分也许意味着"克制住想要攻击或爆发的冲动"。这样的评分表可以帮助保罗客观地测量自己的情绪和行为，而自我评价会有利于他的自制力的发展。虽然保罗有不少需要改正的行为，但每次应当只针对其中一种行为。试图在同一事件内改变太多行为，会降低成功的可能性，并造成混淆。如果从改正某个单一行为开始进行尝试，那么保罗获得成功的可能性会更大。

自我监管

自我监管与自我评价密切相关，是指个体对自身的特征、情绪、思想和行为的关注和注意。自我监管要求学生观察并记录自己的行为。从本质上讲，就是要让学生学会收集与自身行为相关的数据，这样才能帮助学生更好地意识到自己的消极行为与积极行为，更好地将行为纳入自己的控制范围。有研究证实，自我监管是一种有效的咨询手段（Baker et al., 2015）。

自我强化

自我强化是指为自身行为表现提供反馈。这种反馈可能是无形的、内在的（例如，达成某个既定目标后，在内心默默称赞自己），也可能是有形的、外显的（例如，达成某个目标后，给自己买份礼物）。反馈也可能是负向的，如自我批评或放弃一项愉悦的活动。

自我强化会激励自我管理的进程。人们会期待正向反馈并为之努力。自我强化可以让个体确立目标并努力实现目标，持之以恒。研究表明，自我强化对学生的在校表现所起的作用与外部强化一样有效（Sherman et al.，2013）。对有利于学习的行为进行自我强化，可以极大地促进学业成绩及在校的各项表现。

总而言之，如果我们教会儿童和青少年对自身行为进行评价，对自己的学业表现和个人表现进行监管，通过正向反馈来强化对行为的改进，那么他们的在校表现就会得到改善，出现个人问题的可能性也会降到最低。

学习方面的控制力

自我管理和自我控制也有利于教育过程。自我管理训练会对学业成就造成短期和长期的影响。研究发现，学会自我管理的学生提高了他们在学业上的抱负，他们更愿意为将来而努力，并且他们在学业之外的表现也得到了改善，破坏性行为也减少了（Cleary，2015）。自我控制技能有助于学生进行适应性归因（McKown et al.，2010）：当学生学会意识到失败是由于他们的努力不足，而成功来自他们自身的能力、努力和技能时，他们更愿意为自己的成功和失败承担责任。这种矫正后的归因模式让学生在今后遇到类似的任务时会更加努力。

学业成功与不成功的学生之间存在显著的差异，那就是他们能否意识到自己所运用的学习策略。许多处于危机中的学生意识不到自己的学习策略是有问题的，甚至是无效的。成年人对危机中的儿童和青少年的学习进程进行干预的另一种方式就是，传授他们有效的学习策略。学习策略是指在获取信息的过程中，将认知技能和元认知能力相结合的计划（Cleary，2015；Wery & Thomson，2013）。在这种教育方法中，学生要学会观察、监督并思考自己的学习策略或计划。

儿童对认知策略的意识与阅读成绩的提高有关。也就是说，那些能够描述阅读时的思维过程的学生比无法描述的学生理解得更好。教师应该为学生示范自己的思维过程以激发学生的元认知技能。元认知策略教学的目的是提高学生作为学习者的自我意识，使学生能够控制自己的学习活动，并为学生提供改进学习的方法。

交互式教学也是类似的学习策略，它对学习能力差的学生特别有效。教师要和一个小组的学生要共同讨论他们阅读的内容。学生要轮流扮演教师，实践交互式教学的四个组成部分：（1）对阅读材料的内容提出问题；（2）总结内容；（3）澄清要点；（4）根据对现有内容或线索的理解来预测后续内容。交互式教学为不同水平的学生提供了成功的机会。

结语

　　沟通和生活技能、认知改变策略和应对技巧是预防与早期干预项目的关键要素。掌握这些技能的儿童和青少年能够有效避免问题行为的发生。为了预防问题行为的发生，我们应当尽早为所有儿童和青少年普及这类综合性训练项目并教授这些技能。对危机中的儿童和青少年来说，包含这类技能的针对性项目应该尽早开展，最好在三年级之前。从长远的角度来看，儿童和青少年应该与不同的人群接触，不断巩固这些技能。对于那些年龄较大、风险较高的儿童和青少年，我们必须在特殊教育课程、学校咨询项目和社区治疗项目中囊括这些技能培训。

　　在学校开展的心理教育小组、同龄和跨龄朋辈辅导及学校的调解项目，都是教授和强化上述技能的良好环境。通过学习这些技能，儿童和青少年将改善与他人的互动，在学校表现得更好，并发挥他们的潜力，奔向更加美好的前程。

第 13 章

朋辈干预

亲爱的珍妮：

我真的，真的很抱歉，我一定做了什么让你生我气的事。如果你能告诉我是什么，我会改正的，可你就是不肯告诉我。求你重新做我的朋友吧，我会尽最大的努力成为你最好的朋友。

凯拉

亲爱的珍妮：

你已经两周没跟我说话了，我还是不知道我究竟做错了什么。你有没有跟安姬和卡拉说过些什么？因为现在她们也不跟我说话了。我寝食难安，这让我十分痛苦。我甚至都想去找那个朋辈支持者帮我了，虽然我们都觉得她怪怪的。我现在很难过，所以你也应该想想你正在对我做什么！

（就算你不理我，我也是）你的朋友　凯拉

亲爱的珍妮：

杰姬其实人很好，她一点也不怪。她问我什么是朋友，我说你是朋友。哈！我其实也挺想多跟你聊一聊的，不过我马上要和一个朋友去学习啦！

凯拉

亲爱的珍妮：

好吧，我想这是我给你写的最后一封信了，因为我一直都很想成为你的朋友，想知道我到底哪里做得不对。不过现在这对我来说已经不重要了。我喜欢跟你做朋友，你既漂亮又有趣。但是现在周围很多女生都是我的朋友了，她们并不会像你那样对我。如果这意味着我太没劲，那也没关系。朋友是和你聊天并能倾听你的人，所以我们不再是朋友了。也许你也应该去找杰姬聊一聊，告诉她你有多么刻薄，她可能会教你怎样跟别人成为真正的朋友，这样你就不必和你身边那些说话和你一样刻薄的女孩混在一起了。

另外，我知道你一定会把这封信给安姬和卡拉看的。随便吧，不过别以为这么做会吓到我。

凯拉

本章要点

- **朋辈的重要作用**
  - 朋辈影响——积极的还是消极的
  - 朋辈群体理论
- **合作学习与朋辈支持体系**
  - 合作学习
  - 合作学习小组的积极作用
  - 小故事：变聪明的学生
  - 朋辈支持体系
  - 合作学习的构成要素
    - 良性的依赖关系
    - 个体责任
    - 面对面的交流与互动
    - 社交技能
    - 团队流程
- **良好行为游戏技术**
- **同龄及跨龄朋辈辅导项目**
  - 项目参与意愿
  - 项目准备工作
  - 示例方法："暂停、提示和鼓励"技术

- 项目开展
  - 选择辅导者
  - 辅导工作
  - 辅导教材
  - 学生激励
  - 教师指导
  - 项目评估
- **朋辈调解项目**
  - 项目背景
  - 理论假设
  - 教职人员培训
  - 朋辈调解员培训
  - 项目连锁效应
  - 项目干预效果
- **朋辈助人项目**
  - 培训阶段
  - 服务阶段
  - 被需要的需求
- **结语**

在上一章，我们介绍了一系列重要的干预方式，用以提升个体的心理韧性，同时增强个体处理危机问题的能力。另外，我们还介绍了一些相关的预防策略，这些策略被广泛应用于一些基于学校课程的发展类项目。在本章，我们将介绍一些预防策略，聚焦于如何充分利用朋辈群体（peer group）的力量来帮助儿童和青少年减少不良行为，增加积极行为。这些干预方式有助于预防和减少那些在本书前面提及的不良行为问题。

朋辈的重要作用

在过去的几十年里，问题行为的预防策略一直在发生变化。例如，20 世纪 60 年代曾经十分流行教育和"恐吓"的方法，20 世纪 70 年代主要提倡提升个体的自尊水平和增强自我功能，而二十世纪八九十年代则将预防重心转移到了社会技能训练方面。其实上述所有举措都十分必要，但它们又无法起到完全杜绝或减少问题行为的作用。在上一章，我们介绍了一些提升个人关键能力的方法，包括教育（认知维度）、提升自尊水平并树立积极态度（情感维度），以及社会技能训练（行为维度）。这些方法都具有极佳的干预效果，并且自 20 世纪至今始终居于干预领域的主导地位（APA，2014；Hawkins et al.，2015）。其中多项干预措施都被证明能有效矫正许多青少年的不良行为，如有效减少物质滥用和未成年意外怀孕等问题行为。此外，如果干预项目能够做到具体、有针对性，并充分考虑到不同个体和群体的个性化特征，我们就可以更好地帮助儿童和青少年提升其心理韧性和个人能力。

然而，对许多高危儿童和青少年来说，仅仅掌握一些技能是远远不够的。举例来说，儿童和青少年完全可以学会抵制和拒绝之类的技巧，或者学会说"不"。不过，他们知道如何说"不"与在实际情况中加以运用完全是两码事。因此，任何真正有效的预防措施都必须充分考虑朋辈压力对问题行为的促发和维持作用（Trucco，Colder，& Wieczorek，2011）。此外，我们认为朋辈群体理论（peer cluster theory）能够充分解释朋辈影响力在问题行为中所起的重要作用，同时它也是充分利朋辈力量来帮助儿童和青少年应对困难的一种典范。在本章的后半部分，我们会重点介绍几种预防与干预措施，以转化不良的朋辈群体，并帮助儿童和青少年更好地发现、融入身边那些有益的朋辈群体。例如，我们会探讨合作学习小组（cooperative learning group），而且会特别强调朋辈支持体系（peer support network）在其中的作用。我们还会介绍一些如何充分利用朋辈资源在学校环境中提高学业成绩和促进社会交往的干预措施。我们在此介绍的模型既适用于同龄或跨龄辅导项目，也适用于朋辈调解项目及其他朋辈协助或朋辈调解干预项目。

朋辈影响——积极的还是消极的

随着孩子逐渐长大，父母作为其行为参照对象和榜样的重要性就越来越小了（McGoldrick，Garcia-Preto，& Carter，2015）。更有趣的是，亲子之间的情感亲密程度和价值观的一致性与孩子的问题行为有直接关系（Jessor，1993）。虽然对一些儿童和青少年来讲，父母对他们的影响要远大于其他人，但是大部分儿童和青少年的主要影响来源还是他们的朋辈群体。来自朋辈的影响可能是问题行为的因素（Trucco et al.，2011），但它同时也是问题解决的重要组成部分。

儿童和青少年总是非常在意朋辈对自己的评价，因为他们把那些来自朋辈的正面评价看作自我价值的体现和获得自尊的途径。朋辈群体代表着从儿童世界到成年人世界过渡的载体。在朋辈群体中，儿童和青少年可以学习如何跟形形色色的人打交道，演练与人交往的各种技巧，而所有这些都是通往成年人世界的必备技能。

另外，朋辈群体还是家庭之外的世界的缩影，顺从、攻击、领导及需要满足都是个体在与朋辈的交互作用中逐渐发展起来的。如果一个十几岁的青少年对一个以反社会为宗旨的朋辈群体产生兴趣，他就会觉得，要想加入这个群体，他就很难抵制朋辈的那些不良行为。这样一来，这个青少年便会面临艰难的抉择：要么舍弃能够给自己带来社会支持的同伴关系，要么无奈地向那些来自朋辈的压力妥协。举例来说，目前，美国中学生所面临的一大危机便是他们的朋辈会具有某些问题行为。同时，对儿童和青少年个体来说，最强有力的保护因子就是对任何不良行为的零容忍态度。此外，相关研究表明，朋辈调解干预措施能够对包括情绪和行为障碍（emotional and behavior disorder，EBD）学生在内的众多学生的学业成绩产生积极的影响。无论是跨龄、同龄和班级层面的朋辈辅导项目，还是合作学习项目，都是在跨学科和跨年级层面成功发挥朋辈作用的干预措施（Ryan，Reid，& Epstein，2004）。总之，干预的关键是要促进儿童和青少年加强并融入积极的朋辈互动，同时减少不良的人际关系。首先，清晰地了解朋辈群体理论有助于开启这一进程。

朋辈群体理论

朋辈群体理论（Beauvais，Chavez，Oetting，Deffenbacher，& Cornell，1996）是一种理解朋辈群体影响作用的绝佳视角，尤其是在问题行为方面。根据这一理论，儿童和青少年的反社会行为和在校的问题行为是产生不良群体的重要因素，有行为问题的儿童和青少年倾向于寻找那些同样有行为问题的同伴，这样一来，他们就形成了一个朋辈群体。这些不良朋辈群体会支持和鼓励更多的不良行为和问题行为，并使之正常化。

此外，朋辈群体理论还认为，青少年吸毒及其他问题行为主要会受到其态度、信念、周边同龄人的行为等核心因素的影响（Beauvais et al.，1996；Dishion & Veronneau，

2012；Gardner & Steinberg，2005；Rice，Milburn，Rotheram-Borus，Mallett，& Rosenthal，2005；Zhen-Duan & Taylor，2014）。根据这一理论，社会和环境方面的各种因素，如经济条件、偏见与歧视、家庭氛围、社区环境、情绪压力源状况，以及青少年的个性特征、价值观和内在信念等，共同构成了一套系统框架，该框架可以增加或减少青少年对问题行为的易感性。与其他环境因素相比，朋辈群体是影响儿童和青少年行为的主要因素。朋辈群体中的每位成员都可以对其他成员的价值观、态度和内在信念造成影响。以吸毒青少年为例，这些青少年之所以会聚集在一起形成朋辈群体，可能出于以下原因：使用同样的毒品，因为同样的理由而吸毒，或是经常聚众吸毒。这种描述就会比仅仅使用"吸毒的生活习惯"要精确和具体得多，因为这个词组既可以指那些重度毒品成瘾者，也可以形容一些偶尔才尝试用药的人。同样，朋辈群体也会影响青少年的危险性行为、违法犯罪行为、帮派行为及辍学行为（Dishion & Veronneau，2012）。与一般的青少年相比，那些极有可能辍学的青少年所接触的朋友似乎大部分也都已经辍学，在这些朋友中，已经工作的人居多，仍然在校的人非常少（Rosen & Chen，2015）。朋辈压力意味着群体会对个体造成巨大的影响，而处于其中的个体往往很难完全抵制群体压力的影响。此外，朋辈群体具有强大的活力，其中的每位成员都会积极参与制定群体的规范和行为。朋辈群体同时也是一个相互作用的整体，尽管其中的某些成员所产生的影响要比其他人大一些（无论哪个群体都有这种情况），但是群体会以一种整体的方式来形成它的行为、态度和信念体系。

朋辈群体的这种动力特征也许可以在一定程度上解释为什么那么多预防与干预措施都没有效果。因为许多青少年在接受治疗后，会重返以前的不良环境和朋辈群体中。朋辈群体的影响能够极大地干扰或抵消治疗的效果。因此，有效的干预措施一定要充分考虑青少年朋辈群体的强大作用，防止接受治疗的青少年再度回到那些游手好闲、不健康及反社会的朋辈群体中。事实上，如果能成功地让青少年远离不良朋辈群体，就能明显改善他们的问题行为。另一种办法就是对整个不良朋辈群体采取治疗干预。首先，心理咨询师可以给那些吸毒或具有其他危机行为的青少年及其朋辈组织进行由相关专业人员带领的每周一次的团体咨询。此外，学校还可以适当地给这些青少年定期放假，要求他们每周聚在一起待一天或几天，共同学习他们为什么会遇到问题，探讨这些问题行为所造成的短期和长期后果，激发他们改善行为的动机，同时培养他们掌握一些必备的技能。以上这两种方法都是通过引导朋辈群体来改变那些维持不良行为的群体规范和态度。但要特别注意的是，朋辈群体可能会强化成年人无法成功干预的那些不良行为规范，尤其是那些无组织、无纪律的群体。研究人员探讨了其中的医源效应。也就是说，因为群体内的成员会对彼此产生不良影响，鼓励反社会行为，所以出于帮助目的的群体干预措施反而会对他们造成一定程度的伤害（Cho，Hallfors，& Sanchez，2005；Gardner & Steinberg，2005）。特别是在那些混乱、无组织的朋辈群体中，这个现象会更加明显。为了减少团体干预可能带来的不利影响，一种较为明智的做法就是确保干预团体的结构化，并且在团体中安排一些具有亲社会态度的青少年。就像我们接下来要探讨的，可以特意在朋辈群体中安插一些接受过专业训练的同龄或不同年龄段的调解人员。

对那些高危、具有暴力倾向的青少年实施团体治疗干预会特别困难，并且可能在无形之中加剧他们的暴力倾向。另外，如果仅仅是针对青少年本人进行干预，而不跟他的抚养者合作，干预也无法取得预期的效果。因为接受治疗后的青少年如果再回到原来的家庭动力系统中，就会像重新回到不良朋辈群体中一样，治疗效果也就无法得到持续的强化。而预防青少年暴力项目会对高危青少年及其家庭进行高强度的咨询干预，所以它在阻止青少年犯罪方面会比"恐惧威慑"式的教育效果更佳，后者是一些准军事化管理的青少年训练营所采用的方法。正如朋辈群体理论所预测的那样，如果把那些有犯罪倾向的青少年集中安置在一些训练营或行为矫正中心，或许恰好给滋生犯罪心态和扭曲价值观提供了土壤，青少年在那里反而可以相互学习如何实施更多犯罪行为（National Institutes of Health Consensus Development Program，2004）。

合作学习与朋辈支持体系

合作学习小组是有效影响朋辈群体的一种基本方式。无论是小学教师、高中教师，还是大学教师，都可以使用这种方法。儿童和青少年在小组中会学到合作技能，以及冲突管理和分歧管理方面的技能，还能养成精诚合作的团队意识。采用合作学习小组这种方法，能有效化解不良朋辈群体所带来的负面影响。

根据学生的学习能力进行分组的做法，似乎参照了一些客观标准，但容易对那些低水平能力组的学生造成不良影响，并加剧最初的不平等（Gamoran，2009；Rubin，2006）。因为教师很可能会以不同的方式对待高能力组和低能力组的学生，那些能力水平比较低的学生可能得到的回应和探讨问题的机会较少，回答问题的时间较少，得到相应的奖励也较少。这样一来，他们就会开始怀疑自己的能力。总之，基于能力的分组可能会对那些本身能力较低的学生造成负面影响。

合作学习

不同类型的课程对学生的技巧和能力具有截然不同的要求，这也是让教师非常头疼的一个问题。像合作学习小组这样的团体形式就可以十分有效地解决这一问题（Gamoran，2009）。合作学习有很多种形式。首先，它在学习任务结构上可以有所不同。例如，在一些项目中，学生要按照各自的任务独立工作，而在另一些项目中，学生是以小组为单位共同完成学习任务的。合作学习的方式会鼓励朋辈之间互相帮助，营造一种真正的合作学习环境。其次，合作学习也可以在激励层面有所不同。例如，它既可以根据所有成员的成绩总分或平均分来评价小组的总成绩或获得的奖励，也可以把小组作为一个整体，并根据各小组所创作的作品来给出评价。在大多数合作学习的情况下，学生会在一些小规模、多样化的小组（一般由 4 ～ 6 人组成）中工作，并通过小组的总成绩获得相应的奖励。

合作学习小组还可以作为危机中的学生的朋辈支持群体发挥作用。在这一部分，我们要把合作学习小组作为一种主要的干预方式进行详细介绍，我们会探讨这种方式是如何具体应用于强化朋辈支持体系的。而各种朋辈支持体系则是有效应对不良朋辈群体的重要手段。

合作学习小组的积极作用

合作学习主要有以下几个目的。首先，合作模式会比个体间竞争的模式更有益。因为个体间的竞争会给危机中的学生改善自我的动机造成毁灭性的打击。一个成功的小组的成员关系能让学生体验到包括取得成功在内的诸多好处——不管组内每个成员的个人成绩如何，他们都会觉得自己能够表现得很好，并对自己的表现感到满意，成员之间也能互相尊重。这些体验对那些在学业上并不成功的危机中的学生而言特别有帮助（详见下文的小故事）。

在合作学习小组中，学生被鼓励互相帮助、互相支持，而不是互相竞争。就像在田径运动中一样，个人的优秀表现往往会受到鼓励，因为这会对整个团队有利。无论是能力较强的学生，还是能力较弱的学生，都会从这种体验中获益。那些能力较弱的学生会在朋辈的帮助下获益，而能力较强的学生在为别人提供帮助后，其理解能力也会得到相应的提高（Gillies，2014）。如此一来，在这种合作学习的情境下，那些能力较强的学生会比在个体间竞争的情境下取得更好的成绩，获得更好的推理能力及更高的学业自尊

（Roseth，Johnson，& Johnson，2008）。

合作学习能有效提高学生的学业能力（Roseth et al.，2008）。无论是对事实性信息提出疑问，还是探寻新的概念或问题解决思路，合作学习的方式都有利于提高学生的学业能力。特别是那些来自不同语言文化背景的学生，他们会比在传统环境中的学生取得更高的学业成绩。课堂上与朋辈的互动，为学生提供了很多运用语言和提高语言交流能力的机会，这对那些将英语作为第二语言的学生（ESL）或英语学习者（ELL）来说尤其重要。

合作学习会鼓励学生主动学习。大量的研究结果和实践证明，如果学生可以积极主动地参与发现和解决问题的活动，他们就会有更多收获。如果他们可以一起探讨和研究解决问题的方法，共同完成任务，他们就会更多地参与到相互的沟通和思考中。所有这些活动都自然而然地使学生主动地投入学习过程，这跟那些被动听课和被动接受的学习形式大为不同。

📋 小故事：变聪明的学生

最近，一位教师在课堂上进行了一项合作学习小组的教学试验。她将班级里学习能力水平各异的四位学生组成一个小组，让他们共同进行一个社会研究项目，其中两位学生的学习能力中等，一位学生的学习能力较强，剩下那位学生的学习能力较弱。她要求他们一起阅读一些材料。经过一段时间的合作阅读后，教师对他们的阅读水平进行了测验。

当原本能力较弱的那位学生拿到自己的成绩单时，他难以置信地说："我有这么聪明吗？"教师笑着回答："你当然有。"于是，这位教师决定继续在课堂上进行合作学习小组的教学实践。

合作学习的方式还能为学生将来适应当代社会的职场环境奠定基础。以团队的形式解决问题，个体为完成团队目标、实现人与人之间的和谐关系而努力，都是现代社会生活中的必要技能。合作学习还可以教学生如何更好地与他人一起工作，并且逐渐建立学生的社会属性、社会理解力及自我效能感。

最后，合作学习小组还为改善校园里的种族关系提供了良好契机，同时促进了大家对特殊群体的接纳。参与合作学习小组的学生会更加尊重不同种族的朋友和友谊，并更加尊重多样性。例如，他们会更容易接受那些在身体和学习上有障碍的同学。学生会通过合作达成某个共同目标，并从中学到对彼此的尊敬和欣赏。我们在本书前面的内容中提到过卡洛斯·迪亚兹的社会学老师巴西特女士（详见第 4 章），她就是通过让学生组成合作学习小组的形式来达成这个目标的。尽管她的学生来自不同的种族，但他们之间的合作阻止了种族偏见的产生。这样一来，卡洛斯在合作学习的过程中就能与其他学生建立深厚的友谊。把一个班级分成由多个种族组成的几个小组，可以有效减少刻板印象、消除偏见，并促进团队成员的共同努力。

合作学习有很多种操作模式。我们可能会熟悉其中的许多具体的模式，如共同学习模式（Learning Together）、小组调查模式（Group Investigation）、互助式个体化学习模式（Team Assisted Individualization）、学生小组成绩分工模式（Student Teams-Achievement Divisions）、小组游戏竞赛模式（Teams-Games-Tournaments）及拼图模式（Jigsaw）。赫兹 - 拉扎罗维茨、卡根、夏朗、斯莱文、韦伯和施穆克（Hertz-Lazarowitz, Kagan, Sharan, Slavin, Webb, & Schmuck）于 2013 年对各种合作学习的操作模式及在学校课堂中的具体应用进行了全面的综述研究。这些模式都十分具有指导性，并充分利用了学生在学习内容上的相互依赖这一特点。

以上这些合作学习模式已经呈现了十分积极的干预效果，因为它们可以直接作用于危机中的儿童和青少年的核心心理需求：动机、朋辈支持、自我归因和自尊（Slavin, Lake, Chambers, Cheung, & Davis, 2009）。自合作学习模式诞生至今，已有大量的研究结果充分显示，它不仅有助于提高学生的学业成绩，提升他们积极的自尊体验、内控力、利他主义及换位思考能力，还能改善小组中残障成员和普通成员之间的人际关系，有效促进来自不同文化背景的学生之间的关系。因为合作学习小组进行的过程中必然会涉及积极的朋辈支持，所以这些小组自然能够帮助那些面临辍学危机的学生及有社交或情绪问题的学生加强联结感。最重要的是，朋辈间各种形式的合作学习小组还能潜在地提升成员的社会资本和亲社会朋辈所产生的影响力。

朋辈支持体系

之所以让学生组成小组，是因为他们在共同解决一个问题时会增加彼此间的交流和互动，这会促进他们的相互支持和友谊，不过，这么做也可能会带来其他意想不到的结果，例如，对学业成绩和行为有益的朋辈榜样及其影响有可能大幅减少，不良的朋辈榜样有可能增多，整个小组可能变得比较叛逆，或者按照反权威、反社会的规则来行事。

尽管如此，合作学习小组要想取得预期效果，就要在课堂互动中充分营造一种彼此关爱的良好氛围，以使学生产生归属感，相信教师和同学都是支持他们的。能够有效促进学生心理健康的支持体系在很多研究文献中都有比较翔实的介绍（Ali，Farrer，Gulliver，& Griffiths，2015；Carter et al.，2013）

为了将合作学习小组的积极影响最大化，并尽量减小其可能的消极影响，我们建议合作学习小组的开展应该以为学生提供社会情感支持为主要目标。我们发现，通过有目的地设计朋辈支持体系，高危学生能获得积极的朋辈支持，从而改善他们和其他朋辈及学校之间的关系（Carter，Cushing，Clark，& Kennedy，2005）。故此，我们不能以任何正式或显眼的方式将那些高危学生单独区分开来，而是要把他们放在一个可以和其他同龄学生保持联系的环境中。在这样的环境中，朋辈能在学业成绩和行为方面给他们带来积极的影响。通过这种方式，朋辈支持体系就可以有效帮助那些处于危机中的学生。此外，朋辈支持体系也为在群体中开展心理教育、情感支持和团体咨询干预构建了一个天然的平台。

在发展朋辈支持体系的过程中，首要任务是识别那些处于危机中的学生，然后是鉴别哪些学生更脚踏实地、心理韧性更强、更亲社会一些。5C胜任力模型（详见第5章）便是可以用来识别不同学生群体的有效工具。

在识别出处于危机中的学生后，教师或心理咨询师要为他们专门组建合作学习小组，并使该小组具备朋辈支持体系的功能。最需要获得支持的学生就是我们的主要干预目标，我们要把他们的名字写在每组表格的空白处。如果可能的话，每组仅安排一名高危学生。尽量避免把那些关系较好，但在学业动机、学业成绩、行为等方面具有消极影响的学生安排在同一小组里。每组的其他学生应该尽量保持多样性，要考虑到性别、种族、能力和成绩等各项因素（例如，欧裔、拉丁裔和非裔美国人，男生和女生，成绩差的、成绩好的和成绩一般的学生）。

在每个合作学习小组中，至少应该有一名学生主要负责小组活动任务，如果可能的话，还应该有一名学生负责维持纪律，也应该至少有一名学生能成为危机中的学生的朋友。比较理想的情况是，合作学习小组中的其他学生与危机中的学生在很多方面都有相似之处，当然，不同之处在于，其他学生能给危机中的学生带来积极的影响。我们应该尽量避免把那些具有消极人格特征的学生放在同一小组里。例如，如果我们把两名攻击性比较强、情绪不太稳定的学生放在同一小组里，可能就会形成一个暴力小组；而如果我们把腼腆和安静的学生放在同一小组里，他们就可能会遭到那些强势学生的控制或威胁。

合作学习小组的成员应该为了完成课堂上的协作学习活动合作至少9～12周。尽管当合作学习小组无法有效运作时，我们必须根据学生之间的具体差异进行调整，但合作学习小组的本意就是为了把危机程度不同的学生放在一起，从而构建支持性的朋辈体系。虽然鲜有关于良好行为游戏技术（后续会有详细介绍）被应用于一二年级以上的学生群体的相关研究，但该游戏中的一些核心原则在朋辈支持体系中却能发挥重要价值。

合作学习的构成要素

合作学习小组形成后，教师要让学生在参与合作学习活动的过程中形成互动和合作关系，这是关键所在。我们在一项研究中发现（Bassett，McWhirter，& Kitzmiller，1997），有些想要采用合作学习小组教学模式的教师，其实并未真正将合作学习小组建立起来。许多教师以为学生在进行合作学习，但他们并没有真正掌握合作学习模式的精髓。事实上，仅仅让学生聚在一起学习，与结构化的合作学习模式完全是两码事。学生仅仅是围坐在一张桌子旁交头接耳地说话，并不等于合作学习；小组中的一名学生独自完成了全部任务，其他学生只是添上自己的名字，也不是合作学习；小组中的一名学生提前完成了任务，接着帮助尚未完成的学生，其实也不是真正的合作学习。

我们下面介绍的这五项基本要素（Johnson，Johnson，& Holubec，1990）是合作学习小组的核心要素，它们分别是：良性的依赖关系、个体责任、面对面的交流与互动、社交技能和团队流程。斯莱文（Slavin，1991，2013）后来总结了一些类似的要素，还增加了第六项核心要素：团队奖励。他认为，对整个小组团队进行奖励对于建立合作学习小组的声望和力量具有积极的作用。

良性的依赖关系

合作学习小组中的所有成员都是紧密联系在一起的。因此，在小组中的其他成员没有获得成功之前，任何人都不可能单独获得成功。而且所有成员的任务目标、任务角色及资源优势都是相互依赖的，他们共享奖励，在任务上也进行合理的分工协作，以建立一种良性依赖关系。

个体责任

小组中每位成员的表现都会受到评价，评价的结果将会对每位成员和整个小组公布。教师可以随机选取任何一位成员的成绩来代表整个小组的成绩，也可以随机选取一位成员回答某个问题、解决某个问题，或者解释某个概念。上述具体操作方式都是可行的。重要的是要让每位小组成员明白，他们不能拖小组其他成员的后腿。

面对面的交流与互动

面对面的交流与互动是指小组中的任何一位成员都必须协助、帮助、支持并鼓励其他成员努力学习。团队成员之间可以互相探讨解决问题的方法和相关概念，解释说明问题的解决思路，讲解有关知识，并把过往的知识点和当下的学习内容融会贯通。

社交技能

进行合作性的工作需要特定的社交技能。领导能力、沟通能力、建立信任感的能力、决策能力、冲突管理能力等都是合作学习小组有效的必要条件。正如我们在前面的内容中所介绍的，这些技能的传授必须如同在学校里教授学业技能一样目标明确、严谨细致。但是，许多学生以前从来没有机会进行小组合作，他们需要足够的社交技能才能做到这一点。

团队流程

对小组的互动过程进行把控和讨论是十分必要的。教师要让学生意识到他们应该在小组中保持高效的工作关系，并鼓励他们这么做。他们还要考虑自己是否正在实现小组的目标。任何一个真正的合作学习小组都必须具备一套完善的团队流程，这样才能使小组维持运作，所有成员才能得到及时、有效的反馈。为了发展并提升团队的凝聚力，促进学习小组的学习效率和互动，教师有必要在每个学习模块完成之后，让合作学习小组的成员回答以下问题。

1. 今天，每位成员为整个小组做了些什么？

2. 为了让小组变得更好，每位成员在下次学习活动中还能做些什么？

尽管这个环节可能只有10分钟，但是它能对每位成员具体的协作能力给出有效反馈，使小组得以维持，还可以提醒每位成员继续使用他们的协作技能。

精心组织的合作学习小组可以提供社会支持体系，从而有效改善学生在校的一些行为方式。这种社会支持体系为高危学生提供了一个系统的契机，促进他们发展有益的人际交往方式并与潜在的帮助者建立深厚的友谊，而这些朋辈其实是经过对他们的个人特质、文化背景及社会特征等诸多方面的考量后精心挑选出来的。他们可以在团队支持的环境中，彼此传授社交技能、学习独立思考和学业方面的知识。

良好行为游戏技术

大量实证数据（Helker & Ray，2009）支持以下观点：教师在课堂上向学生传授人际关系技能能有效改善学生的人际关系，并减少他们的外化行为问题[①]。通过提升儿童和青少年的积极朋辈关系，外化行为问题会相应减少（Witvliet，van Lier，Cuijpers，& Koot，2009）。更重要的是，其效果可以长期持续。美国《药物和酒精依赖学报》（*Journal of Drug and Alcohol Dependence*；Kellam，Reid，& Balster，2008）中的一期特刊曾发表过相关的实证研究，研究数据充分显示，在学校早期使用良好行为游戏（GBG）技术来培养儿童和青少年积极的人际关系会对其各种长期的行为和心理健康具有促进作用。

GBG 是一种基于课堂的预防性干预模式，它通过行为管理的相关技巧来帮助学生一起工作，让他们从中学习作为学生的角色和适当的技能，并掌握课堂教学的核心要求，包括保持一定的注意力、按次序做事、安静坐着及完成课业。该方法以小组为单位，鼓励学生对自己和其他学生的行为进行有效的监管（Kellam et al.，2011）。

教师不仅可以在课堂上使用 GBG 技术，还可以将其应用于学校正在进行的其他课程，以减少学生的无关行为、攻击行为和破坏性行为，并将更多时间用于教学。到一年级结束时，该项目可以有效减少学生的攻击行为和破坏性行为，并提升其完成学习任务的能力。

该技术包括四个核心要素：团队成员、课堂规则、监管行为和强化恰当行为。教师不仅要把课堂规则当堂念给学生听，还要将其张贴在教室的墙上，再将学生分成 3 个小组，每组成员由不同类型的学生组成。如果小组成员在课堂上表现出打闹、擅自离开座位、随意插话等不恰当或破坏性的行为，该小组就会被打钩计分。在规定的游戏时间结束后（刚开始可以先规定 10 分钟，接下来逐渐延长游戏时间，到了学期末，可以一直延长至半天或一天），那些得到 4 个或以下打钩记号的小组就能获得相应的奖励。一开始，教师可以采用一些物质奖励，之后会逐渐提供更多精神奖励。在游戏过程中，教师要采用一些方法来促进学生积极地将课堂行为进行内化和迁移。此外，教师每周还要组

[①]　心理学家阿克巴克（Achenbach）在 1996 年提出了儿童和青少年病理问题的分类，将其分为内化行为问题和外化行为问题。其中，外化行为问题是指外在的反社会性质的行为问题，大多指向他人。外化行为问题包含了与他人的冲突，表现为违抗、攻击性、违纪、发脾气和多动等特点。——译者注

织一次班会，重点关注与解决社交问题相关的技能。

除了上述结果外，GBG 技术还产生了许多长期效益，包括提高学生在教育上的收益，让学生取得更长的受教育年限，改善情绪和行为问题，减少吸烟、饮酒和其他药物使用问题，降低精神疾病和反社会人格障碍的发病率，减少暴力或违法犯罪行为，减少自杀意念和行为等（Bradshaw, Zmuda, Kellam, & Ialongo, 2009; Flower et al., 2013; Kellam et al., 2008, 2011; National Institute of Drug Abuse, 2011; Wang, Iannotti, & Nansel, 2009）。例如，与对照组的学生相比，在一二年级参与该教学方式（GBG）的学生在 13 岁时的攻击性和破坏性水平显著较低，他们开始吸烟的可能性降低了 26%，使用毒品的可能性不到 50%。有趣的是，该方法对酒精、大麻或吸入剂等物质的使用比例没有任何影响。在高中以后，GBG 技术与学生取得更高的成就测验分数有关，具体来说，相当于多取得了一年的学业进步，参与特殊教育的可能性减小。这些孩子顺利从高中毕业的可能性更高，通过普通教育发展考试（GED）或接受高等教育的可能性也更高（Bradshaw et al., 2009）。即使在成年早期，这些参与过 GBG 项目的孩子会更少接受心理与行为健康服务方面的帮助。与那些未参与过 GBG 项目的同龄人相比，参与 GBG 项目的男生获益更多：他们每天抽 10 支烟以上的比例降低了 59%，终身酗酒/酒精依赖的比例降低了 35%，终身非法药物滥用/依赖的比例降低了 50%（Flower et al., 2014）。此外，GBG 技术似乎还能延迟或阻止自杀意念和自杀行为的发生（Wilcox et al., 2008）。

同龄及跨龄朋辈辅导项目

同龄及跨龄朋辈辅导者（peer and cross-age tutor）是指在正式和非正式的学习环境中辅导其他儿童和青少年学习的学生，而教师则主要负责布置具体的学习任务和学习计划，并全程指导学生（Nelson-Royes, 2015）。同龄朋辈辅导（peer tutoring）是一对一的教学过程，在这个过程中，辅导者和被辅导者的年级相同。跨龄朋辈辅导（cross-age tutoring）就是让一个年龄较大的学生辅导一个年龄较小的学生。朋辈辅导能有效改善学校的氛围和风气，巩固学习氛围。它是一种低成本、高效率的教学方式，能够帮助那些在学习上有困难的学生提高学业成绩。辅导项目旨在通过提高学业成绩和情绪状态来帮助那些处于危机中的学生（Gerena & Keiler, 2011; Robinson, Schofield, & Steers-Wentzell, 2005）。朋辈辅导可以改善学生的社会互动模式、自我概念、动机水平、对学校的态度（Lazerson, 2005）、在朋辈中的地位和整体的在校体验（Outhred & Chester,

2010）。朋辈辅导这一概念在教育体系中其实有着深远的发展历史。

同龄及跨龄朋辈辅导要想取得良好的效果，系统规划是关键的一环。它能够提升学生的思考能力（Topping，Miller，Thurston，McGavok，& Conlin，2011），促进学生对数学和科学知识的应用（Gosser，Kampmeier，& Varma-Nelson，2010），还能增长学生在音乐、园艺、健康、安全和社会互动等专业学科方面的知识（Bowman-Perrott et al.，2013）。学校管理者、教师、学生及家庭都更愿意接受那些经过充分准备、严格筛选的，并且执行、督导和评估等环节均完备的辅导项目，尤其是在考虑成本效益的时候。同龄及跨龄朋辈辅导项目成功实施的必要因素包括学校、教师、学生和家长等各方面的充分准备。

研究发现，同龄及跨龄朋辈辅导具有极高的性价比，同时，与计算机辅助教学、减少班级规模、延长 1 小时的课堂时间等方法相比，朋辈辅导能帮助学生在数学和阅读方面获得更好的成绩（Levin，Glass，& Meister，1984）。在如今这个资源相对匮乏、需求和责任倍增的时代，关于同龄或跨龄朋辈辅导相对效用的信息对校方管理领导来说尤为重要。即使儿童和青少年参与朋辈辅导项目的时间较短，付出的时间和资源成本相对较少，他们同样能有所收获（Nelson Royes，2015）。

项目参与意愿

朋辈辅导项目的成功在很大程度上取决于学校是否具有实施该项目的意愿。项目实施意愿受到校方人员对项目的支持态度和资源的可用程度这两个主要因素的影响。校长作为学校的核心管理者，在项目安排方面具有重要的作用，如项目启动时间、课程安排调整、教室场地分配及对朋辈辅导项目的积极推进措施等。教师会通过参与朋辈的选择、课程开发、持续评估和项目开发等具体事项来支持朋辈辅导项目。学校应该对教师这一群体进行有关朋辈辅导的全面培训，包括在职培训、提供持续的咨询和督导等方式，这可以有效促进教师参与项目的意愿。而心理学家和心理咨询师可以经常为教师提供系统的同龄及跨龄朋辈辅导方法的专门培训和督导。心理咨询师可以鼓励教师通过一些公共资源来熟悉辅导方法和材料（Gordon，Morgan，O'Malley，& Ponticell，2007；Nelson-Royes，2015）。

项目准备工作

如果朋辈辅导项目的各方参与者都已做好充分准备，那么在学校和社区实施的项目就很可能会取得成功，项目也更容易被人们接受。对于学生，教师可以通过书面或口头宣传的方式，使他们了解项目的情况并做好相关的准备工作。由于朋辈辅导项目不同于传统的课程教学，因此把项目更多地展示给大家，使参与者以一种积极的方式融入其中，是至关重要的。

教师不仅在决定教学内容方面起着核心作用，还承担着向朋辈辅导者解释如何推进学习、监管学生的学习进度及促进学生的互动和交流等具体工作。为了提高教师对该项目的接受程度和参与度，对教师的培训和准备工作必须涵盖以下要点：（1）让教师充分了解朋辈辅导项目的目标、优势和特点；（2）帮助教师做好计划，为学生准备好辅导项目所需的相关材料；（3）提高教师在传授学生人际交往和解决问题方面的技能。针对教师的培训，一般可以通过咨询、提供朋辈辅导方面的书面材料及在职培训等形式来进行。培训内容包括辅导方法介绍、师生角色模拟演练、社交问题和冲突管理技巧示范，以及讨论可能对项目执行产生干扰的各种问题等。根据我们以往的项目操作经验，要想达成上述目标，并进行各种具体的指导、咨询及各方面的协调工作，培训至少需要进行3～5次，而且每次培训时长在40分钟左右。

对于那些作为朋辈辅导者的学生，做好准备也是非常重要的。他们必须充分理解学习任务，为任务做好各项准备，这样才能更好地辅导其他学生。对辅导者进行的培训主要包括以下几个方面的内容：（1）开发并呈现教学材料；（2）恰当地识别与强化学习者的正确反应；（3）进行正确、有效的反馈；（4）对被辅导者不符合任务要求的行为进行重新定向；（5）与被辅导者进行交流；（6）与教师紧密配合。辅导者要完成的准备工作包括教学督导、练习具体技能，以及对辅导中可能出现的问题展开小组讨论。

另外，辅导者自己也可以从持续的培训中获益，这些培训不仅能提升他们的技能，还可以强化项目干预的目标。在辅导项目期间定期开展一些短期复习培训课程，可以确保对辅导者持续的培训。当然，对项目中负责辅导的学生进行全程辅导的模式，本身就是在示范一种实用的教学方法。事实上，相关研究表明，使用计算机虚拟辅导者系统可以有效促进辅导者进行更深入的思考、阐述和分析，从而减少他们的无趣感，增加他们学习的乐趣（Park & Kim，2015）。

对家长进行事先培训也可以有效提高项目的接受程度。如果事先没有对家长进行详细说明，做好充分的沟通工作，那么家长可能会对孩子要参与的辅导项目产生误解。因此，教师可以通过以下方式事先对家长进行相关培训：以书面形式介绍项目、小组讨论，或者与家长单独面谈，这些方式都会消除家长的疑虑，让家长转而支持项目的进行。因为朋辈辅导在选择学生的时候是在全班范围内挑选，所以教师必须征得全体家长的同意。教师应该向家长解释清楚项目的内容、孩子参与项目的具体原因，以及对可能出现的伤害提供的保护措施。对家长进行培训，可以采用发函、面谈的形式，也可以通过家长教师联合会的座谈会进行。

示例方法："暂停、提示和鼓励"技术

为了让大家更直观地理解朋辈辅导的实质，接下来，我们会详细介绍一个示例。"暂停、提示和鼓励"技术在辅导学生的口语阅读方面极富成效。首先是"暂停"，这一环节要求辅导者对学生在阅读中出现的错误延迟 5 秒再做出反应，或者要等到这句话被读完再做出反应。其次是"提示"，如果学生不能自行矫正错误，辅导者就要给予适当的提醒。在项目准备阶段，学生已经明白"提示"是自我矫正的重要环节，他们知道应该从图表和上下文中寻找相关线索。如果在两次提示后仍然没得到正确答案，那么辅导者就要提供正确的单词，然后继续阅读学习。最后是"鼓励"，它指的是辅导者对学习者的积极行为进行口头强化，鼓励他们培养独立的自我矫正能力。因此，除了对完成整页阅读这类行为进行泛泛的鼓励以外，辅导者还应该针对学生的自我矫正，以及在提示下正确矫正的行为给予鼓励。

这种方法让辅导者可以有效处理学习者在阅读过程中的正确行为和错误行为，有助于巩固预期行为。更重要的是，它能够帮助学习者培养独立的能力和自我矫正能力。对朋辈辅导者而言，这种方法也很简单、实用。

项目开展

实施同龄及跨龄朋辈辅导项目这类教育干预措施，往往是为了挽救那些学业失败或面临失败风险的学生。如果遇到紧急情况，教师就应该开发新项目。不过，最开始的时候，使用现有的一般朋辈辅导项目就已经足够了，这样可以避免资源过度浪费，随着项目的开展，教师可以再不断完善和拓展现有项目。

任何一个项目，不管最初被设计得多么完美，在其实施过程中都会遇到意料之外的问题。因此，最初的设计完成后，教师还需要进行适度的调整。当然，校方管理者的

支持是必不可少的，同时，教师还要获得自主的时间及其他形式的支持，这样才能开发出项目所需的材料，对项目参与者进行必要的评估和督导，并为项目提供持续的培训（项目进程中的小组讨论）。下面我们将详细讨论一个成功的朋辈辅导项目所必备的基本要素。

选择辅导者

在跨龄朋辈辅导项目中，教师要将年龄大的成员和年龄小的成员组合在一起；在同龄朋辈辅导项目中，辅导者和学习者（或搭档）的年龄要相同，属于同一班级或同一年级。在进行挑选和匹配的时候，教师要考虑学生的多样性，如谁的学业成绩好，能够指导其他同学，谁能做积极的榜样以影响朋辈，谁的学业失败风险更高，因而可能通过担任辅导者使自己在学习和情感上有更大的收获。不同类型辅导者的参与会让项目的接受程度更有保障。那些学业成绩优异的学生可以在辅导项目中提供课程指导；影响力出众的学生，可以让项目在学生朋辈群体中大受欢迎；而高危学生担任辅导者本身就是项目有效性的现身说法了（Menesses & Gresham，2009）。

教师可以从学习困难程度、学习动机和行为表现几个方面来挑选辅导对象。在项目实施的初始阶段，学习问题严重的学生其实并非最佳人选。最好是在导入阶段的问题已得到妥善处理，项目稳步开展之后，再让他们加入会比较合适。

在完成了各种匹配工作后，教师最好对辅导者与学习者之间的交流和互动情况进行观察和评估。承担督导任务的教师或负责协调工作的心理咨询师应该对那些人际关系不良的小组搭档进行干预或重新组合。这样做可以避免辅导者与学习者对项目产生负面感受，并给予他们一定的支持，让他们更加享受项目的过程。

辅导工作

在辅导过程中，项目协调教师要提前制定辅导时间表，每周安排若干次辅导，每次20～30分钟，还要督促学生严格按照时间表来进行辅导。辅导活动如果未能如期进行，就很难达到预期的干预效果。

辅导一般在班级的指定区域进行，必须和其他的学生活动分隔开。这样的设置不但可以保证辅导的隐秘性，防止被其他人干扰，还能让教师对辅导工作进行直接的监管和督导。

辅导教材

辅导活动所用的教学材料可以由教师提供，也可以参照一些出版教材。在教师的指导下，有经验的辅导者可以帮助辅导对象挑选合适的学习材料，这样一来，不仅辅导者自己能够更好地掌握辅导内容，教师也能在一定程度上减少时间投入。

学生激励

假如缺乏激励，学生参与同龄或跨龄朋辈辅导活动的动机就很难一直维持下去。因此，在项目执行过程中，辅导者和学生都应该得到一些基本的激励。尽管对许多学生来说，教师可以通过及时奖励和口头鼓励来激发他们的动机，但是学校管理者还应该意识到，采取全校范围的通报奖励、组织社交活动和学习游戏等形式，对于提高学生的参与度会更加有效。在项目的操作过程中，如果可以安排个人反思活动，或者组织学生进行项目体验分享，就可以获得非常好的效果。有些项目会通过给参与者颁发证书来认可他们的成绩和努力；有些学校会在大厅的新闻海报栏张贴海报或新闻公告来鼓励学生参与朋辈辅导活动。学校可以开发很多创新的举措来激励并巩固学生参与朋辈辅导活动。

教师指导

在每次辅导工作开展前，教师和辅导者都要共同研究教学材料，教师要确保辅导者对学习材料的内容及学习目标足够理解。随着项目的开展，辅导者的能力会逐步提升，相应的教师指导会逐渐减少。

在项目初期，每次辅导活动完成后，辅导者要和教师一起讨论辅导工作的进展情况，反馈被辅导者取得的进步及在辅导中遇到的问题。教师还要利用讨论的契机对他们进行适当的激励和引导。随着辅导者能力的提升，这样的指导时长可以逐步缩短。但是适度的激励一定要稳定地持续下去，因为对辅导者的激励是该项目非常关键的一环。为了取得好的指导效果，教师最好可以每隔三四次辅导就安排一次对辅导者的指导，这样可以有效促进辅导者的进步。

项目评估

对项目的评估十分重要，原因如下。首先，持续的评估可以有效激励学习者和辅导者。反过来，学生的表现作为反馈可以帮助我们更加清楚项目哪些部分的效果比较好，哪些部分需要进行调整。其次，项目评估结果还可以向项目利益相关方呈现项目价值，例如，可以促进学校管理者更加坚定地为相关项目投入资金支持，还可以消除一些家长对干预项目效果的疑虑。再次，项目评估要跟项目目标紧密衔接起来。朋辈辅导项目一般是用来提高辅导者和学习者在辅导科目上的学业成绩的（Bowman-Perrott et al.，2013），也是为了提升他们在学业上的自我概念水平的。因此，辅导项目的效果评估可以涉及辅导者和学习者在辅导科目上的学业进步情况，以及他们在学业方面的自我概念水平。

在项目效果评估方面，如果仅仅采用整体层面的评估标准来测量学业成绩或自我概念水平，那么相关的反馈结果可能会比较含糊。因为整体层面的评估往往无法清晰地测量学生的实际进步情况。一般来说，整体学业成绩包括若干学科（如数学、阅读、拼写等），所以用这种整体标准来评估某个具体学科的进步情况是很不现实的。而且，采用这种整体层面的指标来评估项目效果，也会严重低估项目的实际成效。所以，评估辅导项目效果的最佳方法就是针对辅导的具体科目及自我概念单独进行评估。

评估要贯穿项目的始终，在学生参加项目之前、之后及参加项目的过程中，教师都需要对其进行评估。学业成绩评估可以使用教师设计的、基于课程的量表来进行，这种量表不仅成本相对较低，还直接与具体的学科相关，能清晰地反映学生在学业成绩上的进步情况。

现在用来测量学生自我概念的量表一般都涉及"学业自我概念"这一因子（Harter，1985；Piers，1984）。不过这些量表都会把学业自我概念因子与其他相关内容整合在一起，这样就无法单独测量学业自我概念水平。《多维自我概念量表》（Multidimensional Self-Concept Scale，MSCS）则非常适合对学业自我概念这一独立因子进行测评，因为这一量表把学业自我概念单独分离出来，有 25 道专门用来测评学业自我概念的题目，测评时间约为 5 分钟。这些测评条目并未与其他项目混在一起，而是呈现在单独的页面上，教师可以独立施测和计分，还可以同该因子的国家常模进行比对分析（Bracken，1992）。

朋辈调解项目

调解（mediation）是一种解决问题的过程，能够帮助个体解决各种问题。调解技术除了可以应用于婚姻情感关系外，还可以应用于合同纠纷（Mareschal，2005）、法律纠纷（Shestowsky，2004）和儿童监护权纠纷（Sanchez & Kibler-Sanchez，2004）等一系列问题。而且，调解技术在学校环境中也有很好的应用效果（Samuels，2014）。

学校朋辈调解（Lane & McWhirter，1992，1996）是学生为解决冲突而采用的一种冲突管理方式。作为朋辈调解员的学生必须接受过系统培训，通常会组成二人工作小组来帮助那些发生纠纷或冲突的学生双方解决问题。参与朋辈调解项目，可以有效促进学生树立批判性思维，发展解决问题和行为自律方面的能力。学生能否为了改变自己和朋辈的行为而付出努力受制于其自我管理能力的发展水平，而自我管理能力又以对社会认可行为的意识为关键特征。

朋辈调解项目一般会在学校操场上进行，并配合使用一些传统的行为纪律管理方法。举例来说，如果学生有严重的攻击行为，那么朋辈调解能够提供一个结构化的讨论方案以解决校园中的冲突。参与调解过程的学生会从中练习批判性思维、解决问题的能力，培养自律行为，这与自我管理能力的发展有直接关系。其中，自我管理的一个关键特征是对社会认可行为的意识。自我管理能力与延迟满足有关，即延迟对需要的东西或目标立即采取行动的能力。自我管理要求个体在没有外部监督的情况下，独立做出社会赞许的行为。儿童和青少年的自我管理能力是一种逐渐培养起来的能力，需要频繁的练习。学校里实施的朋辈调解项目就提供了每天强化这种能力的机会。

项目背景

在过去的30多年里，校园朋辈调解项目在全国各地如雨后春笋般快速发展。它最初主要应用于处理社区邻里纠纷和企业之间的商业纠纷，之后被引进校园，并很快发展为一种基于学校的干预项目。在绝大多数朋辈调解项目中，负责调解工作的学生需要事先接受为期16小时的培训和角色扮演训练。实际上，大部分朋辈间的调解工作都是在学校操场上和食堂里开展的。现在，美国几乎所有大城市的学校都引入了学校朋辈调解项目。朋辈调解员会运用有效的沟通技巧来促进冲突的解决。在调解过程中，他们会倾听各方的观点，引导冲突双方阐述各自对问题解决的见解，并关注冲突双方这个过程中的情绪，所有这一切都建立在事件相关方彼此尊重的氛围上。

理论假设

学校朋辈调解项目的倡导者认为，从"孩子帮助孩子"这个视角来看待干预项目的开展和效果会特别有价值（Bozeman & Feeney，2008）。同时，有大量研究文献也支持这一观点。研究发现，朋辈领导者通过与其他学生的社交互动，收获了更多信赖度。他们提供了强有力的正面榜样，表现出了亲社会行为。朋辈领导者还可以发起或倡导某些行为准则，规定有些行为是不好的、不被接受的，对于正面行为，他们则以身作则。那些接受这类项目直接指导的学生调解员获益最多，进而也能帮助他们身边那些没有经过直接培训的学生。通过开展朋辈调解项目，学生的行为及学校纪律问题都会有所改善（Samuels，2014）。

这类项目十分重视学生的参与和管理。因此，参与项目的学生会更加认同项目的目标，对改变身边的朋辈会更感兴趣。接下来，我们会更加详细地介绍这类调解项目的优势。

教职人员培训

在朋辈调解项目正式启动之前，心理咨询师或校领导首先要向学校教职人员介绍该项目，这也是培训的重要内容。心理咨询师或校领导要反复介绍项目的各个实施环节。同时，为了确保开展调解项目所需的时间和资源，他们在最初的项目宣讲中可以详细介绍这类项目会给学生和学校带来的一些实际好处，这对项目的后续开展非常重要。在项目宣讲之后，每位教职人员都要填写一份项目意向调查问卷，以呈现他们对该项目的认可情况。如果认可度达到了80%，心理咨询师或校领导就可以开始对教师和项目相关工作人员进行专项培训了。对于中小学的项目工作人员，培训时长一般为8小时。培训内容主要侧重于高效沟通方面的技巧，如积极倾听、情感反馈、澄清问题、肢体语言、传递"我-信息"、头脑风暴及对问题进行分类和有效处理等。调解工作的具体流程要事先确认，并明确每个人的职责与分工。另外，项目还要先在成年人中进行角色扮演，然后再用于学生。

朋辈调解员培训

成年人在接受了相关培训后，就可以设计开展一次项目主题会议，以激发学生的参与度，并向他们强调优秀调解员的必备素质。一般来说，教师可以通过角色扮演和小品短剧等有意思的形式来介绍项目的具体内容和实施流程。

接下来，那些想担任朋辈调解员的学生可以自荐，也可以互相推荐。同时，学校心理咨询师、教师和校领导也可以推荐人选。不过调解员的最终确定需要经过学生的投票来完成。然后，与项目相关的学校教职人员就可以开展对当选学生的培训了。对中小学生的培训一般需要 5.5 天。成年工作人员要把他们经过培训后掌握的沟通技能传授给学生，引导学生进行角色扮演，这跟他们在项目培训中的角色扮演训练十分相似。

培训的目标是让学生充分掌握调解工作的流程，因此，清晰、简洁的调解流程可以帮助学生更好地掌握其中的要领，还能促进他们之间的相互支持。

整个朋辈调解流程分为四个环节，分别是自我介绍、积极倾听、表达需求和问题解决。在第一个环节中，朋辈调解员首先要做自我介绍，解释所提供的调解服务（如"你们需要调解员来帮忙吗"），接着把双方带离冲突现场，并带到另一个场所，从现实和心理上拉开距离。如果冲突双方和朋辈调解员都做好了准备，朋辈调解员就要解释调解规则，并与冲突双方达成共识，承诺大家都会按照规则行事。同时，朋辈调解员还要向冲突双方做保密约定。

在第二个环节中，朋辈调解员要让冲突双方轮流表达，并积极倾听他们各自的说法。他们要对每位冲突者的内容和情绪进行反馈和复述。因为事先规定了不能随意打断他人的表述，所以冲突双方都有机会听取彼此对冲突的看法及内心感受。

在第三个环节中，冲突双方可以在朋辈调解员的引导下，充分表达各自的真实需求。朋辈调解员要认真倾听并加以复述，这种澄清的做法可以有效缓解因问题悬而未决而带来的焦虑情绪。

在最后一个环节中，朋辈调解员会邀请冲突双方思考他们各自能为问题解决做出哪些努力。接下来，朋辈调解员会重述并分析问题解决方案，然后询问双方能否接受这一解决方案。这个环节中最重要的一步是，朋辈调解员询问冲突双方是否认为他们的问题已经得到解决。有的人可能想向对方表达歉意或获得对方的道歉以抚慰受伤的心灵。接着，朋辈调解员还会询问冲突双方今后会怎样处理类似的冲突。最后，朋辈调解员要让冲突双方告知各自的朋友冲突已经化解，这样可以减少将来一些不必要的流言飞语。在祝贺学生顺利解决问题后，朋辈调解员还要填写一份调解报告，以便以后有机会通过报告来对调解事件和处理方案进行复盘。

在培训结束时，学校会给培训合格的朋辈调解员发放统一的 T 恤、标识或帽子，这样就等于正式确认了他们的朋辈调解员身份。然后，他们会每两人一组，安排好各自休息的时间。他们每周要与项目协调人员进行两次会面，总结成功的经验和棘手的问题，保持和提升新的技能，并协调日程安排。学校心理咨询师要经常在班级活动中做一些相关的宣传，从而让其他学生更好地了解朋辈调解员和他们所提供的服务。

项目连锁效应

开展这类干预项目可以有效减少学校操场上发生的冲突事件，也可以降低学生到医务室或校长办公室报道的频率。此外，家庭也会受益于这些干预项目，在引入朋辈调解项目的学校里，不少家长和学生报告，他们家庭中的冲突也有所改善（Daunic，Smith，Robinson，Miller，& Landry，2000）。

朋辈调解项目的另一个连锁效应是可以有效改善校园氛围。朋辈调解项目对小学、初中和高中等多种教育层次的学校氛围都有持续而显著的积极影响。该项目还能提高学生对学校的安全感和信任感。

项目干预效果

朋辈调解项目有助于儿童和青少年发展包括自我管理在内的一系列能力。如果学生有机会自主决定自己的生活，他们就会表现出更多的自我管理能力和积极的自尊。学校心理咨询师可以积极推广朋辈调解项目（或者向家庭提供调解技能方面的专项培训，作为学校 - 社区联动育人机制中的一项措施）。另外，通过朋辈调解项目解决学生之间的冲突是一项开创性的举措，也是培养领导力的有效形式。它是学校行为规范项目中不可或缺的内容。最后，它还可以作为实现辅导课程的沟通目标的有效途径。尽管朋辈调解项目在学生整个发展过程中的作用还有待进一步的评估，但它对学生的重要性及对社会的积极影响已经显而易见了。

朋辈调解的冲突解决模型十分强调倾听、解决问题、口头言语表达和批判性思维等能力的运用，而调解项目培训会直接教授这些相关技能。朋辈调解员会在调解校园冲突的过程中示范这些能力并加以强化。

如果卡洛斯·迪亚兹（第 4 章的案例）能够成为学校的朋辈调解员，他会受益匪浅。首先，被学校的同学、教师或心理咨询师推荐，这种好的体验会增强他的自信心。其次，他作为调解员所能学到的技能会帮助他避免与同龄人发生各种争执。再次，能够给学校提供有价值的服务，有助于他将自己视为学校集体中的一员。他的参与也会影响教师对他的评价，增加教师对他的支持和积极的反馈。作为朋辈调解员，他需要学习并使用口语技能，这会使他更加努力地练习语言。最后，卡洛斯很可能会成为学校里最厉害的一位讲西班牙语的朋辈调解员。不过，考虑到卡洛斯在家庭中承担的责任，项目工作人员必须确定参与朋辈项目所花费的时间究竟会给卡洛斯带来更大的麻烦，还是会给他带来帮助。无论如何，一个获得了有用的生活技能，并为学校做出杰出贡献的青少年是不太可能退学的。

朋辈助人项目

朋辈助人（peer facilitation）（也称为朋辈促进、朋辈支持或朋辈咨询）项目可以很好地提升专业心理咨询所带来的作用和效果。朋辈助人是训练和指导学生对与其年龄相仿的个体提供人际帮助任务的一种过程，其中包括倾听、提供支持、给出建议及言语或非言语的交流和互动。这些互动与朋辈心理咨询的作用相仿，前来接受帮助的学生可以是自发的，也可以是经别人介绍来的。与朋辈辅导和朋辈调解一样，朋辈助人同样是一种可以有效抵御不良朋辈群体影响的方法（Karcher，2007；Sheppard，Golonka，& Costanzo，2012）。另外，朋辈助人项目还能加强并促进个体对生活技能的运用。

朋辈助人项目一般有两个主要的组成部分：培训和服务。在培训阶段，成年领导者要对选拔出来的朋辈助人者进行强化培训。在服务阶段，朋辈助人者要直接为其他儿童和青少年提供朋辈助人服务。

培训阶段

通常来说，培训阶段会涉及一些通用内容，如十分强调沟通技巧，包括积极倾听、共情理解及释义等技术。另外，朋辈助人者通过行为来传递的非言语线索也十分关键。

除了基本的沟通技巧外，朋辈助人者往往也需要熟练掌握一定的问题解决和决策技巧。他们可以将这些技巧传授给那些接受帮助的朋辈，但是，我们并不鼓励朋辈助人者直接给予对方建议，因为他们的角色就是倾听、提问、反馈，并成为对方的朋友。

在培训中，朋辈助人者要花相当长的时间来了解一些重要的社区支持资源，如有关酗酒和药物滥用方面的可用资源，或者一些危机干预项目和治疗设施方面的情况。朋辈助人者是社区机构重要的转介来源。

服务阶段

朋辈助人者可以提供诸多方面的帮助。除了我们前面介绍的辅导和调解外，朋辈助人者还可以向学校介绍新学生、帮助孤独的学生结交新朋友，以及与接受特殊教育的学生共同学习。他们还可以为班级提供关于吸烟、酗酒、药物滥用等方面的实用信息，或者与健康的生活方式及其他健康问题相关的话题。通过培训，他们可以促进小型讨论和支持小组的形成。最重要的是，他们可以提供支持和关怀，倾听那些问题儿童和青少年的心声。因为朋辈或同学经常是最先获得学生自杀消息的人，正如我们在第 9 章所探讨的，在每起校园枪击事件中，"透露"消息的通常都是朋辈。所以，朋辈助人者可以让学校更加安全，他们在那些问题儿童和青少年与关心他们的成年人之间架起了一座沟通的桥梁。

项目指导教师在服务阶段和培训阶段都十分重要。除了要树立共情、理解和关爱的榜样外，他们还要负责项目协调和组织。他们要帮助朋辈助人者处理一些特殊的难题。当然，特别紧急和严重的问题，还是需要成年人亲自解决的。

成功的朋辈助人项目应该吸纳各种有代表性的学生群体，让他们都成为朋辈助人者。朋辈助人者的人选可以由学生和教师推荐，因为他们知道哪些学生是同学遇到问题时会去求助的对象。不过，如果学生认为朋辈助人者只能是班干部或优等生的话，那么很多真正需要帮助的学生就会远离他们。

朋辈助人项目有很多种形式，可以为有特殊问题的学生提供帮助，也可以在平时为普通学生提供鼓励和支持，还可以协助教师了解学生的具体需求。不管具体任务是什么，朋辈助人项目都能把一个普通的学生培养成敏锐的、能满足朋辈需要的朋辈助人者。

被需要的需求

人类最大的需求之一就是感到被需要。儿童和青少年可以通过扮演一些有意义的角色来肯定自己在本人和他人心中的价值。如果我们替学生做得太多，反而会摧毁他们的自信心，降低他们的自尊水平。

这种情况并不罕见。父母事无巨细地安排好一切，孩子什么事情都不用做。然后，我们又指责孩子不珍惜这种生活，对辛苦提供这一切的父母也没有感激之情。其实，很多时候，我们逐渐剥夺了儿童和青少年服务他人的重要机会，因此也就剥夺了这种付出所带来的回馈。那些辅导同龄人或年幼儿童、帮助残障人士、帮忙照顾幼儿、探望老年人、调解纠纷、辅助他人学习、参与各种项目以帮助他们的家庭、学校和社区的儿童和青少年，正在填补如今这个技术和专业化的大时代给未成年人的生活带来的空白。这些儿童和青少年正在响应真实的社会需求，并在他们成长的微观系统和中间系统中承担着具有重要意义的角色（McLeod，Jones，& Cramer，2015）。他们这样做不仅能够满足自己被需要的需求，也能把自己视为对社区、学校和家庭有贡献的人。

结语

在本章，我们介绍了几种基于学校开展的朋辈干预项目，它们能够直接或间接地预防学生的危机问题。这些项目能够有效减少儿童和青少年危机问题的相关影响因素，如抑郁、人际冲突、沟通能力不足、孤独感及目标匮乏。这些项目可以在小学、初中和高中等各个教育阶段实施，也可以在班级、学校或整个学区等不同范围内开展。同时，学校还可以促进学生朋辈群体的形成，使他们成为一股引领向善的力量。如果我们允许学生以小组的方式合作，他们就如同身处于一个班级社区，可以和其他同龄人一起展开讨论、接纳彼此的观点、权衡自己的选择并合理地做出决策。

朋辈辅导、朋辈调解和朋辈助人项目能够为那些危机中的儿童和青少年带来直接的帮助，促进他们提高学习能力、掌握新技能，更好地适应学校环境。学生中的朋辈领导者也能从中获得自信并提升自尊水平。尽管开展这些项目需要花费大量的时间，也需要教师、心理咨询师及学校领导的大力支持，但是此类立足于朋辈的干预项目，不管对当下还是将来，都具有十分积极的作用，它们带来的效益已经远远超出其成本。

第14章

家庭干预

在有的家庭中，

言语如钢针般锋利，

刺穿家人的心。

在有的家庭中，

沟通就像爆炸的弹片，

将家人撕得粉碎。

在有的家庭中，

秘密如同地雷一般，

一旦踩上就被炸得血肉模糊。

在有的家庭中，

连爱和亲情都被当作战斗的利器。

任何战争，尤其是家庭中的战争，

都恐怖且泯灭人性，

毫无意义。

本章要点

小故事：好好吃饭

暂停 - 冷静原则

• 家长互助团体

■ 结语

在当今这个时代，就像我们在第 3 章所介绍的，随着社会、政治和经济条件的剧烈变革，包括美国在内的很多国家和地区的家庭结构正在经历深刻的变化。越来越多的家庭出现分居、离婚、单亲父母、再婚等情况；家庭也会面临诸多社会压力，如杂乱的混合家庭越来越多，传统大家族体系逐渐减少，家人移居、移民和文化适应问题愈发普遍；家庭还会受到经济贫困和全球大萧条带来的持久影响。其中任何一种压力都会严重扰乱正常的家庭生活。而且，哪怕仅仅处理家庭生命周期中不可避免的那些发展变化，也可能造成巨大的压力，甚至引发家庭内部的冲突。有时，当很多看似健康的家庭面临艰难的转折时期，甚至重大的喜事临门时，如家中子女结婚，原本潜伏的家庭问题就会浮出水面。而那些原本就功能紊乱的家庭一旦遇到新的困难，那么对这个家庭来说无疑是雪上加霜。举例来说，一个家长可能会在失业后的几个星期内酗酒，借酒消愁一段时间后才会采取有效的应对方式，开始适应新的情况并恢复失业前的正常状态。再举一个例子，某个家庭成员可能经常要靠使用药物来缓解压力，而其压力的来源可能只是一些微不足道的事情，如参加大家族聚会、遇到棘手的事情、因家庭矛盾而心烦，或者只是因为堵车。家庭问题之所以十分棘手，就是因为无论问题行为的模式是什么，家庭成员都有一套自己的应对策略，而这些策略本身又会助长家庭功能的紊乱。一般来说，每位家庭成员都会通过承担一定的角色来应对诸如长期失业、暴力行为、吸毒和酗酒等家庭问题（Adkison et al., 2013, Kearns-Bodkin & Leonard, 2008）。例如，家里的某个孩子可能会扮演替罪羊的角色，冲动行事（如在学校打架、挂科），这样他就可以将大家的关注点从婚姻问题上转移过来。关系不好的父母在处理"问题孩子"的时候会暂时团结起来，形成统一战线。有时，那些表现出自伤和非理性行为的儿童和青少年，其实只是想帮助另一个家庭成员。然而，他们却在无意中进一步维持了家庭功能的紊乱（见下文的小故事）。

如果儿童和青少年的破坏性行为和攻击行为令学校的教师和心理咨询师感到无计可施，那么请务必牢记这一点：儿童和青少年做出这些行为往往具有很强的目标导向，他们其实是为了满足内心的某些需求。牢记这一点会给教师和心理咨询师带来极大的帮助（见第 8 章"不良行为的目的"）。儿童和青少年的许多行为其实都是对家庭动力的一种反应，因为家才是他们每晚都会返回的港湾。

诚然，把儿童和青少年出现的所有问题都归咎于不良的家庭环境是相当不可取的。正如前文所述，在社会变革的大趋势下，家庭时刻都在发生变化，而这是每个家庭都无法控制的。社会似乎急于将个人问题归咎于家庭因素，因而致力于通过"修复"家庭来解决这些问题。这种追究家庭责任的做法很容易让我们忽视这样一个事实：社会其实仍然缺乏针对家庭的统一方针政策，对家庭生活所必需的系统化支持也十分不足，尤其是在那些被边缘化的和经济不发达的社区（Lott，2002）。在本章，我们将探讨如何对单个家庭进行干预，以期为身处危机中的儿童和青少年找到一个解决问题的切入点。这些干预措施包括家庭咨询、父母支持小组，以及对家长的相关教育和培训项目。

📖 小故事：学校里的堕落女孩

他总是会被她气得不行。她每次咄咄逼人的顶嘴、学校每次打电话来告状、她的每次夜不归宿，都会让他怒不可遏。但她却觉得，被留级、被人叫作"堕落女"，以及跟他之间无休止的争吵，都是值得的。因为只要他把全部精力都放在对她的愤怒上，他就没工夫再去关注她的妹妹，也就是大家眼中的那个"好"女儿了。他也就没时间走进她妹妹的卧室。那么，妹妹就不会再像她那样，被迫忍受一个个漫长的夜晚，以及事后无尽的空虚无助、恶心痛苦。至少，这些是她可以控制的。

然而，这也是为什么 10 年后，她会怒不可遏，备受折磨；这也是为什么她会坐在我的办公室里，泪如泉涌，痛苦地全身抽搐。因为 10 年后，她的妹妹告诉她，"这些事情其实也发生在了我的身上。"

家庭咨询

对那些面临辍学、药物使用、怀孕、违法犯罪、自杀及其他危机问题的儿童和青少年来说，与他们的整个家庭进行通力合作往往是最佳的干预方式。如果有儿童或青少年正在考虑或已经做出危及自己生命的行为，那么至关重要的是，我们必须让其家庭成员参与进来，共同努力防止危机的发生。一般来说，家庭咨询适用于以下几种情况：（1）儿童或青少年出现的问题受到家庭系统的影响；（2）儿童或青少年与家人生活在一起，或是虽然没有生活在一起，但仍有必须与家人共同处理的未完成议题，并且一直与家人保持着密切的联系；（3）心理咨询师和来访者双方都认为进行家庭咨询是一种合适的干预措施。

不过，并非所有人都适合家庭咨询这种干预方式。评估某个家庭是否适合进行家庭咨询，往往要思考以下问题：这个家庭是不是有相应的资源，如交通工具？家里的孩子由谁照看？是否存在语言或文化方面的因素会影响家庭成员前来接受心理咨询？这个家庭是否愿意并且能保证参与咨询会谈？有没有家庭成员可以通过员工支持计划（employee assistance program，EAP）或其他的单位福利来获得相应的心理咨询服务？讨论以上问题并充分了解社区的可用资源，有助于心理咨询师选择更加合适的咨询方式。

推荐家庭接受心理咨询

对很多家庭成员来说，接受心理咨询可能无异于承认这个家庭中存在严重的心理问题。如果教师或心理咨询师觉得家庭咨询确实会帮助一个家庭，那么为了实现这一目标，他们其实可以采取以下这几个步骤来说服家庭成员。首先，让家庭成员知道为什么要接受家庭咨询，即推荐家庭咨询的专家做出这一决定的依据是什么；使用一些清晰、明确、具体的话来解释发现的问题，如孩子用来引起关注的行为。举例来说，莉迪亚·迪亚兹的老师（详见第4章）可能会这样说："最近三个星期以来，我发现莉迪亚一直很少说话。她好像在刻意回避学校里的朋友。她也不想参加课上的活动，这周她在学校哭了三四次。我问她是不是家里发生了什么事情，她只是低着头说，'反正不管怎么样都是我的错'，这跟她平时的表现差太多了。所以我才觉得有必要联系您，我们可以看看有什么方法能帮助莉迪亚。"请注意，莉迪亚的老师在这里并没有责备她，也没有想当然地给出判断，更没有根据自己的观察妄下结论。

其次，帮助这个家庭认识到：接受家庭咨询也许有助于实现家庭成员共同的目标。家庭咨询提供了一次将家庭成员聚在一起的机会；另外，为了制定有效的问题解决方案，心理咨询师也要考虑每个家庭成员的需求。这里还有其他的一些潜在的帮助：改善家庭中"问题孩子"的不良行为，家庭成员也会更加负责任地发表意见和表达感受；提高孩子的学业成绩，让所有家庭成员得到更多支持，缓解他们的压力。一旦充分掌握了问题的实质，心理咨询师就能更好地根据实际情况来说明家庭咨询所带来的助益。

如果家庭成员知道家庭咨询中他们将会做些什么，那么他们会更愿意接受心理咨询师的帮助。因此，很重要的一点就是做好相关的心理教育工作，包括咨询会谈的频率及参与者的不同角色任务等相关信息（Becker et al.，2015）。当贾森·卡特（第 3 章的案例）第一次作为来访者见到他的心理咨询师时，他问道："你的黑色躺椅在哪里？""你不打算把我说的一切都记录下来吗？"成年人可能也会对心理咨询持有一些误解。所以，心理咨询师可以通过讨论家庭参与咨询的常见原因及咨询的具体过程等，消除心理咨询的神秘感。家庭会接受心理咨询的一些常见原因有：行为和沟通方面的问题，家庭成员之间缺少应有的信任，学校的问题，与父母离婚、分居、约会或再婚有关的家庭关系紧张问题，以及与家人去世有关的哀伤和丧失问题。家庭咨询的方法有很多种，而且即便不同的心理咨询师使用同一种咨询技术或方法，他们的工作风格也会相去甚远。

在家庭成员尚未确定是否要接受心理咨询之前，心理咨询师要鼓励他们提出以下问题："您对来访者有什么要求吗？""您的临床工作经验有多久，有什么专业资质吗？""我们能从您那里获得什么帮助？""您的咨询会谈一般是怎么安排的？""在您这里，我们需要怎么做才能让我们的时间和金钱得到最充分的利用？""您有没有类似的家庭咨询经验？"如果家庭成员对自己在咨询中的角色有清晰的了解，那么他们会更愿意接受心理咨询。

📃 小故事：候诊室里的悲剧

几年前，美国堪萨斯城的一家医院里发生了一场悲剧。一位某少数族裔妇女带着她重病的婴儿站在医院的候诊室里等待接受治疗。就在她一言不发地站在角落里等待帮助的时候，婴儿死在了她的怀里。当前台的工作人员发现这一情况时，他们完全惊呆了。他们都很奇怪为什么这位妇女没有向他们寻求帮助。

事情的真相其实很简单：这个少数族裔的传统是，除非其他非少数族裔的人主动和他们搭话，否则他们是不能主动接近这些人的（Maltbia，1991）。

有些家庭会拒绝接受心理咨询，因为这些家庭不清楚该如何开始这一段旅程。心理咨询师需要让这些家庭知道，如果确定要预约心理咨询，那么在开始第一次正式的咨询面谈之前可能还需要等待一段时间，可能是一天，也可能是一个月或更长的时间。第一次咨询面谈可能是初始访谈，心理咨询师会在这一次的面谈中收集有关家庭背景和过往经历等相关信息。在接下来的咨询中，家庭成员可能还是与这位提供初始访谈的心理

咨询师一起工作，也可能会被转介给其他更匹配的心理咨询师。有时，这个诊断评估和信息收集的过程会持续较长时间，如果家庭成员没有做好充分的准备，他们可能就会感到十分不满意，或者提早退出咨询。在心理咨询中，以下这些临床技术会让来访者十分受用：共享咨访合作信息、针对角色和期待进行开放式对话、采用标准化模式的治疗或咨询、适时调整咨询策略，以及在治疗开始和结束时激发来访者的积极预期。这些做法不仅可以充分表达对来访者的尊重，还可以有效防止个案脱落，促进他们的咨询承诺（Becker et al.，2015）。

有些家长可能会想在孩子不在场的情况下先与心理咨询师单独见面。有的心理咨询师可能会接受这样的要求，有的心理咨询师可能会拒绝这样的要求。是否会预先安排与家长的单独面谈取决于心理咨询师的咨询理论取向及个人经验。我们其实鼓励家长让心理咨询师充分了解他们的偏好。

如果学校教师和心理咨询师比较熟悉当地各种咨询机构和从业人员的情况，他们就更有可能成功地向家庭推荐合适的心理咨询服务。尤其重要的是，转介的心理咨询师要符合该家庭在文化和语言上的特定需求。在几乎所有的职业道德规范和认证标准中，多元文化胜任力都是极为重要的，但所有的心理咨询师都缺乏足够的多元文化方面的培训。当然，在美国，许多咨询机构缺乏精通英语之外的其他语言的心理咨询师。当心理咨询师或教师要对一位来自少数族裔文化群体的家庭开展工作时，他们要充分考虑到：从历史上看，大众所熟知的心理咨询或心理治疗服务一直是西方中上层阶级白人文化的产物。特别是对于那些新的移民家庭而言，心理咨询师需要对咨询的特点进行全面的解释，而且可能需要一些时间来好好考虑心理咨询是否符合他们的文化价值观和行为规范（详见下文的小故事）。

如果要为家庭介绍心理咨询的话，学校教师和心理咨询师需要向该家庭提供有关咨询机构和那里的心理咨询师的详细、精确的信息，其中包括该咨询机构的地址、电话号码、专业背景，以及该咨询机构是否会根据来访者的支付能力灵活调整咨询费用等情况。此外，学校心理咨询师还要跟家庭成员保持密切的联系，如果他们不接受转介咨询服务，学校心理咨询师要看看还有什么其他方法可以帮助他们。对于那些决定要接受心理咨询的家庭，学校心理咨询师一定要让这些家庭了解与咨询效果相关的反馈，以便将来让更多的家庭获得更优质的心理咨询的支持。

家庭咨询的特点

在家庭咨询中，心理咨询师要在家庭互动或系统的背景下审视家庭中的问题。问题并非源自个体，而是每个家庭系统所特有的复杂动力带来的结果。在通常情况下，家长之所以会寻求心理咨询师的帮助，是因为他们希望纠正"问题孩子"的行为。所以，心理咨询师的首要任务就是帮助家庭成员认识到，家庭系统是由许多积极和消极的关系组成的，这些关系环环相扣，紧密地联系在一起。而且心理咨询师必须帮助他们意识到，对于维持来访者身上呈现的症状而言，家庭中的每个成员分别起到了什么样的作用。最后，家庭成员之间要达成共识，一起努力改变他们当前的困境。

让整个家庭参与到咨询中会有很多好处。它可以帮助心理咨询师更准确地理解这个家庭发生的问题。举例来说，心理咨询师可能会发现，一个 15 岁的孩子所描述的家庭中的残忍和独裁，实际上只不过是父母限制他的休息时间，并强制要求他完成家庭作业。而一个自诩充满爱和深情并对此深信不疑的母亲，其实也许完全没意识到她的家人觉得她十分冷漠且充满敌意。在家庭咨询中，心理咨询师可以让这个母亲与家人一起分享她对家庭的理解是怎样的，这样可以更好地澄清究竟什么才是家人之间的"爱"和"深情"，还能让他们意识到他们各自对这两点所怀有的具体期待。通过仔细观察心理咨询中家庭成员之间的争执，心理咨询师可以更好地了解家庭互动的一些基本情况。除了促进发现问题以外，全家人一起参与咨询还可以让大家相互协作，更有效、及时地解决问题。家庭咨询的效果会受到很多因素的影响，包括心理咨询师的临床技术、家庭成员的投入程度及承担风险的意愿、家庭成员对自己行为负责的意愿和能力，以及应对问题的能力。

家庭咨询中的策略

20 世纪 50 年代，美国加州心智研究所（Mental Research Institute，MRI）[①] 的格雷戈里·贝特森（Gregory Bateson）及其同事开发设计了一套开展家庭咨询或治疗的沟通理论体系。家庭咨询将整个家庭作为一个系统（详见第 3 章），关注家庭成员之间的互动方式。十分有意思的是，家庭咨询的核心理念及以下多位学者和理论家的观点与我们

---

① 心智研究所位于美国加州的帕拉阿图，是由唐·杰克逊博士于 1959 年建立的世界上第一个专业研究家庭心智方面的研究机构。当代许多家庭治疗大师，如弗吉尼亚·萨提亚、萨尔瓦多·米纽庆等人都在该研究所工作过或直接受到它的影响。——译者注

在第 6 章所讨论的焦点解决技术不谋而合（Murphy，2015）。其中不乏一些著名的家庭治疗取向的世界级大师，包括保罗·瓦兹拉维克（Paul Watzlawick）、约翰·威克兰德（John Weakland）和唐·杰克逊（Don Jackson），还有弗吉尼亚·萨提亚（Virginia Satir）和杰伊·海利（Jay Haley）。无论是心理学家杰克逊、萨提亚和海利，还是包括默里·鲍文（Murray Bowen）、萨尔瓦多·米纽庆（Salvador Minuchin）在内的大多数系统式家庭治疗大师，其实都秉持以下四个核心观点：（1）建立和维持一种关系会涉及两项主要任务，即制定关系规则及商定由谁来掌控这套规则；（2）信息交换是在制定规则和商定由谁来掌控规则的过程中完成的；（3）互动过程的基本要素是信息（message），它构成了人际关系中人与人之间沟通的本质；（4）信息涉及沟通（communication）和元沟通（metacommunication）两个主要维度，前者是信息的内容，后者是关于信息的信息。

因此，心理咨询师会尝试通过分析家庭互动中的沟通和元沟通来理解家庭。他们通过观察家庭中的互动来发现其中的问题，包括家庭成员的座位安排情况、谁对孩子拥有控制权、谁说话最多、谁说话最少等。心理咨询师有时也使用"悖论指令"（paradoxical message）和"维持症状"（prescribing the symptom）等特定咨询技术。"悖论指令"要求家庭成员做出一些似乎与既定目标相反的事情，这对于咨询阻抗比较大的家庭特别有用。例如，有的心理咨询师会要求家庭成员在咨询中拒绝合作。那么，这个家庭要么选择合作，以反抗心理咨询师的控制，要么选择一直拒绝合作，也就是把控制权交给心理咨询师，因为他们选择拒绝合作就等于遵从了心理咨询师的指令。

使用"维持症状"技术的心理咨询师会要求家庭成员继续保持他们的问题行为，这也许是因为"我对它还不够了解"。这项技术对于那些抵触改变的家庭有很大帮助，它能让家庭成员更清楚地看到导致问题的行为和互动。另外，还有"重新标识"（relabeling）或"问题重构"（reforming）技术，这一技术是对问题行为进行再定义，用一种看起来更为积极的方式来描述问题行为。例如，心理咨询师可能会对某个青少年说脏话这个问题行为重新标识：这是孩子为了转移父母对她的学业表现的关注。一旦确认了青少年的行为另有目的，心理咨询师就可以帮助他设计更有效的方法来达成目的。

另外，一些家庭咨询取向的心理咨询师则更关注家庭互动的结构背景。他们会分析家庭系统内部及家庭与环境之间的组织动力和边界。所谓边界（boundary），是控制家庭系统并将其与外部环境区分开来的规则体现。家庭取向的心理咨询师聚焦于家庭是如何调节和修正这些边界的，其中涉及两个基本概念，分别是"自我分化"（differentiation of self）和"三角关系"（triangulation）。家庭中的焦虑水平如果居高不下，就会导致家庭关系愈发紧张和恶化。如果不加以控制，这种紧张关系最终会超出家庭处理能力的范围，导致各种家庭问题。所谓自我分化，是指个体分离认知思维和情绪功能，以使自己不被家庭情绪氛围裹挟的能力。具有高度自我分化能力的家庭成员会基于自身清醒的信念和价值观，在认知层面应对各种冲突和矛盾；而自我未分化的家庭成员则往往会以情绪化和不稳定的方式应对所发生的冲突。所以，自我分化能力越强的家庭成员处理焦虑情绪的能力也就越强。家庭成员自我未分化的情况被称为"融合"（fusion），即自我分化水平很低，表现出的特点是无法将情绪体验和认知过程区分开来。

自我分化水平较低的家庭成员更容易被卷入家庭三角中。当家庭中两个成员的焦虑或紧张程度超出了他们关系系统的承受能力时，他们会将第三个成员拉入系统来降低这种情感的强度，此时就构成了家庭中的三角关系。三角关系是纠缠型家庭的一种特殊形式（详见第 3 章）。举例来说，为了缓解父母之间的婚姻矛盾，母亲与女儿之间建立了一种亲密的"伙伴"关系，她们联合起来共同排斥父亲。三角关系通常会加剧家庭内部的沟通问题。

如果一个家庭正处于家庭生命周期不同阶段（详见第 3 章）的转变中，家庭成员就必须在结构上进行相应的调整，以适应不断变化的角色和任务。家庭成员要重新协商并调整成员之间的边界。清晰的家庭边界应该处于纠缠型和疏离型之间，这样才能发挥最佳功能。如果家庭子系统之间的界限，尤其是亲子这一子系统的界限始终比较纠缠或僵化，就会为家庭功能失调埋下隐患。

通过明确家庭系统及子系统内的边界和互动模式，家庭取向的心理咨询师可以实现其治疗目标，也就是改变原本的家庭结构，使之更加顺应家庭成员的发展需求。一种有效的技术就是给家庭成员设定一个具体的故事情境，并为每个家庭成员分配各自的角色。在扮演这些角色的过程中，心理咨询师会要求每个家庭成员展现新的行为模式。这会使维持症状的行为模式得以改变，使家庭成员之间的序列结构得以调整，从而实现对家庭系统的重建。

针对第 3 章介绍的卡特一家的案例，家庭治疗取向的心理咨询师可以通过上述方法来开展咨询工作。例如，心理咨询师可以帮助卡特一家识别他们家庭问题背后的行为序列。心理咨询师要帮助家庭成员意识到他们行为之间的复杂关系：对妻子路易丝来说，心理咨询师要注意到路易丝身上持续的负面情绪，例如，她与丈夫明显缺乏眼神交流，她显得很疲惫且拒绝表达自己的真实需求；作为丈夫和父亲的道格从不认真倾听儿子贾森说的话，而且会频繁地用"如果你……我就要……"来打断贾森，他对贾森和克丽丝蒂二人有着极端分裂的态度（贾森是坏的，而克丽丝蒂是好的），还有他和妻子谈话时总是夹杂着嘲讽的语气；对儿子贾森来说，他对母亲的抑郁状态感到十分无力，对父亲则充满了敌意，而每当父母交流时，他就在一旁屏息凝神；当然，还有女儿克丽丝蒂，她经常隐晦地调侃哥哥贾森，被询问时又会显得十分冷漠和拘谨，还有她有咬指甲的小动作。在家庭咨询中，心理咨询师会尝试理解这些行为是如何维持或改变家庭中的权力平衡的，并且会将每个症状理解为个体用来与他人相处的策略。心理咨询师会把贾森的行为理解成他对父母之间不良关系的一种反应：贾森先做出一些行为，然后父母会对此做出一些反应。心理咨询师可能会建议贾森可以继续他在学校和家里的那些不良行为（假定他的不良行为没有危险或并不十分有害的话），而且会要求他把所有的不良行为都记录下来，并说明选择每种行为的具体原因。这种维持其症状的建议可以让贾森自行选择是否与他人合作：如果选择跟心理咨询师合作（继续之前的不良行为），那么贾森就可以为后续的行为改善做好准备；而如果选择拒绝心理治疗师的建议，那么他就要改变自己的不良行为。

除此之外，心理咨询师还可以使用相关的技术帮助卡特一家的每个成员，使他们可以将自己的情绪和思维区分开来。心理咨询师会首先帮助家庭成员建立清晰、明确的边界。心理咨询师也许会认为，道格其实知道稳定、一致的行为规范对教育孩子来说是多么重要，但是他对妻子的愤怒及对自己的挫败等负面情绪让他失去了理智；路易丝之所以会感受到强烈的愧疚，是因为她无法将自己的情绪和行为完全与贾森的情绪和行为区分开。渐渐地，路易丝和道格二人之间被压抑的愤怒便扩散开来并投射到贾森身上，使道格感觉自己被妻子和儿子排斥在外。心理咨询师会帮助夫妻双方客观地表达情绪和感受并加以解释。这样一来，随着家庭中三角关系的减少，家庭成员自我分化的功能也将逐步增强。

另一种咨询技术就是从卡特一家所处的社会文化背景入手。心理咨询师可能从两个压力源的角度来理解这个问题：一方面是来自成长过渡期的压力（贾森正步入青春期），另一方面是由特殊情况导致的压力（路易丝患有慢性抑郁症）。家庭的功能失调是由于他们在应对这些压力事件的过程中未能重新协商好如何调整家庭界限。由于贾森和路易丝之间的界限纠缠不清，而且这个家庭中缺乏强有力的夫妻联盟（parental subset），因此心理咨询师可能会让道格和路易丝二人共同完成一些任务，以增强夫妻/父母联盟的力量。心理咨询师可能也会要求贾森和克丽丝蒂互换角色，这样就可以打破原有的病态平衡状态，创造改变的机会。

总体来说，上述每种策略或技术都十分强调家庭是一个系统。系统性框架通常是家庭咨询的重要基础。尽管家庭咨询可以在诸多方面提供帮助，但它不一定是促成改变的最佳方式。家庭也可以通过其他渠道获得解决问题所需要的支持、知识和技能。那么，我们还有哪些方式可以帮助危机中的儿童和青少年的家庭呢？接下来，我们会介绍几个家庭咨询的替代或辅助方案。

家庭咨询的替代或辅助方案

本书从始至终都在强调，所有的干预措施，尤其是应用于特定人群的干预措施，应该是基于成功的实证数据且（或）有充分的临床经验支持的（Van Ryzin，Kumpfer，Fosco，& Greenberg，2016）。其中，孔普弗和阿尔德（Kumpfer & Alder，2003；详见下文的小故事）通过大量的文献综述研究，发现了一些可以提高家庭干预效果的实施原则，这些原则有助于从业者挑选有价值的干预方案。在本节，我们首先为家庭取向的心理咨询师介绍一些家庭咨询的替代方案，这些方案都有充足的临床经验支持，并且基本上都遵循下文的小故事所强调的各项原则。接下来，我们将讨论几种家庭咨询的替代或辅助方案，与传统的家庭咨询相比，它们或许会带来更大的帮助。

📖 小故事：有效家庭干预的几项实施原则

1. 招募和留存。家庭的招募和留存（范围在 80% ~ 85%）可以通过采用一些奖励方式来辅助实施，如免费的食品、提供儿童保育服务和交通补贴。此外，如果家庭完成家庭作业、正常出勤、顺利毕业，还能获得额外奖励。

2. 范围和内容。针对家庭关系、互动和家长监管方式等方面提供综合、多维度的干预措施。因此它在修正风险因素或增强保护性因素方面比单一维度的干预项目会更有效。

3. 目标。聚焦于家庭的干预项目强调家庭的力量、韧性等保护性因素，它在改善家庭关系方面比聚焦于孩子或家长的干预项目更有效。

4. 重点。基于特定家庭文化背景量身定制的家庭干预项目，是在特定的家庭动力或家庭环境中促进认知、情绪和行为等方面的转变，这样的家庭干预项目更富有成效。

5. 培训理念。与说教式授课和简单讨论相比，项目采用互动式教学技术，如角色扮演、动态建模、家庭与技能实操演练、课后作业活动、有效和无效养育技能的

视频或 CD 对比学习，以大幅提高个案的满意度和项目效果。

6. 培训师或带领者。项目效果会受到培训人员的自我效能感、信心、真诚、热情、幽默和共情的影响，同时与培训人员的组织和管理能力密切相关。

7. 父母 / 家庭功能失调。如果是父母功能严重失调的家庭，那么在家庭生命周期的早期介入，干预效果会更好。此外，与低危家庭（5 ~ 24 小时的干预时长）相比，高危家庭需要增加培训时长或强度（25 ~ 50 小时的干预时长）。

8. 时机和发展。家庭干预项目必须与孩子的年龄和发展阶段相匹配，随着孩子不断成长，项目会相应地更新和迭代；如果家庭愿意改变，家庭干预项目就要着手处理相应的风险因素和保护性因素。

9. 赋能。构建一种合作的过程，鼓励家庭成员找到适合自己的有效解决方案，这既有利于形成支持性的关系，也会减少家长的阻抗和脱落。

资料来源：Adapted from Kumpfer and Alder, 2003.

EcoFIT 模型与家庭心理筛查技术

EcoFIT 是一种生态环境取向的家庭治疗技术，注重儿童和青少年所处的环境，适用于存在轻微直至严重问题的各类家庭（Dishion & Stormshak，2007）。在 EcoFIT 模型中，心理咨询师会综合考虑儿童或青少年本人、父母、兄弟姐妹、社区、教师，以及儿童或青少年的同龄人等诸多因素。这一模型中的一个主要组成模块就是家庭心理筛查技术（The Family Check-Up，FCU），这是一项基于动机式访谈（Arkowitz，Miller，& Rollnick，2015；详见第 7 章）原则的短程家庭干预技术（Dishion & Maurico，2016；Stormshak et al.，2011）。

家庭心理筛查技术是由三阶段的咨询面谈组成的家庭干预技术，需要学校教师或心理咨询师、父母及孩子共同参与。会谈的具体内容可以根据不同家庭的具体需求，特别是儿童和青少年的具体需求，由教师或心理咨询师灵活调整，采取相应的干预措施。

第一阶段会尽可能地在儿童或青少年的家里进行，以便心理咨询师在他们熟悉的环境中观察家庭情况。这 1 小时的摄入式会谈为家庭和心理咨询师之间提供了一个相互了解的机会，有助于心理咨询师更好地了解家庭的问题、心理健康状况及教育和社会方面的具体需求。此外，首次会谈还需要家庭成员填写一份简单的问卷。

第二阶段主要是对家庭生态环境进行多维度评估，包括家庭内部的沟通模式、行为规范和管理方式等与养育相关的内容，以及每个家庭成员的特点、家庭和学校的功能情况，以及儿童和青少年的朋辈关系。一般来说，在会谈过程中，心理咨询师会把家庭成员在家中的互动情况拍摄下来，这样可以促进他们更好地理解关系现状和沟通模式。同时，心理咨询师还会评估家庭中可用的资源和优势，因为聚焦于资源和优势的方法可以带来积极的调整，有效促进家庭发生转变。心理咨询师在推荐具体的干预方案之前，必须仔细评估家庭成员的过往经历。

在第三阶段，心理咨询师会给出反馈和建议，目的在于促进家庭成员达成一系列目标。具体措施包括：找出家庭在养育方面的优势和不足，以支持并促进积极的养育环境；明确孩子可能会发生的严重事故（如自杀或被学校开除），以尽量减少相应的危害，并给出具体建议，以便有效预防这些问题的发生；根据反馈信息进行调整，最大限度地激发个体改进的动机；找出家庭中的优势和资源，以支持转变的动机。在这个反馈过程中，父母还会对自己的家庭进行自我评估，心理咨询师会结合前两次评估所收集到的资料给出进一步的解释和建议。这次会谈的核心就是心理咨询师与家庭合作制定一份改善建议清单，这些建议完全是基于先前的评估和反馈设计出来的。这份改善建议清单针对的是家庭所看重的那些措施，其中包括父母希望参与其中的一些具体行为（例如，与孩子的朋友的父母见面、每周举办一次家庭游戏活动）。改善建议清单中还可以涵盖为父母开展的教育和培训项目、互助支持小组、子女个体心理咨询、父母或夫妻心理咨询、以家庭为中心的短程干预或家庭咨询，以及基于学校的干预措施等诸多内容。

由于这个三阶段干预模式十分强调与家人建立相互信任的关系及合作找出家庭中出现的问题，因此有些家庭可能刚开始会拒绝接受家庭咨询的建议，不过在进行完家庭心理筛查后，这些家庭会变得更愿意寻求家庭咨询的帮助。这些家庭因为本身也参与了这个过程，一起确定了家庭改善的目标，所以会更有动力实现这些转变。家庭心理筛查技术可以带来很多好处，包括有效减少家庭内部的冲突、增加父母的教育监管、逐渐减少儿童和青少年的药物使用和问题行为（Dishion & Maurico，2016；Stormshak et al.，2011；Van Ryzin，Stormshak，& Dishion，2012）。另外两种与 EcoFIT 模型密切相关的干预措施分别是青少年心理筛查技术和青少年成长支持项目。

青少年心理筛查技术

青少年心理筛查技术（The Teen Check-Up，TCU）主要针对 13 ～ 18 岁的青少年，由评估、参与、反馈和后续改善建议四部分组成。首先，心理咨询师会让青少年回答一系列有关家庭、学校和同伴的问题。同时，心理咨询师会评估导致积极行为或危险行为的生态环境因素、自我力量和健康选择。然后，心理咨询师会邀请青少年前来接受反馈，除了评估报告之外，还涉及对青少年改变动机的评估。心理咨询师会邀请青少年参与讨论，看看他们认为自己在处理问题方面具备哪些具体的优势。在反馈阶段，心理咨询师会让青少年了解自己在学业、支持系统（家庭和朋辈）和健康选择等方面所具备的优势和资源，还会明确他们的目标及实现的途径。后续改善建议清单主要是提供一些可供选择的技能培养项目，如基于实证的培训课程，或是以家庭为中心的短程干预项目（为期2～3次、以家庭技能和家庭进程为主题的面谈咨询）。

青少年成长支持项目

青少年成长支持项目（Adolescent Transitions Program，ATP）是 EcoFIT 模型和家庭心理筛查技术的前身，它是一种聚焦于家庭的多维度干预技术，在改善青少年旷课、学业失败、药物使用和违法犯罪行为等方面有长期效果。该项目已被证明可以有效改善家庭关系，促进父母对孩子的教育监管（Dishion & Kavanagh，2003）。

多重系统疗法

如今，多重系统疗法（multisystemic therapy，MST）已成为应对青少年问题行为和违法犯罪行为的主要干预手段之一（Henggeler & Schoenwald，2011），同时也是针对少数族裔青少年中的哮喘患者的有效干预手段（Naar-King et al.，201）。多重系统疗法取向的心理咨询师会基于个体成长的生态环境模型视角，聚焦于向父母提供有效管理和养育的相关技能，并促进家庭凝聚力。多重系统疗法不鼓励问题青少年与他们的那些不良伙伴继续保持联系，因为那样只会强化其不良行为。这一疗法主张促进青少年与亲社会同龄人的接触（Gatti，Tremblay，& Vitaro，2009；Henggeler & Schoenwald，2011）。该疗法坚信，要想治疗青少年的行为问题，心理治疗师或心理咨询师必须在其治疗中整合多个系统，并且关注青少年朋辈群体在干预中所发挥的消极作用或积极作用。

功能性家庭疗法

功能性家庭疗法（Functional Family Therapy，FFT）是一种基于家庭的干预方式，旨在对 10 ～ 18 岁的儿童和青少年进行监督和指导，并对其进行有效的管教（Sexton & Turner，2010）。该项目聚焦于家庭中的攻击性和防御性沟通模式，鼓励家庭中的支持性互动。

FFT 的效果已得到了充分认可，尤其是当提供干预的心理咨询师可以严格遵循治疗模型时。特别值得注意的是，这一干预技术可以有效促进家庭成员积极的情绪体验，这正是会带来短期及长期系统性改善的关键因素（Sexton & Schuster，2008）。

多维度治疗寄养项目

大量研究表明，如果在以家庭为主要目标的干预方案中同时整合家庭环境中的其他因素，干预会取得非常好的效果。例如，在归途之家（halfway houses）[①]中使用行为矫正程序会带来立竿见影的效果，不过，一旦青少年回归正常的社会环境，干预几乎就无法再起什么作用了。让儿童和青少年与亲社会的同龄人交往，并帮助他们融入相对健康、适应良好的家庭，是提高他们社交能力的关键因素。那些与不良的同龄人有密切接触的儿童和青少年，即使正在项目中接受治疗，其问题行为也照样增加（Gatti et al.，2009）。所以，被排除在健康的家庭系统之外的儿童和青少年往往难以茁壮、健康地成长。多维度治疗寄养（Multidimensional Treatment Foster Care，MTFC）项目是通过招募社区寄养家庭组成治疗团队来对抗以上这两种风险因素，治疗团队会负责对高危儿童和青少年的家庭、日常活动、朋辈团体进行有效监管，并且跟踪了解他们的各种学校行为（Henggeler & Schoenwald，2011；Smith，Chamberlain，& Eddy，2010）。否则，这些高危儿童和青少年可能会被安置在几乎没有任何干预或监管的机构环境中。该项目已充分表明，以生态环境为导向的多维度干预措施对危险系数最高的青少年非常有效。因为干预措施充分考虑到了儿童和青少年所生活的整个生态环境系统，所以它特别有助于改善他们的非临床类行为问题（Kerr，DeGarmo，Leve，& Chamberlain，2014）。

与普通的寄养父母相比，参与 MTFC 项目的寄养父母会获得更多的经济补贴，而且他们是整个治疗团队的核心成员。这些寄养父母会接受 20 小时以上的岗前培训，每周还会参加相关的培训和技术支持会议，而且他们还可以得到专业心理支持人员 7×24 小时全天候的帮助。参与该项目的儿童和青少年原本可能会被安置在其他寄养机构中，如今却可以在一个结构化、支持性、以教学为导向的家庭环境中接受干预服务，他们的

[①] 在欧美国家中，归途之家是政府为那些刑满释放人员或从封闭式精神病院康复的人专门设立的训练机构，以帮助他们重返社会环境。——译者注

行踪、活动和朋辈关系也会得到监管，他们在学校的出勤、学习和进步等情况也会得到及时的了解。他们可以从技能培训师那里获得社交技能的训练，还会接受个体心理治疗。与此同时，儿童和青少年的原生家庭也会接受高强度的培训和支持，并可以随时联系项目工作人员。在该项目中，家庭治疗及相关的善后服务（如持续的支持和心理咨询服务）也会涉及。

参与该项目的学校会在儿童和青少年入学前举行一场协作互助会议，事先为每个人建立一个学校行为监管系统。相关的学校工作人员（如班主任）可以使用学校的"学生记录卡"来实现对学生在校的各种行为的监管，还可以在记录卡上对学生的态度、家庭作业的完成情况和出勤率进行评分。MTFC 项目的寄养父母则会结合三级评分系统，每晚检查记录卡上的评分情况，以有效地强化孩子的积极行为，减少孩子的问题行为。针对 MTFC 项目干预效果的跟踪研究发现，参与 MTFC 项目的青少年日后被监禁的天数与对照组的青少年相比降低了 60%，日后被捕的人数减少了 50%，逃离项目干预的频次降低了三分之一，重新与父母或亲属一起生活的频次增加，而与未参与该项目的寄养朋辈相比，他们接触烈性毒品的可能性也显著降低了（Smith et al.，2010）。另外，该项目的成本费用（每天近 130 美元）也大大低于青少年拘留的费用。

家庭效能培训项目

乔斯·斯齐波泽民克（José Szapocznik）及其同事（Szapocznik，2000；Bamatter et al.，2010；Robbins et al.，2011）提出了一种家庭预防干预模型，该模型最初是专门针对那些家里有年幼的孩子、面临药物误用和滥用风险的美国西班牙裔家庭而设计的。该模型的核心理念是，与文化适应过程有关的家庭代际间冲突可能会恶化家庭中现有的适应不良的互动模式，还可能会导致家庭成员的吸毒行为。家庭效能培训（Family Effectiveness Training，FET）项目包含以下三个内容模块，用以改变家庭中适应不良的互动模式，并促进家庭对代际间冲突和跨文化冲突的处理能力。

第一个模块是家庭成长培训，目的是帮助家庭中的儿童顺利成长，直至其度过青春期。在这个模块中，家庭成员会学习更有效的沟通技能，也会学习更好地对自己的行为负责；父母则会学习如何以民主而非专制的方式指导孩子。此外，家庭成长培训还会对父母进行与毒品和药物相关的教育，以帮助他们向孩子传授必要的知识。

第二个模块是二元文化效能培训（bicultural effectiveness training，BET），目的是引导家庭成员从家庭内部的文化冲突的角度来理解各种家庭问题，以促进家庭的改善。在这个模块中，心理咨询师会帮助家庭成员学习与二元文化相关的技能，以及两代人如何尊重彼此的文化价值观，以巩固家庭成员之间的关系联盟。BET不但可以推动家庭更有效地处理文化冲突，还可以有效防止冲突的发生。二元文化效能培训作为家庭效能培训项目中的重要组成部分，本身对多重民族文化背景的家庭就有极其重要的意义。

第三个模块是短程策略家庭咨询（Robbins et al.，2011），这是该项目中临床实证最为丰富的一部分。在FET项目中，心理咨询师会与家庭进行共计13次的面谈咨询，每次咨询时长为2小时。心理咨询师会协助家庭解决冲突并改善家庭关系。同时，心理咨询师还可以对FET模型进行相应调整，以干预不涉及药物使用的其他问题。

接下来要介绍的干预模型是父母技能培训项目。这一项目虽然主要基于欧美家庭的文化规范，但对其他文化群体也同样有所助益。

父母效能培训项目

父母效能培训（parent effectiveness training，PET；Gordon，2006）项目是基于人本主义心理学家卡尔·罗杰斯（Carl Rogers）提出的"无条件的积极关注"和"共情"两大核心理念发展出来的。该项目的基本前提是：父母和孩子可以共同协商并分享家庭中的权力，让家庭中的每个人都可以"获胜"。虽然该项目最初是针对那些问题孩子的父母而设计的，但项目内容对较健康的孩子的父母来说也十分有帮助。PET项目会给父母提供关于面质技巧、冲突处理技巧、积极倾听技巧及"我-信息"表达技巧等诸多方面的技能培训课程，父母在整个培训课程中有充足的机会进一步练习和完善这些技能，以便更有效地与孩子沟通，并以更具成效的方式解决问题。

托马斯·戈登（Thomas Gordon）博士早在1962年就开始教授PET项目的第一门课程，在半个多世纪的时间里，该课程为众多父母、孩子和家庭带来了巨大帮助。蕴藏在成功养育背后的核心理念对大多数人际关系情境都极为有效，因而，戈登和他的弟子、同事不断地丰富并拓展PET项目，包括领导者效能培训、销售效能培训、教师效能培训、女性效能培训、青少年效能培训等。此外，他还从PET项目中衍生出大量父母培训项目，其中不少项目的理念和方法都很相似。亚当斯（Adams，2009）将PET项目与其他许多知名和前沿的儿童教育培训项目进行了比较分析，如"非暴力沟通"（Nonviolent Communication，NVC）、"如何说孩子才会听，怎么听孩子才肯说"（How to Talk so Kids Will Listen and Listen so Kids Will Talk）、"父母效能系统培训项目"（Systematic Training for Effective Parenting，STEP）、"积极养育"（Active Parenting）、"正面管教"（Positive Discipline）、"爱与理性"（Love and Logic）、"正面养育课程"（Positive Parenting Program）及"勇于管教"（Dare to Discipline）。虽然这些教育项目与 PET 项目的基本理念十分契合，但亚当斯（Adams，2009）的研究也为我们提供了关于其他项目的颇有价值的信息。父母效能培训项目一般要求培训总时长为 24 小时，持续 8 周，每周培训时长为 3 小时，经常使用简短报告、小组讨论、录音录像、二人小组技能演练、角色扮演、书面作业训练及教材阅读等诸多教学方式。后来，戈登又发布了该项目的家庭研究版（Gordon，2000）。下面我们将介绍 PET 项目的核心组成部分，包括问题归属原则、积极倾听技术、"我 - 信息"表达技术及共同解决问题技术。

问题归属原则

根据 PET 模型，父母要学会辨别问题究竟是源于父母、孩子，还是源于他们（父母和孩子）之间的关系。确定问题出在哪里，就是在为找到解决方案做准备。如果孩子在满足自身需求的过程中遇到困难，但其行为并不妨碍父母的需求得到满足，那么问题便源于孩子；如果孩子满足自己需求的行为对父母造成了妨碍，那么问题便源于父母。当孩子和父母都无法满足自身的需求时，问题便出在父母和孩子之间的关系上。相应地，解决问题的方式有三种，无论选择哪种方式，父母首先都要明确问题归属方。如果是孩子的问题，父母就可以使用积极倾听技术；如果是父母的问题，父母就可以使用"我 - 信息"表达技术；如果是父母和孩子之间的关系的问题，父母就可以使用共同解决问题技术。

积极倾听技术

使用积极倾听技术，就是要让孩子感受到他们被完全接纳和理解。父母要努力理解孩子的内心感受，并向孩子表达自己的共情。亲子交流过程中的情绪情感可以通过眼神接触、语音语调和肢体动作表达出来。如果父母能准确地反映孩子表达的感受，孩子就会感到自己被理解，也就能从问题的情绪中解脱出来，从而更好地处理问题。如果孩子能够充分表达与问题有关的核心想法和感受，他们就可以朝着期望的目标前进，并能自己提出解决方案。有时，使用积极倾听技术可以帮助孩子更好地接受那些无法改变的现实情况（如全家不得不搬家）。因为这样可以让他们有机会表达自己的真实感受，并体验到被接纳。

积极倾听技术需要父母深入孩子的内心，从孩子的角度来观察这个世界，而且要将自己的理解反馈给孩子。因此，从本质上讲，父母必须对孩子所说的话及其背后的感受予以恰当的回应。下面这些例子可以形象地说明这一技术。

孩子 1（哭泣）：丹尼尔抢走了我的玩具卡车。

父母 1：那你肯定很难受。你一定不喜欢他这么做。

孩子 1：对，这让我很生气。

孩子 2：今年我们班来了个令人讨厌的新老师。我很不喜欢她。她很刻薄。

父母 2：听起来，你对这个老师挺失望的。

孩子 2：是的，我好怀念张老师给我们上课的日子。她很喜欢我。

在以上两组对话中，父母都精准地理解了孩子，通过孩子的回应，我们可以看出父母确实正确地理解了孩子，并且进一步解释了自己的感受。这样一来，每次交流都会促进持续而有意义的沟通。

在积极倾听的过程中，父母永远不要先入为主地曲解孩子的意图，再加以贬低（例如，"哦，所以你是想考不及格，回去找你的张老师，是吗"）。有时，父母一开始会积极地倾听，之后却会故态复萌，或者会因没有充足的时间而将孩子拒之门外。有时，父母只是简单地重复孩子说的话，根本没有共情孩子的感受。长此以往，孩子就会感到灰心丧气，失去对父母的信任。

"我－信息"表达技术

如果父母确定问题出在自己身上，也就是说，父母的需求受到了直接而实在的影响，那么有几种方式可以应对这一情况。例如，父母可以选择直接改变环境、改变自己或改变孩子。对年幼的孩子来说，改变环境的方式往往能促使他们改变行为，从而解决父母的问题。这些改变可以是让环境变得更加丰富（如拿出蜡笔和纸，或者安排时间让朋友来家里玩），也可以是简化环境（如调低电视机音量或直接关掉电视机，或者让孩子先把手上的活动整理妥当，再开始新的活动），还可以是用一项活动代替另一项活动（如让孩子到前院的草坪上玩耍，而不是在客厅里打闹）。

父母也可以选择改变自己。例如，一位父亲可以提高他自己对噪声的忍受能力，这样他就可以继续居家办公了；他也可以在交代孩子做事的时候，自己做好跟进和监督。同样，一位母亲可以减少她在孩子的行为习惯上施加的压力。

最后，父母也可以尝试直接改变孩子。有时，父母会使用打屁股或其他形式的惩罚，这样做可能会在短期内让孩子听话，但从长远来看却是有害的。举例来说，体罚行为就和恋爱暴力有密切关系，而且它实际上也是预测恋爱暴力行为的指标之一（Foshee & Reyes，2009）。此外，言语批评往往也是无效的，而且一般都是带有贬损的贴标签或羞辱："你真懒""你真是个讨厌鬼""你简直一无是处，你就想变成一个坏蛋"。这种交流被称为"你-信息"，只能表达批评和羞辱。

与惩罚或无效的"你-信息"相比，一些简单的"我-信息"则是能够改善孩子行为的有力手段。在"我-信息"中，成年人可以清楚地向孩子表达问题所在及自己对问题的感受，同时让孩子知道问题是由成年人自己造成的。在一般情况下，孩子其实是很愿意为了父母的感受而调整自己的行为的。"我-信息"不太容易引发抵触和拒绝，还可以巧妙地将改善行为的责任交给孩子。下面的例子可以帮助大家区分"你-信息"和"我-信息"。

"你-信息"：你今天早上没做家务。你真的太懒了，一点也不负责任！

"我-信息"：我很生气！因为你早上没有做家务。

在上面的例子中，"我-信息"重点表达的是做家务这件事及它给成年人带来的负面情绪，而不是在说孩子本身的性格或个性问题。在"你-信息"中，父母的烦恼和愤怒情绪无法直接表达出来；相比之下，家长的愤怒情绪在"我-信息"中是可以明确而直接地被表达出来的。

"你-信息"：你别总是跟个讨厌鬼似的那么烦人。我们说话的时候，你总是打断我们。

"我-信息"：我觉得挺失望的，因为我想好好和你的母亲聊一聊，可你一直在打断我们；而且这已经不是第一次了。

在上面的例子中，"我-信息"能够表达父母的内心感受，可以让孩子学会对自己的行为负责，同时不会让孩子感到羞耻或伤害孩子的自尊心。

通过表达"我-信息"，成年人可以让孩子学会理解成年人遇到的问题，尊重成年人的需求，这样他们也就不会继续消极的行为方式了。一般来说，父母只要使用"我-信息"这一沟通技术，就可以改善孩子的不良行为，但是在极少数情况下，父母也要根据情况来灵活调整。例如，在表达被频繁打断的沮丧情绪后，父亲可以要求孩子先去另一个房间玩耍，等父母谈话结束后再回来。

共同解决问题技术

在 PET 项目框架中，如果问题出在父母和孩子之间的关系上，父母就可以使用共同解决问题技术。也就是说，这时孩子和父母的需求都受到了问题的影响。在很多情况下，解决问题和处理冲突往往会导致有人输有人赢的结果。输的一方（无论是父母还是孩子）会有挫败感，这样孩子就很难对他人富有敏感性、发展出足够的自律和自我导向的行为。

戈登（Gordon，2006）提出建议，如果父母和孩子之间的需求存在冲突，可以遵循"六步骤双赢技巧"。这一技术可以帮助父母和孩子找到彼此都能接受的解决方案。我们其实可以在很多问题解决模型中发现这些步骤。

第一步，识别与界定冲突。重要的是确认父母和孩子之前的冲突是否真的是由当前的问题引起的。有时，冲突其实来自其他问题，当前的问题仅仅是其他问题的反映而已。所以，父母和孩子都要了解冲突的具体情况。

第二步，提出各种可能的解决方案。父母和孩子都要提出尽可能多的解决方案。不管孩子提出的方案是否可行，父母都要多鼓励和表扬孩子。

第三步，评估解决方案。父母和孩子要仔细评估每种解决方案的可行性和效果。父母要和孩子一起分析每种解决方法所带来的结果，并从中找出可接受的方案。这时，父母要充分发挥自己的功能，不要陷入伪"平等"，如允许孩子随意指责母亲的衣着穿搭，或者孩子也可以学父母说脏话。

第四步，找出父母和孩子都能接受的解决方案并做出承诺。父母和孩子必须承诺采用达成共识的解决方案，并根据需要来改善各自的行为。

第五步，制订实施解决方案的具体行动计划。父母和孩子要针对具体的行动计划达成一致，如谁在什么时间具体该怎么做等。

第六步，执行跟进与效果评估。在商定好时间节点后，父母和孩子要定期回顾该解决方案，评估具体的效果。如果父母能在问题的解决难度较小的时候就开始持续跟进，那么孩子就会更信任父母。这样一来，即便解决方案需要冒一些风险、付出较多努力，他们也会愿意尝试。

让孩子参与共同解决问题的过程，久而久之，父母和孩子都会更加满意，孩子也能发展出分析问题和独立提出解决方案的能力。这样一来，父母和孩子就可以使用比较健康的方式来解决冲突，建立彼此满意、有益而又充满关爱的亲子关系。

有效的育儿方式源于"最重要的是对孩子的尊重"这一理念。这意味着，父母要尊重孩子的个性、独特性、复杂性和潜在的特质，以及他们做出选择的能力。这种尊重孩子的理念体现在有效的沟通中。当然，这些技能对教师、心理咨询师和父母来说是同等重要的。PET 项目与其他所有的家长培训项目一样，都反映了特定的价值观和理论假设。对父母的价值观进行充分了解是实施任何一种家长培训项目的重要前提。

除了上述各种家长教育和培训项目外，我们还要考虑专门针对其他抚养者的干预项目，如孩子的法定监护人和养父母，他们在家庭干预或与治疗相关的研究资料中很容易被忽视。无论在普通的儿童和青少年还是高危儿童和青少年的生活中，寄养父母和寄养家庭都起着十分重要的作用。

家庭咨询与家长培训项目的必要补充：家长心理教育

上述所有项目都有成功的实践案例，而且大部分项目都得到了实证支持。虽然它们的成本远没有放任问题持续恶化所要付出的代价那么高，但项目成本相对耗费会比较大。对许多从业者来说，如果没有专门的培训等相关资源的支持，项目其实是很难实施的。那么，除此之外，我们还有什么其他的选择吗？其实，进行优质的家长教育（心理教育），包括对父母提供养育指导，也是一种效果很好的家庭干预策略（Scott & Dadds，2009）。不过，如果父母能够在孩子进入青春期之前就学会如何识别和处理一些危机预警信号，会更有帮助。对那些处于轻微行为问题层面，尚未严重到不良行为问题层面的孩子来说，为他们提供一些行为矫正、行为奖励、后果管理和沟通技能方面的培训会很有帮助。如果孩子已经出现一些不良行为、破坏性行为或自伤行为，那么仅仅采用家长培训项目进行干预可能就收效甚微了。在这种情况下，问题行为可能已经内化成孩子的一部分了。此外，他们可能已经深度认同了身边的不良朋辈群体，或者可能已经完全独立自主了。家长心理教育是指为家长和其他抚养者提供的一系列项目、支持服务及其他可利用的资源，以支持他们以更健康且有效的教养方式来抚养孩子。教师、心理咨询师及其他公众服务专业人士往往可以采用家长心理教育进行有效的预防与干预。举例来说，如果孩子出现性行为方面的问题，父母很可能会刻意回避讨论有关性、避孕和性传播疾病方面的问题；那些经常无法完成作业的孩子的父母可能缺乏系统的方法来帮助孩子管理学习进度；有些父母之所经常脾气暴躁、易激惹，可能是因为他们的孩子在家里已经完全失控了。不过，如果可以教育父母处理孩子的特定行为问题，那么包括上述问题在内的很多儿童和青少年的危机问题都能得到解决。所以，以家庭为导向的教育项目会通过帮助父母学习行为管理、行为训练、性教育、营养学、家庭开支预算等方面的知识和技能，帮助家庭有效预防孩子的药物使用与药物依赖等问题，并有效提升家庭效能（Webster-Stratton & Reid，2010）。

文化因素与教育训练

文化背景的匹配度对家长心理教育项目的成败有着至关重要的影响（Schwartz，Unger，Zamboanga，& Szapocznik，2011）。如果家长培训师想真正了解一个家庭，那么很重要的一点就是充分认识他们的家庭文化、价值观、身份认同及行为习惯。对儿童行为的期望及公认的育儿模式其实是根植于文化背景的（Chao & Kanatsu，2008）。因此，文化背景因素对家长培训项目的成功而言至关重要（Schwartz et al.，2011），针对家长的培训项目必须与具体的文化背景相匹配，首先要验证这些培训项目是否可用于家庭所在的主流文化，以确保相同的培训项目可以满足来自不同种族文化背景的家庭的需求（Ortiz & Del Vecchio，2013）。

相对而言，那些包含具体指导方法的家长培训项目对孩子的行为会有更大的影响（Barnett，Niec，& Acevedo-Polakovich，2014）。如果干预者可以在父母与孩子一起练习新技能时，向父母提供及时、具体的反馈建议，那么这对于改善父母的行为、处理孩子的问题将极为有效。支持性的辅导反馈似乎是确保有效行为管理技能的使用的最佳方式（Barnett et al.，2014）。有些基本的育儿原理可以有效帮助父母提升养育效能。在此，我们将介绍三种非常实用的行为理论原则，它们分别是普雷马克原则、合理且自然的后果原则及暂停 - 冷静原则。

普雷马克原则

普雷马克原则（Premack Principle）又被称为祖母原则，是一个相对简单而高效的行为指导原则。普雷马克原则告诉我们，"对任何一种刺激与反应之间的配对来说，高频行为都可以作为低频行为的强化物"（Premack，1965）。换句话说，父母可以用孩子比较喜欢的行为（如玩电子游戏、骑自行车、看电视、打电话）来强化那些他们不太喜欢的行为（如做家庭作业、洗盘子、照顾弟弟妹妹、打扫房间）。就像祖母可能经常会说的那样："你要先写作业，才能出去玩。"而父母的任务就是找出哪些事情是孩子想做的，然后要求他们先做一件不太喜欢的事情："先清理桌子，再玩游戏""出去玩之前先收拾好房间""在玩电子游戏之前要先洗碗"。最近，美国有一则名为"21世纪育儿"的网络帖子展示了人们如何让祖母法则与时俱进。这则网络帖子上有一张图片，图片上显示了一张张贴在布告栏上的便条，上面写着：今天的奖励——Wifi密码。下面列出的事项有：（1）清理洗碗机；（2）叠衣服；（3）用吸尘器把地面打扫干净；（4）倒垃圾。这就是经典原理、全新应用，祖母一定会给它点赞的！

如果父母要把一项大任务拆解成若干子任务（例如，把清理书桌这件任务拆解成整理好散乱的纸和笔、清洁桌面），此时运用普雷马克原则会十分有效。有时，父母可以在孩子完成每项子任务后就对他们进行奖励，这也很有帮助。使用经常的小奖励比偶尔的大奖励更有强化效果。另外，父母必须在孩子完成任务后立即给予奖励，并且只有在完成任务后才能给予奖励。同时，除了奖励，父母还要口头表扬孩子。有一点很重要，如果孩子对这样的安排不服气，并找一些正当的理由（"我要是洗完碗再上网，我的朋友就等不及啦"），家长一定不能妥协，一旦家长妥协，孩子就会没完没了。

合理且自然的后果原则

在家庭教育中，父母如果可以应用合理且自然的后果原则（logical and natural consequences）（详见第8章），不仅能鼓励孩子为自己的行为负责，还能大大减少一些无谓的争吵（详见下文的小故事）。我们可以回想一下第3章提到的卡特一家的案例。父亲道格·卡特对儿子贾森周末熬夜看电视的行为很不满意。因为贾森前一天熬夜，第二天早上要睡到很晚才起床，家务活就要一直拖到下午才能做完。有时，贾森甚至会忘了做家务。其实贾森的这一行为只是问题之一，另一个重要的问题是，他的行为没有造成任何合理的后果。熬夜行为所带来的合理后果就是，把他从美梦中叫醒让他去做家务，这样他就会感到特别累。而贾森的父母允许他熬夜，其实就是在纵容他熬夜看电视的坏习惯。所以，父母可以要求贾森：前一晚不管多晚睡觉，第二天都必须早起做家务。这样一来，父母就可以让贾森自己来决定几点睡觉（不用纠缠于"我都已经13岁了"这样的争吵），也可以让他按时完成做家务的任务（避免了"你也是住在这个房子里的一员"这样的无谓争吵）。

要想合理且自然的后果原则有效，父母就一定要有将其贯彻到底的决心。而行为的后果可以根据问题行为的严重程度及问题行为的复发次数来进行调整。例如，如果孩子还是一直把家里的玩具搞得一团糟，玩完之后不收拾好，那么父母就可以把这些玩具拿走，两天（或更久）不让孩子玩。父母要让孩子清楚其不良行为所带来的合理后果是什么，而且要在行为的后果有变化时及时告知他们。对于年龄较大的孩子，父母可以和他们一起写一份行为规则协议。举例来说，协议中可以具体规定使用家里私家车的规则，以及不遵守这些规则的后果。签署行为规则协议可以将家庭行为规范正式确立下来，建立明确的行为标准。

📃 小故事：好好吃饭

有一次，一对父母带着他们 4 岁的孩子来做心理咨询。这个孩子的问题是，如果某顿饭的食物不是她喜欢的，她就会倔强地闭紧嘴巴，一口都不吃，还会经常把食物扔到地上。而她的父母为此采取了很多种方法，如跟她吵架、夫妻之间为此争吵、威逼利诱，几乎所有办法都试过。但结果依然是父母只能无奈地清理满地狼藉的食物，然后再重新给她做一顿饭。所以，她吃饭这件事对父母来说简直就成了"活受罪"。

刚开始，我们告诉这对父母，小女孩的这种行为所要承担的合理后果就是在吃下一顿饭之前，不许吃任何东西。他们听到后吓坏了。不过，最后他们也承认其实孩子不会因为少吃一顿饭而受到多大的伤害，并同意尝试这个办法。于是，当女儿又一次不吃饭的时候，他们就对她说，如果她再把这顿饭扔到地上，那么她在明天的早饭之前就别想吃任何东西。不出所料，女儿立即把饭打翻在地，而此时她的父母早已有所准备。他们这次并没有大喊大叫，也没有争吵，更没有忙着收拾烂摊子。相反，他们十分平静地提醒她，距离明天吃早饭还有很长一段时间，然后他们就等到吃完饭才去给她收拾烂摊子。后来，女儿哭闹了一晚上，虽然父母被吵得一晚上没怎么睡，不过他们也并没有让步。

第二天，女儿乖乖地吃了早饭和午饭（她的午饭是在托儿所吃的，而在托儿所，她从来都没出现过像家里一样的问题）。当天的晚饭也相当顺利，女儿虽然抱怨食物不好吃，但基本上都吃了。第三天晚上，她又一次打翻了盘子，结果得到了同样的合理后果。那天晚上她只哭了两个小时就消停了。两个月后，她的父母说，女儿再也没有在吃饭的时候故意打翻盘子了，而且给她的食物，她多少都会尝一点儿。

暂停－冷静原则

行为干预中的暂停－冷静原则如果使用得当的话，会是一种极为有效的儿童行为管理技巧，对改善儿童的问题行为很有帮助。不过人们常常会用错。事实上，暂停处理是一种去强化的过程，让孩子有机会自己平静下来。所以严格来讲，暂停处理并不是一种惩罚手段。有些父母会把孩子隔离开，让他们自己待在一个满是玩具或有电视机和电子游戏的卧室里，他们把这种做法称为暂停处理。其实并非如此。

要想正确使用暂停－冷静原则来处理问题，我们就需要遵守一些重要的循证原则（Drayton et al.，2014）：（1）抚养者与孩子的日常交流和互动必须加强（即"暂停时间之外"）；（2）暂停－冷静处理要在孩子出现不当行为之后，或者在单个指令、单次口头警告后立即采用；（3）保持前后一致，尤其是父母之间的一致性至关重要；（4）当孩子处于暂停－冷静期间，不要进行任何的强化、刺激或活动；（5）在强制执行暂停－冷静处理时，如果孩子离开或因逃避而接受惩罚后，父母要让他们继续回到暂停－冷静处理中；（6）当孩子平静下来后，父母可以选择解除暂停处理；（7）暂停－冷静处理要贯彻到底，即要求孩子在暂停－冷静结束后继续把先前要做的事情做完。需要注意的是，对于年幼的孩子，暂停－冷静的时间应该相对短一些，一般是一岁一分钟，依次递增。

如果能严格遵守上述执行原则，暂停－冷静就会非常有帮助。遗憾的是，干预者不仅要传授父母这些指导原则，还必须亲自示范，因为父母往往需要具体的强化和支持，才能懂得如何应用该原则。如果仅仅是推荐父母去参考网站上的相关内容，可能只会让他们找到无用的信息。一项研究发现，关于暂定－冷静技术使用的网站均未提供有关上述指导原则的具体内容。事实上，在大家浏览的相关网站中，有59%的网站上关于暂停－冷静技术的资料都是混乱且不精确的（Drayton et al.，2014）。

最后这项发现让人们十分担心互联网上信息资料的实用价值。另一项研究也颇为让人担忧。例如，研究发现，那些提供儿童焦虑症的具体资料的网站在资料的准确性上存在很大差异，而大部分提供儿童抗焦虑药物信息的网站上甚至都没有涉及药物使用剂量、服药周期等问题，也没有谈及药物的相关副作用（Reynolds，Walker，Walsh，& The Mobilizing Minds Research Group，2014）。作为负责任的专业人士，以上这些问题促使我们更直接地为家庭提供优质的家长教育、心理教育及相关的培训项目，而且要确保我们所推荐的信息和资源都是准确的、最新的。

家长互助团体

家长互助团体对家长和其他主要抚养者都具有非常有效的支持作用。许多父母能够与面临同类困扰的其他父母在相互陪伴的过程中获益。每一代父母都会面临一些自己的父母从未想象过的问题。例如，你的祖父母就不太可能会遇到这样的问题：他的儿子（即你的父亲）回家时，乳头上多了个环。不过，许多根本性的问题其实是相同的，如压力应对、变化适应、丧失处理及愤怒管理，还有沟通、行为规范、权威，以及价值观和传统传承等问题，它们都与整个家庭生命周期有关。尤其是当前社会中的大家族体系正在日渐衰落，而家长互助团体正是一种父母可以表达各自的担忧，并了解其他父母的经历和努力的理想方式。家长互助团体还允许这些父母相互分享各自在养育过程中的喜怒哀乐。家长所在地的学校、咨询机构、日托中心和工作单位都可以组织这种家长互助团体。美国的许多地区还设有当地的家长危机热线或匿名家长团体，以提供有关家长互助团体的可靠信息。

有一个活跃在全美的家长互助组织叫"严厉的爱"（Tough Love）。这是一个针对那些不服从管教、药物成瘾、受虐待或在学校和法律方面出现问题的青少年的父母和监护人提供帮助的自助团体组织。该组织现已拥有超过 1500 个小组，能够为父母提供持续的支持、危机干预援助、专业人士转介，并提供许多有助于青少年停止自伤行为的实用方法。这个家长互助组织会鼓励父母制定自己的行动方案以处理孩子的行为问题。这个组织就像一个强有力的后盾，为父母提供源源不断的建议和可靠的支持。我们认识一位参与了"严厉的爱"的母亲，她在其他团体参与者的帮助下，打算与她那位染上毒瘾的女儿进行面质性的对话，而另一对夫妇则为她的女儿准备了一处容身之所，这样一来，万一在面质会谈过后，女儿决定离家，她也有地方单独住一段时间。而这位母亲也在帮助美国另一所城市的组织中的一位家长贴传单，因为有人在当地看到了那位家长离家出走的儿子。像 Facebook 这样的网络社交媒体能够帮助"严厉的爱"这类家长互助组织扩大影响力。

在美国，Alateen 和 Al-Anon 也是两家全国性的青少年和家庭支持团体。有酗酒问题的青少年或家庭可以聚在一起互相帮助，就像参与匿名酗酒者互助会一样。参与团体的青少年和家庭可以学习酒精中毒的相关知识，以帮助自己更好地戒酒，增强自尊心和独立性，并依靠团体的鼓励和支持。通过分享他们之间的共同问题，有酗酒问题的家庭成员会发现他们其实并不孤单，他们完全有能力摆脱困境。

对于那些在处理问题儿童和青少年的过程中感到绝望、愤怒和孤独的家长和监护人，家长互助团体还可以为他们提供宝贵的资料和支持。严厉的爱、Alateen 和 Al-Anon 这些团体都可以为那些感觉陷入困境且无法自拔的家庭成员提供有力的支持。在此，我们只介绍了这三个团体组织。事实上，这样的团体组织有成千上万个，如那些专门为患有脊柱裂、脑瘫、双相情感障碍和精神分裂症的儿童和青少年的父母所设的互助支持团体。教师和心理咨询师可以帮助家庭了解这些资源，并鼓励他们联系这些支持团体在当地的办事机构。

结语

家庭系统视角是看待不良儿童和青少年问题的现实、可行的方式。因为仅仅针对个人的干预措施通常只能解决部分问题，而每个儿童或青少年其实都是生活在家庭、学校、邻里、社区和国家等交互影响的环境系统中的。家庭治疗取向的心理咨询师会通过将家庭视为一个系统来改善那些适应不良的行为和沟通模式。针对家长的教育和培训项目及家长互助团体都可以作为家庭咨询干预的替代或辅助手段。心理咨询师、教师及其他相关专业助人者，无论是直接为家庭提供上述服务，还是帮助家庭获得这些项目的资源，都能给家庭带来巨大的帮助。

致 谢 ——————

尽管这个家族项目看上去主要由我们四人负责,但实际上,家族中的其他成员对本书的出版也做出了诸多贡献。感谢安娜·玛丽·麦克沃特(Anna Marie McWhirter)(杰弗里斯的女儿、贝内迪克特的姐姐),感谢她作为本书的初版和第 2 版的第四作者所做出的贡献。安娜作为语言与阅读专业的终身教授,任职于美国亚利桑那州凤凰城马里科帕社区大学。此外,特别感谢葆拉·麦克沃特(Paula McWhirter)博士(杰弗里斯的女儿、贝内迪克特的妹妹),她是美国俄克拉何马大学专业咨询项目的心理咨询教授,在本书的撰写过程中,她为我们提供了非常棒的想法和资源。尤其感谢玛丽·麦克沃特(Mary McWhirter),也就是杰弗里斯的妻子、贝内迪克特的母亲、安娜的祖母,多年来她一直是我们强大的后勤保障,她始终关心并照顾着我们,让我们可以专心著书立说。同时,也非常感谢审稿人提供的宝贵意见和建议,他们是圣克莱尔应用艺术及技术学院的卡伦·马尔(Karen Marr)、波西亚教区社区学院的桑德拉·托达罗(Sandra Todaro)、玛丽蒙特大学的杜安·伊萨瓦(Duane Isava)、诺瓦东南大学的罗伯特·艾维(Robert Ivy)、费城社区学院的雷吉·琼斯(Reggie Jones)、特拉华大学的诺尔玛·盖恩斯 - 汉克斯(Norma Gaines-Hanks)、欧道明大学的丽贝卡·伯德(Rebekah Byrd),以及东卡罗来纳大学的玛丽·S. 杰克逊(Mary S. Jackson)。

　　本书是麦克沃特家族众多学术项目的研究成果之一。最初，这些项目起源于家中餐桌前偶然碰撞出的灵感，但随后，由于项目的开展，我们不得不离家，远赴异国他乡。这种饭桌前的闲谈让我们在土耳其和澳大利亚度过了紧张、充实而又愉快的两年时光，在这期间，我们也获得了富布赖特学术基金的鼎力支持。这些讨论也促使我们在项目进行的过程中立足国际化视野，汲取全球经验。例如，最近，我们在智利圣地亚哥附近的培尼亚罗雷市帮助当地最贫穷的社区建立了一个家庭活动中心。在当地，我们每年都会用西班牙语举办主题培训和工作坊，至今已持续 15 年，内容涉及家庭内部的沟通技巧、父母养育技巧、夫妻冲突化解 / 调解技术，以及如何跟年轻人、家庭及相关团体开展工作的技巧和措施。虽然我们无须因为撰写本书而奔赴如此遥远的地方，但它依然是我们经历的一段获益颇丰的精彩旅程。

参考文献

考虑到环保，也为了节省纸张、降低图书定价，本书编辑制作了电子版参考文献。用手机微信扫描下方二维码，即可下载。